사회복지개론

전재일 외 공저

형설출판사
www.hyungseul.co.kr

머리말

현대적 의미의 사회복지가 우리나라에 소개된 것은 1950년 6·25동란 이후 주로 경제적 빈곤과 전쟁고아의 문제를 해결하는데 서구의 외원기관 및 단체들이 참여한 때부터이며 지금까지 반세기의 역사를 가지고 있다. 그 후 우리나라의 사회적 경제적 변화는 사회문제의 양상에 영향을 미치게 되었다. 오늘날 사회문제는 사회의 변천과정과 더불어 과거의 단순한 경제적 문제로 부터 사회심리적 요인이 보다 복합적으로 작용하고 있는 문제의 양상을 보이고 있다. 따라서 사회복지는 끊임없이 변화하는 사회에서 제기되는 인간생활상의 여러 가지 문제에 대처하기 위하여 계속 노력하고 있는 것이다.

사회복지는 국민생활의 모든 영역과 관계되며 인간의 사회적 기능을 원활히 수행케 하는 것으로 현대 민주화가 지향하는 지표로 받아들여지고 있음과 동시에 이의 구체적인 실현을 위해서는 사회복지에 대한 올바른 이해와 전문성이 요구되고 있다.

이에 필자들은 여러 사회복지분야에 종사하고 있는 실무자들과 사회복지를 전공하는 대학의 사회복지학과와 이에 관련된 학과의 학생들은 물론 사회복지에 관심을 가지고 있는 일반인들의 안내서로 활용될 것을 바라는 마음에서 이 책을 출판하게 되었다.

이 책의 편집체계는 V부로 나누어, 제 I 부 총론에서는 사회복지의 개념, 기초, 구성 및 발달면을 취급하여 사회복지의 기본적 이해를 도모하였다. 제 II 부에서는 사회복지의 정책적 접근방법으로 사회보험, 공공부조 및 사회복지서비스를 개관하였다. 제 III 부에서는 사회복지의 전문적 접근방법으로 개인과의 사회복지, 집단과의 사회복지, 지역사회와의 사회복지 및 보조적 사회복지방법을 전개하였다. 제 IV 부에서는 정책적인 접근과 전문적 접근방법이 동시에 통합적 접근을 시도해야 하는 현재 우리나라에서 실천되고 있는 분야를 중심으로 설명하였다. 그리고 제V부에서는 현재 우리나라에서 당면하고 있는 사회복지의 과제를 검토하고 앞으로의 사회변화에 따른 사회복지의 전망을 조명하여 보았다.

끝으로 이 책이 나오기까지 원고정리와 교정에 수고를 해준 이석형선생과 대구대학교 대학원 사회복지학과에 재학하고 있는 김지은양, 김동화양, 이현정양의 도움이 컸음을 밝혀둔다. 아울러 이 책의 출판을 맡아 수고해 주신 형설출판사 임직원 일동에게 감사를 드린다.

2005년 5월
전 재 일

목 차

제 I 부 총 론

제 1 장 사회복지의 개념 ▸ 전재일

제 1 절 사회복지의 의미 3
제 2 절 사회복지의 정의 6
제 3 절 사회복지와 사회사업 9
제 4 절 사회복지의 기본 개념 13

제 2 장 사회복지의 기초 ▸ 전재일

제 1 절 사회복지의 동기 19
제 2 절 사회복지의 기본가치 22
제 3 절 사회복지의 특성 26
제 4 절 사회복지의 속성 29

제 3 장 사회복지의 구성 ▸ 전재일

제 1 절 사회복지의 주체 33
제 2 절 사회복지의 대상 35
제 3 절 사회복지의 접근방법 37

제 4 장 사회복지의 발달 ▸ 김태진

제 1 절 서양의 사회복지 발달 47
제 2 절 우리나라의 사회복지 발달 60

제Ⅱ부 정책적 접근방법

제5장 사회보험 ▸ 김태진

제1절 사회보험의 개념 73
제2절 연금제도 77
제3절 국민건강보험제도 81
제4절 산업재해보상보험제도 85
제5절 고용보험제도 88

제6장 공공부조 ▸ 김태진

제1절 공공부조의 개념 93
제2절 공공부조의 기본 원리 98
제3절 국민기초생활보장제도 99
제4절 의료급여제도 106

제7장 사회복지서비스 ▸ 이준상

제1절 사회복지서비스의 개념 113
제2절 사회복지서비스의 원칙 114
제3절 사회복지서비스의 내용 116
제4절 사회복지서비스의 전달체계 122

제Ⅲ부 전문적 접근방법

제 8 장 개인과의 사회복지 ▸ 전재일

제1절 개별사회사업의 정의 131
제2절 개별사회사업의 발달 133
제3절 개별사회사업의 원리 135
제4절 개별사회사업의 과정 138
제5절 개별사회사업의 모형 143

▌제 9 장 집단과의 사회복지 ▸ 전재일

제 1 절 집단사회사업의 정의 147
제 2 절 집단사회사업의 발달 150
제 3 절 집단사회사업에서 활용하는 집단 153
제 4 절 집단사회사업의 과정 155
제 5 절 집단사회사업의 모형 157

▌제 10 장 지역사회와의 사회복지 ▸ 박태영

제 1 절 지역사회복지의 개념 162
제 2 절 지역사회복지의 내용과 방법 167
제 3 절 지역사회복지의 실천모형 169
제 4 절 지역사회복지의 실천과정 172

▌제 11 장 보조적 사회복지방법 ▸ 박태영

제 1 절 사회복지행정 177
제 2 절 사회복지조사 182

제 Ⅳ 부 사회복지실천분야

▌제 12 장 가족복지 ▸ 이성희

제 1 절 가족복지의 개념 191
제 2 절 가족복지의 대상과 문제 195
제 3 절 가족복지의 접근방법 199
제 4 절 가족복지의 실천분야 207

▌제 13 장 아동복지 ▸ 이팔환

제 1 절 아동복지의 개념 213
제 2 절 아동복지의 원칙 214
제 3 절 아동복지의 내용 217
제 4 절 아동복지법 체계 224

제 5 절 아동복지의 과제 226

제 14 장 청소년복지 ▸ 이성희
제 1 절 청소년복지의 개념 229
제 2 절 청소년복지의 대상 232
제 3 절 청소년과 환경 235
제 4 절 청소년복지의 접근방법 240

제 15 장 노인복지 ▸ 박태룡
제 1 절 노인복지의 개념 251
제 2 절 노인인구의 특성 252
제 3 절 노인문제의 배경 255
제 4 절 노인복지의 대책 258
제 5 절 노인복지의 접근 264

제 16 장 장애인복지 ▸ 이준상
제 1 절 장애인복지의 개념 269
제 2 절 장애의 개념과 유형 270
제 3 절 장애인의 재활 276
제 4 절 장애인복지서비스의 전달체계 282

제 17 장 여성복지 ▸ 김태진
제 1 절 여성복지의 개념 285
제 2 절 여성복지의 대상과 서비스 290
제 3 절 여성복지서비스의 전달체계 302

제 18 장 의료사회복지 ▸ 김규수
제 1 절 의료사회복지의 개념 305
제 2 절 의료사회복지의 발달 307
제 3 절 의료사회복지의 기능 309
제 4 절 의료사회복지사의 역할 312
제 5 절 의료사회복지의 실천장면 316

제 19 장 정신보건사회복지 ▸ 김규수

제 1 절 정신보건사회복지의 개념 321
제 2 절 정신보건사회복지의 발달 324
제 3 절 정신보건사회복지의 기능 326
제 4 절 정신보건사회복지사의 역할 330
제 5 절 정신보건사회복지의 실천장면 331

제 20 장 학교사회복지 ▸ 이성희

제 1 절 학교사회복지의 개념 337
제 2 절 학교사회복지의 발달 341
제 3 절 학교사회복지의 대상 348
제 4 절 학교사회복지의 실천과정 349
제 5 절 학교사회복지사의 역할 352

제 21 장 사회복지와 자원봉사 ▸ 박태영

제 1 절 사회복지와 자원봉사 357
제 2 절 자원봉사의 필요성 359
제 3 절 자원봉사의 개관 362
제 4 절 자원봉사조정자 368

제 V 부 사회복지의 미래

제 22 장 사회복지의 과제와 전망 ▸ 전재일

제 1 절 사회복지의 과제 379
제 2 절 사회복지의 전망 386

■ **항목색인** / 395

■ **영문색인** / 404

제 I 부

총　론

제 1 장 사회복지의 개념 (전재일)
제 2 장 사회복지의 기초 (전재일)
제 3 장 사회복지의 구성 (전재일)
제 4 장 사회복지의 발달 (김태진)

제 1 장 사회복지의 개념

제 1 절 사회복지의 의미

사회복지(social welfare)라는 용어는 현대 산업사회의 발전과 더불어 발생한 여러 가지 사회문제와 관련하여 사용하게 되었다. 사회가 발전해 가면 갈수록 사회복지에 대한 관심은 더욱 높아져가고 있으며 이에 대한 욕구도 증대되어 가고 있다.

사회복지가 무엇인가에 대한 문제는 본서의 전체를 통하여 분명히 해야 할 과제이다. 그러나 사회복지라는 용어는 시대와 국가에 따라 그 의미가 다르며, 또한 학자들의 견해에 따라 그 의미가 다르기 때문에 반드시 동일한 뜻으로 사용되지 않고 있다.

이와 같이 사회복지의 용어는 한 국가에 있어서도 시대에 따라 차이가 있어 그 사회에서 제기되는 사회문제와 관련하여 보다 명백히 될 수 있다. 따라서 사회복지란 어떤 시대의 어떤 사회에서라는 전제하에서만이 명백히 될 수 있고 계속해서 그 의미는 변화하게 될 것이다.

전통적 사회복지의 개념인 상호부조, 자선사업 및 인보사업은 현대적 사회복지의 개념인 사회사업, 사회봉사, 사회보장, 사회계획 및 사회정책과 같은 개념에 의하여 대치되고 있는 실정이다. 그러나 이러한 개념들 속에는 복지를 증진하기 위한 뜻이 들어있고 그러한 노력 속에는 사회성의 의미를 지니고 있다. 만약 이러한 두 가지의 의미가 존재하고 있지 않다면 그것은 사회복지의 개념으로 간주할 수 없는 것이다(김영모, 남세진, 신섭중, 1982).

사회사업이란 용어는 1950년 6 · 25동란으로 초래하게 된 빈곤, 고아, 전쟁미망인, 상이군인 등의 사회문제를 해결하는데 돕기 위하여 외국 민간원조단체들이 들어와 활동을 하게 됨으로써 사용하게 되었다. 이와 더불어 대학에 사회사업학과가 설치되기 시작하면서 전문 인력양성을 하게 되었고, 여러 사회사업기관 및 시설에서도 전문 지식의 활용에 대한 관심사가 고조되기 시작하였다. 그러나 사회사업은 국민이 일반적으로 고아원 운영이나 빈민구제활동 또는 구제사업이란 의미의 강한 인식을 가지고 있어 우리나라에서 사회사업이 전문직으로 발전하는 데는 가장 큰 저해요인으로 작용하고 있다. 사회복지학계는 이와 같이 잘못된 국민의 인식을 바꾸는 것이 전문직으로서의 발전에 도움이 되고, 국민의 인식을 바꾸기 위해서는 사회사업을 사회복지로 바꾸어 사용하는 것이 바람직하다는 판단에 이르게 된 것이다. 이러한 사회적 여건에서 1976년 부산에서 개최한 한국사회사업대학협의회의 워크샵에서 공식적으로 논의한 후 많은 대학들이 사회사업학과를 사회복지학과로 명칭을 변경하게 되면서부터 우리나라에서 사회복지라는 개념이 점차 보편적으로 사용하게 되었다.

사회복지라는 용어가 공식적으로 사용된 이후 복지에 대한 우리 사회의 관심은 급속히 증대되어 1980년대 이후 정부가 사용한 복지사회의 건설, 복지국가의 건설, 또는 국민의 복지증진 등과 같은 용어와 더불어 사회복지라는 용어를 더욱 빈번하게 더 많이 사용하게 되었다.

"복지(welfare)"란 "평안히 잘 지내는 상태" 즉, "건강, 행복 및 번영의 상태"를 의미한다. 그리고 "복지"란 "복지사업(welfare work)" 즉, "인간의 생활상태와 수준을 개선하기 위하여 지역사회나 단체의 조직적인 노력"을 의미한다.

이와 같이 "복지"란 평안히 잘 지내는 상태를 말하며 행복에 대한 이념 즉 이상적 상태를 포함하는 개념이다. 여기에 "사회적(social)"이란 형용사를 붙여 "사회복지(social welfare)"라 하며, 사회복지란 사회적으로 행복한 상태를 뜻한다. 즉, 사회복지란 인간생활의 이상적 상태를 의미하는 개념인 동시에 그것을 지향하는 실천적 활동을 포함하는 개념이다. 이와 같이 사회복지는 이념적 의미와 실천적 의미를 내포하고 있다.

이념적 의미에서 사회복지는 훌륭하고 바람직한 사회 즉 빈곤이나 불행이 없는 사회, 국민 대다수가 자유롭고 평등한 생활을 영위할 수 있는 사회를 말한다. 그러나 현대사회는 이러한 이상과는 달리 여러 가지 어려운 상황에 처하는 사람들이 끊임없이 발생하게 되어 사회전체의 공동 책임으로 인간생활의 불행을 제거하려고 한다.

사회복지는 ① 풍요의 이념, ② 상호관계의 이념, ③ 개발계획의 이념을 지향하고 있다(Wickenden, 1965). 즉, 인간은 기본적 욕구를 충족시키기 위하여 물질적으로 풍부하기를 바라며, 그들의 대인관계를 통한 사회적 욕구를 충족시키기 위하여 사회적으로 평등하기를 바라며, 그리고 이러한 물질적 풍부와 사회적 평등은 정치, 사회 및 경제적 개발계획의 구체화로 가능하다.

실천적 의미에서 사회복지는 사회복지의 이념을 달성하기 위하여 실천하는 체계적, 조직적 활동이다. 이 사회복지 이념의 달성은 전문적 접근방법, 정책적 접근방법, 그리고 이 두 가지 접근 방법을 동시에 고려한 통합적 접근방법의 적용을 통한 여러 사회복지분야의 실천활동으로서 가능하다.

사회복지는 다음과 같이 좁은 의미, 넓은 의미, 가장 넓은 의미의 세 가지로 구분하여 이해할 수 있다(社會福祉事業辭典, 1966).

① 좁은 의미의 사회복지는 사회사업(social work) 또는 사회복지사업과 동의어로 사용되는 것으로 사회생활상의 곤란 또는 장애를 받고 있는 자, 즉 장애인, 노인, 아동 등의 요보호자에 대한 보호, 육성, 지도, 치료, 재활 등의 서비스 시책이라고 할 수 있다.

② 넓은 의미의 사회복지는 좁은 의미의 내용 외에 사회정책, 사회보장, 보건, 의료, 주택, 고용, 교육 등이 포함되는 것으로 국민 최저한(national minimum), 또는 평균적인 욕구가 충족되지 않는 개인, 가족, 집단 등에 대한 여러 가지 사회적 서비스를 총칭하는 것이다.

③ 가장 넓은 의미의 사회복지는 좁은 의미의 내용과 넓은 의미의 내용 이외에 토목, 건축, 재정, 금융, 군사, 경찰 등 전국민의 사회생활의 안정과 발전에 공헌하는 일체의 사회적 시책을 총칭하는 것으로 사용되고 있다.

그러나 사회복지는 일반적으로 좁은 의미와 넓은 의미의 두 가지가 주로 사용되고 있다.

제2절 사회복지의 정의

이와 같이 사회복지는 여러 가지 의미로 사용되고 있을 뿐 아니라 국가와 시대, 그리고 학자들의 관점에 따라 차이가 있어 지금까지 사회복지에 대한 통일된 정의가 나온 것은 없다.

사회복지는 좁은 의미와 넓은 의미로 정의할 수 있다. 가장 좁은 의미로 사회복지는 고민과 빈곤을 경감시키거나 사회의 상태를 개선하는데 목적을 두고 있는 사회, 공공기관 또는 자발적 단체의 비영리적 기능을 포함한다(Dolgoff & Feldstein, 1984).

또한 좁은 의미의 사회복지는 가족이나 시장기구로부터 탈락된 자들에게 정상적인 사회생활을 유지할 수 있도록 보호, 치료, 예방의 정책이나 방법을 활용하는 경우를 말한다(장인협, 1987).

또 다른 정의를 보면, 사회복지란 공식적으로 조직되고 사회적으로 후원을 받는 제도, 기관, 프로그램으로서 국민의 전부 또는 일부의 경제상태, 건강 또는 대인간의 적응능력을 유지하거나 개선하는 기능을 의미하며, 가족이나 사적인 기업체의 기능은 여기서 제외된다(Wilensky & Lebeaux, 1965).

Titmuss(1959)에 의하면 사회의 모든 활동을 두 가지 기본적인 범주로 구분할 수 있다.

① 이익을 위하여 수행하는 활동, 즉 사회의 시장활동.

② 복지지향적인 집합적 중재(intervention).

사회복지의 정의는 좁은 의미나 넓은 의미의 정의 그 어느 것도 완전하지 못하다. 좁은 의미의 정의는 가장 중요하고 효과적인 사회복지 프로그램을 제외시키려는 경향이 있다. 이것은 보충적 또는 잔여적(residual) 사회복지개념에 해당하는 것으로 사회복지는 시장제도에 의하여 사회가 정상적으로 기능을 하지 못할 때 도움을 주는 활동으로 본다.

그러나 점차적으로 사회복지욕구는 오늘날 거의 모든 사람들을 다루는 사회보장제도, 여가와 레크리에이션에 대한 광범위한 욕구를 충족시키려는 퇴직자를 위한 사회프로그램, 또는 부자나 빈민을 위한 근로자 보상과 같은 보험이나 광범위한 예방프로그램에 의하여 충족되고 있다.

넓은 의미의 사회복지 정의라 할지라도 충분히 포괄적이지 못한 동시에 너무 포괄적이어서 문제가 되기도 한다. 한편으로는 영리부분과 복지부분 간의 구별에 의하여 넓은 의미의 사회복지는 사적부분의 맥락에서 증가하고 있는 노인요양시설, 어린이집, 사회복지사의 개업 등 영리를 위해 전달하는 사회적 서비스를 제외하고 있다.

다른 한편으로, 사회복지의 넓은 의미의 정의는 "욕구를 충족시키려는 모든 집합적 중재"를 다루려는 요구나 이와 비슷하게 광범위한 진술을 하여 경찰, 소방, 교육, 세정 등 너무 많은 것을 포함하기도 한다.

이와 같이 사회복지의 두 가지 유용한 개념은 보충적 또는 잔여적(residual) 사회복지와 제도적(institutional) 사회복지(Wilensky & Lebeaux, 1965, pp.138~140)이다.

과거의 잔여적 견해는 가족이나 시장이 정상적으로 기능을 하지 못하거나, 욕구를 충족시키는데 적절한 자원이 없을 경우에만 사회복지 서비스가 필요하다고 본다. 현대 산업사회에서 볼 수 있는 새로운 제도적 입장은 정상적인 사회기능으로서 사회복지서비스를 요청한다고 본다.

이러한 두 가지 견해는 철학적으로 서로 상반되지만, 오늘날 사회복지실천은 이 두 가지 입장을 통합하게 된다.

사회복지발달의 오랜 역사적 경향은 잔여적인 것으로부터 제도적인 것으로 바뀌어 왔다. 이들 각 개념의 구성요소는 다음 <표 1-1>과 같다.

표 1-1 사회복지의 잔여적 · 제도적 개념 요소

구성요소	잔여적	제도적
욕구에 대한 관점	욕구는 비정상적인 것으로 본다.	욕구는 예측되며, 산업화에서 나타난다.
문제에 대한 관점	문제의 상황은 긴급하고 위기이다.	문제는 현대생활의 복잡성에서 나온다.
도움에 대한 관점	인간은 그들의 자원이 고갈된 후에만 도움을 받는다.	도움은 파괴되기 전에 제공된다.
단점	문제와 서비스는 낙인을 수반한다.	문제나 서비스에는 낙인이 없지만 개별화된 서비스 제공이 어렵다.

구성요소	잔여적	제도적
돕는 기간	서비스는 일시적인 향상의 형태로, 달갑지 않은 최후 수단의 구호품 또는 자선이며, 가능한 한 일찍 종결된다.	서비스는 예방과 재활을 강조하는 제도화로 영구적일 수 있다.
가치	엄격한 개별주의 철학	안전과 인본주의를 강조
초점	치료	예방

따라서 잔여적이고 한정적인 개념은 넓은 의미의 사회복지개념의 일부 구성요소를 형성하고 있다고 볼 수 있으므로 사회복지를 넓고 복합적인 개념으로 이해하는 것이 보다 바람직하다.

이상에서 사회복지의 정의를 살펴보았으나 아직은 사회복지는 무엇을 의미하는가? 사회복지는 무엇을 포함하고 있는가? 사회복지의 한계는 무엇인가? 그리고 사회에서 사회복지체계에 해당하지 않는 것은 무엇인가? 하는 질문에 명백한 해답을 얻을 수 없는 것이 사실이다.

이러한 질문에 대한 해답을 좀 더 분명히 하기 위해서는 Wilensky와 Lebeaux(1965, pp.140～147)가 제시한 다섯 가지 사회복지의 인식을 위한 지침을 참고하는 것이 도움이 될 것이다.

① 공식적 조직

사회복지활동은 공식적으로 조직되어 있다. 동정적 개인적 자선, 이웃이나 가족과 같은 상호부조적 관계내의 서비스나 도움은 조직화된 것이 아니므로 사회복지활동에서 제외된다.

② 사회적 후원과 책임

사회적으로 승인된 목적과 방법으로 공식적 책임의 수행인 사회적 후원은 이윤추구를 위한 후원금에 의하여 제공되는 서비스에 대해 사회복지서비스를 구분하는 중요한 요인이다. 공공의 이익을 반영하고 지역사회에 대한 책임 있는 서비스를 제공하기 위한 메카니즘은 사회적 후원의 본질적 부분이다.

③ 프로그램의 주목적으로서 이윤추구의 배제

가족 안의 욕구와 서비스 순환이 사회복지의 개념에서 제외되는 것과 같이 자유기업체계의 한계 내에서 발생하고 충족되는 욕구들도 제외된다. 이윤을 추구하고 서비스에 대한 요금을 받는 대부분의 활동은 사회복지에서 제외된다.

④ 기능적 일반화 : 인간 욕구의 통합적 관점

인간욕구의 거의 모든 것들은 충족되지 않을 경우도 있고, 개발될 수 있는 인간의 능력이 많으므로 욕구를 충족시키고 능력을 증진시키는 복지서비스는 다양하다. 이러한 다양한 활동을 취하는 사회복지는 전체적인 관점에서 "기능적으로 일반적인 것"으로 기술된다. 즉 충족되지 않은 욕구가 있는 곳에서는 어디에서든지 사회복지서비스가 제공된다.

⑤ 인간의 소비욕구에 관한 직접적인 관심

사회의 활동은 국방과 같은 그 사회의 기능적인 필수조건에 주로 관련되어 각 개인의 운명과는 간접적인 관련밖에 없는 서비스로부터 상담과 의료서비스와 같은 각 개인과 가족들의 절박한 소비욕구를 충족시키기 위한 직접적 서비스를 제공하는 것으로 생각할 수 있는데 후자가 사회복지에 해당하는 것이다.

제3절 사회복지와 사회사업

사회복지와 사회사업이란 용어는 가끔 혼돈되고 때로는 동의어로 사용된다. 실제로 사회복지는 폭넓은 의미를 가지며, 사회사업, 공공복지, 그리고 기타 관련된 프로그램과 활동을 포함한다(Skidmore & Thackeray, 2000, p.3). 사회복지와 사회사업은 흔히 혼동을 가져오는 개념으로 학자들의 견해에 따라 그 의미가 다르기 때문에 이 두 가지 개념을 명확히 규정한다는 것은 쉬운 일이 아니다. 사회복지와 사회사업의 개념에 혼돈을 가져오는 경우는 일반적으로 사회복지의 개념을 좁은 의미로 보느냐 넓은 의미로 보느냐에 관련되어 있다.

일반적으로 사회복지를 좁은 의미로 볼 때 사회사업을 사회복지로 보는 경향이 있으며, 넓은 의미의 사회복지를 사회정책과 사회사업으로 구성되어 있는 것으로 받아들이고 있다. 그러나 이에 대한 학자들의 견해는 상이하며 몇몇 대표적인 학자들의 견해를 살펴보면 다음과 같다.

1. Dunham의 정의

Dunham(1970)은 사회복지는 인간노력의 광범위한 분야이고 사회사업은 그러한 분야의 한 전문직이라고 하였다.

사회복지는 인구의 일부 또는 전체의 경제적 조건, 건강 또는 대인적 경쟁을 개선 유지함으로써 사회적 복리를 추구하려는 조직적인 활동이다. 따라서 사회복지서비스는 인간의 욕구에 대한 반응에 초점을 두며 개인, 특정 집단, 지역사회 및 대규모 인구집단을 위한 보호, 수입유지, 치료 및 예방을 의미한다.

사회사업은 지역사회의 욕구와 능력의 준거틀 안에서 사람들이 충분한 능력을 개발하고 만족스러운 관계와 생활수준을 획득하도록 그들을 도와주는 전문적 서비스를 말한다.

2. Friedlander의 정의

사회복지(Friedlander, 1980)는 생활과 건강상태에서 만족한 수준에 미칠 수 있게 개인과 집단을 돕는 것을 목적으로 하는 사회적 서비스와 제도의 조직적인 체계이다. 이것은 개인이 가지고 있는 능력을 충분히 발휘하게 하여 그들의 가족과 지역사회의 관심과 조화를 이루어 그들의 복지를 증진해 나갈 수 있게 하는 여러 가지 개인적, 사회적 관계의 조성을 목적으로 하는 것이다.

한편으로 사회사업은 개인, 집단 또는 지역사회가 개인적, 사회적 만족과 독립을 누릴 수 있도록 돕는 것으로 인간관계에 관한 과학적 지식과 기술에 기초를 두는 전문적 서비스이다.

3. 국제연합의 정의

1971년에 발표된 사회복지교육에 관한 국제연합 제5회 국제조사보고서는 사회복지와 사회사업에 관한 정의를 달리하고 있다.

이 보고서에 의하면 사회복지는 개인, 집단, 지역사회, 제도 및 사회적 수준에 있어서 보다 나은 사회적 기능 또는 사회적 관계를 목표로 한 사회적 서비스 및 인간의 복지를 가능하게 하는 과정이다.

한편 사회사업은 사회과학과 기타의 과학에서 도출되어 사회개발의 훈련 및 조사에 교육적으로 인정받는 사업에 지지된 지식, 방법 및 철학의 체계에 주로 기초를 두는 훈련에 의해서 터득된 사회복지 분야에 있어서 사람들의 사회적 욕구를 충족시키기 위한 전문적 운영방법이다.

전자는 보다 나은 환경을 전제로 하는 서비스를 강조하는 반면, 후자는 전문적 지식과 기술을 강조하고 있는 것이 특징이다(浦邊史 外 3人, 1975).

4. Johnson의 정의

사회복지(Johnson, 1983)는 사회제도나 체계간의 조직적인 활동으로서 인간의 복지를 유지하거나 개선하는데 목적을 두고 있으며 사회사업을 포함한 많은 전문직들을 포함하는 매우 폭넓은 개념이다.

한편 사회사업은 전문적인 활동으로서 인간의 상호작용, 인간과 그들의 환경간의 상호교류 및 그들의 심리사회적 상황에 관심을 두고 있다.

이상과 같이 사회사업은 역사적으로 한 때 사회의 일부 낙오자들을 원조하는 것으로 대표되었고, 따라서 그들을 다루는 기술이나 내용도 오늘날의 차원과는 크게 다른 것이었다. 이러한 정의에 입각한 클라이언트의 관점은 결코 사회적 환경이나 사회제도의 어떤 결함이 어떻게 해서 개인의 여러 가지 곤란을 가져오게 하였는가 하는 근본문제를 고려하지 않고 다만 결과적인 현상인 개인의 욕구에 대한 충족 내지 보완에 급급했던 것이다.

이러한 경향은 지금도 많이 볼 수 있는 것으로 선진국과는 달리 특히 개발도상국에 있어서 더욱 심각하게 나타나고 있어 하루 속히 Friedlander (1974)의 사회복지의 정의에서 시사된 발달 단계 즉, 소극적인 원조는 물론 나아가서는 사회 전체의 복지를 향상시키도록 하는 적극적인 차원의 단계로 나아가야 할 것이다.

5. 미국사회복지사협회의 정의

사회복지(social welfare)란 사람들이 사회의 유지에 기본적인 사회적, 경제적, 교육적 및 건강적 욕구를 충족하도록 돕는 국가의 프로그램, 급부 및 서비스에 관한 체계이며, 지역사회나 사회의 집합적 행복(well-being)의 상태이다(Barker, 2003, p.408).

사회사업(social work)이란 사람들이 효과적인 수준의 심리사회적 기능을 수행하도록 돕고, 모든 사람의 행복(well-being)을 증진시키도록 사회변화에 영향을 미치는 응용과학이다. 사회사업이란 개인, 집단, 지역사회가 사회적 기능을 수행할 수 있도록 그들의 능력을 증진시키거나 회복시키도록 돕고, 이러한 목표를 달성하는데 적절한 사회적 조건을 조성하는 전문적 활동이다(Barker, 2003, p.408).

사회복지를 협의로 사용할 때는 사회사업과 전혀 다를 바 없다는 것과 또 미국에서의 사회사업은 기술적 과정의 강조가 두드러진 것으로 이해되고 있으나, 반대로 영국의 사회사업은 보다 제도적 개선의 보충적 조치로 이해되고 있다.

협의의 사회복지 즉 사회사업과 광의의 사회복지 즉 일반적 사회복지라고 부르는 이 두 개념에 대한 이해와 구별에 도움을 위하여 표로써 나타내면 <표 1-2>와 같다.

표 1-2 사회복지와 사회사업의 비교

구 분	사회복지	사회사업
어의(語義)	이상면을 강조	실천면을 강조
목적(目的)	환경지향적	인간지향적
대상(對象)	전체적, 불특정적	부분적, 특정적
방법(方法)	제도, 정책, 고정적	지식, 기술, 역동적
기능(機能)	사전적, 예방적, 적극적	사후적, 치료적, 소극적

결론적으로 사회복지와 사회사업을 정의하면, 사회복지(social welfare)란 인간의 행복을 증진시키기 위하여 정부나 민간단체들이 여러 가지 프로그램이나 사회적 서비스 또는 제도를 통해서 사회적 역기능을 예방하고 줄이기 위한 체계적이고 조직적인 노력이며 실천활동이다. 사회사업(social work)이란 개인이 그의 일상생활 과정에서 사회적 기능을 원활히 수행해 나가는데 필요한 도움을 사회복지기관의 전문가가 제공해 나가는 전문적 활동이다.

제4절 사회복지의 기본 개념

사회복지를 이야기할 때 자주 사용되는 개념은 사회사업, 사회서비스, 사회정책이다. 사회정책(social policy)은 개인, 집단, 지역사회, 사회제도간의 상호관계를 조절하고, 그 개입방법을 안내하는 사회의 활동과 원리이다. 이러한 원리와 활동은 사회의 가치와 관습의 결과이며, 국민의 복지수준과 자원의 재분배를 결정한다. 따라서 사회정책은 교육, 건강보호, 범죄와 교정, 경제적 보장, 사회복지에 대한 정부의 계획과 프로그램을 포함한다. 사회정책은 또한 사회의 보장과 강제를 야기 시키는 사회적 관점을 포함한다(전재일, 1998, pp.10~14).

사회복지와 사회사업의 구별은 사회제도 또는 체계(사회복지)와 직업 또는 전문직(사회사업)간의 구별이다. 사회사업보다 훨씬 광의의 개념인 사회복지는 사회학자들이 사회제도라 말하는 것이며, 사회사업을 포함하는 수많은 직업적 노력들을 포함한다. 다른 한편, 사회사업은 어떤 사람이 직업적 역할을 실천으로 행하는 전문적 활동이라 하겠다.

사회복지와 함께 많이 사용되는 사회서비스(social service)는 사회사업의 분석을 위한 개념이다. 사회서비스는 사회복지사들이나 관련 전문가들이 사용하는 프로그램 또는 조치로 정의되며 사회복지목표를 지향하게 된다. 사회서비스(social service)는 사람들이 좀 더 자립할 수 있고, 의존을 탈피하고, 가족유대를 강화하고, 개인, 가족, 집단, 지역사회가 사회적 기능을 성공적으로 수행할 수 있도록 회복시키는 사회복지사나 기타 전문가들의 활동이다. 그밖에도 그들의 욕구를 충족시키는데 적합한 재정적 자원을 얻도록 도와주며, 아동이나 다른 피부양자를 보호할 능력이 있는지를 평가하고, 상담과 심리치료를 하며, 의뢰와 전달을 하고, 중재하며, 옹호(대변)하고, 개인에게 책임져야할 조직들을 알려주며, 건강보호 급부를 촉진하고, 클라이언트와 자원을 연결시키는 등 특별한 종류의 서비스들이 있다(전재일, 1998, pp.10～14).

사회복지사[1]는 대학의 사회복지학과 졸업생으로서 사회복지의 전문적 지식과 기술을 이용하여 클라이언트(개인, 집단, 가족, 지역사회 등)에게 사회서비스를 제공하고, 극복하는 능력을 증대시키고, 필요한 자원을 얻을 수 있도록 돕고, 개인 상호간 그리고 인간과 환경간의 상호작용을 촉진하며, 사람들에게 필요한 조직을 만들고, 사회복지정책에 영향을 미친다.

사회복지사들은 다양한 분야에서 일을 한다(Johnson, 1982, pp.11～12). 즉, 행정기관에서는 사회복지전담공무원, 사회복지관에서는 사회복지사, 정신건강분야에서는 정신보건사회복지사, 학교에서는 학교사회복지사 등이 될 수 있다.

클라이언트(client)는 사회복지사의 전문적 서비스를 구하거나 제공받는 개인, 집단, 가족, 및 지역사회를 말한다. 그리고 클라이언트와 그 문제해결에 잠재적 영향을 미치는 환경에 있는 사람들을 클라이언트체계(client system)라 한다. 예를 들면, 사회복지사는 핵가족을 클라이언트로 보고, 확대가족, 이웃, 교사, 고용주를 클라이언트체계의 한 부분으로 본다.

사회복지는 사회사업, 사회서비스 이외에 기본적으로 사용되는 개념들로서 사회복지기관과 분야, 연령집단, 인구집단 및 사회문제를 포함하는 여러 차원의 개념을 사용하게 된다.

1) 사회복지사 자격증은 사회복지사업법에서 1급, 2급, 3급으로 구분하여 1급은 2003년부터 국가시험에 합격하여야 취득할 수 있도록 하고 있다. 시험과목은 2005년 제3회 국가시험부터는 필수과목 3과목으로 ① 사회복지기초(인간행동과 사회환경, 사회복지조사론), ② 사회복지실천(사회복지실천론, 사회복지실천기술론, 지역사회복지론), ③ 사회복지정책과 제도(사회복지정책론, 사회복지행정론, 사회복지법제론)로 되어있다.

1. 사회복지기관

문제를 가진 사람이 그의 문제를 해결하는데 필요한 도움을 받기 위하여 찾아 오는 곳을 넓은 의미의 사회복지기관이라 한다. 이러한 기관은 현금 또는 물질적 원조, 환경적 변화, 상담, 심리적 지원 등의 도움을 주는 곳으로 여러 가지 수준에서 구별될 수 있다.

첫째로 원조자원에 따라 공공사회복지기관과 민간사회복지기관으로 구분된다.

공공사회복지기관은 국민들이 납부한 세금으로 유지되는 기관으로 중앙정부나 지방정부의 복지부서 또는 정부가 직접 운영하는 사회복지기관이나 사회복지시설이 그 예이다.

민간사회복지기관은 개인이나 단체의 자발적 기부금으로 운영되는 기관을 말한다. 그러나 현실적으로 순수 민간자원만으로 운영되는 민간사회복지기관은 거의 없고 정부의 재정적 지원을 받아 운영되는 것이 일반적이다.

둘째로 재단의 설립이념 또는 목적에 따라 제1차적 사회복지기관과 제2차적 사회복지기관으로 구분된다.

제1차적 사회복지기관은 인간복지를 그 기관의 주된 목적으로 하여 운영하는 기관으로 사회복지사업법에 의한 사회복지법인이 운영하는 사회복지기관 및 사회복지시설이 그 예이다.

제2차적 사회복지기관은 그 기관의 본래의 목적을 달성하기 위한 수단으로서 인간의 복지를 부수적 목적으로 하여 운영하고 있는 기관을 말하는 것으로 기업이나 종교단체가 설치 · 운영하는 사회복지재단이나 사회복지시설이 그 대표적인 예이다.

셋째로 기관의 특수기능에 따른 구분으로서 기관의 사업의 내용과 차이에 따라 구분될 수 있다. 예를 들면, 아동복지기관에는 다양한 목적을 가진 기관이 많다. 입양사업기관, 위탁보호사업기관, 아동보호시설, 아동상담소 등과 같이 특수한 부분만을 전문적으로 취급하는 기관이 있다.

사회복지기관은 이상과 같은 기준에 따른 분류에도 불구하고 실제로는 복합적 특성을 지닌 기관들도 있어 이러한 기준에 의하여 명백히 분류 할 수 없는 경우도 있다. 그리고 사회복지기관은 사회복지의 주체와 관련되는 것으로 제3장을 참고하기 바란다.

2. 사회복지의 차원

이해를 돕기 위하여 사회복지의 여러 차원이 설명될 수 있다. 이러한 차원들은 분야, 연령집단, 인구집단 및 사회문제를 포함한다. 이들 가운데는 실제로 상당한 중복과 상호관련성이 있지만 구분될 수 있다(Johnson, 1982, pp.19~20).

분야(field)는 한편으로는 프로그램/장면/서비스, 다른 한편으로는 이러한 맥락에서 이루어지는 상이한 종류의 사회복지실천이라 할 수 있다. 장면(settings)과 분야를 구분하는 것이 도움이 된다. 장면은 장면이 한 부분이 되는 보다 큰 분야라기 보다는 기관 또는 단체 그 자체를 말한다. 자세히 말하면, 건강과 정신건강은 분야이고, 이에 반하여 병원과 정신건강센터는 장면이다. 이 두 가지 경우 모두 장면과 분야의 의미를 내포한다.

다른 차원은 어떤 프로그램이 단일 연령집단과 여러 또는 모든 연령 집단에 초점을 두는 연령에 따라 제공받는 사람을 범주화하는데서 나온다. 연령에 의해 구분되는 집단은 유아, 취학전 아이들, 아동, 청소년, 성인, 중년, 노인 또는 이들 중의 몇 가지 변인이다. 어린아이를 위한 주간보호센터(day care center), 노인주간보호센터, 그리고 노인을 위한 양로원(nursing home)은 사회복지가 연령에 귀속하는 중요성을 말해주고 있다.

관련성이 있고 다소 중복되는 접근인 인구집단(population)에 관련된다. 이의 예는 한 부모(single parent), 대학생, 미망인, 그리고 장애인이다. 프로그램은 흔히 특수한 인구집단을 중심으로 운영되며 이러한 맥락 안에서 욕구를 충족시키고 문제해결을 지향하게 된다. 어떤 문제는 어떤 인구집단에 독특하며, 한편 다른 문제는 여러 집단의 특성을 지닌다.

끝으로 방금 설명한 것과 관련된 사회복지정책을 이해하는 한 가지 방법은 사회문제(social problem)라는 용어에 있다. 이에 관한 목록은 아주 많지만 몇 가지를 들면, 범죄, 빈곤, 알코올 중독, 및 정신병 등을 포함한다. 사회복지는 사회문제의 치료와 통제에 관심을 둔 전문직이라 할 수 있다.

이러한 여러 가지 사회복지의 차원이나 수준들의 상호관련성은 범죄(사회문제), 범죄자의 희생자들(인구집단), 범죄를 많이 범하는 청소년(연령), 교정(서비스분야), 그리고 교도소(구체적 장면)의 예를 생각하면 보다 쉽게 이해할 수 있을 것이다.

참고문헌

김영모, 남세진, 신섭중. (1982). 현대사회복지론, 서울 : 한국사회정책연구소 출판부, p.3.

장인협. (1987). 사회복지학개론, 서울 : 서울대학교 출판부.

전재일. (1998). 사회복지실천의 이해, 대구 : 사회복지개발연구원, pp.10～14.

浦邊史 外 3人. (1975). 社會福祉要論, 東京 : ミネルヴァ書房, pp.54～55.

社會福祉事業辭典. (1966). 東京 : 誠信書房, p.45.

Barker, R. L. (2003). The Social Work Dictionary, Silver Spring, Ma. : National Association of Social Workers.

Dolgoff, R., & Feldstein, D. (1984). Understanding Social Welfare, New York : Longman.

Dunham, A. (1970). The New Community Organization, New York : Thomas Y. Crowell, pp.14～20.

Friedlander, W. A. (1980). Introduction to Social Welfare, 5th ed., Englewood Cliffs : Prentice-Hall, p.4.

Johnson, H. W. (1982). The Social Services, An Introduction, Itasca, Ill : F. E. Peacock, pp.11～12.

Johnson, H. W. (1983). The Social Services, An Introduction, Itaska, Ill : F. E. Peacook, pp.10～11.

National Association of Social Workers. (1995). Encyclopedia of Social Work, 19th edition, p.2206.

Skidmore, R. A., & Thackeray, M. G. (2000). Introduction to Social Work, Eighth Edition, Boston: Allyn and Bacon.

Titmuss, R. (1959). "The Social Division of welfare", Essay on the Welfare State, New Haven : Yale University Press. p.42.

Wickenden, E. (1965). Social Welfare in a Changing World, U.S. Department of health, Education and Welfare, pp.1～2.

Wilensky, H. L. & Lebeaux, C. N. (1965). Industrial Society and Social Welfare, New York : The Free Press. p.17.

제 2 장 사회복지의 기초

제 1 절 사회복지의 기

사회복지의 동기는 종교적, 인도주의적, 공리주의적, 전문직업적 동기로 구분할 수 있는데 이를 살펴보면 다음과 같다.

1. 종교적 동기

여러 종교 중 특히 기독교의 경우를 중심으로 살펴보면 예수그리스도의 직접적인 교훈과 행적은 4복음서(마태복음, 마가복음, 누가복음 및 요한복음)에서 상세히 찾아볼 수 있다. 복음서는 무엇보다도 예수 그리스도의 사랑, 친절 및 평화의 기본정신을 사람들에게 나타내 보이고 있다. 즉 모든 인간은 서로 형제처럼 사랑하고 또 세상에 있어서는 거룩한 의무를 다함으로써 하나님의 은총을 입어 영생을 누릴 수 있게 된다는 것이다. 따라서 자선행위는 이러한 종교적 교리가 바탕이 되어 형제애나 이웃사랑으로 서로 돕고 나아가서는 불우한 타인까지도 돕는 일이다. 이와 같은 종교적 동기가 사회복지의 발달사에 미친 영향은 크다고 할 수 있다. 그런데 이러한 동기와 영향을 과대시한 나머지 기독교뿐만 아니라 다른 종교를 가진 종교인만이 좋은 사회복지사가 될 수 있는 것으로 보는 견해도 있으나 사회복지실천의 전문적 입장에서는 그렇게 볼 수 없다(Niebuhr, 1932, p.5).

2. 인도주의적 동기

근대적인 인도주의의 근원은 18세기에 새로 등장된 중간계층 사람들의 인권문제와 관련하여 살펴볼 수 있다. 그 당시의 철학자들은 박애(philanthropy)에 대한 합리성을 풀이해 주었으며 하류계층과 빈민을 돕는 기독교의 복음적 표현인 자선도 합리화시켰다(Hillman, 1956, p.4). 인도주의는 무엇보다도 인간생활에 있어서 고통을 경감하고 나아가서 향락을 증진시키는데 그 원류를 찾아볼 수 있다. 인도주의적 동기(humanitarian motives)의 특징은 인간이란 계급적으로 상하의 차이가 있는 것이 아니라 어디까지나 평등한 관계에 있다는 것이다. 따라서 인간관계에 있어서도 다 같이 사랑해야 하며 친절을 베풀고 도움을 주어야 한다는 것이 인간의 의무라는 것이다. 그래서 인도주의적 동기에서 타인을 돕는 것은 결코 우월자가 열등자를 천시하며 원조하는 것이 아니라는 것을 전제하고 있다. 이와 같은 근본적인 사상을 바탕으로 해서 당시의 많은 사업가들은 형집행, 주택, 보건의 개선을 도모하는 일종의 사회개혁운동에 적극 참여하였고, 또 그 외에도 사회정의의 실현 면에서도 공헌한 바는 매우 컸다.

3. 공리주의적 동기

원래 공리주의(utilitarianism)는 18세기말부터 19세기 중엽까지 영국을 지배하였던 사회사상으로 공리(功利)를 증진시키는 것을 행위의 목적과 선악(善惡) 판단의 기준으로 삼는다. 공리주의는 영국의 Bentham에 의하여 체계화되었고, Mill과 그의 아들 Mill을 중심으로 한 철학적 급진주의자에 의하여 발전되었다. 개인주의와 합리주의를 사상적 기조로 하여 공리 또는 최대의 행복 원리를 도덕의 기초로 삼는다. 즉 Bentham에 의하면, 인간의 본성은 고통과 쾌락에 의하여 지배되고 모든 인간행위의 동기는 필연적으로 쾌락을 추구하고 고통을 피하는데 있으며, 그 결과 쾌락과 고통은 모든 인간행위에 대한 선악판단의 기준이 되는 것이라 했다. Bentham은 또 이러한 원리는 개인뿐만 아니라 사회에도 적용될 수 있다고 보고 결국 이기적인 개인의 결합체인 사회의 기본원리를 "최대다수의 최대행복(the greatest happiness for the greatest member)"에서 구하였다(社會福祉事業辭典, 1970, p.254). 그리하여 Bentham은 법이나 정치제도 또는 도덕이나 종교도 모두 "최대다수의 최대행복"에 기여하는지 여부에 따라서 그 정당성이 판단되어야 한다고 주장했다. 특히 그는 국가의 기초는 계약에 있는 것이 아니라 인간의 필요성에 있고, 그 필요성이란 개인을 산술적으로 계산한 "최대다수의 최대행복"에 있다고 주장했다. 이처럼 Bentham의 주장이 어떠한 질적(質的) 차이도 무시된 다수인(多數人)의 행복이라는 점에 반해, Mill은 쾌락과 고통을 인간행동의 유일한 동기로 본다는 점에서는 Bentham의 공리주의를 그대로 계승하였으나, 쾌락이 모두 양적(量的)으로 계산될 수 있는 것이 아니라 질적인 차이를 가지는 것이며 감각적 쾌락보다는 정신적 쾌락이 더 중요하다고 함으로써 공리주의를 수정하였다.

종교와 도덕적 선입관을 배제하고 객관적으로 관찰한다면 모든 사람은 고통을 가능한 한 제거하거나 피하려고 하는 반면 가능한 한 향락을 추구하는 것이다. 그러나 이러한 본래의 의도는 마침내 영국의 산업혁명과 더불어 일어난 개인주의적 사상의 대두로 인하여 사회복지도 "최대다수의 최대행복"의 실현을 윤리적 과제로 삼게 되고 아울러 마치 다른 사업이나 일반 산업조직과 같은 태도로써 임하기에 이르렀던 것이다.

4. 전문직업적 동기

Clarke여사가 "많은 사람들은 법률이나 의학분야에 종사하는 것과 같이 사회복지에 종사하여 환경적 차원이나 인간적인 면에서 욕구상태에 있는 사람들에게 그들의 전문적 서비스를 제공하고 있다"고 한 바와 같이 사회복지에 대한 관심사는 점차 증대되고 있다. 일반적으로 법률, 교육, 의학 등 전문직업들은 비록 그것을 다루는 각도가 인권옹호, 인격형성, 정신치료, 신체치료 등과 같이 제각기 취급하는 분야가 다르지만 그 대상자를 돕는 점과 결과적으로 사회복지를 위한 일종의 서비스를 수행하고 있다는 점에서 공통적이라 할 수 있다. 그렇다고 해서 이들 전문직업인들이 자신의 이익이나 생활면을 전적으로 무시해 가면서 오직 타인에 대한 봉사만을 하는 것은 아니다.

한 때 동기를 표준으로 사업과 전문 직업을 구별하였다. 전자는 금전적 이익추구, 후자는 타인을 위한 서비스의 제공, 또 전자가 이기적 사리사욕을 위주로 하는데 대해 후자는 봉사와 희생적인 구조를 목적으로 하는 것으로 보고 양자를 구별하기도 했다. 그러나 이러한 상이성은 다소 있을 수 있겠으나 그것이 양자를 구별짓는 절대적인 것은 못된다. 양자는 이기적이니 이타적이니 하는 것보다 오히려 그러한 직업에 종사하기 위해 필수적인 특별한 교육이나 훈련, 또는 사회적으로 조직되고 관리될 때의 양식의 차이에 따라 구분되는 것으로 본질적으로 양자는 점차 접근되고 있다(竹內愛二, 1968, pp.80～86).

따라서 사회복지는 역사적으로 자선이나 박애라는 동기의 영향을 받아 왔지만 그렇다고 해서 사회복지사가 절대적으로 구제라는 사명, 이타적인 자기희생적 동기에 사로잡힐 하등의 이유는 없다고 보며 마치 다른 전문 직업인인 의사, 교육자, 법률가, 종교가들이 자기들의 철학과 기본가치에 입각해서 최선의 서비스를 제공하고 아울러 이에 상당한 대가(代價)를 받는 것처럼 일해 나가면 될 것이다. 이러한 입장에서 사회복지사에게 보다 중요한 것은 사회복지실천과정에 있어서 확고한 철학을 가지는 것이 중요하다.

제2절 사회복지의 기본가치

사회복지의 기본가치는 철학적 바탕이 되는 것으로 다음과 같은 네 가지 즉, 인간의 존엄성, 자기 결정권, 균등한 기회 및 사회적 책임성에 대한 확신으로 집약된다(Friedlander, 1958, pp.1～7). 이와 같은 가치는 사회복지의 실천과정 중에 반영되어야 하며, 아울러 그 영향과 도움을 힘입어 클라이언트도 이러한 가치를 확신하고 또 그대로 실천해 나가도록 하는 것이 중요하다.

1. 인간의 존엄성

인간의 존엄성(worth and dignity of individual)은 사회복지의 철학이고 가장 중요한 기본가치가 되고 있다(Compton & Galaway, 1984, p.69). 이 존엄성 문제에 있어서 오늘날 개인적, 법률적인 인격의 존엄성이 실제로 과연 잘 보호되고 있나 하는 것은 한번쯤 생각하고 반성해 볼 일이다. 그러나 민주주의의 이념체계가 존립하는 한 이 문제는 국민의 기본 권리로 보장되어야 할 것이다. 따라서 개인은 그 이용가치와는 상관없이 존중되어야 하고, 사회복지사는 개인의 존엄성에 대한 확고한 신념을 가지고 있어야 한다.

사회복지는 그 대상이나 수준면에서 개인, 가족, 집단, 지역사회 및 보다 큰 사회의 복지로 실천하게 된다. 그러나 그 중에서도 가장 기본적이며 중요한 것은 개인이며, 따라서 개인의 권리와 존엄성은 결코 무시되어서는 안 될 중요한 핵심적 요소가 되고 있음에 주목하지 않을 수 없게 된다. Heidegger가 "장미는 스스로 아름답게 피어나게 할 때 그 뜰안을 아름답게 꾸민다."라고 한 것은 바로 이런 뜻을 강조해 주는 것이다. 사회복지는 개인을 도와 사회적 기능을 원만하게 수행할 수 있게 하면 결과적으로는 그것이 가족이나 집단 및 지역사회 나아가서는 전체사회의 복지를 실현하게 되는 것이다. 이와 같은 존엄성에 대한 철학은 사생활 에 있어서의 자유와 행복추구의 존중에 대한 중요성과 연관되며 아울러 자기 결정권, 기회 균등권 및 사회적 책임과도 직결되는 것이다.

2. 인간의 자기 결정권

인간의 자기 결정권(self-determination)은 사회복지의 이론과 실제에 있어서 극히 중요한 원리가 되고 있는데 기술적으로는 대안(alternatives) 제공이 전제되기도 한다. 이것은 각자의 자기 능력과 판단에 따라 자기의 태도와 행동을 결정할 권리를 갖는다는 기본적 인권을 존중하는 것으로 사회복지 철학의 중요한 몫을 차지하고 있으나(Bisno, 1952, pp.96~98) 어려서 그릇된 판단을 할 우려성이 있는 경우, 정신장애로 건전한 사고능력이 없을 경우, 기타 특별한 경우는 물론 예외로 하되 여기서는 어디까지나 클라이언트의 올바른 이해와 판단과 결정을 기다리는 것이 전제되고 있다.

따라서 클라이언트에 대한 일방적인 명령이나 금지 혹은 위협같은 행위로 자기결정을 저해해서는 안 될 것이며, 자기 결정을 하게 함으로써 클라이언트와의 인간관계는 자유롭고 부드러워지며, 민주적 원조를 해 줄 수 있게 되는 것이다. 우리말의 "말을 물가에 끌고 가는 것은 사람이지만 물을 마시는 것은 말"이란 것과 같이 강제로 물을 먹일 수도 없을 뿐더러 먹여서도 안되듯이 그들의 생활은 그들 자신의 의견을 존중하고 어떤 의사결정을 하도록 기회를 제공해 주어야 한다. 예컨대 자녀양육문제를 두고 부모가 그 자녀를 어떻게 양육하여 어떻게 사회화시키느냐 하는 것은 오로지 그 부모의 사고방식, 습관, 환경 및 가치체계에 따른 자유의사 결정에 의하여 다루어지게 된다.

이에 관한 비근한 예로는 의사와 환자와의 관계를 생각해 볼 수 있겠는데 어떠한 환자라 할지라도 그 환자가 자기의 병을 바로 인식하고 의사로부터 치료를 받고자 하는 의욕, 나아가서는 필요한 수술을 받겠다는 자기의 의사결정 없는 조건하에서는 의사가 치료와 수술의 좋은 성과를 기대할 수 없는 것과 같아 사회복지에 있어서의 자기결정의 원리는 필요 불가결한 것이 아닐 수 없다. 사회복지에 있어서의 구체적인 방법 즉 그 기술의 하나인 개별사회사업에 있어서 사회복지사가 클라이언트의 이러한 자기 의사의 자유와 결정의 권리를 지원, 격려하여 클라이언트가 갖는 잠재력이나 자원을 최대한으로 활용하여 그가 원하는 방향으로 원조한다거나 (Biestek, 1957, pp.103~104), 또 집단사회사업에 있어서도 그 집단의 성원들이 토론을 통하여 그들의 목표와 방법을 스스로 결정할 수 있게 지원하는 기술은 모두가 이러한 자유의지와 자기결정권을 원리로 하는 철학적인 근거에 연유하는 것이라 할 것이다.

3. 인간의 기회균등

인간의 기회균등(equal opportunity)은 오늘날 사회에 있어서 어디까지 허용되어야 할 것인지 문제가 되지 않을 수 없다. 인간이 평등을 부르짖는다

하더라도 민족, 계급의 차이에 따라 실제적으로는 이와 같은 원리가 그대로 적용되기 어려울 때도 많다. 그러나 사회복지 분야에 있어서 강조되어야 할 점은 평등이란 타인과 같은 권리를 향유한다는 것을 전제로 하고 나아가서는 다른 사람과 다른 어떤 특징을 가진다는 것을 허용하는 것이다.

이와 같은 철학 즉, 인간은 누구나 평등하고 균등한 기회가 주어져야 한다는 원리는 사회복지실천의 과정에 있어서 꼭 수반되어야 할 기본원리가 된다. 인간사회에 있어서는 물질, 교육, 지위, 신앙, 인종, 직업, 거주지 및 기타 기준에서 많은 사람들이 여러 계층으로 분류되어지기도 하는데 사회복지란 측면에서는 이들에게 아무 차별 없이 동일한 기회가 주어져야 할 도덕적, 직업적 원칙이 있는 것이다. 따라서 돕는 과정에 있어서 앞서 논한 개인의 기본적인 인권의 존엄성과 자기결정권을 결코 훼손 않는 것은 물론 평등 및 기회균등 즉, 어떠한 기준에 의한 차별도 있을 수 없다는 사실을 항상 지켜야 할 것이다. 또 이렇게 지켜지고, 취급되어질 때 클라이언트도 스스로의 존엄성을 존중하여 그의 사생활, 가족생활, 직업생활 및 다양한 인간관계에 대한 원만한 적응을 위해 동참하며 협조하게 되는 것이다(노창섭, 1971, pp.111~112).

4. 인간의 사회적 책임

인간고통에 대해서는 과거로부터 철학적 근거에 따라 여러모로 논의되어 오고 있다. 즉 괴로움이란 그 당사자의 잘못으로 혹은 적절히 행동하려는 의지의 결여로 생겨진 현상이기에 어디까지나 그 책임은 그 당사자에 있으므로 감수할 수밖에 없다. 또 괴로움이란 그 속에 어떠한 영적인 윤택이나 풍요를 가져다주는 것이며 그 괴로움에 대비 될 수 없는 고귀한 가치가 있는 것으로 보고 괴로움을 누구의 책임으로 논하기 보다는 오히려 그대로 받아들여야 한다고 하는 것이다. 또 한편 괴로움을, 범한 죄의 대가(代價)로 보고 이 괴로움이 계속되는 한 지속적인 어떤 가치가 따른다고 보는 신앙적인 견해 등 인간고통은 여러 가지로 논란이 되고 있다.

그러나 사회복지의 입장에서 그 원인이나 결과 또는 조건여하를 불문하고 괴로움은 결코 바람직하거나 희망된 것은 못되며 따라서 최선의 노력으로 치료되고 예방되어야 할 것으로 본다. 왜냐하면, 첫째로 인간은 될 수 있는 한 괴로움 없이 잘 살며 향락을 누리고자 하는 본성이 있기 때문이고, 둘째로 괴로움이란 반드시 개인의 잘못이나 어떤 의지의 결핍으로 인한 결과나 대가(代價)로는 볼 수 없기 때문이다.

복지는 생물학적 유기체인 개인과 그를 둘러싼 환경과의 원만한 조화와 부드러운 상호작용 속에서 기대되는 것인데 만일 유전에 의한 어떤 장애로 이 같은 조화나 작용이 불가능하게 될 때 결코 그 책임은 그 개인에게 돌릴 수 없을 것이다. 또 만일 개인의 능력으로는 어떻게 할 수 없는 커다란 경제적 · 정치적 및 사회적 환경과의 부적응으로 인한 괴로움 같은 것도 결코 그 책임을 개인에게 돌릴 수 없을 것이다. 뿐만 아니라 한 걸음 더 나아가서 만일 이와 같은 괴로움을 방치해 둔다면 그 괴로움은 그 자체가 하나의 괴로움으로만 존립하기 보다는 그 당사자의 건전한 의지같은 것까지도 저해하여 비합리적인 감정으로 유인하는 무서운 제2차적인 결과도 초래하게 된다는 사실에 주목해야 할 것이다(Towle, 1957, p.1). 따라서 사회복지에 관계하는 사람은 물론 우리 모두는 개인의 괴로움에 대해 연대적인 책임, 공동의 과제로 임해야 할 것이다.

이와 같은 모든 가치와 철학을 바탕으로 하여 그 위에 전문적 지식과 기술이 적용될 때, 클라이언트는 자신도 세상에는 일방적으로 받는 것은 없고 서로 주고받고 한다는 이율적인 원리를 깨달아 도움을 받은 만큼 또는 그 이상의 대가(代價)로 사회에 보답해야 함을 깨달을 수 있어야 할 것이다. 여기서 대가(代價)란 한 개인으로서 또는 집단의 한 성원으로서 또 지역사회의 한 주민으로서 인류의 복지에 같이 참여함을 의미하는 것(Friedlander, 1958, pp.6~7)으로 오늘날의 사회복지는 지난날의 원리 즉 "누구를 위하여(for)"나 "누구에 대해서(to)"의 차원에서 벗어나 이제는 "누구와 함께(with)"의 차원에서 이루어져야 함을 바로 입증해 주는 것이다.

제3절 사회복지의 특성

사회복지는 개인의 복지에 직접 관계되어 인간 개인의 복지를 목적으로 하고 이에 대해 직접적으로 그 개인에게 작용하는 사회정책으로 이해되고 있다. 사회복지의 특성은 사회적인 책임과 주관성, 조직적인 활동성, 이용자와의 직접적인 관계성, 인간의 복지 우선성 등으로 구분할 수 있는데 이 네 가지 특성에 대해 좀 더 구체적으로 살펴보면 다음과 같다.

1. 사회적 책임과 주관성

사회복지는 사회적 공공적인 목적 때문에 사회적 책임으로 실천된다. 이와는 달리 사회에서는 욕구에 대응, 여러 가지 내용의 자유로운 개인적인 사업을 많이 볼 수 있다. 이들 사업들은 비록 욕구에 대응하는 사업이라 해도 개인적인 욕망이나 이익추구를 제일의 목적으로 하는 이상 사회적 사업이나 사회적 서비스라고는 할 수 없다.

이에 대해 사회복지는 사적인 아닌 공적, 사회적 목적에 의해 규정된 활동이고 따라서 사회복지는 사회적인 자금 즉, 공적기금이나 지역 사회의 성금에 의해 충당되는 것이다. 그런데 미국의 Kahn이 지적했듯이 전문 분화된 사회복지기관이 전문성을 추구한 나머지 그 기관의 기능을 너무나도 좁게 한정하는 전문폐쇄성의 경향도 나타나 비판의 대상이 되는 예도 흔히 볼 수 있다. 그러나 기관들이 문호를 크게 열어 지역사회의 욕구를 널리 받아들이는 것이 못 되면 사회적 자금을 받을 자격도 또 사회기관(social agency)이라 호칭될 자격도 없게 되고 말 것이다. 요컨대 사회복지에 있어서 각종의 복지시설이나 기관이 설치되나 그 모두가 사회적으로 설치되고 또 사회적으로 규정되어지는 것이고 결코 어떤 명예나 이윤추구를 위함도 아니고 또 그 자체의 관심이나 발전을 주목적으로 하는 것도 아니며 어디까지나 사회를 위하고 궁극적으로는 대상자의 이익과 복지가 주목적이 되어야 한다(大緣達雄, 井桓章二, 澤田健次郎, 1972).

2. 조직적 활동성

사회복지는 공식의 조직을 기본으로 하는 조직적인 활동이어야 하는데 이것은 앞에서 살펴본 “사회적 책임과 주관성”에서 생겨나는 필연적인 한 측면이다. 예컨대 걸인을 보고 불쌍한 마음에서 금품을 준 행동은 물론 귀한 행동이기는 하나 어디까지나 개인적 자선행동이고 근대적인 사회복지사업으로는 볼 수 없다. 왜냐하면 전근대적인 자선행동은 걸인의 형편이나 처지보다는 그에 동정하는 측, 주는 사람의 형편이나 처지에 더욱더 좌우되고 항상성이나 일관성이 없는 임의행동에 지나지 않기 때문이다. 이 행동이 항상성이나 일관성을 띤 안정된 것이 되기 위해서는 조직화되어 공식적인 사회단체를 형성하지 않으면 안된다. 이에 대해 아동복지를 예로 들어보면, 불우한 아동은 아동시설에 거주하면서 보호를 받는다. 그리고 아동시설이 아동의 복지를 확보하며 아동복지라고 하는 사회적 목적을 달성하기 위해서 국가는 필요한 아동복지법을 제정하여 시설의 요건을 규정하고 있다. 즉 하나의 아동시설은 설치·조직·운영이 사회적으로 규정된 공식적 사회집단이고 사회의 대리인이 되어 사회적 기능을 다하는 것이 된다. 이와 같이 사회복지는 사회적으로 승인된 여러 시설 및 기관에 의거하는 정규적, 전문적, 조직적 활동이다(大緣達雄, 井桓章二, 澤田健次郎, 1972).

3. 이용자와의 직접적인 관계성

사회복지는 인간의 소비욕구에 직접 관계하는 것이어야 한다. 사회적 목적에 의해 규제된 사회적인 공식조직활동은 사회복지에만 한하는 것은 물론 아니다.

많은 인간활동은 사회적 목적을 가지며 또 넓은 의미에서는 인간의 복지문제와 그 어떤 관련성을 갖는 것으로 볼 수 있다. 보다 구체적으로 말해서 국가나 지방공공단체가 행하는 모든 정책, 예컨대 자원개발, 도로정비, 식량의 생산이나 규제, 무역이나 물가의 대책 등은 사회적, 공공적 정책이고 또 모든 국민의 생활에 관계를 가지며 인간의 복지와도 관계되는 것이 된다. 따라서 이런 관점에서 보면 이들 정책과 사회복지는 구분하기가 어려우나 구분하는 기준은 이용자와의 직접적 관계성을 가지고 있을 때 사회복지가 되는 것이다.

이에 대해 Wilensky도 사회보험에 있어서의 실업보험급여는 산업 생산의 원활한 발전이란 경제적인 전반적 목적에 지향되어 있는 측면도 있으나 보험금을 수급하는 그 개인에게 있어서는 그 수급에 의해 생활이 가능하게 되는 개인의 복지와도 직접적인 관계를 갖는 측면이 있어 이런 점에서 사회복지라 할 수 있게 된다고 한다.

4. 인간의 복지 우선성

사회복지는 그 무엇보다도 인간의 복지를 우선하며 그것을 제일의 직접목적으로 하는 것이다. 산업의 번영도 사회적 목적이라 할 수 있다. 그러나 사회복지의 특성은 다른 그 무엇보다도 인간의 번영, 인간의 복지가 첫째의 목적이다. 영국의 Marsh는 사회복지(social services)는 다른 어떤 것을 위해서가 아니고 개인의 복지의 유지, 향상 그 자체를 위하여 사회에 의해 마련되는 것이라고 하고 있다. 따라서 목적은 다른 데 있고 그것에 부수적인 결과로서 발생되는 것은 사회복지라 할 수 없다.

Tolstoi가 "인간의 노력은 그 자체가 바로 목적이고 결코 수단은 아니다"라 하였듯이 사회복지도 그 자체가 바로 목적인 것이다. 이 말은 사회복지는 다른 어떤 목적을 달성키 위한 수단이 되는 것이 아니며 서비스 대상자에게 그 초점이 있고 또 바로 그 대상자가 초점이 되는 것을 시사한다. 즉, 사회복지는 인간의 복지를 제일의 목적으로 하여 사람에게 보다 직접 작용하는 사회적, 조직적 정책인 것이다.

제4절 사회복지의 속성

사회복지는 가치, 인간 행동에 관한 지식, 실천기술 및 계획적 변화에 기초를 두고 실천된다. 이러한 속성들은 사회복지사에게 중요하다(大綠達雄, 井桓章二, 澤田健次郞, 1972).

1. 가 치

사회복지사들은 사회계층, 인종, 피부색, 종교적 신념, 성, 또는 연령에 관계없이 모든 인간의 존엄성과 가치에 전념하게 된다. 인간생활의 가치는 다른 모든 가치를 초월하며, 인간에 관한 최대의 관심사는 사회로부터 인간적이고 도움이 되는 반응을 얻는 것이며, 문제의 성격에 관계없이 문제를 가진 사람은 심판받거나 비판받거나 비하되지 않는다. 사회복지사는 비심판적 태도가 클라이언트의 존엄성과 사생활보호를 유지하는데 본질적이며, 클라이언트는 더 보탬이 없이 있는 그대로 수용되어야만 된다는 것을 강조한다. 더욱이 클라이언트 또는 가족이나 장애인집단과 같은 한 사람 이상을 포함할 수 있는 클라이언트 체계(client system)는 자율성의 권리 즉, 그들의 생활에 영향을 미치는 행동과정을 결정할 권리를 가진다. 마찬가지로 집단과 지역사회는 이러한 기본적 권리를 가진다.

2. 지 식

사회복지는 실천에 관련된 경험적 지식과 마찬가지로 인간행동의 이론으로부터 나온다. 조사는 개인, 집단, 그리고 지역사회행동을 통합적으로 이해하는데 중요하다. 또한 조사는 보다 효과적인 중재기술을 명백히 하는 방법이다. 사회복지를 공부하는 학생들은 성격발달, 사회적 역기능, 발달과정, 집단역동성, 차별의 영향, 사회정책 형성과 조사방법 및 지역사회환경과 마찬가지로 생활주기를 이해해야 한다. 사회복지를 교육하는 대학은 학생들이 클라이언트 체계가 적응하고 문제를 처리하는 방법과 이론이 계획적인 사회적 중재를 지도하는 방법을 이해하는 기초를 제공하는 폭넓은 사회과학 및 행동과학이론에 익숙해지도록 격려한다. 이러한 지식은 사회복지사의 실천 능력을 뒷받침한다.

3. 실천기술

사회복지사들은 개인(개별사회사업)과, 집단(집단사회사업)과 마찬가지로 지역사회(지역사회조직)와의 직접적 실천에 관련된 기술에 익숙해야 한다. 조직, 계획 및 행정도 많은 사회복지실천가들을 위한 전문영역으로서 포함된다. 조사기술은 역시 실천효과를 평가하는데 본질적인 것이다. 이에 관한 보다 자세한 설명은 제3부에서 다루어질 것이다.

4. 계획적인 변화

사회복지의 전문적 중재는 계획적인 변화의 과정에 기초를 두고 있다. 변화는 클라이언트 체계가 해결되지 않는 역기능적 문제를 제시할 때 나타나게 된다. 계획적인 변화는 문제해결의 질서정연한 접근방법이며, 문제사정 즉 변화를 위한 클라이언트 체계의 능력에 관한 지식에 기초를 두며, 그리고 중재에 초점을 둔다. 사회복지사의 기능은 이 과정에서 변화매개인(change agent)으로서 기능을 수행한다. 계획적인 변화는 목적과 변화노력에서 나오는 예측할 수 있는 결과의 보다 커다란 가능성에 의하여 특징 지워진다.

참고문헌

구자헌. (1972). 社會福祉論, 서울 : 韓國社會福祉硏究所.
노창섭. (1971). 社會福祉職論, 서울 : 새글사.
전재일. (1982). 社會事業方法論 -統合的 接近-, 大邱 : 大邱大學校 出版部.
韓國社會福祉總魔. (1977). 서울 : 韓國社會福祉協議會.
大據達雄, 井桓章二, 田健次郎. (1973). 社會福祉, 京都 : ミネルヴァ書房.
竹內愛二. (1968). 專門社會事業鼎究. 東京 : 弘文堂.

社會福祉事業事典. (1970). 京都 : ミネルヴァ書房.

Biestek, F. P. (1957). The Casework Relationship, Chicago: Loyola University Press.

Bisno, H. (1952). The Philosophy of Social Work, Washington D. C. : Public Affairs Press.

Compton, B. K., & Galaway, B. (1984). Social Work Processes, Homewood, Ill : The Dorsey Press.

Friedlander, W. A. (1958) Concepts & Methods of Social Work, Englewood Cliffs : Prentice-Hill, Inc.

Heffernan, J., G. Shuttlesworth & R. Ambrosino. (1992). Social Work and Social Welfare, New York : West Publishing Company.

Hillman, A. (1956). Sociology and Social Work, Washington D. C. : Public Affairs Press.

Niebuhr, R. (1932). The Construction of Religion to Social Work, New York : Columbia University Press.

제3장 사회복지의 구성

제1절 사회복지의 주체

봉건사회에 있어서의 자선이나 박애사업의 경우에 비하여 오늘날의 사회복지는 기능면에서 더욱 더 전문화와 기술화가 요구되어 지난날의 개인적인 선행이나 자원봉사적인 방법으로는 실제적 효과를 거둘 수 없다. 따라서 그 주체는 국가가 되고 특별시, 광역시, 도 및 시·군 등의 지방자치단체가 되고 있다. 물론 국가도 지방자치단체도 주권자로서의 국민, 주민의 복지를 위한 기관이므로 본질적으로 사회복지의 주체는 국민이나 주민이 된다고 할 수 있다. 이와 같은 견해에 따르면 사회복지는 국민의(of the people), 국민에 의한(by the people), 국민을 위한(for the people) 것이다. 그러나 사회복지의 주체는 제도상, 조직상으로 역시 국가 또는 지방자치단체로 규정할 수밖에 없다.

그리고 개인 또는 민간단체의 경영에 관계되는 사업의 경우는 개인 또는 민간단체가 주체가 되어 계획, 설립하여 운영하게 된다.

국가 또는 지방자치단체에 의하여 실시되는 사회복지는 공공사회복지라 하고, 개인 또는 민간단체가 주체가 되어 실시하는 사회복지는 민간사회복지라 하여 둘로 양분된다.

공공사회복지는 민간사회복지보다는 범위가 항상 넓고 무차별적으로 그 대상에 임하나, 민간사회복지는 이와는 달리 비교적 융통성이 있어 새로운 문제에 접할 때 대책을 즉시 수립하여 실시할 수 있는 것이 특색이다. 공공기관과 민간기관은 각각 장단점이 있고 범위에도 차이가 있다. 이들은 상호보완, 협력관계에서 사회복지 증진에 이바지하고 있고 민간사회복지는 민주사회에서만 존재가치가 있으며 창의성은 항상 공공사회복지의 발전에 좋은 자극제가 되어 오고 있다. 공공 및 민간 사회복지시설을 중심으로 비교해 보면 〈표 3-1〉과 같다.

표 3-1 공공 및 민간 사회복지시설의 비교

	공공사회복지시설	민간사회복지시설
사명감	빈약함	왕성함
특색	설비 등에 특색은 있어도 특색 있는 방침은 별로 없음	특별한 전통을 가지고 있으나 새로운 방침을 내세움
자주성	법규, 규칙에 제약되어 자주성이 빈약함	비교적 자주성이 강함
운영	상부의 지시에 좌우되는 때가 많음	경영자의 자의에 의해 좌우되는 때가 많음
외부간섭	정치가 개입하는 경우가 있음	행정기관의 간섭을 받을 경우가 있음
경영규모	비교적 큼	소규모의 것도 많음
재정	지방자치단체의 재정력에 영향을 받아 예산기술상의 제약을 받으나 일반적으로 안정	큰 단체에서 원조대상이 되어 있는 시설 외에는 재정이 불안정하고, 신설시설은 기본 재산이 빈약한 것이 많음
사무처리	무난하나 새로운 사무관리, 방법, 기구의 도입이 불충분함	사무처리 체계가 확립되어 있지 않은 경우가 많음
설비	보통수준, 그러나 노후시설 가운데는 불량한 것이 많음	일반적으로 불량, 그러나 새로운 시설은 비교적 좋은 설비를 갖춤
욕구대처	개별적 욕구에 대한 적절한 처리가 불충분함	욕구에 대한 대응노력은 비교적 적극적임
서비스의 일관성	직원의 배치, 이동 등으로 불충분함	장기근속자가 많은 경우는 비교적 양호함
사후치료	불충분함	비교적 적극적임
창의성과 수행노력	빈약하고 관청풍임	적극적인 면이 많음
지역사회와의 협력	소극적임	비교적 적극적인 것도 많음
홍보활동	소극적임	적극적인 것도 많음
직원의 근무조건	비교적 좋음	시간과 시설환경면에서 개선될 점이 많음
처우	공무원 처우, 그러나 승진이 늦을 경우가 많음	불량하고 특히 장기 근속자의 경 우 상대적으로 더 불량함

자료 : 大塚達雄, 井壙章二, 澤田健次郎. (1973). 社會福祉, 京都 : ミネルヴァ書房, pp.68~69.

그리고 과거에 사회복지는 공공이나 민간으로 분류될 수 있었으나 최근에는 쌍방에 관계되는 복지시설도 볼 수 있게 되었다. 그것은 국가나 지방자치단체가 토지 · 건물 · 설비를 마련하고 실제의 관리운영을 규모가 크고 사업경험이 풍부한 사회복지법인 등에 위탁하는 공설민영(公設民營)형식이다. 이것은 지방자치단체가 곤란한 관리운영의 책임을 벗어나 인건비의 경감을 목적으로 하는 것이라 하여 비난의 대상이 되지만, 공공시설과 민간시설과의 비교에서 볼 수 있듯이 각각의 장단점을 고려한 새로운 시도로써 일괄적으로 비판하는 것을 삼가하여야 할 것이다. 이 공설민영과는 달리 선진국에서는 민설공영방식의 경우도 나타나고 있다.

제 2 절 사회복지의 상

사회복지의 객체 즉 대상(client)은 과거 자선이나 사회사업 등이 대상으로 해 오던 빈민이나 사회적 장애(social handicaps)를 갖고 있는 일부 및 특정 계층의 사람들을 생각하게 되는 경우가 있다. 이와 관련하여 사회복지의 대상은 4D(destitution=빈곤, disease=질병, delinquency=비행, dependency=의존)나 5대 사회악(five giant evils) 즉 결핍(want), 무지(ignorance), 질병(disease), 나태 (idleness), 불결(squalor)과 같은 것을 연상하게 된다.

이와 같은 견해는 보다 구체적으로는 특별한 보호나 원조를 필요로 하는 실업자, 부랑자, 상이군경, 심신장애인, 불량소년, 노령자 등 일부 및 특정의 사람들을 사후적 조치로서 도와준다는 것이다. 이러한 사람들이 사회복지의 대상이 안 된다는 것은 아니다. 그러나 주목해야 할 사실은 오늘날 이러한 문제들이 일부 및 특정계층에만 관계되는 것이 아니고 널리 국민대중과 관계되는 문제로 되었다는 사실이다. 따라서 그 대상의 범위는 결코 소시민, 노동자 등 일부계층이나 사회적 장애인에만 국한되는 것이 아니다. 이 사실은 다음과 같은 활동 즉 생활상담소의 이용, 청소년의 오락기관의 선용, 사회복지관의 활용, 사회의 전 구성원의 최저생활 수준을 확보하기 위한 서비스 제공 등의 예에 의하여 입증되고 있다(孝橋正一, 1956,

pp.31~35).

오늘날 사회복지의 대상은 국민대중 전체로 확대되었다. 그 이유는 본인의 의지에 의하기보다는 사회변동에 의해 그 대상이 확대되었기 때문이다. 비록 유복한 조건에서 출생, 성장한 사람도 본인들의 의지와 노력여하에 관계없이 뜻밖에 나타나는 여러 가지 엄습하는 사회적 원인에 따라 사회복지 대상으로 될 가능성을 지니고 있다. 산업사회에서 살아가고 있는 현대인은 빈곤, 질병, 과밀, 과소, 교통사고, 기타의 새로운 공해에 의해 노동력 재생산의 파괴의 위험성은 물론, 누구나 할 것 없이 사회복지의 대상이 될 가능성에 직면하고 있다(大久保滿彦, 1975, p.19).

표 3-2 사회경제체제에 따른 사회복지문제

사회경제체제	사회상황	사회복지문제(대상)	해결방안(대책)
봉건사회	신분적 사회	개개의 궁핍자	자선・박애사업
초기자본주의사회	절대주의 국가	빈민(pauperism)	구빈법
산업자본주의사회	시민사회	5대 사회악	자선조직협회
독점자본주의사회	대중사회	전국민의 생활문제	사회보장 및 사회복지사업의 체계화

그런데 일반적으로 사회복지(특히 협의의 개념에서)는 사회정책과 더불어 자본주의 사회의 사회문제를 대상으로 하고 있다. 사회정책이 노동자가 안고 있는 노동문제 즉 사회문제를 대상으로 하는데 대해 사회복지는 노동문제의 결과로서 또는 그것에 관계되어 파생하는 국민 대중의 사회생활 조건의 여러 가지 어려움 즉 사회적 문제를 대상으로 하고 있다. 여기서 사회문제는 엄격한 의미에서 자본주의제도의 구조적 결함에 기인하여 기본적, 필연적으로 뿐만 아니라 전 사회적 규모로 생성, 존재하는 노동문제를 가리킨다. 또 그 중간계층의 몰락이나 자본주의 발전에 수반하는 대자본의 압박으로 인하여 나타나는 중소상공업자 문제 또는 궁핍한 자, 소작문제, 나아가서는 빈민문제 등을 가리킨다.

이와는 달리 사회적 문제는 사람들이 사회생활상 경험하게 되는 여러 가지 장애 또는 부조리 현상의 대량적 존재에 관한 총괄개념으로 사용되고 구체적으로는 비행, 범죄, 매춘, 부랑, 빈곤, 실업, 반실업, 저임금, 파업, 알콜중독, 차별, 기아, 여성의 낮은 지위, 도박, 마약밀매, 학생운동을 가리키고 있다(社會福祉事業辭典, 1970, p.188).

이상에서 살펴 본 바와 같이 현대 사회복지의 대상은 각계각층의 모든 국민이 포함되며 그들의 일상생활과정에서 직면하게 되는 개인, 가족, 집단 및 지역사회의 문제들을 포함한다.

이러한 사회복지 대상으로서의 문제는 사회적 욕구와 사회적 문제가 중요한 관심의 대상이 되고 있다. 일반적으로 욕구에 대한 서비스를 사회복지로 보는 경우는 개인주의적 이념에 기초를 두고 있고, 사회문제를 해결하는 것을 사회복지로 보는 경우는 집합주의적 이념에 기초를 두고 있다. 여기서 욕구는 의식주와 관련된 일차적 욕구와 문화적, 사회적 욕구와 같은 이차적 욕구로 구분된다. 그리고 20세기 전반에 강조되었던 사회문제는 사회 부적응을 중심으로 한 탈선행위보다는 사회 불평등과 사회해체이다.

사회 불평등을 사회문제로 보는 경우는 갈등주의자의 견해이며 사회해체를 사회문제로 보는 경우는 기능주의(주로 개인의 성격 결함에서 초래)와 갈등주의(주로 사회의 제도적 결함에 의하여 초래)의 통합적(개인 또는 사회의 생태학적 결함에서 초래) 견해이다(김영모, 남세진, 신섭중, 1982, pp.17～20).

제 3 절 사회복지의 접근방법

우리나라 사회복지는 해방 후 특히 6·25동란을 전후하여 우리나라에 들어온 외국 민간단체의 활동을 계기로 심리학, 정신의학적 접근에 편중된 전문기술의 체계에 의한 원조과정으로서의 미국사회복지이론을 무비판적으로 도입, 적용하는 경향이 현저하였다.

그러나 인간의 평등, 개인의 존엄성이라고 하는 자유민주주의 원리를 기반으로 하는 개인을 중심으로 하는 개별사회사업(casework) 중심적 사회복지기술의 이념은 그 당시는 물론 최근까지 자선적 전근대성을 면치 못하여 우리나라 사회복지의 이론과 실천에는 그것을 그대로 받아들일 기반이 없었던 것이다. 문제는 사회보장 및 사회복지정책 그 자체가 발달하지 못한 상태에서 개별사회사업 등의 사회복지방법(기술)이 바로 적용되어질 조건이 못되어 오히려 사회복지정책을 적정화하는 일환으로 그들 기술이 정책적으로 이용되었다는 점이다. 그러나 미국의 사회복지이론은 원조단체들을 통해서뿐만 아니라 학문적인 활동을 통해서도 그대로 도입되는 경향이 계속되었다. 반면 이와 같은 사회복지기술론적 입장의 편중에 대해 사회복지의 본질을 사회과학적 관점에서 해명하는 정책론적 입장에서의 비판도 있다.

그러나 사회복지는 그 목적 달성을 위한 접근방법으로서 정책적 접근방법, 전문적 접근방법 및 통합적 접근방법을 이용하게 되며 이에 대해 좀 더 자세히 살펴보면 다음과 같다.

1. 정책적 접근방법

사회복지의 정책적 접근방법은 사회복지를 자본주의제도의 사회정책법칙이 관철된 것으로 보고 구조적인 여러 가지 모순 즉 빈곤을 바탕으로 하는 여러 가지 사회문제를 대상으로 하는데 기본적 관점이 있다. 그리하여 사회문제 대책의 일환으로서 사회복지의 본질은 자본주의 국가 내지 정책주체에 의하는 정책으로서 출현하며 그 목적은 자본주의 국가가 체제를 유지, 재생산하기 위한 분배정책의 일환으로서의 성격을 갖는 것임을 명확히 하고 있다.

정책적 접근방법은 전문적 접근방법이 사회적 장애상태에 있는 개인을 표준적, 관념적 사회관계에 적응시키는 조정기술로서 그 개인의 정서적, 내면적 문제해결을 돕는 과정을 강조한 나머지 대상자가 직면한 사회문제로서의 생활장애, 생활문제의 제도적, 정책적 해결이라고 하는 사회복지의 기본적 과제에 대응할 수 없다고 본다고 비판하고 있다. 그 비판이나 지적의 타당성은 인정될 수도 있겠으나 문제는 "사회복지방법"의 위치설정 여하에 있는 것으로 잘못하면 이와 같은 비판은 사회복지방법의 전면적 부정의 오류를 범할 가능성도 있는 것으로 보여진다.

사회복지의 정책적 접근방법은 현대자본주의 국가들이 복지국가 모형을 채택하면서 출현하게 된 것으로 광의의 사회복지의 대상 즉 모든 국민들의 생활과 복지수준을 전체적으로 향상시켜 인간다운 생활의 보장이라고 하는 생존권 또는 생활권적 기본권에 그 기초를 두고 있는 것이다.

이 정책적 접근방법은 일반적으로 “사회복지정책”, “사회보장제도” 또는 “사회보장”으로 인식되고 있는 것으로서 사회복지대상 즉 모든 국민의 인간다운 생활을 보장한다는 점에서 전체성을 강조하고 있으며 따라서 융통성보다는 고정성이 강한 것이 특징이라 할 수 있다.

사회보장이란 생활상의 사고(事故)와 기복(起代)에 대하여 개인 자신의 능력만으로는 대처할 수 없게 되었다는 전제와 또한 이러한 사고와 기복은 사회성에 기초를 두었다는 점을 명백히 하여 국민의 생존권을 확인하고 그 생활을 보장하기 위한 사회정책의 한 부문으로서 전체 국민의 최저생활을 확보하기 위해 국가가 행하는 종합적, 체계적 시책 제도로 이해할 수 있다.

이러한 사회보장은 각국의 정치적, 경제적, 사회적, 문화적 상황에 따라 다양한 제도로 체계화되어 있는데 세계 각국에서 적용되고 있는 보편적인 사회보장제도의 유형으로서는 생활위협에 대응하는 생활위험급여제도로서의 사회보험(social insurance), 생활곤란이라는 생활불능에 대응하는 생활불능급여제도로서의 공공부조(public assistance), 각종의 인적, 시설적 서비스를 제공하는 제도로서의 사회복지서비스(social welfare service), 그 외 관련정책 또는 제도 등의 4개 부문으로 대별할 수 있다.

이러한 정책적 접근방법으로서 사회복지정책 또는 사회보장은 일반적으로 다음과 같은 세 가지 부문이 중심이 되고 있다.

① 사회보험(social insurance)
② 공공부조(public assistance)
③ 사회복지서비스(social welfare service)

이에 대한 보다 자세한 내용은 제2부 정책적 접근방법에서 다루었다.

2. 전문적 접근방법

전문적 접근방법의 이론적 특성은 미국자본주의에의 절대적인 확신을 배경으로 하여 자유민주주의적 개념에 내재하는 인간의 존엄성의 존중과 Freud학파에 의한 정신분석이론에 근거하는 인간행동의 이해를 강조하고 있다. 또 미국 특유의 사회철학인 실용주의(pragmatism) 사상을 이론적 기반으로 1920년에서 1930년대에 확립되어온 심리·정신의학적 개별사회사업(casework)을 중심으로 집단사회사업(group work), 지역사회사업(community work) 등의 사회복지의 주요 전문기술의 체계로 확립된 데 있다. 즉 전문적 접근방법은 미국자본주의에 대한 무조건적 확신, 자유경제체제의 항구적인 유지·존속 같은 것을 전제로 하여 형성되어 온 것이다. 이것은 사회복지대상자에 관계되는 사회문제를 결국은 도덕(moral)의 문제로서 혹은 대상자 개인의 성품의 결함이나 정서적·정신적 이상성의 문제로서 또 가족이나 지역사회에 있어서의 인간관계 부조정의 문제에 기인한다는 것이 그 이론적 귀결이었다.

이와 같이 사회복지를 전문기술의 구사, 전개에 의한 인간관계를 조정하는 기술체계로 규정하는 소위 전문적 접근방법은 사회복지의 본질을 바로 "기술"이라고 보고 있다. 이러한 관점은 결국 사회복지의 본질파악에 있어서 그 존립기반이라고도 할 수 있는 자본주의사회의 역사적, 사회적 규정성을 완전히 무시하여 "어떻게 할 것인가"의 돕는 과정의 체계로서 확립되어진다는 오류를 범할 수 있다(眞田 是, 1977, pp.236~237). 사회복지의 전문적 접근방법은 일반적으로 "사회복지방법"으로 인식되고 있으며 사회복지 대상의 개별성을 강조하고 있기 때문에 융통성을 발휘할 수 있다는 것이 특징이라 할 수 있다.

이러한 전문적 접근방법으로서 사회복지의 방법은 일반적으로 다음과 같이 분류될 수 있다(Heffernan, Shuttlesworth, & Ambrosino, 1992 ; Zastrow, 1999).

① 개인과의 사회복지(social work with individuals)
② 집단과의 사회복지(social work with groups)
③ 지역사회와의 사회복지(social work with communities)
④ 사회복지행정(social welfare administration)
⑤ 사회복지조사(social work research)

개인, 집단 및 지역사회와 함께 일하는 전통적인 방법들은 풍부한 역사를 가지고 있으며, 수많은 사람들을 돕는 수단을 제공하여 왔다. 사회복지행정과 사회복지조사도 전문직의 발전과 유지를 가능케 하는 중요한 역할을 수행하여 왔다(Skidmore & Thackeray, 2000, p.57).

주요 사회복지방법 또는 이에 대한 보다 자세한 내용은 제3부 전문적 접근방법에서 다루었다.

3. 통합적 접근방법

사회복지학이 생성된 과정과 사회 · 문화적 배경이 각 나라마다 다르기 때문에 학문의 성격과 접근방법에는 어느 정도의 차이는 불가피하다. 경제성장의 단계와 수준, 인접 사회과학 학문의 성격과 성숙도, 도입된 외래학문의 성격 등은 각국의 사회복지학의 특수성에 영향을 미친다. 전문적 접근방법은 19세기 후반에 영국에서 태동되어 20세기 이후 미국으로 건너가 사회복지이론으로 발전되었고, 한편 정책적 접근방법은 2차 대전 이후 복지국가 형성과 확대과정에서 영미와 대륙의 국가들에서 학문으로 정립되었다.

사회복지의 전문적 접근방법은 인간행동의 측면에 초점을 두고 문제해결을 도모하는 입장이며, 정책적 접근방법은 사회구조적 측면에 초점을 두고 사회문제의 해결을 강조하는 입장이다.

사회복지의 통합적 접근방법에 관한 이슈는 연구, 교육, 실천의 3가지 영역에서 각각의 영역에 존재하는 다양한 접근방법이 각 영역에서 또는 3가지 영역간의 관계에서 하나의 통일된 전체로서 일체성이 없거나 부족한 상황이 어떤 바람직하지 않은 문제를 야기하고 있다는 인식에서 출발하고 있다.

사회복지학연구에서의 통합은 사회복지학의 접근방법에서 정책적 접근(거시적 접근 또는 사회정책학)과 전문적 접근(미시적 접근 또는 사회사업학)의 통합에 초점이 있다.

사회복지교육에서의 통합은 교과과정, 교과내용에 있어서 사회복지학 접근방법과의 통합과 교육과정 및 교과내용의 사회복지실천 현장과의 통합, 대학원 교육과 학부교육과의 통합에 초점을 두고 있다.

사회복지실천현장에서의 통합은 현장에서의 사회복지실천방법론의 통합 및 실천현장에서 적용되는 사회복지이론의 한국 현실에의 적합성에 관한 문제에 초점을 두고 있다(한국사회복지학회, 1996, p.569).

그러나 사회복지는 문제를 가진 인구집단을 대상으로 사회복지의 이론과 기술을 실천 응용하는 사회과학적 특성을 지니고 있다. 이러한 점에서 학문적 교육적 측면에서도 관련되는 것이지만, 실천현장의 측면에서 인간의 문제해결을 위한 접근방법을 중심으로 통합적 접근을 고려하는 것이 적절하다.

현실적으로 가난하고 소외된 계층의 삶의 질 향상을 기본 목표로 삼고 있는 사회복지가 그들의 가난과 소외된 삶을 조장하는데 영향을 미치는 환경적 요인(정책적 접근방법)을 고려하지 않은 채 고도로 세분화되고 전문화된 전문적 접근방법만으로 문제를 접근할 경우 동시에 해결해야 할 사회의 불평등 구조를 고착시키는데 기여케 하는 비효과적 결과를 초래할 우려가 있다(정무성, 1996). 이와 같이 통합적 접근방법은 사회문제의 효과적인 해결을 위하여 정책적 접근방법과 전문적 접근방법을 동시에 고려한 접근방법이다. 따라서 사회복지실천의 모든 분야는 이러한 통합적 접근방법이 요청된다 하겠다.

통합적 접근방법은 사회복지의 목적이 기본적으로 문제해결지향성에 있다고 본다. 그리고 사회복지는 문제해결방법의 개발에 치중해야 한다고 본다. 문제해결 지향의 실용주의적 전통은 미국의 사회사업학과 영국의 사회행정학에 동시에 근원을 두고 있다. 문제해결능력을 향상시키기 위해서는 정책적 접근(거시적)과 전문적 접근(미시적)의 가능한 모든 접근방법이 동원되어야 한다. 정책적 접근은 나름대로의 고유한 사회문제 해결 능력이 있기 때문이다. 따라서 정책적, 전문적 양 접근방법은 문제해결성이라는 측면에서 친화성을 지니고 있고, 이들을 포괄적으로 사회복지에 수용함으로서 문제해결능력을 향상시킨다는 것이 통합적 접근의 입장이다.

여기서 사회복지정책은 그 자체가 바로 어떤 특정인의 생활을 분명히 지켜주는 것으로 기대될 수 있다. 그러나 이와 같은 사회복지정책이 보다 효과적인 것이 되기 위해서는 "개별화된 돕는 활동" 즉 사회복지 전문적 접근방법을 꼭 필요로 하게 된다. 왜냐하면 사회복지정책(법이나 제도)은 결코 그 자체의 자동운동에 의해 직접적인 개인의 복지가 실현되는 것으로 볼 수 없기 때문에 그 보완책(보완역활)으로 사회복지방법(기술)을 필요로 하게 되는 것이다. 따라서 정책과 기술은 그들이 잘 조화를 이룰 때 진정한 복지의 실천이 기대되며 어떻게 해서 이 둘을 잘 조화시켜 나가고 또 어떻게 하여 각각에 다른 개별화된 서비스를 제공하느냐 하는데 사회복지정책의 근본적인 과제가 있는 것으로 볼 수 있다. 따라서 정책의 확충이 더욱 진행되면 될수록 기술, 즉 복지서비스와의 접촉면도 더욱 확대되어 나가게 되어 이 둘은 마치 "안팎"의 관계에 있는 것으로 볼 수 있다.

이와 같은 관계에서의 복지서비스를 가리켜 사회복지의 보호적 기능이라고 한다. 이 외에도 사회복지의 기능은 정책을 입안(개발)하는 데도 작용하는 개발적 기능, 그리고 정책이 인간생활의 한 부분만을 다룰 수밖에 없는 전문분화된 것이므로 그 정책들을 통합하는데도 작용하는 조정적 기능이 있고 또 예방적 기능의 네 가지 기능이 있다.

오늘날의 사회복지는 대상자의 연령, 성별, 지역, 문제의 성질, 서비스 기능의 종별 등에 의해 다양한 사업활동을 시행하고 있는데 이 사업활동을 일정한 기준에 따라 분류하고 체계화된 활동영역을 사회복지실천분야(field of practice)라 말한다.

사회복지실천분야는 새로운 문제가 발생하면 이에 따라 새로운 활동분야가 개발되고, 또 사회정책, 사회보험, 보건의료, 교육 등의 사회적 제도의 발전에 수반하여 이들 제도의 대체적 기능을 수행해 오던 사회복지는 이들에 대해서 보완적 기능을 수행하는 것으로 스스로 변화한다. 또 철학, 심리학, 사회학 등의 행동과학의 발달에 수반하여 인간관계기술이 전문화하고 이에 따라 사회복지실천분야의 분화가 촉진된다. 이와 같이 사회복지실천분야는 역사적 및 기능적인 특성을 갖는 것으로서 오늘날의 사회복지는 분류하는 그 기준여하에 따라 다양하게 설정되어진다. 몇 가지 예를 들면 먼저

① 운영주체에 따라 공적사회복지, 민간사회복지, 공설민영사회복지

② 소재 지역에 따라 도시, 농촌, 어촌, 지방사회복지, 중앙사회복지, 국제사회복지

③ 방법기술에 따라 개인과의 사회복지실천, 집단과의 사회복지실천, 지역사회와의 사회복지실천, 사례관리

④ 법원(法源)에 따라 국민기초생활보장사업, 아동복지사업, 장애인복지사업, 노인복지사업, 여성복지사업, 청소년복지사업

⑤ 일반국민을 위한 사회정책에 따라 사회보험, 직업안정, 보건의료, 교육 등에 관한 각종 사회복지

⑥ 대상자의 사회복지문제에 따라 생활곤란자, 심신장애인, 범죄자 또는 빈민 등 사회문제 다발지역에 대한 각종 사회복지 등 6개의 기준에 의해 분류하기도 한다.

그러나 사회복지실천분야는 전통적, 일반적으로 첫째는 사회복지의 대상의 성질에 따라 분류하여 빈곤, 저소득자, 아동, 청소년, 여성, 모자, 노

인, 장애인, 노동자, 농민 등에 대한 보호 내지 복지이고, 둘째로는 사회복지의 기능의 장면에 따라 분류하여

① 정신적 · 교육적 · 문화적 기능 장면(지역사회복지관, 레크리에이션, 학자금대부, 교육부조 등)

② 생리적 · 보건적 · 의료적 기능 장면(의료사회복지, 국민건강보험 등)

③ 경제적 · 소비적 · 생활적 기능 장면(각종자금대부, 생활협동조합, 임대주택 등)

④ 지역적 · 지방적 · 특수적 기능 장면(농촌복지, 저소득층 밀집지역대책 등)

⑤ 연락 조정적 기능 장면(사회복지사협회, 사회복지협의회 등)으로 크게 대별된다.

그리고 첫째와 둘째의 경우를 중심으로 구체적인 분야를 보면 다음과 같다.

① 가족복지 ② 아동복지 ③ 청소년복지
④ 노인복지 ⑤ 장애인복지 ⑥ 여성복지
⑦ 의료사회복지 ⑧ 정신보건사회복지 ⑨ 학교사회복지
⑩ 자원봉사

통합적 접근방법에 대한 보다 자세한 내용은 제4부 사회복지실천분야에서 다루고 있지만, 이들에 해당하는 제반 문제를 해결함에 있어서는 앞에서 설명한 사회복지의 전문적인 접근방법이나 정책적인 접근방법 중 어느 한 가지 접근방법으로는 효과를 거둘 수가 없음을 깊이 인식하여야 한다. 두 가지 접근방법의 우선적 적용이 있을 수 있고 어느 쪽의 접근방법이 보다 강조될 수는 있으나 한 가지 접근방법에 의존해서는 안 된다.

사회복지의 전문적 접근방법과 정책적 접근방법을 동시에 고려하는 통합적 접근방법을 필요로 하는 것이 위에서 열거한 사회복지실천분야라 하겠다. 이러한 통합적 접근방법의 필요성은 전문적 접근방법과 정책적 접근방법의 상호보완적 관계에 의해서도 더욱 요청되고 있는 것이 현대사회복지 실천의 현실인 것이다.

참고문헌

구자헌. (1972). 社會福祉論, 서울 : 한국사회복지연구소.

김상규. (1982). 老人福祉의 體系的 硏究, 大邱 : 慶北大學校 出版部.

김영모, 남세진, 신섭중. (1982). 현대사회복지론, 서울 : 한국복지정책연구소출판부.

오정수. (1996). "사회복지학의 통합적 접근", 한국사회복지학회, 한국사회복지의 통합적 접근 -1996년 한국사회복지학회 춘계학술대회 자료집-.

전재일. (1982). 社會事業方法論 -統合的 接近-, 大邱 : 大邱大學校 出版部.

정무성. (1996). "사회복지교육의 통합적 접근", 한국사회복지학회, 한국사회복지의 통합적 접근 -1996년 한국사회복지학회 춘계학술대회 자료집-.

한국사회복지학회. (1996). 한국사회복지의 통합적 접근-1996년 한국사회복지학회 춘계학술대회 자료집-.

大久保滿彦. (1975). 社會福祉論, 東京 : 學問社.

大田徵郞. (1975). 社會福祉事業, 東京 : 川島書店.

大塚達雄, 井壇章二, 澤田健次郎. (1973). 社會福祉, 京都 : ミネルヴァ書房.

社會福祉事業辭典. (1970). 京都 : ミネルヴァ書房.

眞田 是. (1977). 現代の福祉, 東京 : 有裵閒.

韓國社會福祉總覽. (1977). 서울 : 韓國社會福祉協議會.

孝橋正一. (1956). 社會事業入門, 京都 : ミネルヴァ書房.

Heffernan, J., Shuttlesworth, G., & Ambrosino, R. (1992). Social Work and Social Welfare, An Introduction, St. Paul : West Publishing Company.

Skidmore, R. A., & Thackeray, M. G. (2000). Introduction to Social Work, Eighth Edition, Needham Heights, MA : Allyn & Bacon.

Zastrow, C. H. (1999). The Practice of Social Work, Sixth Edition, New York : Brooks/Cole.

제 4 장 사회복지의 발달

제 1 절 서양의 사회복지

일반적으로 사회복지 발달의 본질은 사회복지에 관한 제 사실들을 역사적 배경과의 관련하에서 그 특성을 확인함과 동시에 그 사실들간의 인과관계를 규명하는 것이라고 할 수 있다.

사회복지의 어원으로는 상호부조(相互扶助), 구호(救護), 보호(保護), 보장(保障) 등의 용어를 열거할 수 있는데 이들의 제반 행위체계는 각기 그 시대의 정치적, 경제 사회적 구조에 따라 특수한 형태와 방법으로 발달해 왔다. 즉, 사회복지의 변화와 발전의 양상은 그 시대의 사회구조의 사상적 흐름 속에서 찾아 볼 수 있다. 따라서 서구의 사회복지 발달과정을 고대의 구제사업, 중세의 자선사업, 근세의 박애사업, 구제사업 그리고 현대의 사회복지사업으로 나누어 고찰하고자 한다.

1. 중세 기독교의 자선사업

1) 고대의 구제관

현대의 사회복지사업을 자본주의 사회에서 사회복지로 간주되는 인간생활의 제 곤란에 대한 사회적인 대응이라고 규정짓는다면 서구에서의 그 역사는 16세기 이후의 일이라고 할 수 있다. 그 이전은 엄밀히 말해서 사회복지의 전사(前史)라고 할 수 있다. 그러나 고대와 중세에서도 생활의 위협현상은 항시 존재해 왔으며 그 나름대로 사회문제를 형성하였기 때문에 사회적인 대응책도 있어 왔었다.

사회복지의 기원은 일차적으로 사유재산제도가 확립된 고대의 자선적 구제사상(慈善的 救濟思想)에서 찾을 수 있다. 희랍의 철학자 Platon은 그의 「공화국(共和國 : The Republic)」에서 통치자는 국가를 구성하는 전체에 대하여 봉사하여야 함을 밝혔고, Aristoteles는 「정치론(政治論 : The Politics)」에서 국가의 목적은 물질적인 면과 윤리적인 면에서 시민의 행복을 실현하는데 있다고 규정하였다.

모세의 율법에 근거를 두고 있는 고대 이스라엘의 자선사상은 희랍과 로마의 정치적 자선사상과는 달리 종교적인 신앙심에 바탕을 두고 종교적인 인과응보(因果應報)사상으로 인간에게 자선할 것을 가르치고 있다. 이와 같은 고대 이스라엘의 종교적 자선사상은 기독교의 자선사상에 계승되어 금욕주의적인 종교적 의식으로까지 발전하였다.

한편 원시시대에서도 생활의 위협은 존재해 왔는데 그 중에서 특히 자연재해에 의한 위협을 받게 되었다. Animism이나 마술(魔術)의 관념은 그러한 불안에 대한 의식적인 대응이기도 했다. 또한 공동체의 상호부조가 필요하게 되어 혈연관계에 바탕을 둔 상호부조가 활발하게 이루어지게 되었다.

2) 중세 기독교의 자선사업

중세 기독교의 자선사업은 구약성서에 나타나 있는 자선사상을 바탕으로 한 종교적 자선사업이란 점이 특색이다. 그러므로 중세 기독교의 자선사업은 기독교의 성쇠와 밀접히 연관되어 있다. 이 시대는 신분적 계층과 종교적, 사회적 역할이 강했던 시대로서 이 시대의 자선사업과 박애사업은 목적이라기보다는 수단이 되었다.

중세의 기독교가 심한 박해를 받고 있을 때 자선사업은 먼저 기독교인들에 의해서 나타나게 되었다. 당시의 주요한 자선사업의 형태는 (1) 신도상호간의 상호부조 (2) 감옥에 수감되어 있는 신자를 방문하고 석방운동을 전개하는 것이며 (3) 고아와 기아의 보호였다.

중세 기독교의 자선기관은 사원숙박소, 구빈원, 수도원, 십자군, 기사단,

공익전당포 등이 있는데 그 중에서도 사원숙박소와 구빈원(almshouse)은 그 대표적 기관이다. 사원숙박소는 교회 또는 수도원에 소속되어 주요한 교통로에 위치해 있으면서 고아, 과부, 노령자, 병자, 빈곤자 및 행려자(行旅者)를 수용하는 기능을 맡았다. 구빈원은 수도원에 부설된 숙박소에서 그 기원을 찾을 수 있는데 초기에는 순례자의 접대장소였으나 점차 노쇠자, 병자, 고아, 과부들에 대한 부조활동을 행하였다.

그러나 이 두 기관은 당초의 설립 목적과는 달리 폐해를 가져 오기도 했다. 즉, 기독교의 무차별적인 자선사업이 직업적인 걸인과 부랑자를 조성했다는 점과 구제사업을 피구제자 본위로 행하지 않고 구제자 본위로 행한 의식적인 사업으로 전락시켰다는 점 등이 지적되고 있다.

2. 빈곤문제와 구빈법

1) 봉건제도와 구제활동

중세 사회는 토지에 기반을 둔 정태적 사회였고 사회조직으로는 장원(manor)과 조합(guild)제도가 있다. 장원은 중세 사회의 통합성을 가진 독립된 자급자족의 소사회로 형성되어 왔다. 봉건제는 여러 가지로 개념 규정을 하고 있으나 구체적으로는 상급 지배권력과 하급 피지배계층과의 관계로 요약되는 법적 관계와 봉건제의 경제적 기저를 이루는 영주(領主)대 농노(農奴)의 관계를 중시하는 경제 사회적 관점이 있다.

장원의 모든 토지는 공동 노동으로 경작되었고 가축사육 등 일체의 노동이 공동작업으로 이루어졌다. 따라서 각 개인의 일은 전체 사회의 사업으로 총괄되고 그 결과 각 개인은 개성이나 창의력을 발휘할 기회가 거의 없었으며, 그들의 생활은 전적으로 관습에 지배되고 있었다고 할 수 있다. 이러한 점을 감안해 볼 때 당시 특별한 개인이 빈곤해지게 되면 그 빈곤문제는 개인의 문제에 국한되는 것이 아니고 전체 지역사회의 문제로 간주되기 마련이었다. 그 당시 사회문제로서 특별한 대책을 필요로 했던 대상은 전쟁, 천재지변 및 유행병의 시기를 제외하면 장애인, 노인, 병자 및 고아와 같은 무능력 빈민이었다.

중세 봉건제도가 붕괴되고 상공업이 발달하기 시작한 서구 사회에서는 자본과 노동의 원시적 축적이 이루어지는 가운데 수많은 부랑자와 걸인 등이 생겨나 빈곤문제에 직면하게 되었다. 그러나 중세의 사회문제에 대한 대책이 시여(施輿)하는 측의 주관적 동기에 중점을 둔 것으로서 사회적 합리성이 결여된 자선으로서 시행된 이유는 대상자의 이와 같은 특성에 기인되는 것이었다.

2) 1601년의 구빈법

중세 사회의 빈민구제는 주로 기독교의 교회를 통하여 시행되어 왔으며 그 주된 활동은 걸인에 대한 교회의 시물(施物), 수도원의 부조 등이었고 개인도 종교적 동기에서 빈민들에게 자선을 베풀었다. 이러한 종교적 자선과 함께 지역적 · 직역적(職域的) 상호부조도 실시되었다. 그러나 중세교회와 민간단체에서 행한 자선과 상호부조는 당시의 정태적 사회내에서 발생한 빈곤문제에 대한 부분적인 대응책에 불과하였기 때문에 빈민이 대량으로 발생하게 되자 빈민구제에 대한 종전의 대책은 그 효력을 상실하게 되었다. 즉, 16세기 초반은 극심한 대중 궁핍의 시기였고 대중 궁핍의 원인에 대해 여러 가지 논의가 대립되어 오면서 한편으로 중세의 종교적 자선사업의 재검토가 불가피하게 되었다.

영국에서의 최초의 구빈법은 국가적 재난에 기인하여 제도화되었다. 즉, 1348년 흑사병으로 인한 인구의 감소는 장원에서 노동력의 심각한 부족현상을 초래했고 그 결과 임금이 급격하게 상승하였다. 따라서 농민이 토지를 떠나 부랑자와 빈민이 되는 것을 방지하기 위해 1349년 Edward Ⅲ세는 노동자조례(勞動者條例)를 제정하였다. 이 조치에 의한 부랑자에 대한 단속의 폐해는 대중 궁핍이 심각해진 16세기에 접어들자 더욱 격화되었는데 여기에다 부랑자금지법이 강화되어 더욱 잔혹해졌다. 1531년의 법은 부랑자를 태형(笞刑)에 처했고, 1547년의 법은 부랑자에게 낙인을 찍어 노예로 삼았었다. 또한 재범하면 중죄인으로서 사형에 처하도록 규정하였다.

이와 같이 중세의 응보적(應報的)인 종교적 구제사업이 법령에 바탕을 두는 국가적 구제사업으로 그 양상을 바꾸어 오다가 1536년 영국의 Henry Ⅷ세 법령으로 구빈법의 시초를 이루었다. 이 법의 특색은 빈곤자를 억압하는데 그치지 않고 적극적인 구제계획을 세울 것을 제시했다는 것이다.

Elizabeth Ⅰ세가 1601년에 제정한 구빈법(The Elizabethan Poor Law of

1601)은 지금까지의 빈민구제를 위해 제정된 제 법령의 집대성으로 영국 구빈법의 기본 토대라 할 수 있다. 이 법은 구제대상자를 첫째, 노동능력이 있는 빈민(the able-bodied poor) 둘째, 노동불능자(the impotent) 셋째, 요보호아동으로 구분하고, 노동능력이 있는 자에게는 직업을 알선해주고 그 직업을 버릴 때는 가혹한 형벌을 가했다. 이들 노동능력이 있는 자는 노역장(workhouse)에 강제노역을 시키기도 했다. 노동능력이 없는 자는 구빈원에 수용하여 보호받게 하고 보호자가 없는 24세까지의 남자와 21세까지의 여자는 도제(徒弟)로 일을 시키며 보호해 왔다.

1601년의 구빈법은 그 방법에 있어서 종전보다는 훨씬 발전된 것인데, 제도의 내용에서 현대적 의의를 찾아보면 첫째, 구빈의 책임이 국가에 있다는 것을 인식했다는 점 둘째, 그 책임을 다하기 위하여 법률로써 제도화했다는 점 셋째, 그 실행을 위하여 중앙정부로부터 지방의 치안판사와 구빈감독관(overseers of the poor)에 이르기까지 통일적인 구빈행정기구를 설립했다는 점 넷째, 구빈재원을 확보하기 위해 구빈세를 징수하여 국가의 재원으로서 충당했다는 점 다섯째, 종전과 같은 무차별적인 자선 또는 징벌을 꾀한 것이 아니라 빈민을 구분하여 적절한 구제를 했다는 점 등이다.

이와 같이 1601년의 구빈법은 복지정책의 관점에서 보면 국가가 처음으로 빈곤문제에 제도적으로 개입했다는 사실에서 하나의 획기적인 전환으로 볼 수 있으나 이 법의 제정 동기와 그 내용이 궁극적으로 사회질서의 유지가 있었다는 점에서 근대 복지국가의 공공부조와는 그 성격상 커다란 차이가 있다.

이 법의 시행으로 종전까지 교구(parish) 중심의 지방사업으로 전개되던 구제사업이 국가사업으로 그 규모가 확장됨에 따라 구제비용이 급격하게 증가하게 되었고, 빈민의 아동도 빈번하였다. 따라서 1662년에는 정주법(定住法 : The Settlement Act of Charles II)을 제정하여 빈민의 자유이동을 억제했다. 이 정주법으로 빈민의 이동은 억제할 수 있었으나 빈민의 수는 점점 증가하였고 이에 따라 구빈비용도 늘어나게 되었다.

또한 1782년에는 빈민청부(貧民請負)를 금하는 Gilbert법이 제정되었는데, 이 법은 빈민의 노동을 통해 자족적인 구빈을 시도한 것으로서 인도주의적 구빈제도라 할 수 있다. 이 법의 제정은 Elizabeth 구빈법의 커다란 변화를 의미한다. 한편 1795년에는 Speenhamland법이 제정되었는데, 이 법은 최저생활기준에 미달되는 임금의 부족분을 보조해주는 것을 목적으로 한

임금보조제도였으나 이 법에 의한 보조금부조제도는 모든 임금노동자를 빈민화할 위험성이 있었다.

3) 1834년의 신구빈법

산업혁명이 앞섰던 영국은 상공업의 중심지가 되는 도시 인구의 급격한 증가와 인구총량의 성장은 도시사회의 다양한 사회병리현상을 일으키는 계기가 되었다. 또한 그 당시 계속된 흉작과 전쟁으로 경제적 불황이 지속되어 구빈비용은 계속 증가하게 되어 Elizabeth 구빈법은 이와 같은 사회적 변동으로 인해 그 모순과 약점이 노출되었다. 따라서 기존의 구빈법으로서는 그 기능을 발휘할 수 없게 되자 왕립구빈법조사위원회를 구성하여 빈곤의 실태와 구빈행정에 대한 조사를 하게 되었고 그 결과 보고서가 제출되었다. 이 보고서를 기초로 1834년 이른바 신구빈법(The Poor Law Amendment Act)이 제정되었다.

이 신구빈법의 목적은 구빈비용의 감소에 있었으며 빈곤이라는 질병은 노동능력자와 그들의 피부양자에 대한 구제를 제한함으로써 치료 가능하다고 보아 다음과 같은 원칙을 제시하였다. 첫째, 노동능력자에 대한 원외구제의 금지(the principle of workhouse system) 둘째, 열등처우(劣等處遇)의 원칙(the principle of less eligibility) 셋째, 급여수준의 전국적 통일(the principle of national uniformity) 넷째, 원외구제는 의료부조와 도제교육에만 인정한다는 등이다. 따라서 구빈원은 이상의 원칙을 실행하는 유일한 수단이며, 그곳에 수용하는 것에 의하여 요구호자로 증명되었다. 또한 구빈행정은 종전의 지방자치단체에서 중앙기관으로 이관되어 전국을 통제하게 되었다.

3. 자선조직협회 및 전문적 사회사업의 대두

1) 새로운 사회문제의 대두

18세기 말엽부터 시작된 영국에서의 산업혁명은 사회조직의 대변혁과 함께 많은 사람들에게 생활상의 불행이나 불안을 안겨 주었다. 당시에는 많은 자선단체나 박애주의자들이 있었지만 빈곤의 원인인 사회적 조건이나 구호의 개별화에 관해서는 관심을 두지 않았다. 피구제자의 개개 사정에 대한 조사나 시설간의 상호 정보교환도 없었기 때문에 서비스의 중복이나 낭비가 심할 수밖에 없었다.

이즈음 사회문제를 해결하는 방법으로서는 일반적으로 두 가지의 노력이 있었다고 볼 수 있는데, 그 중의 하나가 구빈법을 중심으로 한 빈민구제의 방법이고 또 다른 하나는 그것을 보완하는 기술방법으로서 나타난 자선조직화운동이다. 자선조직화운동은 그 당시의 사회문제 해결을 위한 민간운동으로서 사회개량운동, 인보운동과 함께 생겨나게 되었다.

2) 자선조직화운동과 인보운동

자선조직협회(Charity Organization Society : C.O.S.)가 중심이 된 자선조직화운동은 이 시대의 상황을 극복하고 서비스의 효과적인 제공을 촉진하기 위해 우애방문원(友愛訪問員)에 의한 개별적 조사를 통해 케이스의 개인적 처우(處遇)로 실시되었다.

자선조직화운동의 목적은 구호행정의 중복과 경쟁을 피하도록 여러 자선활동을 조정하고 기구와 기술을 발전시키고자 하는데 있었다. 이들은 정상적인 중산층의 인격적인 감화를 통해 비도덕화된 빈민의 탈빈곤(脫貧困) 동기를 강화시켜 줌으로써 자력으로 빈곤으로부터 벗어날 수 있게 할 수 있다고 보아 빈민에 대한 우애방문으로 이러한 노력이 시도되었다.

이들은 빈곤의 책임을 개인에게 돌리지 않고 빈곤 발생의 사회적 책임을 강조했으며 공공의 구빈정책에 대해서는 반대의 입장을 취하는 반면 사적 자선, 기부 및 자원봉사활동 등 순수 민간의 구제 노력을 강력히 지지하였다.

이러한 자선조직협회의 활동은 독일에서 시작되어 영국에 소개되었고 다시 미국에 전파되었다. 독일에서는 1788년 Hamburg시에서 구제사업조직이 생겨났고 1852년에 Elberfeld에서 이것을 수정하여 채용하였는데 이것을 Elberfeld System이라고 한다. 이 제도는 시를 여러 개의 작은 구역으로 분할하여 각 지역마다 생활보호위원회를 두고 위원회 밑에 감독관이 있어 구역내의 요구호자를 직접 방문하여 실태조사를 토대를 적당한 구호를 실시하는 방문구제의 방법을 채택했다.

이러한 자선조직화운동은 1890년대에 들어와 방문구제가 요구호자의 신청구제로 변경되고 신청자에 대한 실태조사방법과 요구호자의 개별화방법이 병용되었는데 이와 같은 제도상의 구제방법이 현대적 의미를 내포하고 있으며, 이것은 미국 사회사업의 중심 기술인 개별사회사업의 시초였으며 또한 그것이 당초부터 지역사회 안에서의 자선조직활동이었다는 점에서 지역사회조직 기술의 시초였다.

한편 자선조직화운동과 더불어 새로운 사회운동으로 나타난 것이 인보사업(settlement work)이다. 이는 사회가 실업자의 증가와 인구의 도시집중화에 수반하여 빈민지역이 생기게 되어 새로운 도시문제로 시달리게 되자 이러한 도시문제를 해결하기 위한 운동이었다. 이것은 빈민지구를 실제로 조사하여 그 지구의 생활실태를 파악하고 구제의 필요가 있는 사람에게 원조하는 사업으로서 상류계층의 사람들이 인도주의 정신에 입각하여 빈민지구에 이주하여 부유한 가정의 쾌락을 버리고 빈곤한 사람들의 친구가 되는 것이다. 이러한 사람들을 이주자(settler)라고 하는데, 이들의 직분은 사회조사를 통해 여러 가지 통계자료를 구하고 교육적 사업으로서 지역주민에 대한 아동위생, 보건교육, 소년소녀들에 대한 기술교육, 문맹퇴치 및 성인교육을 행하는 것 등이다.

3) 전문 사회사업의 성립

전문 사회사업은 앞에서 언급한 자선조직화운동과 인보사업의 활동과 방법에 기초하고 있다. 전문적 사회사업의 기초를 다진 사람으로서는 Richmond를 들 수 있는데 그녀는 「빈곤자에 대한 우호적 방문(Friendly Visiting Among the Poor, 1899)」, 「선한 이웃(The Good Neighbour, 1907)」, 「사회진단(Social Diagnosis, 1917)」, 「What is Social Case Work?, 1922」 등을 통해 전문 사업으로서의 casework을 보급하였다.

이와 같은 전문 사회사업의 성립은 자선조직화운동과 인보사업의 경험을 바탕으로 하여 Richmond가 그 이론적 체계를 구축하였다고 할 수 있다. 이와 때를 같이하여 전문적 사회사업에 대한 교육도 이루어지게 되었는데 1898년 New York C.O.S.에서 6주간 강습회를 가진 것이 시초이며 후에 New York 사회사업학교로 명칭이 변경되었다. 또한 제1차 세계대전 후 사회사업에 대한 교육의 필요성이 강하게 요구되어 널리 그 전문성을 인정받게 되었다.

이렇게 시작된 전문 사회사업의 발달은 1915년 미국에서의 전국자선교정사업회의를 통해서 시작되었다고 할 수 있다. 이 회의에서는 사회사업의 전문적 직업화를 기도하였으며, Flexner는 「Is Social Work a Profession?」을 통해 사회사업의 전문직업으로서의 기준을 제시한 바 있다. 전문 사회사업가에 대한 전문교육기관의 설립과 더불어 1921년에는 미국사회사업가협회의 발족을 보게 되었고 영역별 협회가 설립되기도 했다.

이러한 일련의 조치들이 미국의 사회복지제도에서 먼저 생성되게 되었는데 미국의 사회복지제도는 영국의 구빈법을 응용하였고 여기에다 청교도주의 논리가 지배하였다. 또한 시설구호의 전문화와 요구호자의 종류에 따라 구분된 시설이 생겨나게 되었다. 전문 사회사업은 치료적 사업과 예방적 사업으로 구분될 수 있는데, 양자는 서로 독립적으로 전개되는 것이 아니고 지상의 목표를 향해 사업의 능률을 높이기 위하여 서로 대립하여 함께 전개되어야 하는 것이다.

한편 20세기에 들어와서 예방적 사업에 주력하게 된 이유는 과거의 자선사업이 지니는 결함과 한계가 자각되었고 만인평등 사상을 실현할 민주주의 운동이 전개되었으며 객관적 합리주의에 바탕을 둔 근대 과학이 발달한 점이 직 · 간접적으로 영향을 미치게 된 것이다.

4. 복지국가의 성립

1) 빈곤에 대한 태도의 변화

종전까지의 국가 및 사회의 빈곤에 대한 태도는 빈곤의 원인을 개인의 무절제 · 낭비 · 무능력 등 개인적인 요인에 기인하는 것으로 간주하여 빈곤이 사회적 죄악이라고 인식하여 빈곤자에 대한 가혹한 형벌로 나타나게 되었다. 그러나 산업의 발달, 도시화로 인해 노동자세력이 강화되어 그들이 조직화되었고 나아가 압력단체가 되었다. 한편으로 Webb 등의 영향으로 온정주의적 인도주의가 확산되어지고 빈곤의 규모가 커지게 되자 빈곤은 사적 자선의 능력을 넘는 문제로 인식되기 시작했다.

이러한 시기에 Booth와 Rowntree 등에 의해 빈곤에 대한 실증적 연구가 행해졌다. 즉, 빈민 개개인의 구체적인 생활실태보다는 빈곤의 본질과 규모를 조사하여 통계적으로 밝히려는 것이 Booth의 런던시민의 생활과 노동조사였는데, Booth의 영향을 받은 Rowntree는 요크시의 조사에서 빈곤의 정도와 범위, 빈곤의 원인, 빈곤율, 질병과 사망과의 관계 등을 제시하였다.

이들의 사회조사 목적은 빈곤상태에 대한 과학적 측정에 있었으나 이 결과 빈곤의 원인은 빈곤자 개인의 도덕적 결함이나 나태에 있는 것이 아니고 불충분한 임금, 비위생적인 환경, 부적절한 주택, 비위생적인 노동조건 등 사회적인 조건에 기인한다는 것이 명백하게 밝혀졌는데 이것은 구빈법에 의한 빈곤자의 억압적 정책만으로는 빈곤문제가 해결되지 않는다는 것을 증명해주는 것이다.

2) 왕립구빈법조사위원회와 구빈법의 개혁

신구빈법에 대한 실태를 조사하기 위해 구빈법과 구제에 관한 왕립위원회(Royal Commission on the Poor Laws and Relief and Distress)를 구성하여 구빈법과 실업에 대한 철저한 조사를 실시한 결과 다수파보고서와 소수파보고서로 나누어 졌는데, 다수파보고서는 주로 C.O.S. 지도자가 중심이 되어 작성한 것으로 이는 기존의 구빈법을 점진적으로 수정 보완하고 자선단체들과의 밀접한 협력을 권고하였고, Webb이 중심이 된 소수파보고서는 종전의 구빈법 행정조직, 구빈법 자체를 폐지하고 새로운 제도를 만들어야 한다는 것이었다. 즉, 빈곤의 발생 그 자체의 예방의 체계적인 채택이 소수파보고서의 기본이었다.

그러나 양 보고서는 새로운 국가복지행정의 필요성을 인정한 점에서 획기적이라 할 수 있는데 당시 영국은 다수파보고서의 의견을 받아들이게 되었는데 그 구체적인 내용으로는 (1) 구빈행정의 지방행정에로의 통합 이관 (2) 구제의 처벌적 성격은 없어져야 하며 인도주의적 공적 프로그램이 만들어져야 한다. (3) 대상별로 분리 수용보호 (4) 연금, 실업보험, 재해급여, 빈민을 위한 무료치료, 공공직업안내사업의 도입 등이었다.

한편 다수파보고서를 기초로 하여 George 대장상 주도로 1911년 국민보험법(The National Insurance Act)이 제도화되었다. 이 같은 사회보험법의 도입은 구빈법밖의 사회정책(outside the poor law)이라는 평을 받게 되었다.

이 같은 사회보험 입법은 자유주의적 사회개량의 정점을 이루었다.

19세기에 들어서서 생활보장방식은 구빈법에 의한 구제와 노동자의 상호부조조직에 의한 자조적 공제활동이 주류를 이루었다. 즉, 도시와 산업의 발달로 인해 노동자의 상호부조조직이 발전하게 되었는데, 그 대표적인 것이 영국의 우애조합(Friendly Society), 독일의 질병금고(疾病金庫)이다. 이것은 조합원간의 우애정신이 바탕이 된 상호부조단체로서 그 기원은 오래되었으나 비약적인 발전은 산업혁명이후의 일로서 그 기본적인 활동분야로서는 주로 질병수당제도였다. 즉, 질병으로 인한 비용부담 및 소득의 중단이 노동자생활의 최대 위협이 되었기 때문이다.

그러나 이러한 상호부조조직의 자조적 공제활동은 숙련노동자의 배타적, 특권유지적인 직업조직으로 인해 대상의 협애성(狹隘性)과 급여의 질적 불충분성으로 그 한계점에 봉착하게 되었다. 특히 1870년대의 대불황 이후에는 생활보장으로서의 기능이 저하될 수밖에 없었다. 따라서 사용자와 국가에 대해 새로운 제도의 수립을 요구하게 되었고 그러한 요구는 후일 독일과 영국의 사회보험제도의 성립을 촉진하게 된 계기가 되었다고 할 수 있다.

3) 사회보험제도의 도입

사회보험제도의 도입에 있어서 독일의 경우는 영국과는 다른 독자성을 지니고 있다. 독일은 1871년에 근대국가를 창설하였고 1879년에는 사회주의자 탄압법을 제정하면서 한편으로 사회개량정책을 강구하였다. 독일은 이와 같은 정책의 입법화가 이른바 1883년부터 1889년 사이에 제도화된 사회보험 입법이다.

독일이 질병보험법, 재해보험법, 노령폐질보험법 등의 일련의 사회보험법을 제도화하게 된 것은 노동자계층을 빈곤, 질병 등 생활위협으로부터 보호하게 되며 사회문제가 첨예화되는 것을 막고 노동자들은 국가에 결속시킬 수 있으리라는 계산에서 국가적 차원의 사회보험제도를 제안하게 된 것이다.

독일은 영국에 비해 후발 자본주의 국가이면서도 사회보험제도를 앞서 제도화할 수 있었던 것은 기존의 광범위한 제도적 기반이 있었기 때문이다. Bismarck에 의해 제도화된 일련의 독일 사회보험제도는 노사간의 평화

유지와 노동자의 생활향상에 대한 자본의 양보에 의하여 점차로 그 내용이 정비되어졌다.

4) 경제대공황과 미국의 사회보장제도

미국은 제1차 세계대전 이후 국내외적으로 경제, 사회, 정치적으로 급성장르 이룩하여 국제적 지위가 향상되었으나 부의 편재로 인한 빈부의 격차가 생기고 빈민지역이 생겨나게 되었다. 특히 1920년대에는 실업과 빈곤이 급증하고 노동자, 소작인, 흑인 및 미망인 등의 불평등이 표출되었다.

대량의 빈민과 실업자들의 구제를 위한 민간단체나 지방의 주정부의 자원과 재정이 고갈되어 이러한 사회문제를 해결하는데는 무능력한 상태에 이르렀다. 그 당시까지 빈곤정책에 부정적인 태도를 취했던 연방정부가 그 책임을 인식하고 이에 적극적으로 개입하게 된 것이 New Deal 정책이다. New Deal정책은 경제부흥과 고용증대 그리고 빈곤퇴치가 그 중심 내용이며 빈곤의 영구적 대책의 필요성에 따라 1935년 최초의 사회보장법(The Social Security Act)을 제정하게 되었다.

사회보장법의 내용은 (1) 연방정부가 관리하는 사회보험사업 (2) 각 주가 운영하는 각종 공공부조에 대한 연방보조금제도 (3) 각 주가 운영하는 사회복지사업에 대한 연방보조금제도 등이다. 여기에서 특기할 점은 종전의 영국의 사회보험제도는 사회보험만을 대책으로 하고 있으나 여기에 공공부조, 사회복지사업을 포함한 종합적인 대책이라는 점에서 사회보험과는 다른 점이다.

5) 제2차 세계대전 이후의 사회복지정책

사회복지는 산업사회와 도시화에 필요불가결한 것이다. 제2차 세계대전은 고아, 기아, 과부, 유가족, 신체장애인 등을 증가시켰고 전문 사회사업교육이 본격화되었으며 사회사업의 전문기술이 발전하고 분화되어 여러 전문직 단체들이 생겨나게 되었다.

제2차 대전 중 영국에서는 사회보험법과 관련 서비스에 관한 각 성(省)위원회(An Interdepartmental Committee on Social Insurance and Allied Services)를 구성하여 기존의 사회보험과 복지 프로그램을 전면적으로 재검토하여 이를 바탕으로 획기적인 개혁 내용이 담긴 베버리지 보고서(Beveridge Report)를 발표하였다. 이 보고서는 종전의 왕립구빈법조사위원회의 소수파보고서의 영향을 받은 것이다.

이러한 Beveridge의 개혁안은 1945년 노동당이 집권하여 완전고용정책을 중심으로 산업국유화정책과 사회보장제도의 구체화작업에 착수하여 권고사항이 속속 입법화되어 이른바 "요람에서 무덤까지" 라는 복지국가의 골격을 갖추게 되었다.

영국 사회보험의 입법화의 주요 내용은 사회보장에 관한 최초의 법률로서 가족수당법, 국민산업재해보험법, 국민보험법, 국민보건사업법, 국민부조법, 아동법 등이며 1948년에 들어 사회보장법이 전면적으로 실시되었다. 따라서 영국 국민은 각종 사회적 위험으로부터 최소한의 보장을 받을 수 있게 되었으며 사회보험 급여는 시혜(施惠)가 아닌 하나의 권리로서 제공받았다. 이러한 법률의 제도화로 인해 구빈법은 완전히 폐지되게 되었다.

Beveridge 보고서는 전후 세계 각국의 사회보험제도의 입법화에 영향을 미쳤으며 이와 아울러 1948년 제3차 UN총회에서 채택된 세계인권선언에서도 사회보장의 권리에 대해 규정하고 있다. 즉, 인권선언 제22조에는 사회보장의 권리, 제25조에는 사회보장의 범위에 대해 규정하고 있는데 그 이후 세계 각국은 그 나라의 정치적, 경제적, 사회적 상황에 따라 사회보장의 제도화를 서둘러 왔다.

제2차 세계대전 후 영국은 노동당과 보수당의 2대 정당에 의한 정권을 통해 복지국가의 유지발전에 크게 기여하였다. 그러나 국민의 욕구수준을 넘어선 복지정책의 수행으로 재정의 압박을 가져와 복지국가주의(welfare statism)에 한계를 느끼게 되었다.

미국과 영국의 사회복지 발달과정에서 양국간에 상반된 면을 찾아 볼 수 있다. 즉, 영국은 사회제도와 정책 면에 치중하여 발전시켜 오다가 오늘날에는 직접적인 대인 서비스와 사회복지방법론적 접근에도 역점을 두고 있는데 반해 미국은 역사적인 특수성이나 개인존중의 민주주의의 특징을 살려 대인적 서비스에 치중하다가 최근에는 바람직한 제도나 사회정책 및 계획의 과학적 연구가 활발히 전개되고 있는 점이다.

이러한 과정을 거쳐 오늘날 서구 사회는 전문 사회사업의 영역이 확대되고 전문교육이 강화되었으며 국민의 복지욕구의 증대에 따른 복지예산의 증대는 국가재정의 위기를 초래하기도 했다. 한편 복지예산의 증대는 국가재정의 위기를 초래하기도 했다. 한편 경제적 복지 증진으로 인한 정신적 일탈행위가 새로운 사회문제로 대두하게 되었다.

복지국가는 1970년대에 들어와 경제위기를 맞으면서 복지국가위기론이 제기되었다. 따라서 다양한 복지 이데올로기가 등장하여 복지국가 재편에 들어가게 되었다.

Romanyshyn은 사회복지의 변천을 다음과 같이 포괄하여 설명하고 있다. 즉, 경제적 결핍이 산업화 이전의 사회에서 고도의 상호의존적 산업화 이후의 사회로 변천해옴에 따라 제반 욕구에 대한 사회적 개입의 인식이 점차 확대되어 왔다. 그 변천 내용을 살펴보면 (1) 보충적인 것에서 제도적인 것으로 (2) 자선에서 시민의 권리로 (3) 선별성에서 보편성으로 (4) 최저조건에서 최대조건의 지급이나 서비스로 (5) 개인에서 사회개혁으로 (6) 민간에서 공공지원으로 (7) 빈민복지에서 복지사회로의 변화이다. 여기에서 복지사회가 시대적 사회구조와 사상적 변천 속에서 어떻게 작용했으며 영향을 미쳤는가를 이해할 수 있다.

제2절 우리나라의 사회복지

1. 근대이전 단계의 구제활동

1) 고대의 구제활동

고대사회는 씨족사회로서 원시생활을 하면서 점차로 부족사회로 발전되어 온 시기이다. 그래서 광범한 공동적 경제생활의 형태에서 어느 정도의 사적 재산제도와 계급제도가 확립되고 민족국가를 수립하게 되었다.

이 시대의 경제는 농어업이 중심이었고 농본주의, 중앙집권적 귀족주의였으며 토지는 국유 내지 공유제가 원칙이었다. 이 시대의 사회문제는 항존(恒存)하는 백성의 궁핍, 각종 천연재해와 전쟁, 귀족들의 백성에 대한 사적 지배 등과 밀접한 관련이 있으며 이러한 사회문제와 천연재해의 발생은 유망(流亡), 노비화(奴婢化), 매신(賣身), 도적의 성행의 결과를 초래해 국력의 약화를 가져왔다. 따라서 고대사회의 사회정책은 그 자체가 고대국가의 존립을 위한 목적에서 취해진 것이라고 할 수 있다.

이와 같은 사회문제에 대한 국가의 대책은 소위 진궁구휼(賑窮救恤)로 표현되는 구휼(救恤)정책과 황정(荒政)에서 구체화되고 있는데 기록에 나타난 것을 보면 삼국시대의 구휼제도는 고대국가의 존립, 삼국전쟁의 승리를 목적으로 하는 백성의 안정책의 성격을 띠고 있다. 그러나 당시 지배층의 한계와 사상적 기반의 미숙 등으로 임시적, 사후대책적인 성격이 더 강한 것이었다. 한편 일부가 법으로 제정되기도 했으나 지속적이지 못했고 제도화의 단계에도 이르지 못한 한계를 갖고 있다.

이 시대의 대표적인 제도로서는 고구려의 진대법(賑貸法)이 있는데 진대법은 흉년이나 춘궁기에 창곡(倉穀)을 백성들에게 대부하였다가 추수기와 풍작을 기다려 다시 갚게 하는 제도로서 이것은 무상으로 백성에서 구휼을 행하는 것이 아니라 백성들의 능력이 있을 때 다시 상환케 했던 제도이다. 이 밖에도 환과고독(鰥寡孤獨), 노병빈핍(老病貧乏)으로 표현되는 스스로의 독립생활을 유지할 수 없는 자에 대해 사회적 보호가 이루어지기도 한다.

한편 이 시대의 사회적 특징에 비추어 씨족 또는 혈연적 관계에 의하여 씨족간의 상호부조가 공고히 행해졌고 따라서 제3자에 의한 구호는 필요치 않았다. 그 후 시대가 진전됨에 따라서 인구가 증가하였으며 특히 한사군의 설치 이후로 씨족의 유대가 희박해져 아무도 돌보아 주지 않는 빈민이 생겨 구제가 필요하게 되었다. 이와 같이 서구사회와 마찬가지로 우리나라에서도 빈민구제로서 사회복지의 기원을 이루게 되었다.

이와 같이 민생구휼행정이 역사 기록에 뚜렷하게 나타난 것은 삼국시대에 와서이며, 진대법 이외에도 삼국에서 실시된 각종 구제적, 고아수양(孤兒收養), 양로(養老)등의 사업은 중국의 문화가 전래되면서부터 점점 발달한 것으로 보여진다.

2) 고려시대의 구제사업

고려시대는 통일신라시대의 폐습을 시정하고 필요에 따라서는 개혁을 실시하고자 하였으며 나아가서는 모든 백성들의 부담을 경감시키고 편의를 도모하는데 주력하였기 때문에 구제사업은 임기응변적인 점이 있기도 하였지만 상당할 정도로 조직화, 제도화되기 시작하였다.

고려시대의 구제제도는 고려사에 의하면 창제(倉制)가 가장 대표적인 것이며 이외에도 은면(恩免), 재면(災免), 환과고독진대(鰥寡孤獨賑貸), 수한역려진대(水旱疫癘賑貸), 납속보관제(納粟補官制) 등의 다섯 가지로 분류되는 각종 구휼정책을 기록하고 있는데, 이러한 제도는 고려시대를 거쳐 조선시대에는 확대 발전되었다.

창제는 고대의 창제에서 유래된 것으로 고려시대의 창제에는 흑창(黑倉), 의창(義倉), 상평창(常平倉), 유비창(有備倉) 등이 있었는데 그 대표적인 것으로 의창과 상평창을 들 수 있다. 의창은 구황(救荒)제도로서 창설된 흑창에서 발전된 것으로 각 주(州)와 부(府)에 두어 평상 시에 곡물을 쌓아두었다가 흉년, 전쟁, 질병 등 비상시에 대비하였는데 이 제도는 고구려의 진대법과 같은 성격의 제도라고 할 수 있다. 상평창은 개성, 서경 및 12주의 행정중심지에 설치한 것으로 물가조절의 기능, 생활필수품의 공급조절 기능 등 백성들의 일상적인 경제생활의 편의를 도모하고자 하였다.

한편 고대의 구휼제도에 있어서 중심이 되었던 환과고독, 질병, 노약자에 대한 구제책은 고려시대에도 그대로 유지 존속되어 왔지만 고대의 무계획적, 임의적인 것이 고려시대에 들어와서 지속적이고 법체계적인 제도화가 이루어졌다는 차이가 있다. 그러나 고대의 그와 같은 성격이 완전히 배제된 것은 아니었다. 즉, 모든 요구호자의 욕구를 다 충족해주고 요구호자를 다 포괄하는 것은 아니다. 그것은 재정상의 한계와 중세의 사회정책 성격상의 제약에 기인하는 것으로서 간헐적인 임의적으로 수행되고 있었던 데서 그 단면을 찾아볼 수 있다.

고려시대의 궁민(窮民), 재민(災民)을 구제하는 기관으로 제위보(濟危寶), 구제도감(救濟都監), 동서대비원(東西大悲院), 혜민국(惠民局)등이 있다. 제위보는 최초로 설치된 구제기관으로서 빈민구제사업과 이재민구제사업의 최일선기관이었다. 이 기관은 일정한 재화를 원금으로 설정하여 그것을 대부활용하여 거기에서 생기는 이식으로 기관을 운용하고 아울러 구제사업도 실시하였다. 구제도감은 중앙에 설치된 구휼행정을 총괄 관장하는 기관으로서 뒤에 진제도감(賑濟都監), 진제색(賑濟色)으로 명칭이 바뀌었고 곡물을 비롯한 각종 생활필수품을 구비하여 굶주림을 당하고 있는 궁민들을 구제하고 병약자를 보호하고자 노력하였다.

동서대비원과 혜민국은 의료구제기관으로서 이들 기관들은 궁민에게 약품과 의복을 제공하고 병약자를 치료해주었으며 특히 이들 기관에는 대부분 훈련을 받은 승려를 두어 자선사업을 수행토록 했다. 이와 같은 의료구제사업은 고려시대에 와서 전례 없이 발달하였다.

이와 같은 구제기관의 활동 이외에도 아동복지사업으로서의 고아수양과 유아, 기아, 빈곤아의 보호사업이 행해졌는데, 고아수양은 고아민가수양을 빙자하여 자가노비로 삼는 방편으로 인신매매, 유인, 약탈 등의 폐단이 생기기도 했다. 노인복지사업으로서 환과고독의 요구호자에게 관비부양이 이루어졌으며, 임시적 은사(恩賜)를 행해 군주가 경로정신을 시범으로 보이기도 했다.

고려시대의 구제활동으로 특기할 점은 불교도에 의한 구제활동인데, 유아, 기아, 빈민아를 사원에서 수용양육하여 승려, 사역승으로 양성하는 일이 성행하게 되었다. 이 외에 행려자시식소(行旅者施食所)를 설치 운영한 것은 중세 기독교사원의 사원숙박소와 같은 맥락에서 이해할 수 있으며 이것은 우리나라 민간봉사활동의 최초의 형태로 나타났다.

3) 조선시대의 구제사업

조선시대의 구제사업은 제도적인 면에서나 내용적인 면에서 고려시대보다 진일보하였다고 볼 수 있다. 고려시대의 구제사업은 주로 불교의 사상적 배경을 바탕으로 한 종교적 자선심이나 자비(慈悲)를 베푸는 시혜(施惠)가 구제활동의 중심이었다면 조선시대는 유교의 자혜사상(慈惠思想)을 기반으로 백성의 불행의 책임은 군주에게 있다는 왕인사상(王仁思想)이 지배하여 통치자의 막중한 책임을 대 명제로 설정하여 국가통치자의 국가와 백성에 대한 책임감, 의무감을 보다 강조했다는 점에서 백성에 대한 구제사업은 보다 체계화되었다고 볼 수 있다.

조선시대의 민생구휼기관으로서는 구황청(救荒廳), 혜민국, 제생원(濟生院), 활인서(活人署), 기로소(耆老所) 등이 있다. 조선시대의 구제제도는 앞시대에서 제도화된 창제, 환곡(還穀), 대비원, 혜민국과 같은 시설을 계승한 것이다.

구황청은 황정(荒政) 즉, 굶주린 백성의 구제를 담당하는 국가기관으로서 재해가 생겼을 때 국가의 비축곡을 방출하여 구제하고 급식을 하는 진휼사업을 전담해 왔는데 그 후 진휼청으로 명칭이 바뀌었다가 선혜청(宣惠廳)에 합병되었다. 혜민국은 서민과 궁민에게 질병을 치료해주고 건강을 보살펴 주는 일을 맡았으며 나중에 혜민서로 개칭되었다가 전의감(典醫監)에 병합되었다. 활인서는 서울 성내의 환자구휼기관으로서 초기에는 고려시대와 같이 동서대비원으로 불리다가 동서활인서로 개칭되었다. 기로소는 일명 기로사(耆老社)라고도 하는데, 70세 이상의 노인들을 입사시켜 노후를 즐겁고 보람되게 보내도록 하였다.

조선시대의 구제제도로서는 창제와 환곡이 있으며, 비황(備荒)을 위한 제도로서 의창, 상평창이 있다. 환곡은 관가에서 곡물을 비축하여 춘궁기에 백성들에게 대부하였다가 다음 해에 환납케 하는 제도로서 이 환곡은 원칙적으로 나누어 주는 곡물과 남겨 두는 곡물을 구분하였는데 비축하는 부분은 수해, 재난 등에 대비하기 위한 것이고, 나누어 주는 곡물은 주로 궁민의 생활을 구휼하기 위한 것이다.

이 외에 자휼전칙(字恤典則)이 공포되어 유기아동, 걸식아동, 부랑아 등을 관가에서 보호하거나 유양(留養), 민가에 입양토록 하였는데, 이 법령에 근거하여 진휼청의 수용보호사업이 시작된 것이다.

환과고독에 대한 진휼사업은 지방 수령에게 책임이 주어졌는데 「목민심서(牧民心書)」에 의하면 사궁(四窮)의 선정에 있어 연령, 친척의 유무, 재산상황 등을 참작하는 것이 관례였다. 즉, 자기 재산이 있거나 부양할 친척이 있거나 연령이 60세 미만 10세 이상이면 대체로 보호의 의무가 없었던 것이다. 한편 신체장애인으로서 생활능력이 없는 사람은 직업보도와 구휼을 해 오기도 했다.

이상과 같은 국가기관의 구휼사업 외에 조선시대에는 민간조직의 활동들을 찾아 볼 수 있다. 첫째로 계(契)의 조직과 활동인데, 계는 성원간의 경제적 이익을 도모하기 위해 조직된 군포계(軍布契), 공장계(貢匠契), 공인계(貢人契) 등이 있고, 경제적인 이해관계 외에 특정한 비경제적 협력을 달성하기 위해 조직된 혼상계(婚喪契), 화수계(花樹契)등이 있다. 계는 성원간의 상호부조 활동으로서 서구의 guild 공동체가 성원의 전생활을 서로 보호하는 종적인 상호부조의 기능인데 반해 조선시대의 계는 생활의 특정 분야에 한정된 상호부조적 조직이라고 할 수 있다.

둘째, 두레는 농민공동체의 조직으로서 농촌사회의 상호협력, 상호친목의 협동체로서 발달하였다.

셋째, 향약(鄕約)은 원래 중국의 주자향약(朱子鄕約)을 도입한 것으로서 이는 주민이 교화의 목적을 달성하기 위하여 자치적으로 정한 규약인데, 향약의 4대 실천덕목(實踐德目) 즉, 덕업상권(德業相勸), 과실상규(過失相規), 예속상교(禮俗相交), 환란상휼(患難相恤)이 있는데 이는 본질적으로 인보사업과 공통점이 있다. 이 덕목 중에서 환란상휼은 사회사업적 의미를 내포하고 있다.

2. 초기 사회사업의 발달

1) 개화기 사회사업의 전래

근대적 사회복지사업이 우리나라에 전래된 것은 개화 이후의 일로서 일제시대를 거쳐 현저한 발전을 보게 되었다.

근대적 사회복지사업이 우리나라에서 시작된 것은 조선 말엽인 1888년(고종 25년)에 프랑스 주교가 설립한 천주교회에 의한 고아원이 개설된 것이 최초이며, 갑오경장 후 인천에서도 교회 부속 고아원이 설립되었고 1907년에는 평양 맹아학교가 개교되었다. 이와 같아 갑오경장 이후로는 종교단체들이 포교를 겸하여 서울, 평양, 인천 등지에 육아, 구료(救療) 등의 사업을 시작하였고, 한일합방 이후 그 수의 증가와 구미선교단체뿐만 아니라 민간독지가 또는 국내 종교인들이 이러한 사업에 관심을 보였다. 이와 같이 우리나라에 있어서 사회사업 내지 사회복지사업의 발달은 개화기와 일제시대에 와서 본격화되었다고 볼 수 있다.

일제시대에는 오늘날과 같은 사회복지에 관한 독립된 법규는 없었지만 사회복지에 관한 대표적인 법령으로 조선구호령(朝鮮救護令)이 있다. 이 조선구호령은 일반적인 구호에 관한 것으로서 1944년 3월 1일에 공포되었는데 일본의 구호법을 기본으로 하여 모자보호법과 의료보호법을 부분적으로 첨부한 것으로서 그 주된 내용은 65세 이상의 노쇠자, 13세 이하의 유아, 임산부, 불고, 폐질, 질병, 상이, 기타 정신 또는 신체의 장애에 의하여 노동할 수 없는 경우 생활부조, 의료조산 및 생업부조에 관한 구조를 한다는 것이다.

구호시설로서는 보육원이 있고 구호는 거택구호가 원칙으로 되어 있으나 거택구호가 불가능하다고 인정될 경우에는 시설수용을 할 수 있도록 하였다. 구호의 비용은 국가가 2분의 1 이내, 도(道)가 4분의 1을 부담하게 되어 있다. 또한 조선구호령은 구호대상을 한정주의를 택하여 구제를 요하는 대상이 누락되는 경우도 생겨났다. 일제시대 말엽에 공포된 이 구호령은 1961년 생활보호법이 제정될 때까지 우리나라 공공부조의 기본법이 되어 왔다는 역사적 의의를 갖고 있다.

2) 미군정시대의 사회사업

미군정시대의 사회복지사업은 일제시대의 제반 법규와 시설이 형식상으로 계승되었으나 실질적으로는 많은 제약하에 놓이게 되었다.

1945년 10월에 공포된 미군정 법령 제18호에 의하여 정부조직으로서 보건후생부를 두어 전쟁재해의 구제, 일반 빈곤한 자의 공공구제, 아동의 후생 및 기타 필요한 보호, 노무자의 후생 및 은급제, 주택문제 등과 같은 업무를 관장하였다.

이 시기의 사회복지시책은 기아의 방지, 최저생계유지, 보건 및 의료보호, 응급주택보급 등에 중점을 두고 있으나 적극적이고 계획적인 사업추진이나 장기계획은 거의 이루어지지 않았다. 그러나 군정 3년은 자선활동에 의한 사회복지사업이 신장되어 월남동포, 귀환동포, 요보호대상아동에 대한 수용보호의 필요성이 생겼으며, 미군정의 선진적 사회복지사업 이념에 영향을 받아 국내외 독지가들에 의한 자선활동이 활발하였으나 이에 대한 정부의 지원이 미약하여 임시구빈적인 성격을 벗어나지 못했다. 미군정은 이외에도 아동노동법규를 공포하여 아동의 노동을 보호하기도 했다. 이 법규는 근로기준법이 제도화됨에 따라 폐지되었으나 아동복지에 공헌한 제도로 볼 수 있다.

3. 현대 사회사업의 성립과 발달

1) 정부 수립과 한국전쟁

1948년 정부가 수립되었으나 약 1년여간은 원칙적인 변화 없이 미군정의 제도와 방법을 그대로 답습하여 왔다. 사회복지분야의 업무는 보건후생부와 노동부를 통합한 사회부가 관장하였고 1949년에는 보건부가 독립되어 나갔다가 1955년 정부조직법의 개정으로 다시 보건사회부로 통합되었다.

정부는 사회복지분야의 제도적 기반을 마련하기도 전에 한국전쟁을 맞아 국가적 위기에 직면하게 되었다. 한국전쟁은 정치, 경제, 군사 면에서 여러 가지 변혁을 가져 왔지만 사회복지분야에 있어서도 일대 전기를 마련하게 되었다. 즉, 한국전쟁은 수많은 전쟁고아와 전쟁피해여성, 상이자(傷痍者)를 낳아 요보호대상자를 양산하게 되었다. 그중에서도 요보호아동의 구호와 보호문제는 당시의 여러 가지 사회문제와 더불어 긴급히 해결해야 할 문제로 제기되었다.

이러한 문제에 봉착한 정부는 1952년에는 전쟁고아 수용보호시설을 비롯한 전란으로 인하여 혼란에 빠진 기존 각종 사회복지시설을 합리적으로 지도감독할 행정적 필요에 따라 보건사회부훈령으로 후생시설운영요령을 시달하여 후생시설 운영과 그 지도감독의 준칙으로 삼았다. 이에 앞서 1952년 4월에는 보건사회부 통첩(通牒) "사회사업을 목적으로 하는 법인설립 허가신고에 관한 건"으로 시설을 운영할 재단법인의 설립기준을 정하기도 했다.

사회복지사업의 부문별 내용을 보면 1961년 제2공화국 때까지는 극빈자에 대한 구호사업과 무의탁한 사람에 대한 수용보호방법을 조선구호령에 근거하여 그대로 답습해 왔으며 사회복지정책은 구호사업이 중심을 이루고 있었다.

2) 사회복지제도의 생성과 정비

우리나라 사회복지 발달과정을 시기별로 구분해보면, 1960년대는 사회복지의 제도적 형성기, 1970년대는 사회복지의 실험적 실천기, 1980년대는 제도적 정비기로 볼 수 있다.

1960년대에 들어와서 공무원연금법(1960년), 생활보호법, 아동복리법, 고아입양특례법, 윤락행위등방지법, 군사원호법, 재해구호법(1961년), 사회보장에 관한 법률, 산업재해보상보험법(1963년) 등의 제정으로 사회보험과 공공부조, 사회복지 서비스의 제도적 기반을 구축하기 시작했다. 그러나 각종 입법의 취지대로 건강하고 문화적인 수준의 보호에는 이르지 못했으며 사회복지정책은 자활지도(自活指導)위주로 이루어졌고 시설보호사업은 외국의 민간원조기관의 후원 아래 유지되고 있었다.

1970년대 들어서 사회복지사업법(1970년), 의료보호법(1977년)등이 제정되고 1960년대에 입법화된 각종 제도들이 본격적으로 시행되고 있었으나 경제개발 우선정책에 밀려 사회복지정책은 괄목할 만한 발전을 보지 못했다.

1980년대에 들어서서 아동복리법이 아동복지법으로 확대 개정되고(1981, 1984년), 노인복지법, 장애인복지법(1981, 1989년) 등이 제정 및 개정되었으며 국민연금의 실시, 최저임금제의 도입(1988년), 의료보험의 국민개보험화(1989년) 등 일련의 입법조치와 복지행정의 확대가 이루어지기 시작했다.

또한 90년대에 들어와 고용보험법(1993년), 성폭력범죄의 처벌 및 피해자보호등에 관한 법률(1994년), 사회보장기본법, 윤락행위등방지법, 여성발전기본법(1995년), 가정폭력방지 및 피해자보호등에 관한 법률, 장애인·노인·임산부 등의 편의증진보장에 관한 법률, 국민의료보험법(1997년), 모·부자복지법, 국민연금법, 국민건강보험법(1998년), 사회복지공동모금회법, 국민기초생활보장법(1999년), 의료급여법(2001년) 등의 제·개정으로 사회복지의 대상영역이 확대되고 4대 사회보험이 구축되는 등의 변화를 통해 21세기를 향한 복지국가의 기반을 다져왔다.

1990년대 말 IMF 외환위기를 맞으면서 대량실업에 직면하여 생산적 복지를 추진하게 되었으며, 제1차 사회보장 장기발전 계획(1999~2003년)을 수립하고, 국민기초생활보장제도와 의료급여제도를 실시하게 되었으며, 사회복지전담공무원의 사회복지직렬 도입(2000년), 여성부 발족, 모성보호관련 3법의 개정(2001년), 제2차 여성정책 기본계획 수립(2002년), 참여복지 5개년 계획 수립, 사회복지사 1급자격시험 실시, 건강가정지원법 제정(2003년), 윤락행위등방지법의 폐지 및 성매매처벌법과 성매매방지법의 제정, 사회복지사무소 시범사업 운영, 영유아보육업무 여성부로 이관(2004년) 등이 이루어졌다.

한편 사회복지에 관한 대학과정의 전문교육은 1947년 9월에 이화여자대학교에 사회사업학과가 설치된 이후이며 1980년대에 들어가 급격히 증가되었고 전문대학에서도 전문교육이 실시되고 있어 수많은 사회복지인력이 배출되어 사회복지의 전문화와 국민의 사회복지 의식고취에 공헌해 오고 있다. 이와 더불어 사회복지 연구기관이 각 영역별로 설립되어 조사연구, 저서출판, 학술발표가 활발해지고 있다.

우리나라는 서양과 같은 단계와 질서적인 발전과정을 거친 것이 아니라 일종의 독특한 발달과정을 이루어진 것이다. 우리나라 사회복지 이전 단계에서 전개되었던 사회복지 활동은 이념적 측면에서 홍익인간, 불교의 인과응보, 천명사상에 바탕을 둔 왕도사상과 유교적 정치 이념의 체계화를 통해 그 기초를 확립하였다. 즉, 서양에서 생성된 자유주의, 계몽주의 등의 이데올로기와는 달리 불교와 유교의 이념을 바탕으로 한 구빈, 구휼, 진궁에 역점을 두어 왔기 때문에 생존권 이념은 고려의 대상이 되지 못한 채 과거의 제도를 답습하거나 일부 보완하는 소극적 대처로 일관되어 왔다. 다시 말하면, 서구의 중세에서 나타났던 빈곤의 개인적 책임론에 기초한 억압적, 구빈억제적 제도와는 달리 왕의 책임이라는 책기론이 강하게 작용했다고 볼 수 있다.

우리나라 사회복지제도를 (1) 사회복지제도의 포괄성(comprehensiveness) (2) 복지수혜자의 보편성(coverage) (3) 복지혜택의 적절성(adequacy) (4) 복지혜택의 재분배성(redistributive effect) (5) 전달체계(delivery system) (6) 재정(finance) 등의 차원에서 볼 때 많은 문제점을 지니고 있음을 발견할 수 있다. 즉, 우리나라 사회복지체제는 매우 좁은 범위의 사회적 위험만을 대상으로, 또한 한정된 범위의 사람들을 대상으로 하고 있으며, 낮은 수준의 복지혜택을 제공함으로써 소득의 재분배 효과를 제대로 나타내지 못하고 있다. 즉, 급여수준에서 열등처우의 원칙이 그대로 적용되고 있어 최저생활수준의 확보가 당면과제로 되어 있다.

우리나라는 서구의 복지 이념 모형을 그대로 적용해 왔다. 사회복지 이념에 대한 논쟁은 주로 사회복지행정 범주에 집중되었고 사회적 가치는 사회조직과 같은 보다 근본적이고 철학적인 논점에 대한 논쟁은 별로 없었다. 또한 원칙이나 원리에 대한 논의보다는 행정이나 기술적 문제에 치중되어 온 결과 철학에 기초한 사회복지정책이 정립되지 못한 상태에 있다.

참고문헌

구자헌. (1984). 한국사회복지사, 홍익재.

김동국. (1986). 사회복지사, 에바다출판사.

김동희. (1988). 프랑스의 사회보장제도, 서울대학교출판부.

류상렬. (2002). 사회복지역사, 학지사.

지 윤. (1985). 사회사업사, 홍익재.

Beveridge, W. (1942). Social Insurance and Allied Services, London : Her Majesty's Stationery Offices.

Bruce, M. (1961). The Coming of the Welfare State, London : B. T. Batsford.

Friendlander, W. A., & Apte, R. Z. (1980). Introduction to Social Welfare, Englewood Cliffs, New Jersey : Prentice-Hall, Inc.

Robson, W. A. (1977). Welfare State & Welfare Society, London : George Allen & Unwins.

Trattner, W. L. (1979). From Poor Law to Welfare State : A History of Social Welfare in America, New York : The Free Press.

Wilensky, H. L. (1965). and Lebeaux, C. N., Industrial Society and Social Welfare, New York : The Free Press.

Woodroofe, K. (1962). From Charity to Social Work : In England and the United States, London : Rowtledge & Kegan Paul.

제 II 부

정책적 접근방법

제 5 장 사회보험 (김태진)
제 6 장 공공부조 (김태진)
제 7 장 사회복지서비스 (이준상)

제 5 장 사회보험

제 1 절 사회보험의 개념

1. 사회보장의 개념과 구성체계

1) 사회보장의 개념

사회보장(社會保障 : social security)이란 용어가 세계 각국에서 널리 사용하게 된 것은 제2차 세계대전 후의 일로서 이 용어가 일반화하게 된 계기는 국제노동기구(ILO)의 「사회보장에의 길(Approaches to Social Security)」과 영국의 「Beveridge 보고서」 및 프랑스의 「Laroque 계획」 등에서 찾을 수 있다.

사회보장이란 생활상의 사고(事故)와 기복(起伏)에 대하여 개개인의 능력만으로는 대처할 수 없게 되었다는 전제(前提)와 또한 이러한 사고와 기복은 사회성에 기초를 두었다는 점을 명백히 하여 국민의 생존권을 확인하고 그 생활을 보장하기 위한 사회정책의 일부문으로서 전체 국민의 최저생활을 확보하기 위해 국가가 행하는 종합적 · 체계적인 시책 · 제도로 이해할 수 있다. 또한 사회보장 개념의 공통된 원리는 국가책임하에서 국민의 생활유지 및 확보를 위한 바람직한 새로운 제도를 확립하고자 하는 점이다.

한편 우리나라 사회보장기본법에서는 "사회보장을 질병 · 장애 · 노령 · 실업 · 사망 등의 사회적 위험으로부터 모든 국민을 보호하고 빈곤을 해소하며 국민생활의 질을 향상시키기 위하여 제공되는 사회보험 · 공공부조 · 사회복지 서비스 및 관련 복지제도를 말한다"고 규정하고 있다. 여기에서 관련 복지제도라 함은 보건 · 주거 · 교육 · 고용 등의 분야에서 인간다운 생활이 보장될 수 있도록 지원하는 각종 복지제도를 말한다(사회보장기본법 제3조).

2) 사회보장의 구성체계

사회보장 구성체계는 사회보험과 공공부조의 2대 지주로 구성되고, 부가적으로 사회복지 서비스와 관련 공공정책이 있다. 여기에서는 사회보험과 공공부조 양 구성체계간의 차이점을 살펴보면 <표 5-1>과 같다.

표 5-1 사회보험과 공공부조의 비교

구 분	사 회 보 험	공 공 부 조
이 념	능력주의, 보편성	평등주의, 선별성
발전근거	근로자의 자조적 공제활동	구빈사업(relief work)
대 상	전국민(소득계층)	생활무능력자, 저소득계층
급여요건	정형적 사고(법정적)	생활곤궁
급여수준	정형적 (보호수준의 하한선이 최저생활 보장)	최저한도의 필요범위 (보호수준의 상한선이 최저생활 보장)
급여기간	장기적 생활보장	자활할 때까지의 단기적 보조
자산조사	미실시	실시
재 원	갹출(피보험자, 사용자)등	국고(일반조세)
목 적	빈곤화 방지의 사전조치 (예방적 전략)	최저생활의 확보 (완화적 전략)
특 성	수지상등의 원칙, 가입의 강제성	급여의 보충성, 자립조장의 원칙
권 리 성	구체적인 권리성이 강함	시혜적(추상적 권리)
급여의 양	예상 가능	예상 불가능

사회보험과 공공부조는 <표 5-1>에 나타난 바와 같이 이념, 발전근거, 대상, 급여 등에 있어 차이점을 가지고 있다. 사회보험은 전체 국민 혹은 대다수의 사회구성원이 제도의 대상으로 포함되는 보편적 · 예방적 성격을

지니고 항상 공공부조가 필요 없는 상태를 표방하고 있으며, 사회보험의 대상을 점차 확대해 나가는 동시에 그 급여수준을 공공부조 이상으로 유지하려고 노력하기 때문에 공공부조는 사회보장 전체의 최저수준이며, 또한 최종적 보장책이 되고 있다.

이상과 같은 차이점을 갖고 있는 양자는 공통적으로 최저생활을 보장하기 위하여 마련된 제도이며, 실제에서는 상호 보충적 기능을 갖고 있다.

2. 사회보험의 개념

사회보험(social insurance)이란 사회보장 구성체계의 하나로서 보험기술을 이용하여 사회정책을 실현하려는 경제 사회제도라고 할 수 있으며 구체적으로는 국민을 대상으로 질병, 노령, 실업, 사망, 기타 신체장애 등으로 인하여 활동능력의 상실과 소득의 감소가 발생하였을 때에 보험방식에 의하여 그것을 보장하는 제도라고 볼 수 있다. 즉, 국민에게 발생하는 사회적 위험을 보험방식에 의하여 대처함으로써 국민건강과 소득을 보장하는 제도이다.

이와 같은 사회보험은 빈곤화를 예방하는 것으로서 사회적으로 정형화된 생활상의 사고에 의한 수입의 중단이나 상실, 감소에 대한 제1차적 방위(防衛)로서의 역할을 하기 때문에 사회보장제도에 있어서 중핵(中核)적인 역할을 담당하고 있으며, 그만큼 중요하게 인식되고 있다.

사회보험은 사회보장제도의 주류를 이루는 제도로서 원래 노동보험을 중심으로 하여 발전해 온 제도인데 노동보험은 생산과정으로부터 탈락하여 그 기능이 정지상태에 있는 노동력을 대상으로 하고 있고 결국 그러한 노동력에 대한 보존책의 일환으로 발전한 것이다(Danzinger, 1970). 그러나 사회보험은 노동보험을 중심으로 하고 같은 원리와 목적에 입각한 제도이면서도 그 대상을 근로자에게만 국한하지 않고 전국민에게까지 확장 발전시킨 제도라 할 수 있다.

이러한 사회보험의 성립에 있어서 역사적으로는 상호부조 조직인 근로자의 공제조합, 법리적으로는 무과실책임주의(無過失責任主義)로부터 사용자 책임원칙의 승인이라는 두 가지 중요한 의의를 갖는다.

3. 사회보험의 특성

사회보험의 성립요건으로서 가입은 법률에 의하여 강제된다. 급여자격은 각자의 갹출을 토대로 하여 이루어진다. 급여의 결정방법은 법률에서 정한다. 각자의 급여수준은 통상 갹출액과 직접 관계를 갖는 것이 아니고 그 이전의 소득과 가족 수에 따라 재분배된다.

장기적 관점에서 적절한 급여에 대한 재정계획이 확립되어야 한다. 비용은 1차적으로 근로자와 사업주의 갹출에 의하여 부담된다. 사회보험계획은 정부에 의하여 관리되거나 혹은 적어도 정부가 감독한다(Rejda, 1976). 즉, 가입이 강제되고 급여조건과 급여내용이 법적으로 정형화되어 있으며 제도의 운영주체가 공적 기관이라는 점에서 민영보험(民營保險)과 구별된다.

사회보험의 특성은 사회평등, 사회조화, 사회평화 등의 사회성, 공통위험에 대한 공동부담원칙의 보험성, 불균형 생활격차의 축소를 위하여 국가가 개입하여 재분배하는 강제성, 국가, 기업주, 고소득층 등의 부담에 의하여 저소득층의 자금의 부담경감을 기도하는 부양성 등을 들 수 있으며(김태진, 2003), 이와 같은 사회보험은 공평성(equity)과 적절성(adequacy)과 관련되어 있고 소득재분배의 결과를 초래한다.

이와 같은 성립요건과 특성을 지닌 사회보험이 세계 각국에 공통되는 형태는 연금보험, 의료보험, 산업재해보상보험, 고용보험, 장기요양보험 등이며, 산업재해보상보험이 제일 먼저 도입되고 그 다음이 질병보험과 연금보험이 시행되었으며 고용보험이 가장 늦게 발달하였다(Flora and Alber, 1981). 이와 같이 제도화되어 있는 사회보험체계는 국민이 혜택을 받을 수 있도록 계층별, 생활사고별로 대응책이 마련되어 있다. 그러나 선진국들이 공통적으로 직면하고 있는 사회보장의 문제들은 경제적 요인과 재원조달의 한계, 불안정한 인구추세, 사회적 형태의 변화, 사회보장제도 자체가 안고 있는 취약점 등에 기인하고 있는 것으로 분석되고 있다.

사회보험이 가지고 있는 제도적 한계는 첫째, 개개인의 생활 전체를 보장하는 것이 아니라 특정한 보험사고에 관해서만 단편적으로 급여가 이루어지고 있다. 둘째, 보험원리 즉, 수지상등(收支相等)의 원칙이 적용되기 때문에 급여의 내용에 있어서 일정한 제한을 받게 된다. 셋째, 사회보험제도는 보험사고의 발생원인 자체를 예방할 수 없다는 치명적인 결함이 있다. 넷째, 적용대상이 제한되어 있다는 점 등이다.

우리나라에서는 서구 사회에서 볼 수 있는 바와 같은 오랜 시간에 걸친 사회보장제도의 전개과정은 존재하지 않았다. 다시 말하면 심각한 경제불황, 실업 등의 사회문제로 인하여 격렬한 노동조합운동이나 국민대중의 요구운동에 의하여 사회보장법이 형성된 것이 아니라 정부가 일방적으로 성안(成案)한 것이 주종을 이루고 있다. 따라서 사회보장의 입법내용도 관주도형의 성격이 강하며 그러한 결과로 사회보장에 관계되는 법률 상호간의 체계상의 혼란이 초래될 수밖에 없었다.

이러한 문제점을 해결하기 위해 국민건강보험으로의 통합 일원화가 이루어졌고, 4대 사회보험의 통합을 위한 준비작업이 진행되고 있으며, 노인장기요양보장제도 실시안이 구체화되고 있다.

제2절 연금제도

1. 연금제도의 성격

연금(pension)이란 일반적으로 가계를 책임지는 자가 폐질, 노령퇴직, 사망 등에 의하여 소득이 상실되는 경우 그 자신과 유족의 보호를 위하여 장기간에 걸쳐 정기적으로 급여가 행해지는 소득보장의 방법으로서의 현금급여의 총칭이라고 할 수 있다.

또한 연금제도란 피보험자 본인의 사고에 의한 소득의 상실 등의 사유가 발생하였을 때 미리 설정한 기준에 따라 획일적인 급여를 지급하는 제도이다.

연금은 운영주체에 따라 공적연금과 사적연금 그리고 개인연금 등으로 구분할 수 있으며, 재원보달의 방법에 따라 갹출제연금과 무갹출제연금으로 구분된다. 오늘날 연금이 다양한 명칭으로 시행되고 있으나 사회보험으로서의 공적연금으로는 퇴직연금, 노령연금, 유족연금, 폐질연금 등을 들 수 있다.

이와 같은 공적연금은 소득의 상실 내지 상당한 저하가 장기간에 걸쳐 생활위험상의 보호를 받게 되는 점, 급여는 개개인의 욕구에 대응하는 것이 아니고 미리 설정된 기준에 따른 획일적 급여라는 점, 사회적 구빈책이 아니고 보험기술에 기초를 둔 사전적 방비책이라는 점, 자산조사(資産調査)를 하지 않는다는 점 등에서 공공부조와는 다르다(신수식, 1989).

오늘날 노령, 장애, 유족에 대한 공적연금이 소득보장 가운데 큰 비중을 차지하고 있지만, 의료보험에 있어서 상병수당(傷病手當), 출산수당, 산재보험에 있어서 휴업급여, 장해보상급여, 유족급여, 고용보험의 실업급여, 가족수당제도 등이 사회보험에 있어서 소득보장의 전형적인 형태이다.

공적 연급제도가 확립되어 있는 국가들의 연금제도의 형태는 대체로 북구형과 대륙형으로 대별할 수 있다. 북구형 연금제도란 전국민을 대상으로 하여 단일의 연금제도를 적용하여 국민최저한의 원리에 입각한 균일급여의 형태를 취하며 대체로 소득비례의 형식을 취하고 있다. 반면 대륙형 연금제도는 임금근로자와 봉급생활자를 주 대상으로 하는 두 연금제도를 주축으로 하며 이와 더불어 자영자, 광부, 공무원 그리고 농민 등을 대상으로 하는 여러 가지의 특별한 연금제도를 가지고 있다(신섭중, 1996).

이와 같은 연금제도는 제2차 세계대전 이후 선진각국에서 국민의 소득을 보장하는 가장 효과적인 방법으로 인정되어 발전하기 시작하였으며 개발도상국에서는 경제성장과 함께 부와 소득의 재분배 및 국민 각계층의 생활보장의 정책수단으로 채택되고 있다. 즉, 오늘날 공적 연금제도는 어느 나라에서나 복지국가의 전개라는 복잡하고 역동적인 사조(思潮)를 배경으로 다양하게 변모되어 왔다고 할 수 있다. 이러한 제도의 궁극적인 목적은 노인인구의 생활보장이며 사회보험의 기술을 이용하여 국민의 생활을 보장한다는 대원칙하에서 다양한 운영방식과 성격의 연금제도가 발달되었음은 외국의 예에서 알 수 있다.

2. 공적 연금제도의 필요성

과학의 발달은 인간의 수명을 연장시키고, 인구 및 산업구조의 변화는 노인의 퇴직을 규범화한다,. 퇴직은 소득의 중단을 뜻하고, 소득의 중단은 곧 노후빈곤을 의미하게 되는 산업자본주의 사회의 분배 논리는 퇴직 후의 생활보장을 위한 집단적 노력을 필요로 하게 된다. 이러한 산업사회의 구조적 요구에 대한 정책적 대응으로 등장한 것이 공적 연금제도이다. 우리나라에서 공적 연금제도가 다수의 국민을 대상으로 하는 제도로 구체화되어야 할 필요성은 노령인구의 증가와 사회적 위험의 증대 추이에서 찾아 볼 수 있다.

고령화사회는 곧 비생산인구로서의 노인인구의 증가를 뜻하므로 이러한 사회에서 노인부양의 책임이 가족에게 부담의 증가라는 문제를 지니게 된다. 즉, 고령화사회로의 급속한 진전은 노인문제의 절실한 사회문제화를 의미하는 것이다.

우리나라도 평균 수명의 연장으로 인구의 고령화현상이 두드러지게 나타나고 있고 또한 산업화, 도시화 등 사회구조의 변화는 결과적으로 산업재해, 사고 등의 각종 위험을 증대시키고 있다. 산업구조상의 변화로 인한 취업구조는 임금근로자 중심으로 전환되어 임금근로자는 상대적으로 사회적 위험에 취약하기 마련이다. 이러한 필요성에 따라 국민개연금(國民皆年金)의 조기 정착을 위해 국민연금을 제도화하기에 이르렀다.

3. 연금제도의 체계와 내용

우리나라의 공적 연금제도는 공무원연금, 군인연금, 사립학교교원연금 등이 먼저 제도화되었는데 이들은 특수직역(特殊職域) 연금으로서 전체 인구의 약 2.4% 밖에 적용시키지 못하였으나 1988년 1월 1일부터 국민연금이 시행되고 1992년부터는 5인 이상의 사업장 근로자와 자영업자까지 확대 적용되고 1995년 7월부터 농어민에게 확대 적용되었으며 1999년 4월부터 도시자영자에게도 적용되어 공적연금의 개보험화시대를 맞이하게 되었다.

이들 제도들을 적용대상, 급여제도, 관리운영체계, 재정별로 살펴보기로 한다.

적용대상은 공무원연금은 국가 및 지방공무원, 교육공무원, 경찰, 소방공무원, 군속 등이 포함되며 정부기관에 근무하는 상용잡급직과 임시직 공무원도 포함된다. 군인연금은 장기복무하사관, 준하사관과 장교를 대상으로 한다. 국민연금의 가입대상은 국내에 거주하는 18세 이상 60세 미만의 국민으로서 특수직역연금에 가입한 자는 제외된다.

연금제도는 적용대상자의 노후생활보장에 목적이 있는 만큼 그 목적을 달성하였냐의 여부는 급여제도의 수준에 달려 있다. 또한 연금제도는 사회연대에 의한 위험분산과 소득재분배 기능을 수행해야 하기 때문에 연금산정의 기준은 의미가 큰 것이다. 연금의 산정기준은 국민연금의 경우 개인의 소득수준과 관계 없이 전가입자 평균 월보수를 기본적으로 급여하는 균등부분 개념을 도입하여 소득재분배 기능을 부여하고 이에 부가하여 개인의 능력에 따른 보수비례의 방식을 혼합하고 있다. 국민연금이 소득재분배 기능을 갖는 것은 바로 이 균등부분 때문이며 공무원연금 등의 소득비례방식(earnings-related system)과는 큰 차이가 있다.

연금급여는 각 제도마다 명칭을 달리하고 있지만 주요 급여는 노령퇴직급여, 폐질(장해)급여, 유족급여, 분할연금 등이 있는데 그 내용과 수준에 차이가 있다. 그러나 공무원연금과 사립학교교원연금은 급여내용에 있어 동일하다. 한편 특수직역연금의 장해연금은 산업재해보상보험의 성격을 갖고 있기도 하다. 특이한 점은 공무원연금과 사립학교교원연금의 경우 연금과 퇴직일시금을 선택적으로 지급받을 수 있다는 점이다.

연금급여와 관련하여 연금수급개시연령(年金受給開始年齡)은 공무원연금, 군인연금, 사립학교교원연금은 퇴직연령에 의거하고 있으나 국민연금은 남자 60세, 여자 55세 규정하고 있다. 연금수급개시연령은 연금재정에 영향을 미치게 되는데 세계적인 경향은 수급연령의 인하 또는 탄력화의 추세에 있으나 우리나라는 조기 정년에 다른 생활불안의 문제가 제기될 수 있다.

공적연금의 관리운영은 공적 통제가 가능하고 공익성을 최대한 보장하며 연금재정의 안정성과 기금의 공익성을 극대화하고 제도 운영의 효율성을 기하며 아울러 관리의 전문성과 독립성이 유지될 수 있도록 하기 위해 공무원연금, 사립학교교원연금, 국민연금은 각각 관리공단이 관장하고 있으며 군인연금은 국방부가 관장하고 있다. 이와 같이 공적연금은 적용대상자의 특성과 제도 생성의 연혁적 배경 등으로 각기 분립체계(分立體制)를 유지하고 있다.

연금제도를 사회보장제도로서 건전하게 발전시켜 나가기 위해서는 급여

제도와 함께 비용부담제도가 합리적으로 적정하게 유지되고 있느냐에 따라 좌우된다고 할 수 있다. 또한 연금제도의 재정 면에서 재원조달은 갹출료가 주된 재원이 되고 있는데, 2자 혹은 3자 부담으로 하고 있다. 즉, 공무원연금과 군인연금은 사용자가 국가이므로 국고와 가입자의 보수의 5.5%를 각각 부담하며, 사립학교교원연금은 가입자, 국고 그리고 사용자인 학교법인의 2자 부담방식이며, 국민연금은 피용자의 경우 표준보수월액등급표(標準報酬月額等級表)에 따라 노 · 사가 균등부담을 원칙으로 부담하며, 지역가입자와 임의계속가입자는 가입자 본인이 부담하는 수정적립방식(修正積立方式)을 채택하고 있다. 국고부담의 문제에 있어서는 연금사업의 관리운영에 필요한 관리운영비의 전부 또한 일부만을 부담하고 있다. 연금재정은 장기적으로 볼 때 수급자가 증가함에 따라 기금고갈의 문제가 제기되고 있어 재정관리가 새로운 과제로 대두되고 있다.

이와 같은 공적 연금제도의 시행으로 사회보험제도 상호간의 중복(重復) · 상충(相衝)의 문제가 제기되고 있어 이에 대한 조정 내지 보완이 요구되고 있다. 즉, 국민연금과 퇴직금문제, 국민연금과 산재보험, 국민건강보험의 급여문제 그리고 공적 연금제도간의 통산방식의 문제 등이 있다.

제 3 절 국민건강보험제도

1. 의료의 본질과 특성

의료란 질병을 예방하고 치료하며 나아가서는 적극적으로 건강과 체력을 증진시키고 수명을 연장시키며 개인이나 사회를 더욱 건전하게 하는 것이 그 목적이다.

질병은 인간의 육체적, 정신적 기능을 침범한다. 이것을 사회적 관계에서 보면 노동력 감퇴 즉, 수입 감소라는 경제적 문제를 야기시키게 된다, 이 경우 의료에 요하는 지출 증가, 영양보급비, 통원비 등 질병 이전의 상태에 비해 많은 부담이 증가하게 된다. 또한 질병이 만성화된 경우에는 실업도 발생하고 수입의 중단에 의한 생활상의 곤란이 증가하게 된다, 치료비의 과중은 가족에게 희생을 강요하게 되고 나아가서는 가족간의 불화원인이 되는 경우도 있다. 이것은 질병이 가져오는 가족문제이다(이계탁, 1986).

이와 같은 질병의 문제에 대처하는 의료는 사회 경제적 성격 및 의료의 수요공급의 관계에서 여러 가지 특성을 지니고 있을 뿐만 아니라 수요공급의 관계도 일반 재화와는 다르다. 의료의 수요와 공급의 특성은 의료의 사회 경제적 특성에 포함되지만 이를 종합하면 수요와 공급의 이질성, 수요와 공급간에 시간적 조절의 불가능, 수요의 잠재화, 공급의 독점화, 수요의 가격 비탄력성 등이다.

2. 국민건강보험의 성격

의료보장(medical security)이란 질병이라는 사회적 사고에 대하여 사회구성원을 위한 의료의 제공을 조직하며 질병의 비용과 건강보호를 집단적으로 부담하는 일을 사회에 위탁함으로써 모든 사람에게 의료해택을 주어 건강하고 문화적인 생활수준을 유지하도록 보장하는 것이다.

한편 의료보장정책은 빈곤화의 원인을 상병(傷病)으로 보아 빈곤과 질병의 관계를 단절시키기 위한 압박에 대한 대책으로서 형성된 것이다. 즉, 질병으로 인한 소득상실에 대한 보장과 필요한 의료 내지 의료비의 보장정책이다.

이와 같은 의료보장의 방법으로서는 피보험자에게 질병, 부상 등의 사고가 발생한 경우가 요양 또는 요양비를 급여하는 사회보험으로서의 의료보험, 경제적 곤궁으로 최저한의 생활을 유지할 수 없는 생활곤궁자에 대하여 치료와 요양을 갹출금 없이 필요한 보호를 해주는 공공부조로서의 의료급여, 그 비용의 전부 또는 대부분을 공비(公費)로 부담하며 급여의 범위도 치료뿐만 아니라 예방이나 건강증진도 포함하는 공공보건 서비스 등의 방법이 있다.

이러한 의료보장을 빈곤과 질병의 악순환을 해결하기 위한 빈곤대책의 일환으로 보는 견해와 인간의 다양한 욕구 중 건강에 대한 욕구가 가장 기본적인 욕구라는 견해로서 건강의 필요성은 빈곤계층에 국한된 것이 아니라 모든 사람에게 해당되는 것이므로 의료보장을 질병으로부터의 해방을 의미한다고 보는 견해가 양립되고 있다.

이와 같이 의료보장이 소득보장과 더불어 중요시되는 것은 현대사회에서의 질병에 대한 의료가 개인적인 범주를 벗어나 사회적인 대책이 불가피하게 되었고 또한 이것은 노동능력의 보장으로서 산업사회의 국민대중의 생계원천인 노동능력의 보장을 통해 소득능력을 유지케 해야 하기 때문이다.

한편 의료수요에 대응한 의료보장은 그 목적인 생활장애의 제거와 노동능력의 회복에 있으며 따라서 그 중심과제는 질병에 대한 의료와 재활이며 이와 관련해서 건강급여도 포함되어질 수 있는 것이다. 이러한 목표를 충족시키기 위해서는 양질(良質)의 의료를 적시(適時)에 제공하는 의료의 사회화 즉, 의료공급의 사회화와 의료수요의 사회화가 전제되어야 한다.

의료보장의 급여는 소득보장과는 달리 최저한의 보장이 존재할 수 없으며 의료는 모든 질병을 치료하며 건강을 회복하는데 필요한 충분한 것이 되어야 하므로 의료의 특질상 최적보장(最適保障)이 이루어져야 한다. 한편 의료보장이 궁극적인 목표는 포괄적인 의료(comprehensive care)와 무제한의 이용(unlimited availability)이라는 원래적 전망을 실현하는 것이다. 또한 의료보장은 현물급여가 원칙이며 의사의 주관적 판단에 따른 개별적으로 획일적 급여가 인정될 수 없다는 제도상의 특징이 있다.

이와 같이 의료보장은 현대국가의 책임하에 모든 국민에게 치료, 예방, 보건, 위생, 건강증진, 사회복귀 등 전체 의료보건의 종합적인 서비스를 그 목적과 내용으로 한다.

3. 국민건강보험제도의 체계와 내용

국민건강보험은 질병과 부상을 보험사고로 하는 제도의 총칭으로서 전국민을 개보험(皆保險)화하고 국민연대성을 제고시켜 사회통합을 높이는 것을 궁극적 이념으로 하고 있다.

우리나라의 국민건강보험은 다른 나라에 비해서 단기간내에 급속이 성장 발달하면서 적용대상을 계층별로 구분하여 단계적으로 확대해 오다가 1989년 7월 1일을 기해 국민의료의 개보험화시대를 맞이했다.

우리나라의 국민건강보험은 그 역사가 짧으나 급여의 내용이 상당히 포괄적이고 급여수준도 높다. 또한 급여수준이나 비용부담 면에서 있어서 피보험자와 피부양자의 차별이 없고 요양급여는 외래진료, 입원진료 및 환자이송에 이르기까지 동시에 혜택을 주고 있다.

국민건강보험 급여는 가입자와 피부양자가 질병, 부상, 분만 혹은 사망했을 경우 지급되는데, 요양급여는 현물급여가 원칙인데 반하여 임의급여는 현금급여를 원칙으로 하는 것이 대조적이다.

급여와 관련된 진료비의 본인일부부담제(coinsurance system)는 의료의 남수진(濫受診)의 방지와 진료비 절약을 목적으로 제도화되어 있는데 고소득층에서는 유리하고 저소득층에서는 상대적으로 부담을 주는 소득역진현상을 빚게 하는 문제점을 안고 있다.

사회보험으로서의 의료보험을 운영하는데 있어서 그 운영방식 즉, 관리운영체계의 선택문제는 의료보험제도의 기본 방향을 설정하는 중요한 관건이 된다. 따라서 국가의 사회보장에 대한 의식수준, 의료제도와 기타의 사회보장제도와의 유기적인 관련하에 선택되어져야 한다. 이러한 맥락에서 볼 때 의료보험의 운영주체는 분립적으로 운영되어 오다가 국민건강보험으로 통합되면서 2000년 1월 1일부터 국민건강보험공단이 관장하게 되었다.

국민건강보험의 재정수입은 보험료와 국고보조 그리고 기타 수입 등으로 이루어지고 있는 반면 재정지출은 급여비 그리고 보험자의 관리운영비 및 기타 비용으로 구성되므로 경제정책 면에서도 매우 중요하고 어려운 과제로 인식되고 있다. 국민건강보험의 효율적인 운영을 위한 가장 중요한 과제는 보험급여비에 충당할 수 있는 재원의 범위와 규모가 수지상등의 원칙에 서 있어야 한다는 점이다.

보험료는 국민건강보험재정의 중요한 부분을 차지하는 것으로서 이의 산정은 직장가입자는 표준보수월액에 기초하고 있고, 지역가입자는 세대단위로 산정하되 가입자의 부과표준소득에 따른 등급구분에 의해 능력별로 부과하고 있다. 국고보조는 지역가입자에게 보험료의 일부가 이루어지고 있다.

제4절 산업재해보상보험제도

1. 산업재해와 직업병

산업재해와 직업병이 피재자(被災者) 자신이나 그 가족에게 주는 불행은 경제적인 보상만으로 해결될 수 없는 문제일 뿐만 아니라 노동력의 상실이나 가정의 파괴라는 면에서도 중요한 경제 사회적 문제가 되고 있다. 즉, 산업재해나 직업병은 개인의 주관적인 주의력의 한계를 넘어서 발생하는 사회현상이다.

자본주의 생산양식은 산업재해의 다발(多發)을 필연화하였지만 이에 대한 보상은 인도적, 윤리적, 법률적 측면에서 쉽게 용인하지 못했다. 즉, 근대 시민법은 산업재해를 개인주의적 책임 이론의 범위 안에서 주로 불법행위의 법리로 처리하여 왔다.

그러나 산업혁명 이후 산업재해가 비약적으로 증대되고 산업재해에 대한 정당한 보상을 요구하는 노동조합운동이 고조되어 산업재해가 사회적 문제의 지위를 확보하게 되었고 따라서 국가도 피재근로자에 대한 사용자의 배상책임입법(賠償責任立法)을 제도화하게 되었다.

2. 산업재해보상보험제도의 특성

산업재해보상보험제도의 기본 이념은 피재근로자와 그 가족의 생존권을 보장할 뿐만 아니라 사회보장제도의 확립을 꾀하는데 있다. 산업재해보상보험은 사용자의 무과실책임주의에 입각하여 개별 사용자의 위험부담을 다수 사용자의 공동부담으로 하는 보험방식으로 제도화한 것인데 각국의 현행 산업재해보상보험제도의 공통적인 특성은 첫째, 산업재해의 보상이 근로자가 입은 손해의 보상에만 그치지 않고 생활보장적 성격을 가지고 있으며 둘째, 산업재해의 특수성 즉, 보상의 정형화와 정률화 셋째, 행정감독과 형벌에 의한 이행(履行)의 강제와 그것에 의한 보상의 신속화 넷째, 보험제도와의 결합에 의한 보상의 확보와 신속화 등이다.

이러한 점에서 산업재해보상보험제도는 민법상의 배상제도와는 다른 내용을 가지고 있다(신수식, 1989). 이는 무과실책임주의의 범위를 넘어선 생존권 보장의 이념에 입각한 노동법의 독자적인 제도로 생각할 수 있다.

한편 사회보장과 산재보험의 관계는 사회보장이 전국민을 대상으로 하여 사회 일반적인 사고원인에 대하여 국가의 제1차적 책임으로 일정수준의 생활을 보장하려는 것으로서 양자는 직접적인 기능 면에서 구별되는데 산업재해보상은 업무상 재해에 대한 근로자의 손실의 보상이며, 사회보장은 모든 국민에 대한 생활에의 보충적인 것이라 할 수 있다.

산업재해의 보상에 관한 우리나라의 법체계는 근로기준법과 산업재해보상보험법이 중요한 내용을 이루고 있다. 근로기준법은 사용자의 무과실책임으로서 보장의무를 규정하고 있으며 산업재해보상보험법은 업무상 재해에 대한 신속·공정한 보상을 통해 피재근로자와 그 가족을 보호함에 그 1차적 목적이 있다. 그러나 궁극적으로는 근로자의 보호 즉, 노동력 회복과 생활안정을 도모하고 사용자에게는 위험의 분산으로 경영의 안정을 기할 수 있도록 하는 한편 더 나아가 경제 사회적 안정과 복지사회 구현에 이바지하고자 하는 것이다.

현행 산업재해보상보험법은 첫째, 근로기준법의 사용자 재해보상 의무의 이행을 효과적으로 담보하는 성격을 지니고 있으며 또한 근로관계를 전제로 하는 사회보험으로서 노동법적 성격을 지니며 둘째, 단지 근로기준법상의 사용자의 보상책임을 담보하는데 그치지 않고 불충분하지만 그 범위를 넘어 피재근로자 내지 그 가족의 생활보장적 기능을 강화시켜 나가려고 하는 등의 이면적 성격을 가지고 있다(김진웅, 1985).

이러한 산업재해보상보험법하의 산재보상보험제도가 가지고 있는 사회보장적 특징은 첫째, 사용자의 무과실책임 둘째, 보상급여의 내용은 현실적으로 발생한 전 손해에 대한 전보(塡補 : compensation)가 아니라 법에 의한 정형화·정액화 셋째, 비용은 원칙적으로 사용자 전액 부담 넷째, 산업재해 보상의 이행을 담보하기 위하여 사용자가 가입자가 되고 국가기관이 관장 다섯째, 보상과 관련된 법적 분쟁을 신속하게 처리하기 위한 특별심사기구의 설치 등이다(김유성, 1992).

이와 같은 특징을 가지고 있는 산재보험제도가 사회보험화된 가운데 연금보험 등의 확대 강화와 더불어 피재근로자와 그 가족의 생활보장적 기능을 증대시킨다면 산업재해에 대한 보상의 전보라는 관점에서만 규정지을 것이 아니라 사회보장적 제도로서의 성격을 겸유한다고 보아야 할 것이다.

3. 산업재해보상보험제도의 내용

산재보험은 상병, 장해, 사망을 대상사고로 하는 점에서는 의료보험 등 다른 사회보험과 차이는 없지만 그 원인인 산업재해가 자본주위적 근로관계의 특유한 위험에 기인된다는 점이 크게 다르다.

산재보험의 적용대상은 근로기준법의 적용을 받는 사업 또는 사업장으로 하고 있으나 국외의 사업에 대한 예외규정을 두어 근로자재해보상책임보험을 제도화하고 있는데 이 제도는 보험자인 민간보험회사의 면책한도를 너무 높게 설정하고 있어서 사용자의 배상 · 보상책임의 일부는 그대로 남아 있으므로 다른 형태의 보험제도를 필요로 하고 있다.

산재보험의 급여대상이 되는 보험사고는 근로자의 업무상 재해이다. 따라서 업무상의 개념 해석이 산재보험의 법적 성격을 규정하는 관건이 된다. 업무상 재해란 현행 규정에 의하면 업무상의 사유에 의한 근로자의 부상, 질병, 신체장애 또는 사망으로 규정함으로써 업무수행상의 유무를 제1차적 기준으로 삼고 있다.

산재보험의 급여는 업무상 재해를 입은 근로자와 그 가족에게 지급하는 제 급여로서 재해의 전보라는 측면에서 피재근로자의 근로기간, 연령 등을 고려하지 아니한 당해 근로자의 소득을 기분으로 하는 정률보상제(定率報償制)이다. 보험급여는 근로자의 가득능력(稼得能力)의 손실을 회복시키고, 그 손실에 대하여 현금급여의 성격으로 보아 요양급여는 의료보장수단으로 볼 수 있고 휴업급여, 장해급여, 유족급여, 간병급여 및 장의비는 소득보장수단으로 볼 수 있으므로 산재보험은 의료보장 기능과 소득보장 기능 그리고 노동력보장 기능이 통합되어 있다고 볼 수 있다(김태진, 1989).

이와 같은 산재보험급여에 수반되고 있는 원칙으로서는 첫째, 최저보상제의 실시 둘째, 임금변동순응연금(slide scale system)의 적용 셋째, 해고제한규정 등이 있다.

한편 산재보험은 타 사회보험과는 달리 보험급여 외에 보험시설을 통한 피재근로자의 사회복귀에 필요한 장치로서 요양 또는 외과 후 처치에 관한 시설, 의료재활 또는 직업재활에 관한 시설, 재해 예방에 관한 시설 등을 설치 운영하거나 근로복지공단으로 하여금 이를 설치 운영하도록 하는 것이다.

산재보험의 운영주체는 근로복지공단이다. 근로복지공단은 보험료를 징수하고 보험급여를 지급하고 보험시설을 설치하여 피재근로자를 보호하기 위한 사업을 운영하는 주체가 된다.

산재보험의 특징으로서 타 사회보험과는 달리 피용자를 피보험자로 하지 않고 사용자를 피보험자로 하고 있는데, 이는 사용자가 부담해야 하는 재해보상의 책임을 보험급여로서 이행한다고 하는 일종의 책임보험적 성격에서 비롯된 것이라고 할 수 있다.

산재보험의 비용은 원칙적으로 전액 사업주의 부담이며 여기에 약간의 국고부담이 행하여진다. 사용자와 국가의 재정 참가는 사회적 사고인 산업재해와 직업병에 대한 산업과 국가의 책임의 표명이며 다른 한편으로는 산업평화·사회질서의 유지라고 하는 수익의 대상이라고 볼 수 있다(신수식, 1989).

사용자가 부담하는 보험료의 산정에 있어서 중심 개념은 임금총액과 보험료율이다. 보험료의 산정기준인 임금총액은 평균임금에 기초하고 있는데 이는 피재근로자의 소득상실을 보전함에 있어서 적정한 수준을 보장하려는데 있다. 보험료율은 재해발생의 위험률과 그에 따른 책임정도에 따라 등급별요율방식 즉, 실적제(merit system)를 채택하고 있다.

제5절 고용보험제도

1. 실업과 고용보장

근로자의 고용보장문제를 둘러싸고 일어나는 문제로서는 노동시장문제,

직업안정문제, 고용보험문제, 근로자지위보장문제, 근로자재산형성문제, 전직(轉職)문제 등이 있는데 그 중에서도 고용기회의 확대를 통해 근로자를 실업으로부터 보장하는 문제는 근로자복지의 근본적인 과제이다. 즉, 근로자복지의 과제 중 가장 선결되어야 할 부분은 고용증대하고 보아야 할 것이다.

1973년 이후 대다수 유럽 국가들은 실업률의 증가, 실업의 장기화 등 경제적 위기에 직면하게 되었다. 이러한 상황하에서 기존 실업보험체계는 대량실업과 실업의 장기화를 특징으로 하는 실업의 현재적 양상에 대응하기에는 비효율적이었으므로 적극적인 노동시장 정책적 프로그램의 결합과 실업급여가 중심이었던 실업보험에서 고용안정사업과 직업능력개발사업 등이 포함되는 고용보험제도로의 변화가 이루어졌다.

선진국의 고용보험제도는 직업안정사업, 취업사업 및 공공사업 등과 같이 실업대책사업의 일환으로 발달하였으나 다른 실업대책사업이 해결할 수 없는 실업자에 대한 근본문제를 사회보장적 측면에서 보완하는데 그 의의가 있다.

한편 우리나라 고용문제는 일시적인 경기변동에 따른 경기대책적 문제라기보다는 오히려 경제구조적 변화와 산업구조의 고도화에 따라 노동집약적 산업에서 자본 · 기술적 산업으로 전환되어 고용증가량 자체의 감소현상이 나타나고 있다고 보아진다. 또한 노동공급 과잉이라는 특수성은 근로자의 지위를 노동력의 공급 면에서 불리하게 작용하며 경제성장에 상응한 저임금 해소와 임금격차의 완화, 근로조건의 개선 등을 부진하게 하는 요인으로 작용하고 있다.

2. 고용보험제도의 특성

우리나라 고용보험제도는 실업의 예방, 고용의 촉진 및 근로자의 직업능력의 개발 · 향상을 도모하고, 국가의 직업지도 · 직업소개 기능을 강화하며 근로자가 실업한 경우에 필요한 급여를 실시함으로써 근로자의 생활의 안정과 구직활동을 촉진하여 경제 · 사회발전에 이바지함을 목적으로 제도화되었다.

한편 실업보험(unemployment insurance)이란 실업을 일종의 보험사고로 취급하여 보험원리에 의하여 근로자가 실직으로 말미암아 소득을 상실하였을 경우에 생활의 안정을 위하여 일정기간 일정수준의 보험급여를 지급하는 일종의 사회보험을 말한다.

따라서 실업보험은 실직근로자에게 실업급여를 지급하여 그의 생계를 지원함으로써 생활안정을 도모하는 사후적이며 소극적인 소득보장적 사회보장제도인데 반해 고용보험은 산업구조의 조정 및 경기변동에 따른 휴업 및 전직훈련 등 고용구조의 개선을 통하여 실업을 사전에 예방할 수 있는 다양한 고용안정책과 재직근로자의 직업능력개발의 지원을 통한 능력개발사업 등으로 기업의 경쟁력을 확보하도록 한다. 또한 실직을 하였을 경우에는 실업급여를 지급하여 근로자의 생활안정과 적극적인 구직활동의 지원을 통하여 재취업을 촉진하는 사전적이며 적극적인 차원의 인력정책적 사회보장제도라는 차이가 있다.

오늘날 선진제국이 사회보장정책, 구체적으로는 고용증대정책의 일환으로 고용보험을 실시하고 있는 것은 곧 고도의 경제성장하에서는 물가와 실업이 사회적 문제가 되고 있을 뿐만 아니라 실업자에서는 실업보상이 필요하게 되었고 고용주로 하여금 고용안정에 대한 자극을 주게 되고 또한 고용보험은 경제안정을 가져오는 등의 목적 달성이 가능하기 때문이다.

오늘날 실업상태에 대한 보험급여제도를 시행하고 있는 국가는 69개국에 달한다. 선진국에서도 고용보험제도는 다른 사회보험에 비하여 가장 늦게 시작되었는데 이처럼 그 도입과 정착이 늦어진 이유는 실시의 전제조건인 근대화된 노사관계의 확립과 노동시장의 조직화가 쉽기 않으며, 실업발생률의 추정이 어렵다는 점에 있다(신섭중, 1996).

제도의 유형은 각국의 역사적 배경과 사회적 상황에 따라 차이가 있지만 강제적 고용보험제도, 임의고용보험제도 그리고 실업부조제도의 세 가지가 있다.

우리나라는 1995년 7월 1일부터 시행에 들어가 4대 사회보험을 구축하게 되었다.

3. 고용보험제도의 내용

고용보험의 적용대상은 1995년 7월 1일 시행 당시에는 실업급여는 상시

근로자 30인 이상 사업장, 고용안정사업 및 직업능력개발사업은 상시 근로자 70인 이상 사업장이었으나 1998년 1월부터 상시 근로자 10인 이상, 고용안정사업 및 직업능력개발사업은 상시 근로자 30인 이상 사업장으로 그 대상을 확대하게 되었다. 그러나 1998년 대량실업으로 동년 3월 1일부터 실업급여는 5인 이상 사업장으로 확대하였으며 1998년 10월부터 4인 이하 사업장, 임시 · 시간제 근로자도 대상에 포함시키게 되었다.

실업급여는 기본급여와 취업촉진수당으로 구분되는데 취업촉진수당의 종류는 조기재취업수당, 직업능력개발수당, 광역구직활동비, 이주비 등으로 구성되어 있다. 기본급여의 수급요건은 소정의 피보험기간, 이직사유, 실업신고 및 적극적인 구직활동 등의 요건을 충족하여야 한다.

고용보험의 관리 운영체계는 노동부가 운영의 주체가 되며 지방노동관서는 직업안정, 직업훈련 등 각종 인력정책 업무와 연계하여 수행하고 있다.

보험료 부담은 실업급여는 0.9%(노 · 사 1/2), 고용안정사업은 0.15%(사업주), 직업능력개발사업은 사업장 규모에 따라 0.1~0.7%(사업주)씩 부담한다.

우리나라 고용보험제도는 첫째, 강제가입을 원칙으로 하는 사회보험으로서 사업장의 사업주(법인 또는 경영주)와 근로자는 당연히 보험가입자가 되며 의무적으로 보험료를 납부하여야 한다.

둘째, 고용보험사업으로는 실업급여, 고용안정사업, 직업능력개발사업이 있으며 보험사업 중 실업급여의 수급권자는 근로자이다. 반면 고용안정사업 및 직업능력개발사업에 의한 각종 지원금 · 장려금의 수급권자는 사업주이다.

셋째, 고용보험은 노동부장관이 관장하되 지방노동관서를 통하여 보험사업을 집행하며 국가는 보험사업의 관리운영에 소요되는 경비의 전부 또는 일부를 부담한다.

넷째, 노동부장관은 보험수입 등으로 고용보험기금을 조성하여 관리 운영한다는 특성을 지니고 있다.

이와 같은 내용의 고용보험은 IMF 관리체계하의 대량실업에 대처하는 사회보장제도로서의 기능이 미흡하여 적용대상의 확대, 급여수준의 상향조정 등의 보완조치가 이루어졌으며, 타 사회보험제도 및 공공부조제도와의 연계를 통해 실업자의 실업문제를 대처하고 있다.

참고문헌

김유성. (1992). 한국사회보장법론, 동성사.
김태진. (2003). 사회보장론, 대구대학교출판부.
신섭중. (1996). 사회보장정책론, 대학출판사.
신수식. (1988). 사회보장론.
장 훈. (1984). 사회보장법론, 대구대학교 출판부.
Derthick. (1979). Policymaking for Social Security, Washington D. C., : The Bookings Institution.
Gilbrert, N. and Specht H. (1974). Dimensions of Social Welfare Policy, Englewood Cliffs, New Jersey : Prentice-Hall, Inc.
Hefferman, W. G. (1979). Introduction to Social Welfare Policy : Power, Scarcity and Common Needs, ITASCA, Illinois : F. E. Peacock Publishers, Inc.
Mishra, R. (1981). Society and Social Policy, London : Macmillan Press.
Munnell, A. H. (1977). The Future of Social Security, Washington D. C., : The Bookings Institution.
Rimlinger, G. V. (1971). Welfare Policy, Industrialization in Europe, America, Russia, New York : John Wiley, Sons, Inc.
U. S. Department of Health and Human Services. (1987). Social Security Programs Throughout the World.

제 6 장 공공부조

제 1 절 공공부조의 개념

1. 공공부조의 개념

공공부조(公共扶助)는 사회보험과 함께 국민의 건강하고 문화적인 최저생활의 보장을 목적으로 하며, 더욱이 생활능력을 상실한 자들과 일정한 생활수준에 미달한 자들에 대하여 국가가 그들의 최저생활보장과 자립 촉진을 목적으로 하여 수립한 가장 직접적이며 최종적인 경제적 보호제도라고 정의할 수 있다.

즉, 빈곤한 생활을 하는 자에 대하여 수혜자의 부담 없이 국가나 지방자치단체가 그 비용을 부담하는 무기여(無寄與) 보호적 원조이며, 건강하고 문화적인 최저한도의 생활을 유지할 수 있도록 현금급여, 현물급여 등을 통해 이들의 자립·자활을 촉진하기 위한 필요한 조치를 취하거나 근로를 조건으로 원조를 제공하는 제도이다.

공공부조는 오늘날 사회보장제도의 한 축을 이루고 있는 제도이다. 사회보험은 1차적 사회안전망(primary social safety net)으로 불리며, 공공부조는 2차적 사회안전망으로 불리는데, 양 제도는 국민의 최저생활을 보장하기 위한 가장 기본적인 제도로 평가되고 있다.

공공부조란 용어는 공적부조, 사회부조(social assistance), 국가부조(national assistance), 빈민구제정책(anti-poverty policy), 무기여소득보장정책(non-contributory income maintenance program)등으로 일컬어지고 있으나 우

리나라 사회보장기본법에서는 공공부조로 칭하고 있다.

2. 공공부조의 특성

공공부조는 일반적으로 다음과 같은 특성을 지니고 있다. 첫째, 공적인 프로그램이다. 둘째, 생활곤궁자가 주 대상이다. 셋째, 원조 프로그램이다. 넷째, 구분 처우를 행한다. 다섯째, 빈곤의 악순환을 방지하려는 노력이다. 여섯째, 선별적인 프로그램이다. 일곱째, 보충적인 제도이다. 여덟째, 재분배 기능을 수행한다. 아홉째, 사회를 안정시키고, 사회적 형평성을 도모한다. 열 번째, 공공부조급여는 병합 처분된다.

이와 같은 특성을 지니고 있는 공공부조의 가장 큰 단점은 수급자들에게 낙인화(stigma)로 수치심을 불러일으켜 인간의 존엄성을 훼손할 수 있고, 수급자와 납세자 사이의 대립을 유발시켜 국민연대감을 해칠 수 있다는 점이다. 사실 이러한 프로그램에서는 급여를 하나의 권리(사회권)로 지급하는 것이 아니라, 시혜(charity)로 주기 때문에 사회보장 프로그램 가운데 가장 낙후된 형태라고 할 수 있다. 그래서 서구 복지국가들의 사회보장 발전과정을 보면 공공부조가 초기에는 중요한 역할을 담당했으나, 보편적 프로그램이나 사회보험이 성숙하면서 그것의 비중이 줄어들었다. 예를 들면 사회보장 예산을 GDP의 20% 이상 사용하는 대부분의 국가에서는 공공부조가 차지하고 있는 비율이 GDP의 3% 미만으로 축소되고 있으며, 또한 스위스 등 일부 선진국에서는 자산조사를 실시하지 않고 있음에도 불구하고 수치심 때문에 공공부조를 신청하지 않는 경향으로 인하여 공공부조의 기능에 한계를 보이는 경향도 있다.

공공부조는 또한 사회보장 프로그램에서 나타날 수 있는 부정적인 측면들이 가장 크게 나타날 수 있다. 왜냐하면 공공부조는 일정한 소득이나 자산 이하인 사람들에게 급여가 이루어지기 때문에 근로나 저축동기를 약화시키거나, 소득을 낮게 신고하거나 탈세 및 프로그램의 오·남용 등의 문제점들이 나타날 수 있다. 이러한 점에서 볼 때, 공공부조는 사회보장 발전의 초기단계에서 어쩔 수 없이 선택된 것으로 다른 사회보장제도가 성숙되면 가능한 최소화되거나 자연적으로 점차 축소되는 제도라고 할 수 있다.

3. 공공부조수급권의 법적 성격

공공부조수급권(public assistance right to public assistance)이란 헌법에 규정되어 있는 인간다운 생활을 유지할 수 없는 상태에 처한 사회적 약자에게 국가가 최저한도의 인간다운 생활을 유지할 수 있도록 제도를 통해 생존권을 보장받을 수 있는 권리이다. 이와 같이 공공부조수급권은 복지권의 하나이며, 헌법에 보장된 인간다운 생활을 할 기본권을 구체적으로 실현하기 위한 권리이다.

공공부조수급권의 법적 성격에 관한 학설은 크게 프로그램 규정설과 법적 권리설로 나누어진다. 법적 권리설은 다시 추상적 권리설와 구체적 권리설로 구분된다.

1) 프로그램 규정설

프로그램 규정설은 입법방침 규정설이라고도 하는데, 공공부조수급권은 생활능력이 없는 국민의 국가보호에 관한 헌법 규정은 구체적이고 현실적인 권리를 부여한 규정이 아니라 입법에 의해서만 효력이 발생하는 강령규정으로서 입법자에게 입법의 방침을 지시하는 규정이라는 것이다. 즉, 공공부조수급권은 입법권만을 구속하고 행정권과 사법권을 구속하지는 않는다고 보는 견해이다. 따라서 그 실시는 국가의 자유재량이며 일종의 반사적 이익에 속한다. 국민은 인간다운 생활에 필요한 급여를 구체적으로 청구할 수 없으며, 국가는 입법을 할 정치적, 도의적 책임을 지는데 불과하다. 즉, 공공부조수급권은 국가의 재정적 실현 가능성(fiscal feasibility)과 행정적 실현 가능성(administrative feasibility)의 범주내에서만 실현되는 권리라는 것이다.

2) 법적 권리설

공공부조수급권에 대한 헌법 규정은 권리로서 개개 국민은 공공부조의 혜택을 누릴 권리가 법으로 보장되어 있으며, 국가는 이를 행할 의무가 있다는 학설이다.

추상적 권리설은 국가에 대해 공공부조 혜택을 받을 추상적 권리를 가지며, 국가는 입법 기타 국정상 필요한 조치를 강구할 추상적 의무를 진다고 보는 학설이다.

구체적 권리설은 공공부조수급권이 헌법에 보장된 권리이며, 헌법상의 의무이기 때문에 국민은 국가에 대해서 적극적으로 입법을 요청할 권리가 있으며 국가는 이에 대해 적극적으로 응해야 할 의무가 있다는 것이다. 만일 입법이 존재하지 않을 경우에 이는 헌법상 공공부조수급권을 침해하는 것이 되어 국민은 국가에 대해 부작위위헌확인소송을 제기하거나 의무를 구체적으로 이행하도록 요구하는 작위의무화소송을 제기할 수 있도록 함으로써, 구체적인 재판 효과를 부여하는 학설이다.

4. 공공부조급여의 형태

공공부조급여 형태는 기준에 따라 몇 현금이나 현물 또는 중간적인 증서 형태이냐에 따라 현금급여, 현물급여, 증서제도로 구분된다.

현금급여(in-cash benefit)는 공공부조수혜자가 최저수준의 인간다운 삶을 유지하도록 하기 위해 현금이나 수표를 제공하는 것을 말한다. 국민기초생활보장급여 가운데 생계급여, 주거급여, 교육급여, 해산급여, 장제급여, 생업자금융자 등과 기타 장애수당, 경로연금, 모·부자가정 생계보조금 등이 이에 속한다.

현물급여(in-kind benefit)는 공공부조수혜자가 최소한의 인간다운 삶을 영위하도록 하기 위해 현금 대신 현물이나 비현금 서비스를 제공하는 것을 말한다. 쌀, 라면, 우유, 육류, 통조림 등과 같은 식료품 제공, 병의원에서 질병 예방과 치료를 받을 수 있는 의료 서비스, 영구임대아파트와 같은 무료 또는 저가임대주택 서비스, 무상보육 서비스, 무상교육 서비스, 직업훈련 서비스, 무료교통 서비스, 무료전화 서비스(복지전화), 시설보호 서비스 등이 이에 속한다.

증서제도(voucher system)는 복지수혜대상자에게 사용 용도가 특정 분야로 지정된 일정 현금 가치를 갖는 증서(voucher), 증권(certificate), 쿠폰(coupon), 또는 교환권(stamp)을 제공하는 제도를 통칭해 부른다. 가장 대표적인 것은 미국의 식품권제도(food stamp program)이다.

5. 공공부조수급권의 보호와 제한

공공부조수급권은 기본권의 성격상 프로그램 규정적 권리로 인정되는 것이 통설이기 때문에 권리로서 취약성을 띠고 있으며 현금이나 현물급여뿐만 아니라 시설 서비스, 상담 서비스 등과 같이 다양하기 때문에 이러한 내용을 구체적으로 법제화하기 어렵고 표준화하는 데도 한계가 있다. 또한 공공부조수급권은 사회내 소수 극빈계층에게 주어지는 권리이기 때문에 기본권으로서의 권리성이 상대적으로 취약성을 띠고 있다.

따라서 국가적 차원의 수급권 보호가 필요하며 이와 같은 보호조치와 더불어 수급권이 남용되거나 악용되는 것을 방지하기 위한 수급권 제한조치도 필요하다.

1) 공공부조수급권의 보호

공공부조수급권은 수급권자 및 그 가족들이 최저한도의 건강하고 문화적인 생활을 유지하는데 목적이 있으므로 수급권은 수급권자의 일신전속권(一身專屬權)이다. 따라서 타인에게 승계할 수 없고, 양도하거나 담보로 제공할 수 없으며 수급권자의 채권자는 수급권을 압류하거나 자기의 채무와 상계(相計)할 수 없다. 또한 공공부조급여에 대해서는 조세나 공과금의 부과도 금지되며, 급여가 결정되면 수급권자에 대한 보호는 정당한 이유 없이 급여종류나 급여수준을 변경하여 수급권자에게 불이익을 받지 않도록 보호규정을 두고 있다.

2) 공공부조수급권의 제한

공공부조수급권에 대한 보호규정에도 불구하고 근본 목적에 어긋날 경우 일정한 제한을 가할 수 있는데, 이를 구체적으로 살펴보면 첫째, 헌법상 기본권을 제한하는 목적인 국가안전보장, 질서유지, 공공복지를 위해 제한할 수 있다(김철수, 1990). 둘째, 공공부조제도의 목적과 특성상 제한

될 수 있는데, 급여의 수준이 수급권자의 자립·자활을 저해할 정도로 과다하거나, 중복 지급되는 경우 제한할 수 있다. 수급권자는 수급조건에 따른 의무를 성실하게 이행하여야 하며, 수급사유 및 조건을 고의 또는 악의적으로 발생시키거나 수급사유 및 조건이 허위로 판명된 경우 또는 수급기간을 허위 또는 부당하게 연장시키는 행위를 한 경우에는 수급권을 제한하거나 금지할 수 있는 규정을 두고 있다.

제2절 공공부조의 기본 리

1. 기본 원리

빈곤상태에 있는 사람에게 기초생활보장을 행하여 이들의 최저생활을 보장하는 국민기초생활보장제도는 사후적인 구빈행정의 핵심으로서 그 법적 표현인 기초생활보장행정의 기본 원리를 명시하고 있다. 일반적으로 공통되는 공공부조의 원리로서 생존권보장, 국가책임, 무차별 평등, 최저생활보장, 보충성, 자립조장의 원리를 들 수 있다.

2. 실시상의 원칙

공공부조의 기본 원리에 입각하여 공공부조제도를 구체적으로 시행하는 과정에서 실시상의 원칙은 기본적인 준거(準據)가 되는 원칙으로 신청보호, 기준 및 정도, 필요적응, 세대단위, 현금급여, 거택보호의 원칙을 들 수 있다.

그러나 국민기초생활보장제도에서는 (1) 최저생활보장의 원칙 (2) 보충급여의 원칙 (3) 자립지원의 원칙 (4) 개별성의 원칙 (5) 가족부양 우선의 원칙 (6) 타 급여 우선의 원칙 (7) 보편성의 원칙 등을 제시하고 있다.

3. 공공부조대상자 선정의 기본 요소

공공부조대상자를 선정하는 과정은 최저생계비에 미달되는 소득으로 인해 빈곤으로부터 벗어나고자 하는 욕구를 가진 자가 보호를 신청하여 자산조사를 거친 후 그 결과에 따라 공공부조대상자로 선정된다. 이에 공공부조대상자를 선정함에 있어서 공공부조대상자의 욕구파악, 최저생계비 계측, 신청보호 실시, 자산조사의 이행 등을 기본 요소로 볼 수 있다.

제3절 국민기초생활보장제도

1. 국민기초생활보장제도의 의의

국민기초생활보장법이 제정됨에 따라 기존의 생활보호법에 의해 생존에 관한 개인 무한책임주의에서 탈피하여 시민의 사회적 권리와 국가의 의무를 명백히 한 획기적인 계기를 이루었으며, 헌법의 생존권보장 규정을 실체적으로 입법화한 것으로 볼 수 있다. 또한 생활보호법에서의 생활보호는 추상적 권리로서의 성격이 강했으나 이제 구체적 권리로서의 수급권을 인정했다는 점과 생활보호제도의 단순 생계지원에서 자립·자활을 촉진하는 종합적 빈곤대책으로 전환했다는 점에서 그 의의를 찾을 수 있다. 그러나 저소득자 중 근로능력이 있는 계층에 대한 무제한적인 급여 제공으로 근로의욕의 감소가 예상되므로 기초적인 생계유지를 위한 급여의 제공과 함께 근로의욕을 유발할 수 있는 자활지원 프로그램과 심리·사회적 지원이 통합적으로 운영되어야 할 과제를 안고 있다.

이와 같은 국민기초생활보장제도가 갖는 성격은 첫째, 실업부조로서의 성격을 갖고 있다. 실업부조제도는 고용보험에 의한 급여가 중단되었거나 수급자격이 없는 계층을 대상으로 일정한 자산조사를 거쳐서 구직활동을 요건으로 현금급여를 제공하는 제도로서, 근로능력이 있는 노동시장 미참여자들에게 적극적 구직활동을 비롯한 자활사업에 참여할 것을 조건으로 급여를 제공한다는 점에서 일종의 실업부조의 기능을 수행하고 있다.

둘째, 근로연계복지로서의 성격을 갖고 있다. 근로연계복지를 근로능력이 있는 공공부조수급자에게 근로관련 활동에 대한 참여를 의무화하는 것으로 정의한다면 조건부수급자에 대한 급여는 근로연계복지의 성격을 갖고 있다.

셋째, 일정한 요건을 충족하는 경우 저소득근로자에게도 현금급여를 제공한다는 점에서 빈곤근로계층에 대한 보호제도로서의 성격을 갖고 있다(황덕순, 2001). 이와 같은 복합적 성격 때문에 사회보장과 관련된 여러 제도들과 관련을 맺고 있다.

2. 국민기초생활보장 수급자

1) 수급권자 수급자격 결정

국민기초생활보장사업의 수급권자 범위는 부양의무자가 없거나 부양의무자가 있어도 부양능력이 없거나 또는 부양받을 수 없는 자로서 소득인정액이 최저생계비 이하인 자이다.

국민기초생활보장사업의 수급자는 소득과 재산의 소득환산액을 합산한 평가금액인 소득인정액이 최저생계비 이하인 자이다. 수급자의 수급조건은 소득인정액 기준과 재산가액, 주택·농지면적기준, 승용차기준을 포함한 재산기준 그리고 부양의무자 기준을 동시에 충족시켜야 한다. 따라서 생활이 어렵다는 것을 객관적으로 판단하기 위해 소득인정액과 최저생계비를 비교해 판단한다.

최저생계비라 함은 국민이 건강하고 문화적인 생활을 유지하기 위하여 소요되는 최소한의 비용으로서 보건복지부장관이 매년 공표하는 금액을 말한다.

부양의무자라 함은 수급권자를 부양할 책임이 있는 자로서 수급권자의 직계혈족 및 그 배우자, 생계를 같이 하는 2촌 이내의 혈족을 말한다.

3) 국민기초생활보장의 대상

수급권자라 함은 국민기초생활보장법에 의한 급여를 받을 수 있는 자격을 가진 자를 말한다. 또한 수급자라 함은 국민기초생활보장법에 의한 급여를 받는 자를 말한다.

모든 국민은 빈곤하기만 하면 연령 등의 인구학적 특성을 배제한 채 그 원인을 불문하고 급여를 제공하는 것을 골자로 하고 있다. 즉, 수급권자는 부양의무자가 없거나 부양의무자가 있어도 부양능력이 없거나 또는 부양을 받을 수 없는 자로서 소득인정액이 최저생계비 이하인 자이다.

이와 같은 기초생활보장수급자는 생활보장급여가 행해지는 장소에 따라 일반수급자와 보장시설수급자로 나뉘어진다.

(1) 일반수급자

수급권자 거주지의 주거에서 생활보장급여를 받는 자

(2) 보장시설수급자

주거가 없거나 주거가 있어도 그 곳에서 보호를 행할 수 없어 보장시설에 수용된 자

(3) 차상위계층

수급자가 아닌 자 중 소득이 최저생계비의 100분의 120 이하에 해당하는 가구

(4) 조건부수급자

조건부수급자란 자활에 필요한 사업에 참가할 것을 조건으로 생계급여를 받는 수급자이다. 조건부수급자는 조건으로 제시된 자활사업에 참여하지 않으면 생계급여가 중지되나, 일반수급자는 자활사업에 참여하지 않더라도 생계급여에 영향을 미치지 않는다.

조건부수급자 선정기준은 근로능력자 판정기준에 의해 이루어지는데, 근로능력자는 18세 이상 60세 이하의 수급자로서, 장애인고용촉진 및 직업재활법 규정에 의한 중증장애인, 보건복지부장관이 정하는 질병 또는 부상

에 해당하지 아니하는 질병·부상 또는 그 후유증으로 3월 이상의 치료 또는 요양이 필요한 자, 임산부, 공익근무요원 등 법률상 의무를 이행 중인 자, 기타 근로가 곤란하다고 보건복지부장관이 정하는 자 등은 근로무능력자로 판정된다.

3. 급여의 종류 및 기준

1) 급여의 기본 원칙 및 기준

수급자가 자신의 생활의 유지·향상을 위하여 그 소득·재산·근로능력 등을 활용하여 최대한 노력하는 것을 전제로 이를 보충·발전시키는 것을 기본 원칙으로 한다. 부양의무자의 부양과 기타 다른 법령에 의한 보호는 이 법에 의한 급여에 우선하여 행하여지는 것으로 한다. 다만 다른 법령에 의한 보호의 수준이 이 법에서 정하는 수준에 이르지 아니하는 경우에는 나머지 부분에 관하여 이 법에 의한 급여를 받을 권리를 잃지 아니한다.

급여기준은 건강하고 문화적인 최저생활을 유지할 수 있는 것이어야 한다. 따라서 보건복지부장관이 수급자의 연령·가구규모·거주 지역 기타 생활여건 등을 고려하여 급여의 종류별로 정한다. 보장기관은 이 법에 의한 급여를 세대를 단위로 하여 행하되, 특히 필요하다고 인정하는 경우에는 개인을 단위로 하여 행할 수 있다.

수급자의 소득평가액과 가구별 최저생계비의 차액을 각종 급여로 지원하는 보충급여제를 실시하며, 가구 전체의 소득평가액을 기준으로 2만원 간격 61등급으로 구분하여 지급한다. 따라서 생계급여는 현금급여 기준에서 주거급여와 가구소득을 제외한 금액을 지급하며, 현금급여기준은 최저생계비에서 현물로 지급되는 의료비·교육비 및 타법 지원액을 차감한 금액으로서, 소득이 없는 수급자가 받는 현금급여(생계·주거급여)수준을 의미한다.

이와 같은 급여기준은 보건복지부장관이 국민의 소득·지출수준과 수급권자의 생활실태, 물가상승률 등을 고려한 최저생계비 결정수준에 기초하고 있다.

2) 급여의 종류

급여의 종류는 생계급여, 주거급여, 의료급여, 교육급여, 해산급여, 장제급여, 자활급여 등이 있다.

생계급여는 기본급여로 모든 기초생활보장수급자에게 적용된다. 반면 주거급여, 의료급여, 교육급여, 해산급여, 장제급여, 자활급여는 수급권자의 필요에 따라 생계급여와 함께 행함으로써 필요적응의 원칙 내지 개별화의 원칙을 원용하고 있다.

수급품이라 함은 이 법에 의하여 수급자에게 급여하거나 대여하는 금전 또는 물품을 말한다.

4. 국민기초생활보장기관

1) 보장기관

보장기관이라 함은 국민기초생활보장법에 의한 급여를 행하는 국가 또는 지방자치단체를 말한다.

국민기초생활보장사업은 일선 행정기관의 전문인력에 의한 전달체계의 확립을 통해 전문가 조직의 결속력 강화와 업무의 전문성·연속성·효율성을 높혀 나가도록 하고 있다. 또한 생활보장사업의 기획·조사·실시 등에 관한 사항을 심의·의결하기 위하여 보건복지부·특별시·광역시·도 및 시·군·구의 생활보장위원회를 두고 있다. 지방생활보장위원회는 위원장, 부위원장, 각 1인을 포함하여 15인 이내의 위원으로 구성된다.

2) 보장시설

보장시설이라 함은 국민기초생활보장법 제7조에서 규정된 급여를 행하는 사회복지사업법에 의한 사회복지시설로서 대통령령이 정하는 시설을 말한다. 여기에는 장애인복지법에 의한 장애인복지시설, 노인복지법에 의한 노인복지시설, 이동복지법에 의한 아동복지시설, 정신보건법에 의한 정신질환자사회복귀시설 및 정신요양시설, 모・부자복지법에 의한 여성복지시설, 성매매방지 및 피해자보호등에 관한 법률에 의한 지원시설, 기타 사회복지사업법에 의하여 신고한 사회복지시설 중 수용보호시설이 있다.

보장시설의 장은 보장기관으로부터 수급자에 대한 급여를 위탁받을 때에는 정당한 이유 없이 이를 거부할 수 없다. 또한 보건복지부장관이 정하는 최저기준 이상의 급여, 차별대우 금지, 수급자의 자유로운 생활보장, 종교상의 행위 강제금지 등의 준수의무 등을 진다.

5. 국민기초생활보장의 비용

1) 보장비용의 부담주체 및 부담률

보장비용이라 함은 보장업무에 소요되는 인건비와 사무비, 위원회운영에 소요되는 비용, 급여실시비용, 기타 보장업무에 소요되는 비용을 말한다.

보장비용의 부담은 다음과 같은 구분에 의해 이루어진다.

① 국가 또는 시・도가 직접 행하는 보장업무에 소요되는 비용은 국가 또는 당해 시・도가 부담한다.

② 법 제19조 제2항의 규정에 의한 급여의 실시비용은 국가 또는 당해 시・도가 부담한다.

③ 시・군・구가 행하는 보장업무에 소요되는 비용 중 법 제42조 제1호 및 제2호의 비용은 당해 시・군・구가 부담한다.

④ 시・군・구가 행하는 보장업무에 소요되는 비용 중 법 제42조 제3호 및 제4호의 비용은 다음의 범위내에서 보장기관간에 협의하여 부담한다. 다만, 시・도 및 시・군・구의 수급자 분포 및 재정자립도 등을 고려하여 국가부담비율, 시・도 부담비율, 시・군・구 부담비율을 차등하여 적용할 수 있다.

가. 특별시가 관할하는 자치구의 경우에는 그 총액의 100분의 50 이하를 국가가 부담하고, 국가부담제외분의 100분의 50 이상을 특별시가, 그 100분의 50 이하를 당해 자치구가 부담한다.

나. 광역시 및 도가 관할하는 시・군・구의 경우에는 그 총액의 100분의 80이상을 국가가 부담하고, 국가부담제외분의 100분의 50 이상을 당해 광

역시 및 도가, 100분의 50 이하를 당해 시 · 군 · 구가 부담한다.

2) 비용의 징수

수급자에게 부양능력을 가진 부양의무자가 있음이 확인된 경우에는 보장비용을 지급한 보장기관은 생활보장위원회의 심의 · 의결을 거쳐 그 비용의 전부 또는 일부를 그 부양의무자로부터 부양의무의 범위 안에서 징수할 수 있다.

사위(詐僞), 기타 부정한 방법에 의하여 급여를 받거나 타인으로 하여금 급여를 받게 한 경우에는 보장비용을 지급한 보장기관은 그 비용의 전부 또는 일부를 그 급여를 받은 자 또는 급여를 받게 한 자(부정수급자)로부터 징수할 수 있다.

3) 급여의 반환

보장기관은 급여의 변경 또는 급여의 정지 · 중기에 따라 수급자에게 이미 지급한 수급품 중 과잉지급분이 발생한 경우에는 즉시 수급자에 대하여 그 전부 또는 일부의 반환을 명하도록 규정하고 있다. 다만 이미 이를 소비하였거나 기타 수급자에게 부득이한 사유가 있는 때에는 그 반환을 면제할 수 있다.

4) 기초생활보장기금의 운용

국민기초생활보장법에 규정되어 있는 자활지원사업을 원활하게 추진하기 위한 재원으로서 지방자치단체는 국민기초생활보장기금을 조성 · 운용하고 있다.

기금은 시 · 도지사 및 시장 · 군수 · 구청장 책임하에 조성 · 운용하게 되는데, 기금은 일정한 규모 이상 적립되어야 하며, 기금의 운용을 통한 이자수입 등으로 자활지원사업 등을 위한 보장 비용의 재원을 충당할 수 있다.

기금조성 재원은 (1) 지방자치단체 또는 지방자치단체 외의 자로부터의 출연금 (2) 다른 기금으로부터의 출연금 (3) 금융기관 또는 다른 기금으로

부터의 장기차입금 (4) 생업자금의 대여에 따른 이자수입 (5) 공공근로 및 자활근로 실시결과 발생하는 수익금 (6) 기금의 운용수익 (7) 국고 보조금 등이나 현재 기금으로 조성된 재원은 국가와 지방자치단체의 출연금이 대부분이다.

기금의 용도는 (1) 자활공동체가 금융기관 등으로부터 대여받은 자금의 이자보전 (2) 자활공동체에 대한 사업자금 대여 (3) 지역자활지원계획의 집행을 위하여 필요한 비용 (4) 자활공동체 또는 저소득층의 생업자금 채무를 신용보증하는데 소요되는 비용 (5) 수급자 및 차상위계층의 복지 증진을 위한 사업(기금 지출의 20% 이하) 등이다.

매년 기금을 통한 자활지원사업을 안정적으로 수행하기 위하여 수익성과 안정성을 고려한 금융상품 투자 등으로 운용하며, 지방자치단체 또는 지방자치단체 외의 자 등으로부터 출연된 거액의 출연금인 경우에는 당해 연도 기금의 세출예산에 계상하여 전액 지출할 것이 아니라 기금의 조성을 위하여 적립하는 방향으로 운용한다.

제4절 의료급여제도

1. 의료급여제도의 의의

의료급여제도(medicaid)는 저소득층과 특수집단의 의료궁핍을 해결함으로써 의료의 사회화를 이루려는 공공부조적 노력이라고 할 수 있다. 즉, 일정수준 이하의 저소득층을 대상으로 그들이 자력으로 의료문제를 해결할 수 없는 경우 국가재정으로 의료혜택을 주는 공공부조제도이다. 우리나라에서는 생활유지의 능력이 없거나 생활이 어려운 자에게 의료급여를 실시함으로써 국민보건의 향상과 사회복지 증진에 이바지함을 목적으로 제도화되었다.

이는 사회보험제도인 국민건강보험과 더불어 국민의 건강한 생활을 보장하기 위한 중요한 수단이 되는 공공부조제도로서 국민기초생활보호제도의 시행에 따라 의료급여제도도 이 제도와 일관성을 유지하기 위한 제도적 개선이 이루어지고 있다.

2. 의료급여수급권자

1) 급여수급권자 책정기준

(1) 1종 급여수급권자

① 국민기초생활보장법에 의한 수급자로서 근로능력이 있는 수급자에 해당되지 않는 자 ② 재해구호법에 의한 이재자(罹災者) : 한해, 풍해, 수해, 화재 기타의 재해로 인하여 동일지역내에서 다수의 이재자가 발생하여 응급적인 구호의 필요가 있을 때 재해구호의 대상이 되는 자 ③ 의사상자 예우에 관한 법률에 의한 의상자 및 의사자의 유족 ④ 독립유공자와 국가유공자, 그 가족 및 유족 ⑤ 중요무형문화재 보유자 및 가족 ⑥ 북한이탈주민 ⑦ 광주민주화운동 관련자 ⑧ 기타 생활유지의 능력이 없거나 생활이 어려운 자로서 대통령령이 정하는 자 등이다.

(2) 2종 급여수급권자

국민기초생활보장법에 의한 수급자 중 1종 급여수급권자에 해당되지 않는 자

3. 의료급여의 범위

의료급여수급권자는 모든 질병이나 부상에 대하여 진찰, 처치, 수술, 분만, 기타의 치료, 약제 또는 치료재료의 지급, 의료시설에의 수용, 간호, 이송, 기타 의료목적 달성을 위한 조치 등의 의료급여를 받는다.

다만 급여의 범위에서 제외되는 경우는 첫째, 다른 법령에 의하여 국가로부터 보호를 받고 있는 경우 둘째, 지정진료, 보조기, 의수족, 의치, 의안, 보청기, 각종 진단서 및 제 증명서 발급 등, 기타 의료급여법에서 정하는 진료 셋째, 자동차손해보상보험법, 민법 등에 의하여 가해자가 있어 진

료보상이 가능한 경우 넷째, 질병 · 부상의 치료목적이 아니거나 업무 또는 일상생활에 지장이 없는 질환, 기타 의료급여의 원칙에 부합되지 아니하는 진료 등이다.

의료급여수급권자는 한의원 및 한방병원으로부터 한방의료급여혜택을 받을 수 있게 되었는데, 급여내용은 진찰, 입원, 투약, 시술에 한하며 약제는 68종 단미엑스산제, 56개 기준처방으로 시술은 침 · 구 · 항에 한정하고 있다.

급여기간은 2000년부터 1년 동안 연중 급여를 받을 수 있게 되었다.

4. 의료급여기관

1) 보장기관

의료급여는 급여수급권자의 거주지를 관할하는 시장, 군수 및 자치구의 구청장이 행한다. 한편 의료급여사업에 관하여 필요한 사항을 심의하기 위하여 광역자치단체 및 기초자치단체에 의료급여심의위원회를 두어 운영하고 있다.

2) 의료급여기관

의료급여기관은 의료급여수급권자에 대한 진료 · 조제 또는 투약 등을 담당하는 의료기관 및 약국 등이다.

의료급여기관은 제1차(통원에 의한 진료를 담당) · 제2차(입원에 의한 진료를 담당) · 제3차(대통령이 정하는 바에 의하여 특수진료를 담당) 기관으로 단계적으로 지정하며 제1차 의료급여기관과 제2차 의료급여기관은 시 · 도지사가 정한 진료지구별로 지정하되 제1차 의료급여기관은 시장 · 군수 · 구청장이, 제2차 의료급여기관은 시 · 도지사가 지정하며, 제3차 의료급여기관은 보건복지부장관이 지정한다.

3) 진료절차

시장 · 군수 · 구청장은 의료급여수급권에 대하여 보건복지부령이 정하는 바에 따라 의료급여증을 발급한다.

의료급여는 의료전달체계에 따른 지정된 의료급여기관에 따라 단계적으로 실시한다. 즉, 의료급여환자는 우선 제1차 의료급여기관에 의료급여를 신청하고, 제1차 의료급여기관장이 진찰한 결과 필요하다고 진단한 경우 제2차 의료급여기관이 진료를 행하고, 제2차 의료급여기관장이 특수진료가 필요하다고 진단한 경우 제3차 의료급여기관의 진료를 받는다.

그러나 성병에 감염되어 입원진료를 받은 자, 분만 및 응급진료에 관한 법률에 해당하는 응급환자, 혈우병환자가 의료급여를 받고자 하는 경우, 장애인이 장애인보장구를 지급받고자 하는 경우 등은 이와 같은 전달체계에서 제외된다.

4) 의료급여 진료비 부담방법

의료급여에 소요되는 비용은 그 전부 또는 일부를 의료급여기금에서 부담한다. 1종 급여수급권자는 외래 · 입원치료 구분 없이 전액을 정부(의료급여기금)에서 부담하며, 2종 급여수급권자는 제1차 의료급여기관 외래진료 시 진료당 1,500원을 본인이 부담하고 나머지는 의료급여기금에서 부담한다. 2종 급여수급권자로 장애인일 경우에는 본인일부부담금의 절반 금액을 장애인의료비에서 지급하므로 방문당 750원을 본인이 부담한다. 2종 급여수급권자가 2차 진료를 받은 경우 총 진료비의 20%를 본인이 부담한다.

성병에 감염된 자에 대한 입원진료비는 전액 국가에서 부담하고 있으나 급여수급권자의 성병 외래진료 시는 종별에 따른 본인일부부담금은 본인이 부담한다. 입원진료비의 경우는 정부와 본인이 80%와 20%씩 각각 부담하되 본인부담분이 10만원 이상인 경우 10만원 초과분은 의료급여기금에서 대불(代拂)한다. 대불금의 상환은 무이자로 하며, 1년에서 3년에 걸쳐 대불금을 그 거주지를 관할하는 보장기관에 분할 상환한다.

5) 장애인 의료급여대상자에 대한 지원

장애인 보장구는 재질, 형태, 기능 및 종류를 불문하고 장애종별 및 보장구 유형별로 1인당 내구연한의 기간내에 1회만 의료급여로 인정한다. 보장구 지원비용은 유형별 상한액 이내로 한다.

보장구 구입비용에 대한 의료급여기금의 부담비율은 1종 급여수급권자의 경우 상한액의 범위내에서 실구입가의 전부를 부담하며, 2종 급여수급권자의 경우 실구입가의 80%를 부담한다.

장애인 의료비 지원은 국민기초생활보장법의 수급자로서 장애인 본인에게만 해당된다. 지원내용은 제1차 의료급여기관 진료 시 본인부담금의 1,500원 중 50%를 지원하고, 제2차, 제3차 의료급여기관 및 국·공립결핵병원 진료시 의료급여수가 적용 본인부담진료비 20% 전액을 지원한다.

6) 의료급여수가

의료급여수가는 국민건강보험의 행위별수가체계와 동일하게 운영되고 있으나 정신질환자에 대한 진료수가는 정액수가로 별도 운영하고 국민건강보험의 비급여대상인 식대와 영안실, 안치료를 별도로 취급한다. 의료기관 종별 의료 서비스 원가 차이를 반영하는 종별 가산율은 국민건강보험의 1/2 수준으로 확대하였다. 의료급여수가는 의료급여기관에 따라 종별가산율을 다음과 같이 적용한다. 단, 조산원, 보건소, 보건지소, 보건진료소는 적용에서 제외된다.

의료급여 본인부담상한제는 만성·중증질환자 등의 고액 진료비 부담을 덜어주고 의료급여의 수급권과 보장성을 강화하기 위해 도입되었다. 이는 동일 의료급여기관 입원이나 여러 의료급여기관 입원 및 외래진료 시 환자의 급여대상 본인부담금이 매 6월간 120만원을 초과하는 경우 수급권자가 보장기관에 신청하여 지급받을 수 있다.

한편 의료급여제도의 실효성을 확보하기 위해 재정기여보상제를 도입하고 있는데, 이는 진료비 청구·지급절차 간소화 및 의료급여재정 누수를 방지하기 위해 1996년부터 도입하였다. 이러한 조치는 의료비 체불이 장기화되고 의료기관의 진료비 부당·과잉청구로 인한 의료급여재정 누수 가능성이 있다고 보아 이를 개선 시정하는데 목적이 있다.

또한 의료급여제도 운영을 감독하기 위해 벌칙 규정을 두고 있는데, 그 내용으로는 첫째, 부당이익의 징수 둘째, 손해배상 청구 셋째, 의료급여기관 지정 취소 넷째, 급여의 중지 등이 있다.

5. 의료급여기금 운영

의료급여사업 재원을 충당하기 위하여 각 시·도에 의료급여기금을 설치 운영하고 있다. 의료급여비의 부담방법은 국가의 일반회계에서 부담하지 않고 특별회계로 별도로 운영하고 있는데, 의약분업과 관련되어 국민건강보험의 의료수가는 보험재정 위기에 영향을 미쳤고, 의료급여에도 똑같은 부정적인 영향을 미쳤다. 의료급여기금은 국고보조금(서울 50%, 기타 80%), 지방비 출연금(서울 50%, 기타 20%), 결산상 잉여금, 기금 운영 수익금 및 기타 수익으로 하고 있다.

참고문헌

김기원. (2000). 공공부조론, 학지사.
김태진. (2003). 사회보장론, 대구대학교출판부.
박태룡. (2000). 사회복지행정론, 홍익출판사.
신섭중. (1998). 사회보장정책론, 서울 : 대학출판사.
Gilbert, N., & Specht, H. (1974). Dimensions of Social Welfare Policy, New Jersey : Prentice-Hall Inc.
Gilbert, N., & Terrell P. (1998). Dimensions of Social Welfare Policy, Massachusetts : Allyn & Bacon.

제 7 장 사회복지서비스

제 1 절 사회복지서비스의 개념

사회복지서비스(사회복지사업 또는 사회적 서비스)는 사회보험, 공공부조, 관련 복지제도와 더불어 사회보장정책의 중심을 이루고 있는 것(사회보장기본법, 제3조)으로 인류사회가 산업화, 도시화, 정보화 사회로 전환됨에 따라 사회문제가 가속화되어 사회적응, 인간성 회복, 사회복귀 등의 사회복지 서비스의 수요를 급증시키고 있다.

사회복지서비스라 함은 국가 · 지방자치단체 및 민간부문의 도움을 필요로 하는 모든 국민에게 상담 · 재활 · 직업소개 및 지도, 사회복지시설의 이용 등을 제공하여 정상적인 사회생활이 가능하도록 제도적으로 지원하는 것(사회보장기본법, 제3조)을 말한다.

이러한 사회복지서비스는 국민기초생활보장법, 아동복지법, 노인복지법, 장애인복지법, 모 · 부자복지법, 영유아보육법, 성매매방지 및 피해자보호 등에 관한 법률 , 정신보건법, 입양촉진 및 절차에 관한 특례법, 일제하 일본군 위안부피해자에 대한 생활안정지원 및 기념사업 등에 관한 법률, 사회복지공동모금회법, 장애인 · 노인 · 임산부 등의 편의증진 보장에 관한 법률, 가정폭력방지 및 피해자 보호 등에 관한 법률, 농어촌주민의 보건복지증진을 위한 특별법에 의하여 보호, 선도 또는 복지에 관한 사업과 사회복지상담, 부랑인 및 노숙인 보호, 직업보도 · 무료숙박 · 지역사회복지 · 의료복지 · 재가복지 · 사회복지관 운영 · 정신질환자 및 한센 병력자 사회복귀에 관한 사업 등 각종 복지사업과 이와 관련된 자원봉사활동 및 복지시설의 운영 또는 지원을 목적으로 하는 사업으로 규정하고 있다(사회복지사업법, 제2조).

사회복지서비스의 대상은 정상적인 일상생활의 수준에서 탈락, 낙오되거나 또는 그러한 우려가 있는 불특정 개인 또는 가족이며 구체적으로 빈곤, 질병, 범죄, 또는 도덕적 타락으로 나타나게 되는데 이러한 내용을 Devine은 3D(destitution 빈곤, disease 질병, delinquency 비행)로 설명하기도 한다. 그러므로 사회복지서비스의 목적은 정상적인 일반생활의 수준에서 탈락된 상태의 사회복지서비스 대상자에게 「회복 · 보전」하도록 도와주는 것을 말하며 이는 개별적 · 집단적으로 보호 또는 처치를 행하게 된다(http://www.4insure.or.kr).

따라서 각 나라들은 사회복지서비스를 제공하기 위하여 자국의 사회문화적 상황과 경제수준에 적합한 제도, 시설, 프로그램, 인사, 재정 등을 다양하게 운영하고 있다.

이러한 사회복지서비스는 사회보험이나 공공부조의 재정적 부조와는 달리 전문사회사업에 의한 전문 서비스만이 소기의 성과를 기대할 수 있다.

따라서 사회복지서비스는 사회보험과 공공부조와 더불어 상호유기적인 관계 속에서 종합적 서비스체계를 확립해 나가야 할 것이다

제2절 사회복지서비스의 칙

사회복지 서비스의 원칙은 통합화, 제도화, 전문화 및 선별성을 들 수 있으며 이를 설명하면 다음과 같다.

1. 서비스의 통합화

서비스의 통합화란 아동, 노인, 여성, 장애인 등 대상에 따른 서비스대상 모두가 인간이란 측면에서 인간으로서 복지와 관계되는 제요인 즉 경제적

안정, 교육, 보건 및 의료, 노동, 오락 등의 여러가지 프로그램과 서비스를 통합적으로 상호보완함을 뜻한다.

이러한 통합적 원칙은 우선 사회복지행정면에서 적용되어야겠다. 가령 아동은 보건복지부의 사회복지정책실 아동보건복지과에서, 노인은 노인복지정책과와 노인요양보장과, 노인지원과에서, 장애인은 장애인복지심의관 장애인정책과와 재활지원과에서 관장하고 있어 각 부서별 소관업무에는 충실할지는 모르나 소관업무에만 집착한 나머지 포괄적인 욕구를 충족할 수가 없다. 따라서 통합적 조정기구가 마련되어야 할 것이다.

한편 서비스의 통합화에서도 아동, 노인, 여성, 장애인 등 대상의 욕구에 따라 다양화된 서비스를 어느 한 서비스에 치우침이 없이 통합적으로 제공함으로써 보다 효율화를 기할 수 있으며 시설중심보호에서 재가중심보호로, 나아가서는 시설의 사회화 및 지역사회보호로 나아가야 할 것이다.

2. 서비스의 제도화

서비스의 제도화란 특정인을 대상으로 한 선별적인 서비스가 아니고 모든 국민을 대상으로한 보편적인 서비스를 제도적으로 마련해야 한다는 것을 뜻하며 현대사회가 지향하는 방법이다. 이미 영국, 미국, 일본 등은 제도화 방향으로 진행하고 있다.

3. 서비스의 전문화

서비스의 전문화란 사회복지조직의 전문인력에 의해서 성취될 수 있다. 현대사회의 아동, 노인, 여성, 장애인의 문제는 복합적 요인을 지니고 있으며, 이들의 욕구도 다양하게 변화되고 있어 사회복지방법론의 활용이 없이는 대처할 수 없다.

따라서 종전의 비전문가나 자원봉사자만으로는 이들의 복지문제를 다루기란 어려운 일이며 전문교육과 훈련을 통한 전문인력의 활용과 시설의 현대화, 조직의 근대화가 병행되어야 소기의 목적을 달성할 수 있다.

이에 따라 사회복지분야에 종사하는 전문가들의 생활보장이나 신분보장이 국가적 차원에서 제도적으로 보장받을 수 있는 체계를 확립해야 한다.

4. 서비스의 선별성

사회복지 서비스의 우선순위를 결정하는 것은 쉬운 일이 아니다. 모든 인간은 동등한 가치와 권리를 지니고 있으므로 특정집단을 우선적으로 배려한다는 것은 사회복지의 가치에도 위배되기 때문이다. 그러나 인적, 물적, 재정적 자원의 제한으로 인하여 서비스의 우선순위를 결정할 수밖에 없다.

따라서 우선순위는 대상, 재원, 프로그램과 서비스 및 방법 등의 영역에서 고려될 수 있을 것이다.

첫째, 대상면에서는 일반적으로 아동과 여성복지에 우선순위가 주어지는 것 같으며, 점차 장애인 및 노인에게 집중하는 경향이 있다.

둘째, 프로그램면에서는 예방적, 개발적 프로그램에 우선순위를 두는 것이 바람직하며, 이것은 재원면에서도 경제적이다.

셋째, 방법면에서는 사회경제적 변화에 따른 새로운 문제영역에 관심을 가지고 이 분야의 예비계획에 우위를 두어야 한다.

제3절 사회복지서비스의 내용

사회복지서비스의 내용을 제도, 프로그램, 인사, 재정면에서 고찰해 보면 다음과 같다.

1. 제 도

사회복지서비스에 관한 각국의 법적 제도는 자국의 사회문화적인 상황과 경제수준에 따라 적절히 조정 운영하고 있다.

우리나라는 사회복지사업법을 비롯하여 국민기초생활보장법, 아동복지법, 장애인복지법, 노인복지법, 모·부자복지법, 영유아보육법 등에 의해서 업무가 수행되고 있다. 중앙행정기관은 보건복지부가 있고, 지방행정기관으로 시·도에는 사회복지(여성)국(복지정책 또는 사회복지과, 여성정책과, 가정복지과), 시·군·구에는 사회(복지)과, 읍·면·동사무소에는 사회복지담당을 두어 업무를 수행하고 있다.

한편 1987년부터 대도시의 저소득계층 밀집지역 동사무소에 사회복지전문요원(1992년 12월 8일 : 사회복지전담공무원으로 개칭)을 배치하여 국민기초생활보장사업을 전문적으로 수행하고 있으며, 사회복지전담공무원이 단계적으로 확보 배치되고 있다. 그러나 우리나라는 미국의 지역복지사무소나 일본의 복지사무소와 같은 전달체계가 확립되어 있지 못한 실정이다. 따라서 사회복지 서비스의 전문화와 능률화를 기대하기란 어려운 실정이며, 바람직한 사회복지서비스를 위해서 사회복지사업법을 개정하여 전달체계를 확립하고 현재 시범적으로 실시되고 있는 사회복지사무소를 시·군·구에 설치하고 읍·면·동에는 지소를 두어서 최일선에서 보다 신속하고 효과적으로 업무를 담당할 수 있도록 하는 것이 바람직하다.

미국은 보건복지성(Dept. of Health and Human Services)에서 보건복지서비스를 전담하고 있다(United States Goverment Manual, 1980, p.293). 보건복지성의 직제는 4개의 운용단위기관으로서 인간개발처, 공공보건처, 의료보장처, 사회보장청을 두고 있다. 인간개발처(HDS)는 노인, 저소득 가족의 아동, 장애인, 원주민(Native Americans)을 위한 사회복지서비스를, 공공보건처(PHS)는 공중위생 서비스를, 의료보장청(HCFA)은 의료보험과 의료부조를, 사회보장청(SSA)은 공공부조를 중심으로 업무를 수행하고 있다(United States Goverment Manual, 1980, p.293).

지방행정기관은 주(state), 군(county), 시(city) 수준에서의 지방복지사무소(local welfare office)를 설치하여 일선업무를 수행하고 있다.

일본은 1951년에 제정된 사회복지사업법을 비롯하여 제정순위에는 약간의 차를 보이고 있으나 민생위원법, 생활보호법, 신체장애자복지법, 매춘방지법, 노인복지법, 아동복지법, 지적장해자자복지법, 모자 및 과부복지법 등에 의거하여 사회복지서비스를 수행하고 있으며 중앙행정기관으로서는 후생성을 산하기관 및 지방행정기관의 조직은 일선기관으로서 도·도·부·현(都·道·俯·縣)과 시·구·정·촌(市·區·町·村)에 복지사무소를 두어 사회복지행정의 합리화와 행정체계의 통일을 기하고 있다(岸野駿太, 1970, p.17).

2. 서비스

우리나라는 관계입법에 의한 정부측의 시설프로그램과 민간단체에 의한 서비스 프로그램으로 운영되고 있다. 관계입법에서 규정한 시설 프로그램을 보면 <표 7-1>과 같이 종류는 비교적 다양하나 질량면(質量面)에서 많은 개선점을 내포하고 있다.

표 7-1 우리 나라 사회복지 시설의 종류

관계법	시설의 종류
국민기초생활보장법	장애인재활시설 · 장애인요양시설(장애인복지법), 양로시설 · 노인요양시설 · 노인전문요양시설(노인복지법), 아동양육시설 · 아동일시보호시설 · 아동보호치료시설 · 아동직업훈련시설 · 자립지원시설 · 아동단기보호시설(아동복지법), 정신질환자 사회복귀시설 · 정신요양시설(정신보건법), 부랑인보호시설(사회복지사업법), 기타 보건복지부령이 정하는 시설
아동복지법	아동양육시설, 아동일시보호시설, 아동보호치료시설, 아동직업훈련시설, 자립지원시설, 아동단기보호시설, 아동상담소, 아동전용시설, 아동복지관
성매매방지 및 피해자보호 등에 관한 법률	일반지원시설, 청소년지원시설, 자활지원센터
장애인복지법	장애인생활시설, 장애인지역사회재활시설, 장애인 직업재활시설, 장애인유료복지시설
노인복지법	노인주거복지시설 : 양로시설 · 실비양로시설 · 유료양로시설 · 실비노인복지주택 · 유료노인복지주택 노인의료복지시설 : 노인요양시설 · 실비노인요양시설 · 유료노인요양시설 · 노인전문요양시설 · 유료노인전문요양시설 · 노인전문병원 노인여가복지시설 : 노인복지회관 · 경로당 · 노인교실 · 노인휴양소 재가노인복지시설 : 가정봉사원파견시설 · 주간보호시설 · 단기보호시설
모 · 부자복지법	모자보호시설, 모자자립시설, 부자보호시설, 부자자립시설, 미혼모시설, 일시보호시설, 여성복지관, 모 · 부자가정상담소
영유아보육법	국공립 보육시설, 민간보육시설, 직장보육시설, 가정보육시설

따라서 이들 시설의 개선을 위해서는 정부당국의 재정적 지원과 더불어 지역사회 자원 활용을 위한 지역사회공동모금의 활용 등 내부자원의 동원에 박차를 가해야 한다. 그리고 프로그램면에서도 불우한 아동의 의식주 해결의 보호에서 벗어나 사회적응력을 배양하는 개별사회사업 혹은 집단 사회사업의 방법을 활용하여 사회변천에 따른 클라이언트의 욕구에 적합하고 사회자립을 목표로 한 프로그램으로 개선되어야 한다.

한편, 미국의 사회복지서비스의 내용은 의료보호와 지역보호, 그리고 가족과 아동, 성인을 위한 서비스로 세분하여 실시하고 있다.

사회복지서비스 프로그램은 연방정부가 위임한 위임사업(mandated service programs)과 고유사업(optional service programs)으로 대별하여 운영하고 있다(Preliminary Los Angeles County XX Social Service Programs, 1979~80). 위임사업은 모든 주가 공히 실시하고 있으며, 고유사업은 주가 임의 선택하여 운영하고 있다.

일본은 시설프로그램의 대부분을 관계입법에 의해서 운영하고 있으며 시설서비스도 대부분이 국가나 지방자치단체에 의해서 운영되고 있다.

일본의 관계입법에 의한 사회복지시설을 보면 <표 7-3>와 같다.

표 7-3 일본의 사회복지시설

관계법	시설의 종류
국민기초생활보장법	구호시설, 갱생시설, 의료보호시설, 수산시설, 숙소제공시설
노인복지법	양호노인 홈, 특별양호노인 홈, 경비노인 홈, 노인복지센타, 유료노인홈, 데이서비스, 쇼트스테이서비스, 홈헬퍼서비스
신체장해자복지법	신체장해자갱생보호시설, 지체부자유자갱생시설, 실명자갱생시설, 농자갱생시설, 내부장해자갱생시설, 신체장해자수산시설, 보장구제작시설, 점자출판시설
매춘방지법	부인상담소, 부인보호시설
아동복지법	조산시설, 유아원, 모자원, 보육소, 아동후생시설, 양호시설, 정신지체아시설, 정신지체아동원시설, 맹농아시설, 허약아시설, 자체부자유아시설, 중증심신장해아시설, 정서장해아단기치료시설, 교호원
모자 및 과부복지법	모자복지센터, 모자휴양 홈
정신박약자복지법	정신지체아갱생시설, 정신지체인수산시설
기타사회복지시설	수산시설, 숙소제공시설, 맹인 홈, 무료저액진료시설, 인보관, 지역보건복지관, 유료노인 홈

이 외에도 사회복지서비스는 민간단체에 의한 가족계획, 개별상담, 주간보호(daycare), 고용훈련, 가정부서비스(homemaker service), 가정위탁보호(foster home care), 입양, 장애인, 노인을 위한 특별 서비스 등이 있다(Federico, 1979, pp.125～126)

3. 인 사

사회복지서비스의 서비스 전달(service delivery)은 일반행정이나 프로그램행정과는 다르다. Yession(1980, p.139)은 일방행정과 프로그램행정과 서비스전달을 <표 7-4>과 같이 분류하여 특징을 제시하고 있다.

표 7-4 관료조직의 주요기능

일반행정	프로그램행정	서비스전달
일반관리, 계획, 정책형성	프로그램관리, 계획, 정책형성	클라이언트와의 정규적인 접촉
복합프로그램, 지역중심(상호관련성 중심)	기능적, 프로그램중심	기능적 고객중심
막료기능	계선기능	관료와 전문직 서비스와의 긴장
직원기능의 강조	경력직	경력직
직원이직의 고율	직원이직의 저율	직원이직률의 다양
직원재임기간의 단기	중간 경과기간이 짧음	다양
주요변화	안정과 통제된 변화	클라이언트의 압력과 수요에 대한 취약
특별기동반	계서적(階序的) 중앙집권형	고도의 자율성
이익집단과의 은근한 연계	이익집단과의 강한연계	전문기관과의 강한 연계

서비스전달은 <표 7-4>에서 보는 바와 같이 사회복지사의 특징 및 역할을 의미하는 것으로서 직접 클라이언트중심의 기능을 다하고 있으며, 때로는 일반관료들과의 마찰을 일으키기도 하며 클라이언트의 압력을 받기도 한다. 그러므로 사회복지사는 많은 경력을 필요로 하며 전문기관과의 깊은 관계 및 그의 활용을 필요로 하고 있다. 따라서 사회복지사는 고도의 자율

성을 인정받아야 함을 알 수 있다.

우리나라는 1961년 4월 4일의 공무원임용령의 개정으로 행정직군내에 후생직열을 두었으며 이에 따라 시험 및 임용이 직급에 따라 행해지게 되었다(改正公務員任用令, 國務員令, 第240號, 1961. 4. 15.). 그리고 시험과목도 일방행정직열 시험과목과 달리 사회복지에 관한 과목이 삽입되었다. 즉 사회사업학, 사회정책, 사회보장론, 사회학, 심리학 등의 사회복지분야에 관한 전문과목이 등장함으로써 사회사업직의 창설은 아니지만 행정에 복지분야의 전문성을 반영할 수 있었다.

그러나 1965년 12월 12일의 공무원임용령 개정에서는 후생직열이 행정직열에 흡수되고 이에 따라 공무원임용시험령에서도 사회사업학, 사회보장론 등의 복지분야의 전문과목이 소멸되고 말았다. 또한 우리나라의 복지업무는 일반행정직에 의해서 수행었다. 1992년 12월 26일에 이르러 지방공무원 임용령의 개정으로 행정직군-사회복지직렬-사회복지직류로 9급에서 5급에 보하고 있으며, 이에 앞서 1987년부터 사회복지전문요원이란 독특한 형태의 별정직을 두어 사회복지행정의 일부를 담당하게 하고 있다. 1992년 12월 8일 부터는 사회복지전담공무원으로 칭하고 있다.

아동복지법상의 아동복지지도원과 노인복지법상의 노인복지상담원, 장애인복지법상의 장애인복지지도원, 모자복지법상의 모자복지상담원, 영유아보육법상의 보육교사, 사회복지사업법상의 사회복지사를 별정직으로 두고 있다. 미국은 사회복지분야에 사회복지행정직열(social administration series)과 사회복지직열(social work series)을 두어 사회복지업무를 수행하고 있으며 특히 사회복지직열은 사회복지 서비스의 업무를 주로 수행하고 있다.

일본의 경우도 복지업무전담당공직의 전문화를 위한 제도적 조치가 마련되어 사회보장 및 노동직군에 민생관리직과 노동관리직을 두고 있다. 그리고 국가공무원법과 지방공무원법에 의거한 공직자외에 순수 전문직인 사회복지사로서 사회복지사업법이 정한 사회복지주사, 노인복지법이 정한 노인복지주사, 아동복지법이 정한 아동복지사, 모자 및 과부복지법이 정한 모자상담원, 정신박약자 복지사, 신체장해자복지법이 정한 신체장해복지사, 매춘방지법이 정한 부인상담원 등이 있다.

4. 재 정

우리 나라 보건복지부의 예산을 정부의 총예산에서 1991년 4.66%, 1995년 3.82%, 2000년 5.98%, 2002년 7.07%로 점차 증가하고 있다. 이 중 사회복지서비스 예산은 정부총예산대비 1985년 0.6%, 1990년 0.8%, 1995년 1.2%, 2000년 2.9%, 2002년 3.5%로 보건복지부의 예산과 함께 꾸준히 증가하고 있다(보건복지부, 2004). 2001년 사회복지서비스 분야의 예산 지출규모를 살펴보면, 적극적 노동시장 정책, 즉 실업 및 취업과 관련해서 가장 많은 1조 760억이 투입되었으며, 보육, 아동 및 복지관 운영 등의 지원사업이 9,137억원, 노인관련 복지서비스가 5,420억, 장애인복지서비스 지출규모가 2,556억의 순으로 나타나고 있다(한국보건사회연구원, 2004). 그러나 이러한 사회복지서비스의 분야별 예산은 보건복지부내의 국민기초생활보장사업이나 보건 및 의료보험 부분과 비교하면 빈약한 실정이다.

따라서 사회복지 서비스 예산은 정부와 민간단체의 적극적인 관심과 지역주민의 참여와 노력으로써 확충해 나가야 할 것이다. 특히 사회복지서비스에서 지역주민의 참여는 사회복지서비스와 프로그램 개발에 관건이 되고 있음을 주지해야 한다.

제4절 사회복지서비스의 전체계

1. 서비스 전달체계의 개념

사회복지서비스 전달체계(delivery system)란 사회복지 서비스의 공급자와 소비자를 연결시키기 위한 조직적 연결(organizational linkage)로 정의할 수 있다. 즉, 다수의 조직과 행위자들이 맞물려 있는 것이 바로 사회복지서비스의 전달체계라는 것이다.

1) 협의의 개념 : 사회복지서비스 전달체계의 협의의 개념은 사회복지사(서비스전달자)와 서비스를 받는 고객(클라이언트, 수혜자)사이의 대면적 상호관계를 통하여 일정한 장면(setting)에서 서비스(개입)를 전달(실천)하는, 즉 서비스전달업무를 실제로 '집행'하는 사회적 체계이다.

2) 광의의 개념 : 사회복지전달의 집행체계는 상부의 행정체계로부터 규제, 지원 및 감독을 받으며 서비스를 전달하게 되므로, 따라서 서비스 전달체계는 전달자와 고객이 상호관계를 이루면서 서비스를 직접 전달하는 집행체계와 서비스 전달을 기획, 지시, 지원 및 관리하는 행정체계 모두를 포함하는 개념이다.

이러한 사회복지 서비스의 전달체계에 대한 이해가 필요한 것은, 사회복지의 궁극적 목적은 개개의 조직들이 각자 자신의 역할과 목적 달성에만 충실하다고 해서 달성되는 것이 아니며, 개개의 조직의 활동이 전체의 목적 달성을 위해 기여해야 달성되는 것이다. 따라서 개별 조직의 활동을 조정하고 통합하는 역할이 필요하며, 통합은 바로 전달체계의 이해를 통해 가능하다.

2. 서비스 전달체계의 구분

사회복지 서비스 공급자들을 중심으로, 그들간의 구조와 기능이 어떻게 분화되었는가를 살펴보는 방식이다.

이 방식에 의하면, 서비스 전달체계는 구조기능상 행정체계와 집행체계로 구분될 수 있다. ① 서비스를 기획, 지휘, 지원, 관리하는 것을 행정체계라 하고, ② 서비스 수혜자들과 직접적인 대면관계를 통해 서비스를 전달하는 과정을 집행체계라 한다.

전달체계의 운영주체에 따라서 민간 서비스 전달체계와 공적 서비스 전달체계로 구분될 수 있다. 공적 전달체계는 정부(중앙 및 지방)나 공공기관이 직접 관리·운영하는 것을 말하고 사적 전달체계는 민간(또는 민간단체)이 직접 관리·운영하는 것을 말한다.

① 공공 서비스 전달체계는 주로 세금에 의해 유지되며, 민간 서비스 전

달체계는 다양한 재원에 의해 유지되므로, 공공서비스 전달체계는 비교적 안정적인데 반해, 민간서비스 전달체계는 유동적이다.

② 민간 서비스 전달체계는 다양한 조직이나 프로그램, 단체, 개인들이 서비스 전달과 관련된 역할을 수행하며, 자발적 자원을 조직화하고 있기 때문에 일관된 서비스 제공은 곤란하다.

③ 한편, 공공서비스 전달체계는 외적 요인에 둔감하므로 서비스의 민감한 전달 혹은 단기적인 개입에는 불리하며 경직되어 있고, 반면 민간 서비스 전달체계는 상황의 변화와 요구에 융통성이 있다.

사회복지서비스 전달체계는 사회복지서비스를 구체적으로 추진하고 실천하기 위하여 필요한 자원을 조달·배분하여 서비스를 실시하는 조직적 체계이다.

이러한 사회복지서비스 전달체계는 공공부문과 민간부문으로 구분되며 상호보완적인 관계를 지니고 있기 때문에 균형적인 발전을 이룩해야 할 것이다.

1) 공공부문의 사회복지서비스 전달체계

공공부문의 사회복지서비스 전달체계를 살펴보면 사회복지관련업무가 대상에 따라 여러 부처에서 분산·관리하고 있을 뿐만 아니라 주무부처인 보건복지부도 독자적인 산하 조직체계를 갖지 못하고 여전히 행정자치부의 산하 조직체계를 갖고 있는 실정이다.

그러나 지방자치단체는 사회복지에 관한 계획수립과 행정기능의 상당한 부분을 통합하고 산하 부서간의 협조관계를 확립하므로써 사회복지행정의 효율성을 제고하고 있다. 이로 인하여 특별시·광역시·도는 물론 시·군·구의 부서 명칭이 통일되지 못하고 기능에 따라 다양하게 운영되고 있다.

이러한 가운데 공공부문의 사회복지행정의 최일선 기관인 보건복지사무소를 1995년 7월부터 전국5개 시·군·구에 시범 설치·운영하였으나, 이에 대한 평가와 개선방안에 대한 논의가 계속되다가 2004년 사회복지사무소에 대한 시범사업을 10개 시·군·구에서 실시하고 있다.

1995년에 실시된 보건복지사무소의 경우 시범사업에 대한 평가결과 긍정적 요인으로는 복지부문의 부분적 통합효과로 복지전달체계의 효율성의 상승효과와 새로운 복지서비스 프로그램의 개발과 공공복지의 범위설정이 어느 정도 이루어졌다. 부정적 요인으로는 복지부문의 이원화 문제와 농촌지역의 복지 서비스전달체계상의 접근성 문제, 복지와 보건부문의 조직통합으로 인한 서비스전달효과의 미흡 등이 지적되었다.

도시와 농촌 간에는 지역적 환경 및 보건과 복지의 인적 · 물적 자원의 현실을 고려하여 상이한 전달체계의 적합성을 고려해야 할 것을 제안하고 있다(이인재, 1998, p.2).

하지만 2004년부터 새로이 시작했는 전국의 10개소의 사회복지사무소가 지역에 적합한 사회복지모형을 개발하느냐에 따라 앞으로의 사회복지사무소의 확대설치여부가 결정될 전망에 있다.

2) 민간부문의 사회복지서비스 전달체계

민간부문의 사회복지서비스 전달체계는 중앙 및 지방자치단체의 사회복지협의회의 기능과 역할이 중요하다.

사회복지협의회는 지금까지의 행정적 수동적 · 종속적 위치에서 벗어나 민간사회복지기관 및 시설의 대표기관으로서 지역사회복지의 중추적 기능과 역할을 다해야 할 것이다.

아울러 중앙 및 지방자치단체는 사회복지협의회의 운영에 따른 필요경비와 인건비를 지원하여 협의회 운영에 따른 제 문제를 해결하여야 하며, 사회복지협의회 역시 지역주민의 복지증진에 책임과 의무를 다해야 할 것이다.

또한 최근에 급속히 양적으로 증가한 시회복지관 운영에 대한 비판이 고조되고 있다. 대부분의 사회복지관이 유형에 따라 재정적 지원과 직원이 배치되고 있으며 프로그램이 거의 획일적으로 운영되고 있는 실정이다. 따라서 사회복지관이 지역사회중심의 지역사회 주민의 욕구에 부응하지 못하고 있다. 이에 따라 점진적으로 사회복지관 운영에 따른 평가에 의거 그 결과에 따라 차등지원이 실시될 것이다.

그리고 사회복지시설도 지금까지의 시설의 폐쇄성 · 전문인력의 부족 · 시설운영의 전근대성 · 프로그램의 부재 · 직원의 대우미흡 · 운영자의 복지의식 등의 난제에서 벗어나 지역사회의 시설로서 지역주민이 참여하는 지역사회복지센터로서의 기능과 역할을 다해야 한다.

3) 공 · 사 사회복지서비스 전달체계의 역할분담

역할분담은 중앙정부와 지방정부, 공공기관과 민간기관으로 대별하여 살펴볼 수 있다.

중앙정부와 지방정부간에는 명확한 역할분담이 이루어져야 한다. 중앙정부는 사회복지전반에 관한 정책방향을 제시하고, 광역자치단체는 광역수준에서 기초단체는 기초수준에서의 정책과 집행을 담당하는 것으로 정확한 역할을 분담해야 한다.

즉 중앙정부는 전체적인 정책방향제시 · 기준 및 표준 제정 · 재정의 확보와 운용 · 산하 단체 및 민간기관에 대한 심사 · 조정 및 평가업무를 담당하고, 현행 업무중 각종 인 · 허가, 단순 업무는 지방자치단체나 공공단체 및 민간단체에 이양 또는 위임하여야 한다.

광역자치단체는 광역 수준의 정책개발 · 기획 · 연구 및 정보관리를 담당하고, 산하단체 및 민간기관과 기초단체에 대한 심사 · 조정 · 평가를 담당해야 할 것이다.

그리고 공공기관과 민간기관의 역할분담 정립과 사회복지시설이나 기관의 활성화 방안이 마련되어야겠다. 이를 위해서는 현재 정부담당업무 중 민간에서 담당할 수 있는 업무는 과감하게 민간으로 이양해야하며, 민간기관에 대한 권한과 의무를 위탁할 경우에는 명확한 계약관계에 기반하여 관계정립이 이루어져야 한다.

참고문헌

改正公務員任用令, 國務員令, 第240號(1961. 4. 15.).

金同炫. (1980). “韓國社會福祉서비스의 問題點과 改善方案” 韓國開發硏究, 겨울호.

金萬斗. (1989). “社會福祉財政과 改善方案”, 民主發展과 社會福祉 第 5 會 全國社會福祉大會資料, p.46.

金雲泰. (1982). “韓國政治論, 서울 : 博英社.

박태룡. (1998). 사회복지행정, 홍익출판사.

보건복지부. (1998). 보건복지백서.

保健社會部, 保健社會白書.

이인재. (1998). "사회복지 행정체계 개편 논의의 쟁점 : 98년 한국사회복지학회 발표원고(별쇄), p.2.

주준희. (1997). "여성정책과 여성의원의 역할", 여성과 정치(Ⅱ), 한국여성정치문화연구소, p.222.

岸野駿太. (1970). 新社會福祉行政(東京 : 良書普及會), p.17.

Mark R. Yession. (1980). "The Generalist Perspetive in the HEW Bureaucracy : An Account from the Field," Public Administratin Review, The American Society for Public Administraion, March/April, p.139.

Preliminary Los Angeles County XX Social Service Programs, 1979～80.

Ronald, C Feferico. (1976). The Social Welfare Institution(Massachusetts : D. C. Heath and Company, p.294.

United States Government Manual. (1980). p.293.

제 III 부

전문적 접근방법

제 8 장 개인과의 사회복지 (전재일)
제 9 장 집단과의 사회복지 (전재일)
제10장 지역사회와의 사회복지 (박태영)
제11장 보조적 사회복지방법 (박태영)

제 8 장 개인과의 사회복지

사회복지는 한 사람 이상의 변화매개인(change agent)으로서 사회복지사가 두 가지 이상의 체계(system)간의 중재(intervention)하는 과정이라 할 수 있다. 개인과의 사회복지(social work with individuals)란 중재의 과정이 개인에게 기초를 두고 있을 때를 말하며 전통적으로 개별사회사업(social casework)으로 인식되어 왔다.

오늘날 개별사회사업은 수 많은 사회서비스와 기타 여러 기관에 종사하고 있는 많은 사회복지사들에 의하여 사용되고 있는 사회복지의 한 방법이며 기술이다. 개인과의 사회복지는 사회복지실천에서 광범위하게 사용되고 있다. 어떤 의미에서 개별사회사업은 여러 가지 사회복지실천방법의 근간을 이루고 있다. 그 이유는 개별사회사업으로부터 나온 지식과 기술을 여러 가지 사회복지실천방법에 있어서 폭넓게 적용하여 왔으며, 사회복지실천에 있어서 가장 기본적이고 핵심적인 기술이기 때문이다. 급속한 변화와 정신적인 충격을 초래하고 있는 현대사회에 있어서 개별사회사업은 인간성을 박탈당하고 있는 개인에 대한 여러 가지 좋지 못한 영향을 경감시켜 주는 기술이다.

제 1 절 개별사회사업의 정의

개별사회사업이 무엇인가를 간단하게 설명한다는 것은 대단히 어려운 일이다. 그것은 역사적, 사회적 상황에 따라 차이가 있을 뿐 아니라 학자들이 강조하는 내용에 따라 다르기 때문이다.

개별사회사업의 개척자인 Richmond(1922, pp.98~99)여사는 그녀의 저서에서 "개별사회사업이란 인간과 그의 사회환경의 개별적이고 의식적인 조정을 통하여 그의 인격을 발달시키는 여러 과정으로 이루어지는 것"이라고 하여 인간의 인격발달의 측면을 강조하였다.

Regensburg(1938, p.4)는 "개별사회사업이란 사회복지사가 클라이언트로 하여금 그의 문제가 무엇인가를 명백히 하도록 도와주고 그 문제를 해결하는 다른 방법을 생각할 수 있도록 그를 도와주는 동안 문제를 다루는 클라이언트의 능력을 현실에 비추어 측정하는 방법"이라고 하여 문제해결을 위한 클라이언트의 능력을 중요시하였다.

Smalley에 의하면 "개별사회사업은 본질적으로 1대의 1의 관계에 의한 과정을 통하여 클라이언트 자신의 복지와 일반적인 사회복지를 향하여 사회적 서비스를 활용함에 있어 그를 관여시키는 방법"(Roberts and Nee, 1972, p.81)이라고 하여 돕는 관계에 클라이언트를 참여시키는 기술면을 강조하였다.

그리고 Perlman 여사는 "개별사회사업이란 사람들이 사회적 기능을 수행함에 있어서 그들의 문제를 보다 효과적으로 처리해 나가도록 돕는 사회복지기관에서 사용되는 한 과정"(Perlman, 1974, p.4)이라고 하여 개별사회사업의 구성요소를 사람(person), 문제(problem), 장소(place) 및 과정(process)의 4P개념으로 설명하여 기관의 기능 안에서 클라이언트의 문제 해결의 주체성을 강조하였다.

이상의 대표적인 몇 가지 정의로부터 다음과 같이 개별사회사업의 일반적인 특성을 발견할 수 있다.

① 문제를 해결하려는 사람을 돕는데 적용하는 지식, 이해 및 숙련된 기술의 활용에 기초를 둔 사람을 돕는 하나의 방법이다.

② 개별적으로 취급하며 과학적이지만 그 방법은 예술적 노력을 포함하기도 한다.

③ 개인의 외적 환경적인 문제와 개인의 내적인 문제를 가진 사람들을 돕는다.

④ 개인의 복지에 초점을 두지만 일반인의 복지를 부정하지는 않는다.

⑤ 완전히 주관적인 생각을 가진 편견이나 환경적인 조정만이 아니라

심리적 요소와 사회적 요소를 결합하고 있는 심리 사회적인 것이다.

제 2 절 개별사회사업의

1. 기 원

개별사회사업의 발생 모체는 자선조직협회(C. O. S.)의 활동이라 하겠다. 자선조직협회는 처음에 1869년에 영국에서 설립된 이후 미국에도 그 영향을 미쳐 활동이 이루어지게 되었다. 그 활동은 빈민의 구제를 위하여 독지가(volunteer)가 시(市)지역내의 요구호자를 조사하여 카드에 기록하고 협회에 등록하는 일과 서비스가 보다 효과적으로 이루어지도록 구제비용을 절약할 목적에서 자선기관들의 상호연락, 조정하는 것이 그 주 임무였다.

영국의 자선조직활동은 미국으로 건너가서 1877년 Buffalo에서 자선조직협회가 조직되었다. 영국의 자선조직 활동이 오늘날 개별사회사업 발전의 근원이 되었던 것이다.

자선조직협회의 활동목표는 "시여로서가 아니라 우인을"이라는 표어 아래 단순히 물질적 시여만을 하는 것이 아니라, 우애(友愛)의 정신을 가지고 그들을 방문하는 우애방문원(friendly visitor)이 빈민들에게 인격적 감화를 주려고 하였다. 자선조직활동의 구제대상은 빈곤의 여부보다는 인격적 감화의 가능성 여부에 의하여 결정되었던 것이다. 따라서, 우애방문원의 인격적 감화를 받을 수 없는 사람은 "가치없는 케이스"로 되어 구제의 대상에서 제외되었다. 이러한 주관적 태도가 객관적, 과학적 태도로 바뀌면서 서서히 개별사회사업의 기초가 확립되었다(重田信一, 1971, p.15).

2. 기초 확립기

이 시기는 1890년대부터 1920년대 초에 해당한다. 이 시기는 생활곤란의 사회적 요인이 중요함을 인식하게 되어 19세기 말경 자선조직협회의 유급 전임직원 고용으로 유급화(有給化)하여 사회학, 경제학, 법률학, 의학 등의 여러 과학의 지식이나 방법을 채택한 것에 의하여 과학적 치료기술로써 개별사회사업으로 발전된 시기이다.

개별사회사업의 기초를 확립한 결정적인 것은 1917년 Richmond의 “사회진단”이다. 사회진단은 당시의 사회기관의 사례자료에 관한 실증적 연구였다. 이 시기는 개별사회사업을 이론화시키는데 있어서 아직 초기상태로서 개인의 발달을 저해하고 있는 사회환경을 어떻게 변화시킬 것인가. 즉, 사회개량에 초점을 두었다. 따라서 클라이언트의 문제는 개인과 환경간의 조정을 통해서 연결하려고 하였다. 1898년에 New York에서 Richmond를 지도자로 하여 우애방문원을 대상으로 6주간의 하기 강습회가 개최된 것이 사회사업 전문교육의 출발점이 되어 1904년에 8개월의 과정, 1909년 2년 과정의 New York 사회사업학교로 발전되었다(Briar & Miller, 1971, pp.6～7).

3. 발전기

개별사회사업은 1920년대 부터 1950년경까지 많은 발전을 보게 되었다. 이 시기부터 개별사회사업의 환경지배론의 관점에서 수정을 가하여 심리학적, 정신의학적 방향으로 이행하여 특히 Freud를 중심으로 하는 정신분석학과 Rank의 심리학의 연결이 뚜렷해지게 되었다. 따라서 진단주의파와 기능주의파의 두 가지 경향이 대립하게 된 것도 이 시기이다.

1929년 말에 발생한 경제 대공황은 수많은 실업자를 발생시켜, 빈곤은 개인이나 민간의 힘으로서 해결하기에는 어려운 단계에 도달하였다. New Deal 정책의 일환으로서 1935년에는 “사회보장법”이 제정되어 빈곤자에 대한 경제부조도 자선조직협회로부터 발전한 종래의 가정복지협회에서 공적 책임으로 시작된 공적부조제도로 옮겨지게 되었다. 공공복지기관 중에는 개별사회사업가(caseworker)가 고용되어 개별사회사업의 사상과 기술이 공공복지기관에 침투되는 한편, 가정복지협회는 가정서비스협회로서 이후의 개별사회사업의 발전에 중심기관이 되었다.

4. 통합기

1950년 이후는 개별사회사업의 통합기라 할 수 있다. 첫째로, 지금까지의 개별사회사업이 심리주의적, 정신분석적으로 치우치게 됨에 대한 반성으로 사회적인 면을 무시할 수 없다는 점에서 심리사회적 방향으로 눈을 돌리게 되었다. 둘째로, 진단파와 기능파의 통합을 시도하게 되었다. 셋째로, 개별사회사업의 효과를 과학적으로 측정하려는 시도가 각 방면에서 이루어지게 되었다. 이것은 지금까지 선의로 실천한 개별사회사업의 서비스 효과를 주관적으로 믿어온 데 반하여, 객관적으로 클라이언트의 문제해결에 필요한 서비스를 제공해야 할 필요성에서 나온 결과라 하겠다. 그 결과로서 "가족진단" 또는 "가족중심 개별사회사업"의 개념이 널리 알려지게 되었다.

우리나라의 개별사회사업은 1950년 6 · 25사변 이후 외국의 민간기관들이 우리나라에 많이 들어와 활동하면서부터 소개된 이후 반세기가 경과되면서 여러 분야에 걸쳐 점차 사회복지의 주류를 이루며 확대 발전되어 오다가 현재에는 '개별사회사업', '개인과의 사회복지' 또는 '개인수준 사회복지실천'이라는 용어의 사용으로 바뀌어가고 있다.

제3절 개별사회사업의 리

개별사회사업의 원리는 사회복지사가 클라이언트를 돕는데 있어서 지켜야 할 전문적 활동상의 원칙을 말하는 것으로 다음과 같다.

1. 개별화의 원리

개별화의 원리란 클라이언트가 가지고 있는 독특한 자질을 인정하고 이해하여 보다 나은 적응을 하도록 각기 다른 방법을 적용하여 도움을 주어야 하는 것을 말한다. 이 원리는 인간은 개별적이며 동일한 인간으로서가 아니라 개인 차이를 가진 인간으로서 취급되어야 한다는 인간의 권리에 기초를 두고 있는 것이다.

2. 의도적 감정표현의 원리

의도적인 감정표현의 원리는 클라이언트의 긍정적인 감정만이 아니라, 특히 부정적인 감정을 자유롭게 표현하도록 도와주어야 하는 것을 말한다. 사회복지사는 이러한 감정의 표현을 가로막거나 비난하지 않고, 때로는 개별적인 서비스의 일부로서 치료상 유용할 때는 그러한 감정을 표현하도록 적극적으로 도와주면서 경청하여야 한다.

3. 통제된 정서적 관여의 원리

통제된 정서적 관여의 원리는 사회복지사가 클라이언트의 감정에 대하여 민감(敏感)하게 대처하고, 그 감정의 의미를 이해(理解)하며, 클라이언트의 감정에 목적을 가지고 적절히 반응(反應)해야 하는 것을 말한다.

4. 수용의 원리

수용의 원리란 사회복지사가 클라이언트의 타고난 존엄성과 개인적 가치에 대해 확고한 신념을 가지고 클라이언트의 장점과 단점, 호감적 비호감적 성질, 긍정적 부정적 감정, 건설적 파괴적 태도와 행동을 포함하여 현재 있는 그대로의 클라이언트를 지각하고 다루어야 하는 것을 말한다.

5. 비심판적 태도의 원리

비심판적 태도의 원리란 사회복지사가 클라이언트의 문제 또는 욕구의 원인에 대한 클라이언트의 책임의 정도나 죄의 유무를 따지거나 비난을 하는 등 그를 심판하는 태도로 다루어서는 안 된다는 것을 말한다. 그러나 사회복지사는 클라이언트의 태도, 기준 또는 행동에 관한 평가적 판단을 하여야 한다.

6. 클라이언트 자기결정의 원리

클라이언트의 자기결정의 원리란 사회복지사가 클라이언트의 생활과 문제해결 과정에서 그가 스스로 선택하고 결정하도록 도와주어야 한다는 것을 말한다. 이 원리는 사회복지실천과정에 있어서 클라이언트가 그 자신의 선택과 결정을 할 자유에 대한 권리와 욕구를 실제로 인정하는 것이다. 그러나 이러한 권리와 욕구는 무제한 허용되는 것은 아니다.

7. 비밀보장의 원리

비밀보장의 원리란 사회복지사가 클라이언트를 도와주는 전문적 관계에서 알게 되는 클라이언트에 관한 비밀정보를 지켜 주어야 한다는 것을 말한다. 비밀보장은 클라이언트의 기본적 권리를 보호하는데 그 기초를 두고 있는 것으로서 일정한 한계가 있다.

제4절 개별사회사업의 과정

개별사회사업 과정은 클라이언트의 문제를 효과적으로 해결하기 위하여 최소한으로 거쳐야 할 절차로서 일반적으로 조사, 사정 또는 진단, 개입 또는 치료, 종결의 네 가지 단계로 구분하여 좀 더 자세히 살펴보면 다음과 같다.

1. 조 사

조사(study)는 초기단계(intake)라고도 하는 것으로서 클라이언트와 그가 가진 문제를 해결하기 위하여 필요한 정보의 수집을 의미한다. 중요한 것은 계약(engagement)이다. 계약이란 구체적 목적과 과업을 성취하려는 사회복지사와 클라이언트 상호간의 책임에 관한 상호 일치로서(전재일, 1982, pp.29～30) 의미 있게 클라이언트를 계약하는 것은 매우 큰 의의를 가진다. 그리고 상호작용과 클라이언트의 참여는 초기단계 뿐만이 아니라 전체과정을 통하여 중요한 것으로 강조된다.

조사단계에 있어서 클라이언트를 치료단계에 들어갈 것인지 아닌지에 관한 중요한 결정을 한다. 사회복지사는 클라이언트의 결정에 중요한 통제요인이다. 클라이언트의 가치와 존엄성 및 자기결정의 권리에 대한 존중은 문제의 진술에 대한 관심과 경청에 의해서 전달되고, 클라이언트의 견해가 최고의 관심이라는 확신에 의하여 전달될 것이다. 과정의 각 단계에서 사회복지의 가치에 따라 사회복지사는 문제를 표현함에 있어서 클라이언트와의 상호협력으로 원조관계를 발전시켜야 할 것이다.

상호작용의 강조는 현재의 상황에 있어서 사회복지사가 지각하는 문제로서가 아니라 클라이언트가 그 순간에 경험하는 문제에 있다. 최초의 단계에서 제시되는 문제는 클라이언트가 어떤 도움을 구하며 그가 집중해야 할 것이 무엇인가 하는 것이다. 이 관계가 클라이언트에 의하여 검증되고 지지되고 있는 것으로 증명됨으로써 다음단계는 그 문제의 다른 면과 다른 문제가 초점이 된다.

자료수집은 기관의 욕구를 만족시킬 수 있는 정도면 충분하다. 보다 중요한 것은 문제와 문제에 대한 클라이언트의 지각 그리고 과거에 문제를 취급하는 방법에 관한 중요한 단서를 제공하는 자료를 모으는 것이다. 이러한 자료는 사정목적과 치료목표의 결정을 위하여 유용하다. 자료수집은 그 자체가 목적이 아니라 수단이며, 그것이 사정의 목적을 위한 것이어야만 한다.

실제로 어떤 문제의 취급은 흔히 사전에 약속을 하거나 위탁자원과의 계약으로 조사단계에서 시작된다.

초기단계 중 계약은 모든 과정 중에서 가장 역동적일 수 있다. 이 기간 중 클라이언트는 가장 무기력하고 상처받기 쉬우며, 따라서 원조 과정에 가장 잘 이용할 수 있다. 이 위기의 시점에서 공감적 경청, 수용의 표명, 재보증, 능력신뢰의 표명 및 현명한 처리는 모두 숙련된 사회복지사가 사용하는 치료적 방법이다.

2. 사 정

사정은 진단(diagnosis)이라고도 한다. 사정(assessment)이란 사회복지사가 다루어야 할 상황을 이해하고 그것을 개별화시키고 특수한 상황 속에서 관련된 요인들을 확인하고 분석하는 것이다.

사정단계에 있어서 다루어야 할 주요한 내용은 다음과 같다.

① 문제의 확인과 진술
② 개인적, 사회적 상황의 역동성의 분석
③ 목표와 표적의 설정
④ 과제와 전략의 결정
⑤ 변화노력의 예측

사정은 원조관계의 발전에 핵심적 부분으로서, 사회복지사와 클라이언트의 공동 노력으로 이루어져야만 한다. 사정은 개인의 차이와 욕구에 기초를 둔 여러 가지 치료적 접근방법을 제공한다. 사정은 명백히 모든 상황의 고유성, 특정 문제 상황에 관련된 치료계획의 중요성, 가족 역기능의 영역, 체계파손, 또는 생활 상황내의 고통을 인식하는 것이다.

사정은 유동적이고 역동적이다. 사정은 언제나 변화하며 인테이크(intake)로 시작하여 종결단계까지 계속된다. 사정은 상황 속의 문제를 이해하려는 사회복지사와 클라이언트의 노력을 강조하게 된다. 사정은 클라이언트가 문제를 진술함으로써 시작된다. 사정은 클라이언트가 중요한 문제라고 말하는 것에 의하여 좌우되며 신체적, 심리적, 사회적, 문화적, 정신적, 환경적 힘을 간파할 수 있다. 사정은 문제의 이해를 가져온다. 결정된 최초의 사정은 사례가 시간의 흐름에 따라 변화하는 것처럼 수정되거나 새로운 정보의 추가로 폐기되기도 한다. 사정은 순환적 특성이 있다. 이것은 개별사회사업 과정 중 결코 중단되지 않는다. 사정은 상황을 다루는 개인의 힘과 한계에 관한 판단을 한다. 사정은 개인의 강점, 힘, 능력, 한계, 동기 및 기회를 본격적으로 이해하는 것이다. 따라서 개입계획과 개입 그 자체는 사정에 의하여 좌우된다.

자아(ego)의 능력을 지배하는 사람, 즉 기능을 수행하는 사람은 그가 기관에 찾아 온 일을 질서정연하게 이야기할 수 있다. 이것은 사회복지사와 클라이언트간의 상호교류를 이루게 된다. 사회복지사는 질문, 해석 및 기타 비언어적 방법에 의한 원조역할을 생활상황, 문제를 일으킨 긴장 및 인간의 이해에 관한 그의 지식에 적용한다. 사회복지사는 치료를 요구하는 클라이언트가 문제의 해결을 하도록 돕는다.

사정은 언제나 변화하는 진단적 차이 때문에 개별사회사업 과정 중에 반복될 수 있다. 사정과 진단적 활동은 개인의 유형화나 문제에 대한 명칭을 붙이는 것이 중요한 것이 아니라 사회복지사가 역동적이고 변화하는 생활상황을 인식하는 어떤 시안으로써 심리 사회적 분류를 하는 것이다. 사정에 있어서는 사회복지사와 클라이언트간의 상호일치가 있다. 목표는 클라이언트의 욕구와 서비스의 유용성과 일치되어야만 한다. 이러한 목표는 존중되고, 지지되고, 강화된다.

개별사회사업에 있어서 클라이언트에게 효과적으로 도움을 제공하기 위한 대상을 파악하는 사정의 방법으로는 ① 역동적 사정 ② 임상적 사정 ③ 원인론적 사정의 세 가지가 있다.

3. 개 입

개입(intervention) 또는 치료(treatment)는 클라이언트와의 최초의 접촉으로 시작되는 것으로, 조사과정에서 수집한 자료와 정보를 분석 검토하고 문제의 성질과 내용을 명백히 하여 사정과정에서 수립한 개입계획에 따라 구체적, 현실적으로 실천해 가는 과정을 말한다.

개입목표는 클라이언트와 함께 결정하게 된다. 개입은 클라이언트의 욕구에 의하여 결정되며, 그 기관이 필요한 서비스를 제공하지 못할 때 사회복지사는 클라이언트가 다른 자원을 이용하도록 도와 줄 책임을 가진다.

사회복지사는 면접 기술면에서 클라이언트로 하여금 그의 문제에 관한 이야기를 하고 당황하지 않도록 하기 위해 어떤 개입방법을 세분화하여 클라이언트를 돕는다.

개입기술은 면접, 기록, 다른 기관이나 서비스에 의뢰 및 개인적 자원과 다른 자원을 활용하도록 클라이언트를 돕는 것을 포함한다. 개입노력은 정서적 정화, 재보증, 문제의 명료화(clarification) 및 공감적 경청을 통하여 클라이언트의 자아를 지지하고 강화한다. 사회복지사와 클라이언트간의 관계에 관련되어 있는 개입은 다음과 같은 기본원칙들에 의하여 좌우된다(Skidmore, Thackeray, 2000, p.73)

① 자신의 능력의 한계 안에서 건전한 선택으로 행동을 결정하도록 클라이언트의 권리를 존중해야 한다.

② 클라이언트는 자신이 변화시킬 수 있는 능력을 가지고 있다는 것과 자신을 개선하는데 그 자신의 내적 자원을 활용할 수 있다는 것에 관한 수용을 의미하는 것으로서 클라이언트를 수용하여야 한다.

③ 개별사회사업은 전통적으로 병리보다는 강점이나 잠재력에 관련되어 있다. 제한은 현실적으로 인식되고 취급되지만 사회복지사는 개인과 그의 가족 안에 있는 잠재능력을 사정하고 발달시켜야 한다.

④ 사회복지사는 사람을 이해하고, 그가 건설적인 변화를 위한 계획을 세우도록 도와야 한다. 사회복지사는 목표를 설정하고 사정하며, 사회의 가치를 지지하는데 클라이언트와 협력하여야 한다.

⑤ 클라이언트의 가족과 그 상황에 관한 지식은 사회의 복지를 위하여

사용되어야 한다.

⑥ 가족을 돕는 사회복지사는 전체가족의 복지를 위하여 전문적 책임을 가진다.

⑦ 가족을 돕는 사회복지사는 클라이언트에 대해서 뿐만이 아니라, 그 자신, 기관, 지역사회 및 전문직에 대한 책임을 가진다.

⑧ 물질적, 환경적 및 심리적 자원의 동원자로서 가족을 돕는 사회복지사는 서비스를 개발하고, 개선하며, 변화시키고, 강화하는 데 노력을 기울여야 하고 욕구상태에 있는 클라이언트가 이러한 서비스를 건설적으로 쉽게 이용할 수 있도록 도와주어야 한다.

개입의 방법은 일반적으로 간접치료(indirect treatment) 또는 환경치료와 직접치료(direct treatment)로 구분하고 있다.

4. 종 결

종결(termination)은 사회복지사와 클라이언트간의 전문적 관계를 전달하는 과정이다. 일반적으로 종결해야하는 이유는 다음과 같다.

(1) 모든 목표가 달성되었을 때.

(2) 목표가 달성되지 않았거나 더 이상 진전이 없는 것으로 보일 때.

(3) 다른 요인들이 개입되어 관계를 끝내야 할 필요가 있을 때.

종결이란 클라이언트가 도움을 받기로 동의한 목표들을 달성하여 사회복지사와의 관계를 단절하고 스스로 문제를 해결하도록 준비하는 과정이며, 종결과정에서는 종결에 따른 감정을 처리하는 것이 가장 중요한 과제이다.

제5절 개별사회사업의 모형

1950년대 개별사회사업은 진단주의적, 기능주의적 방법에 관한 많은 논의가 있었다. 그 후 개별사회사업은 많은 모형을 중심으로 이론을 발달시켜 왔다. 여기서는 심리사회적 모형, 기능적 모형, 문제해결 모형, 행동수정 모형, 그리고 과제중심 모형을 중심으로 간단히 설명하고자 한다(Butrym, 1976, pp.15~35). 사회복지사는 개별사회사업의 내실을 강화하기 위하여 이론적 배경을 다양화하고 클라이언트의 다양한 욕구를 충족시키고 효과적인 문제해결의 효과를 위하여 여러 가지 이론을 이해하고 적용시켜 나가야 할 것이다.

1. 심리사회적 모형

심리사회적 모형은 1930년대 초에 발달된 것으로서 오늘날까지 많이 사용되고 있는 것이다. 대표적인 학자는 Hollis이며, 그에 의해서 진단주의 학파의 중요한 특성이 통합되었다. 진단주의 학파는 Richmond로 부터 시작된 오랜 전통을 가지고 있고, Hamilton, Austin등이 사회복지실천에 활용하기 위하여 수정하고 적용한 Freud의 성격이론에 본질적으로 기초를 두고 있다.

심리사회적 모형에서는 클라이언트를 사회적 기능의 관점에서 진단적 접근을 위하여 "상황 중의 인간"(Siporin, 1972, pp.91~109)으로 보고 있다. 심리사회적 모형은 문제의 성격과 기원에 관계없이 문제는 인간에 의하여 경험되는 것이며, 따라서 문제 자체를 이해하는 것과 마찬가지로 인간과 문제에 대한 인간의 반응을 이해하려는 시도가 요구된다는 것을 강력히 주장하고 있다. 따라서, 인과관계는 개인과 환경 간에서 명백해지게 된다. 이것은 자아심리학과 행동과학이 실제를 위한 중요한 뒷받침이 되고 있다.

2. 기능적 모형

기능적 모형은 1930년대 Pennsylvania 사회사업대학에서 발달되었다. Taft와 Robinson이 이 접근방법의 중요한 공헌자들이다. 기능적 모형을 뒷받침하고 있는 심리학적 기초는 Rank의 이론에 근거를 두고 있다. 기능적 모형에 가장 적절한 개념은 의지(will)이며 클라이언트를 계속 변화할 수 있는 대상으로 본다. 변화의 초점에 관한 그들의 관점은 사회복지사가 아니라 클라이언트 안에 두고 있으며, 그들의 기능은 선택과 성장을 위한 클라이언트 자신의 잠재가능성을 용이하게 하는 것이다. 따라서 그들은 치료(treatment)의 개념을 버리고 도움(helping)의 관념을 받아들이고 있다.

기능적 모형은 인간과 기관의 기능 및 그들의 상호관계를 강조하고 있다(Piccard, 1975, pp.56~57). 즉 사회복지사와 클라이언트 및 기관은 행동의 기본적 구성요소이며 하나의 통합체이고, 기관의 기능은 사회와 사회의 여러 성원들 간의 관계에 의한 수단이다. 또한 클라이언트가 직면하고 있는 문제 해결의 과정은 그가 기관의 기능을 활용하는 것으로 보고 있다.

3. 문제해결 모형

문제해결 모형은 1950년대 후반 Perlman(1974, p.4)에 의하여 발전된 것으로서 기본적으로는 진단주의 입장에서 기능주의의 입장을 받아들이고 있다. 문제해결 모형은 개별사회사업을 일상생활과정의 확장으로 보아 인간의 생활은 문제해결활동으로 이루어지는 것으로 보고 있다. 흔히 인간은 이러한 활동에 무의식적으로 관여하게 된다. 인간이 문제에 직면하게 될 때 문제 상황에 놓여 있는 사람을 위해서는 외부의 도움이 필요하기도 하다. 돕는 과정(helping process)은 중요한 원조매체로서 사회복지사와 클라이언트간의 관계를 지닌다.

Perlman은 이 관계를 문제해결의 목적에 따른 수단이지 그 자체가 목적이 아니라는 사실을 명백히 하고 있다. 인간에 대한 접근방법의 특징은 인간의 본질이 끊임없이 변화 발전하는 것으로 보고 있다. 이것은 인간이 부분적 해결의 가치와 치료에 대립되는 것으로서 개선의 가치를 인정케 하는 현실성을 가진 존재이며, 가장 다루기 어려운 문제일 지라도 어떤 해결의 잠재 가능성을 가졌다고 보는 낙관주의를 취하고 있다(전재일, 1982, pp.29~30).

4. 행동수정 모형

행동수정 모형은 사회화의 중요성을 강조하고 있는 학습이론에 기초를 두고 있다. 인간의 행동은 학습된 행동의 범위를 나타내며 학습이 이루어짐으로써 발달한다고 본다. 행동수정 모형의 최초의 주창자인 Michigan 대학의 Thomas(Roberts & Nee, 1972, p.187)에 의하면, 모든 행동은 움직이는 행동과 마찬가지로 사고와 감각의 부속물이다. 그 행동은 관찰자의 감각을 통하여 분간할 수 있고 확실히 볼 수 있다는 것이다. Thomas이론의 초점은 오직 현재의 조작적 행동과 감응적 행동에 있으며, 이러한 행동이 강화 또는 소멸에 의하여 어떻게 될 수 있는가에 두고 있다. 행동은 학습과 조직화의 법칙을 따르며 조건화의 과정을 통해서 학습되며 수정될 수 있다.

행동수정 모형은 다른 모형보다도 변화의 기술과 특수한 행동수정 기술을 강조하고 있다. 특히 개별사회사업에 있어서는 조작적 행동을 중심으로 그 효과가 인정되고 있다. 최근에 와서 행동 치료가들에 대한 인식이 증가되었고 클라이언트나 환자와 그들의 관계는 치료에 있어서 중요하고 통합적 부분을 차지하고 행동수정을 수반하는 측면에서 의식적, 효과적으로 활용되고 있다.

5. 과제중심 모형

과제중심 모형은 1970년대 초 Chicago대학에 있는 Reid와 Epstein(1972)에 의하여 발달된 일반적 서비스 모형이다. 이것은 특정 심리사회적 문제를 가진 개인이나 가족을 도우려고 계획된 단기형태 혹은 시간제한적 형태이다. 사회복지사와 클라이언트는 서비스 제공이 예상되는 기간에 취급하게 될 특정문제에 관하여 명백히 일치하게 될 것을 기대하게 된다. 일반적으로 서비스는 2개월 내지 3개월의 기간 안에서 8회 내지 12회 정도까지 제공된다. 클라이언트의 문제에 관해 클라이언트와 사회복지사가 협력해서 발전시키는 과제 또는 문제해결 활동을 조직하게 된다. 어떤 과제는 클라이언트 행동의 일정한 방향을 설명 할 수 있다. 사회복지사는 클라이언트가 이러한 과제를 수행하도록 돕는데 그의 노력을 집중하면서 통찰력을 키우고 강화에 이르기까지 절충적 중재를 활용한다.

참고문헌

전재일. (1982). 社會事業方法論, 大邱 : 大邱大學校 出版部.

전재일, 김상규. (1996). 個別社會事業, 서울 : 螢雪出版社.

重田信一. (1971). 社會福祉方法, 東京 : 川島書店.

Bowers, S. (1949). "The Nature and Definition of Social Casework", Social Casework, Vol. 30.

Briar,S., & Miner, H. (1971). Problems and Issues in Social Casework, New York : Columbia University Press.

Butrym, Z. T. (1976). The Nature of Social Work, London : Macmillan.

Perlman, H. H. (1974). Social Casework, Chicago : University of Chicago Press.

Piccard, B. J. (1975). An Introduction to Social Work, Homewood : The Doresey Press.

Regensburg, J. (1938). An Attempt to See Casework Apart from the Related Professions, A. A P. S. W. Newsletter, 7.

Reid, W. J., & Epstein, L. (1972). Task-Centered Casework, New York : Columbia University Press.

Richmond, M. (1922). What is Social Casework 7, New York : Russell Sage Foundation.

Roberts, R. W., & Nee, R. H. (1972). Theories of Social Casework, Chicago : University Chicago Press.

Siporin, M. (1972). "Situational Assessment and Intervention", Social Casework, Vol-53, No. 2.

Skidmore, R. A., Thackeray, M. G., Farley, O. W., Smith, L. L., and Boyle, S. W. (2000). Introduction to Social Work, Eighth Edition, Boston : Allyn and Bacon.

제 9 장 집단과의 사회복지

오랫동안 사회복지사들은 인간이 사회적 기능수행(social functioning)을 개선하도록 돕는데 있어서 집단과정의 힘을 이해하여 왔다(Skidmore, et al., 2000, p.80). 인간은 혼자서 살 수 없으며 타인과 함께 살게 되므로, 자신을 발견하면 할수록 더욱 더 사회를 발견하게 된다. 사실 개인의 존재, 개인의 복지는 다른 사람들의 성공과 실패에 달려 있는 경우가 많다. 인간은 사회적 존재이며, 사회에서 살아가기 위하여 배워야만 하고 그가 얼마나 학습하게 되느냐에 따라 그의 복지를 보장받을 수 있다. 또 인간은 출생시 가족이란 혈연적 집단에 소속하게 되며, 성장하면서 의식적, 무의식적으로 이웃이나 지역사회 또는 보다 큰 사회의 어떤 형태의 집단이든 집단과의 관계를 가지면서 학습하게 되는 것이다. 한편, 인간은 군중 속에서도 고독할 수 있으며, 한 지붕 밑에서 생활하는 가족 중에서도 가족들로부터 고립될 때가 있다.

제 1 절 단사회사업의 정의

개인과의 사회복지는 한 개인(사회복지사)과 다른 개인(클라이언트)간의 관계에서 돕는 방법이다. 그러나 집단과의 사회복지(social work with groups)는 집단장면에서 수행되는 것이 특징이며 집단성원으로서 성원관계 안에서 개인을 돕는 관계로 전통적으로 집단사회사업(group work)으로 알려져 왔다.

집단사회사업은 개인의 성장과 사회적 기능의 증진을 위하여, 그리고 사회적으로 바람직한 목표를 달성하기 위하여 집단(두 사람 이상의 사람들) 안의 사람들과 함께 활동하는 방법이다(Skidmore, Thackeray, 2000, p.84).

Konopka(1972, p.27)는 "집단사회사업이란 의도적인 집단경험을 통하여 인간의 사회적 기능을 증진시키고 개인, 집단 또는 지역사회의 문제를 더욱 효과적으로 처리하려는 사람들을 돕는 사회복지의 한 방법"이라고 하였다.

그리고 Trecker(1975, p.22)는 "집단사회사업이란 사회복지의 한 방법으로서 사회복지기관 안에 있는 집단에 소속한 개인이 프로그램 활동에 있어서 그들의 상호작용을 지도하는 사회복지사에 의하여 도움을 받고 그들의 욕구와 능력에 따라서 타인과의 관계를 맺도록 성장의 기회를 가진 경험을 주며 개인, 집단 및 지역사회의 성장과 발전을 도모하는 것"이라 하였다.

이처럼 집단사회사업은 사회적 기능을 촉진시키고 사회적으로 바람직한 목표를 달성하기 위하여 두 사람 이상의 집단 안에 있는 사람과 함께 일하는 방법이다. 그리고 집단사회사업은 인간 상호간의 욕구와 그들의 상호의존성에 관한 지식에 기초를 두게 된다. 집단사회사업은 사회적 상호작용에 대한 장애를 경감시키거나 제거하는 방법이며 사회적으로 바람직한 목적을 성취하기 위한 방법이다.

또한 집단사회사업은 명백한 목적을 가진 지역사회의 기관 내에 있는 집단에 속한 모든 개인의 통일된 공동노력을 필요로 하며, 사회복지사는 이러한 목적을 달성하기 위하여 돕는다.

기관 · 집단 · 사회복지사의 관계는 <그림 9-1>과 같이 설명할 수 있다. 그림에서 보는 바와 같이 중앙에 있는 개인은 언제나 모든 전문적 도움에 있어서 중요한 초점이 됨을 의미한다. 그러나 개인은 집단의 일부이며 다른 집단성원들과의 상호작용관계에 있다. 그리고 집단을 나타내는 큰 원은 지역사회, 기관, 사회복지사로 된 세 개의 큰 원과 중복된다. 즉, 이들 원은 모두 연결되어 있고, 보다 큰 민주주의 사회와 환경의 일부이다. 화살표 방향은 사회와 문화의 힘이 끊임없이 지역사회, 기관, 사회복지사에 작용하고 있다는 사실을 지적하고 있다. 더욱이 집단 그 자체는 지역사회와 기관의 장면, 그리고 집단과 함께 일하는 사회복지사에 의하여 영향을 받게 된다.

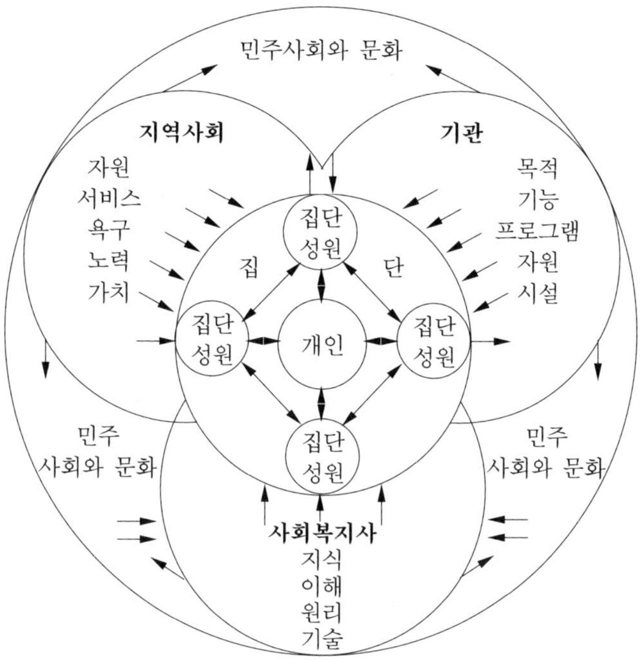

그림 9-1 집단사회사업

집단사회사업은 언제나 집단의 외부로부터 오는 사회복지사의 도움을 필요로 한다. 인간에 관한 사회복지사의 이해와 개인으로서 그들에 대한 사회복지사의 관심에 기초를 둔 어떤 기술을 필요로 한다. 한편, 집단사회사업은 상호 관심의 형태, 비슷한 연령, 직업 등과 같은 점에서 어느 정도의 유사성, 현재성(present)과 잠재성(potential)을 가진 집단을 활용한다. 그것은 이 집단이 모든 성원들에게 적극적으로 참여할 기회를 제공하고 모든 다른 성원과의 집단노력과 사회복지사와의 집단노력의 결과를 즐길 수 있을 정도의 적은 성원을 가진 집단임을 의미하기도 한다. 또한 집단사회사업은 집단과 사회복지사가 사회적, 오락적, 교육적, 치료적인 면에 초점을 둘 수 있는 프로그램 활동에 종사할 것을 암시한다. 따라서 집단사회사업은 개인이 보다 나은 사회적 적응과 인격적 발달을 향하여 개인을 지도하는 다양한 기술을 발달시킬 것을 가정하며 예방적 기능과 치료적 기능을 가진다.

제2절 단사회사업의

집단사회사업은 지도자가 없이 자발적으로 이루어진 것이기는 하지만 인류의 역사와 함께 시작되었다. 인간은 본래 사회적 동물이고 태어날 때부터 사교를 필요로 하고 좋아한다. 그리고 인간은 공식적 비공식적 집단을 조직함으로써 그의 욕구를 만족시켜 나간다. 집단사회사업은 발생의 직접적인 계기는 자선조직협회운동이며, 19세기와 20세기 초기의 집단활동이나 레크리에이션활동이 곧 집단사회사업의 시초이다. 그러나 전문적 의미에서 집단사회사업은 기독교청년회(YMCA) 및 기독교여자청년회(YWCA)와 인보사업(settlement)으로부터 비롯된다(田代不二男, 1978, pp.176~183). 따라서 집단사회사업에 있어서 이들 기관의 활동은 중요한 의미를 가진다.

1. 기독교청년회 및 기독교여자청년회

YMCA는 1844년 London에서 Williams(1821~1905)를 중심으로 12명의 근로청년에 의하여 본래는 종교적 수양단체로써 발족하여 회칙을 만들고 모임의 명칭을 “기독교청년회”라 정하고 정기적으로 종교적 사교적 모임을 가진 것과 순수한 프로테스탄트의 모임이었지만 특정교회를 떠나 초교파적인 운동을 전개한 것이 특징이다.

이 운동은 청년들에게 급속히 파급되어 세계 각국에 수많은 YMCA의 조직을 가져왔고 회사, 공장 등의 근로청소년들을 대상으로 하여 그들에게 신체, 지능 및 정신의 발달을 위한 기회를 제공하였다.

얼마 후 사람들은 부인이나 여성에게도 레크리에이션, 수양, 기독교적 교제의 기회를 제공할 필요가 있다는 것을 인식하게 되어 1855년 영국의 Roberts양이 그녀의 친구들간에 서로의 이익과 각자의 영역에서 자기들이 충분히 감화를 미치게 하는 것으로 모든 청년의 이익을 위하여 기도협회(Prayer Union)를 조직하였고, 같은 해 Kinnaird 백작 부인이 일반여성훈련원(General Female Training Institute)을 설립하였다. 이 두 조직은 급속히 영국의 다른 지방으로 확대되었고, 1877년 두 조직을 통합하여 기독교여자청년회(YWCA)로 불렀다.

미국에 있어서 최초의 YMCA는 1851년 Sullivan에 의하여 Boston에서 설립된 이후 수년동안 많은 도시에 보급되었다. 미국에서의 YWCA는 1866년 Boyd여사의 지도 아래 역시 Boston에서 창립되었다. 그 목적은 상점이나 공장 및 상업단체에서 일하려고 각 지방에서 도시로 온 여자청소년에게 깨끗하고 저렴한 주거와 문화센터를 제공하는 것이었다.

YMCA나 YWCA의 회원은 급속히 증가하여 현재는 전세계적으로 조직이 이루어졌다. 양단체와 함께 청년 남녀 및 성인 남녀의 건전한 신체와 인격을 발달시키고 레크리에이션, 문화적, 교육적 활동에 참가하는 것으로써 사회적 목적을 향하여 다른 사람과 함께 일할 의지를 발달시키는 것을 목적으로 하고 있다.

2. 인보사업운동

인보관(settlement house)은 집단사회사업의 발전을 가져오게 한 중요한 기관이다. 인보사업(settlement)이 처음으로 행해진 것은 영국에서 있었던 것으로 Cambridge와 Oxford의 두 대학의 관계자에 의해서였다.

Barnett(1844~1913)목사는 인보사업의 중심인물로서 두 대학을 여러번 방문하여 빈민지역의 비참한 생활을 상세히 설명하고 빈민지역 개선의 필요성을 대학생들에게 역설하였다.

Toynbee가 Barnett와 협조하여 기독교의 핵심은 교양보다는 국제적 우애를 깊이 하는 것으로 믿었다. Toynbee가 31세로 사망한 후 1884년에 두 대학의 학생과 교수는 자금을 모아 세계 최초의 인보관(settlement house)을 설치하여 Toynbee Hall이라고 하여 그를 기념하였다. Barnett는 이 인보관의 초대 관장이 되었으며, 최초의 인보사업을 그 후 다른 많은 인보사업을 고취시킨 원천이 되었다.

Coit는 Toynbee Hall의 영향으로 그의 친구 Stover와 함께 미국 최초의 인보관인 근린조합(Neighborhood Guild)을 1887년 New York시에 설립하였다. 근린조합은 1891년에 University Settlement House라 개칭하였다. 미국에

있어서 가장 중요한 인보사업의 하나는 1889년 Addams(1860~1935)와 Starr가 Chicago시에 설립 한 Hull House였다. Addams는 미국의 사회복지에 있어서 위대한 선구자이며 세계적인 인물이다.

인보관은 여러 가지 영향으로 설립되었지만 설립자들은 대체로 가난한 사람을 위하여 선(善)을 행하려고 한 비교적 부유한 대학생들이었다. 그들은 도시화 공업화의 경향으로 나타난 생활상에 대하여 인보관을 빈민들에게 교육, 레크리에이션, 사회화 및 지역사회 관여를 위한 적절한 수단으로 여겼다. 인보관은 사람들이 그들의 견해를 함께 나누기 위하여 결합하여, 서로 지지를 받고, 그리고 사회변화를 위하여 그들의 조직으로부터 나온 힘을 행사할 기회로써 집단을 제공했다(Toseland & Rivas, 1984, p.40).

3. 집단의 활용과 연구

1910년부터 1930년대 사이에 성인교육, 레크리에이션, 지역사회사업에 관심을 가진 사람들은 집단사회사업의 충분한 잠재성을 실현하기 시작하였다. 그들은 집단이 지역사회에 참여하는 사람들을 돕고, 인간의 생활을 풍부히 하고, 중요한 관계가 만족되지 못하는 사람들을 지지하기 위해 사용될 수 있다고 이해하기 시작하였다. 그들은 집단이 사회기술과 문제해결의 기술을 배우도록 사람들을 돕는 잠재력을 가졌다고 인식하게 되었다. 그들은 비행을 방지하고 부적응자를 회복시키는 데 집단을 활용하고 집단에 대한 연구를 하기 시작하였다.

1940년대와 1950년대 동안의 집단사회사업 전문가들은 정신건강 장면에서 치료와 재조정을 하기 위하여 집단을 더 많이 이용하기 시작하였다. 치료와 교정을 위한 집단 이용은 Freud학파의 정신분석과 자아심리학의 영향과 정신장애를 입은 전쟁퇴역군인들을 다룰 훈련된 전문가를 많이 필요로 하였던 세계 제2차 대전의 영향의 결과이다. 1950년대 동안의 정신의학 장면에서 집단이용에 계속적인 관심을 가짐으로써 박차를 가하게 되었다. 이 시기는 집단성원들의 기능을 개선하기 위해 집단을 이용하는 것을 강조하였으며, 특히 지역사회센터와 청소년단체에서 레크리에이션과 교육의 목적을 위해 집단을 이용하는데 여전히 관심이 있었다. 또한 집단은 지역사회개발을 목적으로 이용되었고 많은 지역사회센터와 지역기관들의 사회행동을 목적으로 이용되었다. 동시에 이 시기는 사회현상으로서 소집단 연구에 관심이 고조되었으며 1950년대는 집단연구의 황금기였다(Fare, 1976).

1960년대 10년동안 집단서비스의 인기는 쇠퇴하였고, 1970년대에도 집단사회사업의 관심은 계속 시들었다. 집단사회사업에 있어서 진보된 교육과정을 제공한 전문대학들이 보다 적었고 실제적인 방법으로서 집단사회사업을 이용한 사회복지사들이 보다 적었고 실천적인 방법으로서 집단사회사업을 이용한 사회복지사들이 보다 적었다. 집단의 잠재적 이익에 관한 사회복지사들의 의식을 증대시키기 위하여 미국과 캐나다의 사회복지사들이 함께 모여 1979년에 "집단지도 발전을 위한 제1차 연례 심포지움"을 개최한 이후 매년 열려 왔다.

이러한 집단 활용의 장면과 집단에 관한 연구에서 수년에 걸쳐 모은 소집단에 관한 지식으로부터 집단현상의 연구자들은 집단기능을 설명하기 위하여 종합적인 이론을 발전시켜 왔다. 집단사회사업의 발달에 영향을 미친 중요한 이론들은 정신분석이론, 학습이론, 장이론, 사회교환이론, 사회체계이론이다.

제3절 단사회사업에서 활용하는 단

집단사회사업의 범위를 이해하기 위하여 실천 장면에 도입할 수 있는 다양한 집단을 이해하는 것은 중요하다. 집단은 분류기준에 따라 여러 가지로 구분될 수 있으나 집단형성에 따라 자연집단과 형성집단으로 구분될 수 있고, 형성집단은 그 조직 목적에 따라 치료집단과 과제 집단으로 구분될 수 있다(Toseland & Rivas, 1984, p.40).

1. 자연집단

자연집단(natural group)은 자연적으로 일어난 사건, 개인간의 친분, 또는 성원들 상호가 지각한 욕구 등에 의하여 자발적 형태로 함께 모인 집단이다.

2. 형성집단

형성집단(formed group)은 어떤 외부의 영향이나 중재에 의하여 함께 모인 집단이다. 형성집단은 보통 어떤 후원이나 입회가 없이는 존재하지 않으며, 특별한 목적을 위하여 모인다.

1) 치료집단

치료집단(treatment group)이란 성원들의 사회정서적 욕구를 충족시키는 집단을 의미한다. 치료집단을 형성하는 목적은 교육, 성장, 행동 변화 혹은 사회치료에 대한 성원들의 욕구를 충족시키는 것을 포함한다.

① **교육집단** : 교육집단은 성원들 자신과 그들의 사회에 관하여 학습하는 성원들을 돕는 것을 중요한 목적으로 하는 집단이다.

② **성장집단** : 성원 자신과 타인에 대한 성원들의 사고, 감정, 행동을 인식하고, 확대하고, 변화시키려는 것으로 성원들의 능력개발을 목적으로 하는 집단이다.

③ **교정집단** : 성원들의 행동을 변화시키고, 그들의 개인적 문제를 처리하거나 개선하고, 사회적, 건강적 충격 이후에 재활을 돕는 것을 목적으로 하는 집단이다.

④ **사회화집단** : 성원들의 사회적 기술과 사회적으로 수용되는 형태의 행동을 효과적으로 수행할 수 있도록 학습하는 데 도움을 주는 집단이다.

2) 과제집단

과제집단(task group)이란 집단성원의 욕구를 위해 본질적으로 관련된 것도 아니며 직접적으로 연결된 것도 아닌 어떤 집단을 의미한다. 과제집단의 우선적인 목적은 집단이 모여 있기 위해 과제를 완성하고 위임사항을 달성하는 것이다.

과제집단은 대부분의 기관과 단체에서 흔히 볼 수 있는 것으로 ① 단체의 욕구를 위해 봉사하는 것 ② 클라이언트의 욕구를 위해 봉사하는 것의 두 가지 중요한 목적이었다. 주된 목적이 단체의 욕구를 위해 봉사하는 과제집단은 ① 위원회 ② 행정집단 ③ 대표자협의회를 포함한다. 주된 목적이 클라이언트의 욕구를 위해 봉사하는 과제집단은 ① 팀 ② 치료협의회 ③ 사회행동집단을 포함한다.

제4절 단사회사업의 과정

집단사회사업의 실천과정을 4단계 즉, 계획단계, 시작단계, 중간단계, 종결단계로 구분하여 설명하면 다음과 같다(Toseland & Rivas, 1984, p.40).

1. 계획단계

계획단계 동안 사회복지사는 집단의 욕구를 사정(查定)하고 잠재적 집단 성원과 후원자를 고려하며, 집단의 목적을 확인한다. 이외에 사회복지사는 집단을 구성하며 성원들을 선발하고 지도하며 적절한 방을 배치하여 첫 모임을 마련하며 기타 필요한 조치를 취한다. 즉, ① 집단의 목표설정 ② 잠재적 후원자와 성원의 사정 ③ 성원의 모집 ④ 집단구성 ⑤ 성원 오리엔테이션 ⑥ 계약 ⑦ 집단환경의 마련 등을 포함한다.

2. 시작단계

시작단계는 처음 몇 차례의 집단모임 동안 성원들이 면대면의 상호작용을 시작함으로서 사회복지사는 집단의 목적을 명백히 하여 관계를 형성하는 데 도움을 준다. 초기단계 동안 사회복지사는 성원들이 서로 알 수 있도록 도움을 준다. 사회복지사와 성원은 함께 개인과 집단의 목표를 명백히 하고 중간과정동안 달성되어야 할 과제를 계약한다.

그리고 이 단계에서는 각 집단성원, 전체집단, 그리고 집단환경의 세 가지 수준에서 사정이 이루어진다. 사정은 ① 상호작용과 의사소통의 형태 ② 성원에 대한 집단의 매력 ③ 역할, 지위, 규범과 같은 사회적 통제 ④ 집단의 문화를 포함한다.

3. 중간단계

1) 치료집단

치료집단에 있어서 사회복지사는 집단모임을 준비하고 집단활동을 조직화한다. 그리고 성원들이 목표를 달성하도록 돕고, 집단의 진전을 점검하고 평가한다.

2) 과제집단

과제집단에 있어서 사회복지사는 성원들의 개인적인 목표를 달성하도록 성원들을 돕고, 집단과제를 달성하도록 집단을 돕는다. 그리고 그는 집단업무의 조직화를 돕고 집단의 표현적이고 수단적인 목표를 달성하게 하는 집단역동성이 조성되도록 돕는다.

4. 종결단계

종결단계는 집단사회사업을 평가하고 집단활동을 종결한다. 종결에 있어서 중요한 과제는 종결에 관한 감정을 가진 성원을 돕고, 미래에 대한 계획을 세우거나 효과적인 의뢰를 하는 것이 중요한 과제이다.

제5절 단사회사업의 모형

집단사회사업은

① 집단성원들 서로가 결정한 목표를 성취하고

② 개인적, 가정적, 직업적 및 적응적 문제를 지닌 개인의 바람직한 변화를 이룩하고

③ 개인의 자기증진과 건전한 발달을 도모하며

④ 치료, 자기증진 및 개인적 실현의 결합을 위하여 집단을 돕는 것이다.

따라서 집단의 목표와 목적은 적용할 집단사회사업의 모형을 결정하게 된다. 여기서는 Papell과 Rothman(1966, pp.66~78)이 제시한 집단사회사업의 세 가지 모형, 즉 ① 사회적 목표모형(the social goal model) ② 치료적 모형(the remedial goals model) ③ 상호작용적 모형(the reciprocal goals model)을 중심으로 살펴본다.

1. 사회적 목표모형

이 모형은 인보관, YMCA, YWCA, Boy Scouts, Girl Scouts 등과 같은 초기의 집단사회사업이 그 목적으로써 사회적 목표를 지지한 이후부터 오늘날까지 계속 활동해 오고 있는 것이다. 수많은 클럽이나 집단들이 끊임없이 증가되고 있다. 모든 연령층, 성별 및 관심에 이르기까지 더욱 많은 성원들을 집단에 끌어들이고 있다. 이 모형의 대표자는 Konopka, Coyle, Wilson 등이 있다. 이들은 사회복지사의 역할을 가능케 하는 자(enabler) 또는 교사의 역할로 보았다(Piccard, 1975, p.77). 사회복지사의 중요한 책임은 성원들에게 방법, 기회 및 능력을 부여함으로서 그들로 하여금 어떤 규정된 변화의 달성을 용이하게 하거나 가능케 하는 것이다(전재일, 1982, pp.93~94).

사회적 목표모형의 중요한 개념은 사회의식과 사회책임이다. 집단사회사업은 이러한 목표를 달성하는 데에 적절한 방법으로 인식되고 있다. 이 모형은 집단의 관심과 노력에 밀접하게 관계된다. 이것은 지역 사회내의 문제에 본격적으로 착수하여 최근에는 지역사회의 발전에 수반하는 사회문제를 해결하는 방향으로 사용되고 있다.

사회적 목표모형의 실제적 원리는 기관정책의 설명, 명확한 한계의 사용, 기관목표와의 동일시, 집합적 행동을 위한 적절한 문제의 결정 및 행동의 선택과 그 결과의 비교를 포함한다.

2. 치료적 모형

이 치료적 모형은 교정적 모형이라고도 하는데 임상적인 경향이 있으며 집단이 변화매개체로 활용된다. 어떤 사람들은 완전하지 못한 어떤 점을 교정하기를 바라며, 사회복지사는 이러한 욕구를 충족시킨다. 이 모형은 개인과의 사회복지와 밀접하게 관련된 것으로 개인의 치료를 가장 중요한 목표로 생각하고 있다. 사회복지사는 개인의 변화를 달성하기 위하여 집단성원간의 상호작용을 원활하게 하여야 한다. 그리고 사회복지사는 개인이 자기를 이해하고 사회적 기능을 개선하도록 돕는데 지식과 기술을 적용한다. 집단은 집단성원을 지지하며 새롭고 보다 적절한 기능수행의 방법을 장려한다. 중재는 현실에 초점을 두고 있으며 집단과 모든 인간관계의 범위 내에서 역기능의 문제를 취급한다.

이 모형의 대표자로서는 정신과의사이며 시설아동의 집단치료의 개척자인 Redle과 이 모형의 지배적인 이론가로 인정받고 있는 사회복지사인 Vinter이다. 이들은 집단형성과정에 관심을 두고 있다. 집단형성은 이러한 형태의 계획적인 변화를 위한 최초의 단계이다. 사회복지사는 연령, 성별, 관심 또는 문제를 고려하여 어떤 집단을 구성하는데 가장 적합하다고 생각하는 사람들을 집단성원으로 선택한다. 집단형성자로서 사회복지사는 집단성원이 될 사람들의 배경을 알고 그 집단에 있을 사람인가를 그의 전문적인 판단으로 결정한다.

치료적 모형은 집단에 의해서가 아니라 사회복지사에 의해서 사정하고 계획하기 때문에 치료목표를 강조한다.

Vinter는 집단사회사업실천을 위한 다음의 원리를 강조한다(Vinter, 1955, pp.4, 6, 12).

① 구체적 치료목표는 집단의 각 성원(클라이언트)을 위해 설정되어야 한다.

② 사회복지사는 성원들을 위해 설정된 치료목표와 일치되는 집단목적을 명백히 해야 한다.

③ 사회복지사는 치료목표와 일치되는 규범과 가치체계를 발달시키도록 돕는다.

④ 사회복지사는 집단 안에서 이루어지는 과정과 구조적 특성에 관한 지식과 아울러 치료목표를 통하여 표현되는 사회복지사의 개인에 관한 지식에 기초를 둔 집단모임을 위한 내용을 사전에 마련한다.

이와 같은 집단치료는 정신병원, 교정기관, 가족서비스 기관, 상담기관, 학교, 건강치료시설 등 많은 기관에서 광범위하게 사용한다.

3. 상호작용적 모형

이 모형은 집단과 개인간의 상호작용관계를 가정하고 있기 때문에 상호작용적 모형이라 한다. 이것은 Schwartz에 의해 교정적 모형(mediating model)이라고 일컬어지기도 한다. 이 이론은 개인과 집단은 상호의존적이며 사회복지사는 개인과 집단뿐만 아니라, 소집단과 큰 집단 또는 지역사회간의 조정을 하는 조정자라는 것이다. 사회복지사는 클라이언트를 개인이나 집단 또는 지역사회로 보는 것이 아니라, 이들 체계간의 역동적 상호작용으로 본다. 이러한 사회복지사의 역할에 대한 관점은 사적 목표모형의 견해와 유사한 점이 있다.

Papell과 Rothman에 의하면 상호작용적 모형은 치료적 목적이 없으며 정치적, 사회적 변화문제를 다루지 않는다. 그것은 방향이나 문제가 결정된 상호작용적 집단체계를 구성하는 개인들의 만남이다. 따라서 이 모형은 대인관계의 과정에 관여하는데 강조점을 두고 있다.

이 모형의 이론적 근거는 체계이론, 장이론, 행동에 관한 사회심리적 이론에 두고 있으며 집단사회사업을 위한 일반적 방법론의 일부인 실제의 원리로부터 비롯되었다. 실제로 이것은 사회복지사에게 개인이 그들 자신을 위하여 가지는 목표는 집단이 가지는 집단목표가 된다는 것을 의미하며, 어떤 목표도 사회복지사가 일방적으로 설정해서는 안된다는 것이며, 집단과정도 사회복지사, 개인, 집단이 서로 보조를 맞추어 이루어져야 한다.

이상의 집단사회사업의 모형을 통해서 볼 때, 사회적 목표모형은 집단의 선을 추구하고, 치료적 모형은 개인의 선을 추구하며, 상호작용적 모형은 집단과 개인의 상호작용관계를 추구하는 것이라 할 수 있다.

참고문헌

남세진, 조홍식. (1977). 집단지도방법론, 서울 : 서울대학교 출판부.

전재일 역. (1986). 集團指導論, 서울 : 螢雪出版社.

전재일 편역. (1998). 집단사회사업실천, 대구 : 사회복지개발연구원.

전재일. (1982). 社會事業方法論, 大邱 : 大邱大學校 出版部.

田代不二男. (1978). 社會福祉學搬論, 東京 : 光生館.

Fare, A. (1976). Hndbook of Small Group Research, New York : The Free Press.

Konopka, G. (1972). Social Group Work, Englewood Cliffs : Prentice-Hall.

Papell, C. P., Rothman, B. (1966). "Social Group Models : Possession and Heritage," Journal of Education for Social Work.

Piccard, B. J. (1975). An Introduction to Social Work, Homewood : The Dorsey Press.

Skidmore, R. A., Thackeray, M. G., Farley, O. W., Smith, L. L., and Boyle, S. W. (2000). Introduction to Social Work, Eighth Edition, Boston : Allyn and Bacon.

Toseland, R. W., Rims, R. F. (1984). An Introduction to Group Work Practice, New York Macmillan.

Trecker, H. B. (1975). Social Group Work Principles and Practice, New York : Association Press.

Vinter, R. (1955). The Essential Components of Social Group Work Practice, Ann Arbor Mich. University of Michigan School of Social Work.

제 10 장 지역사회와의 사회복지

오늘날의 사회복지는 모든 주민이 자기다운 삶을 살 수 있는 사회를 만들고 이를 유지해 가는 것이다. 모두가 자기다운 삶을 살기 위해서는 자신에게 필요한 서비스를 스스로 선택할 수 있어야 하고, 그 서비스가 필요할 때 필요한 만큼 이용할 수 있어야 한다. 또한 이용 시에 그 절차가 간편하여야 하며, 그 이용에 대하여 자타가 권리로 인정하는 사회이어야 한다.

사회복지에 대한 근본적인 구조의 변화 없이는 21세기 우리 사회가 기대하는 사회복지를 만들어 갈 수 없다. 그 방향은 서비스공급자 중심의 체제에서 이용자 중심의 체제로, 중앙정부 중심에서 지방정부 내지는 보다 작은 지역중심으로, 정부주도 민간종속형에서 민간과 정부의 대등한 파트너십형으로, 화폐적이고 가시적인 서비스 제공에서 비화폐적이고 질적인 서비스 제공으로, 클라이언트는 받는 쪽에서 요구하는 쪽으로 나아가 참가하는 쪽으로 바뀌어야 한다.

지역사회와의 사회복지(social work with communities)는 사회복지사가 이러한 사회변화의 매개자로서 클라이언트와 주민들의 인식 전환과 더불어 기초자치단체나 보다 작은 지역에서 필요한 서비스를 만들어 내고 이를 실천해 나갈 능력을 키워나가는 사회복지실천방법으로 지역사회복지로 사용되고 있다.

제 1 절 지역사회복지의 개념

1. 지역사회의 개념

지역사회라는 용어는 영어 표현인 community의 어원에서 살펴볼 수 있다. community는 라틴어의 communis에서 유래된 것으로, 이는 '친목, 인간관계나 정서적 지역사회'를 의미하고 있다. 그러나 중세 라틴시대에서 communis는 '동료나 성곽 내에 거주하는 사람들의 총체'를 의미하는 용어로 구체적으로 사용되기 시작했다(NASW, 1999, p.536). community라는 단어는 commune 즉, '친하게 교제한다'는 어미에 ~ity를 붙여, 공동체 및 공동사회라는 뜻으로 명사화된 것이다. 현재 우리나라의 사회복지계에서는 community를 지역사회라는 용어로 사용하고 있다.

이러한 지역사회에 대한 다양한 정의들을 살펴보면 다음과 같다. Hillery (Netting, Kettner & McMurtry, 1998, p.104 재인용)는 기존 지역사회의 정의들을 분석하여 지리적 영역(생활권역, 물리적 자원), 사회적 상호작용(사회관계), 공동의 연대감을 공통요소로 밝히면서, 이러한 세 가지 요소가 포함된 지역사회의 정의를 "일정한 지리적 영역 안에서 사회적 상호작용을 통하여 공동의 연대감이 갖추어져 있는 인간집단"으로 내리고 있다.

한편 NASW(1999, pp.536~538)에서는 지역사회를 구조적인 관점과 사회·심리학적인 관점으로 나누어 다루고 있다. 전자의 관점에서 지역사회는 개인과 국가를 매개하는 구조로써 언급된다. Durkheim에 의하면, 국가는 개인으로부터 너무나 분리되어 있기 때문에 지역사회와 같은 매개단위의 도움 없이는 사회화 기능을 성공적으로 수행할 수 없으며, 개인의 의식을 관통할 수 없다고 강조하였다. 이러한 언급은 지역사회를 개인과 사회를 연계 또는 개인을 형성하고 사회화시킬 수 있는 매개구조로서 파악하는 관점이다. 따라서 지역사회는 정치적 실체로서 보여지며, 지역, 도시, 읍·면, 근린지역 등으로 조직된다. 이러한 구조는 많은 정치·사회적 기능을 수행하며, 핵심적 권력으로서의 국가와 개인을 중재하게 된다.

또한 사회·심리적인 관점에서의 지역사회는 의미, 정체성, 비소외적(non anomic)관계, 그리고 소속감을 강조한다. 이 관점에 근거하고 있는 주요 개념은 Tonnies의 공동사회(Gemeinschaft)와 이익사회(Gesellschaft)이다. 이는 지역사회의 개념 진화뿐만 아니라 규모와 사회적 관계에 관한 논쟁을 이해하는데 유용하다. 예컨대 공동사회의 개념이 지역에 근거하고 있지만, 현대적 맥락에서는 지역사회 역할의 심리적인 측면에 강조를 두고 있다고 볼 수 있다. 즉, 사람들의 상호관계가 상호부조, 공동운명, 유대감, 개별보상과 의무 등을 통해 이루어진다는 측면에서 사회·심리학적 요소를 강조하고 있다. 따라서 사회·심리학적 관점에서의 지역사회는 사회적 상호작용의 측면에만 국한된 것이 아니라 생활면에서의 심리학적인 요소가 내재된 것으로 보고 있다.

현대 지역사회이론의 대표적인 학자로 손꼽히는 Warren은 지역사회를 "지역적인 수준에서 사람들의 욕구를 충족시키기에 적절한 주요 사회기능들을 수행하는 사회적인 단위(units)와 체계의 연합"으로 정의하여 근린, 자발적 연합체, 그리고 더 광범위한 지역사회에 이르는 사회적인 단위들을 포함시키고 있다. 이러한 지역사회는 특별한 경계를 가질 수도 있고 또는 가지지 않을 수도 있지만, 중요한 것은 그러한 지역사회들은 인간의 생존을 위하여 필요한 기능들을 수행한다는 사실이다(Netting, Kettner & McMurtry, 1998, p.105).

이러한 지역사회는 주민들을 위하여 과연 무엇을 하는가, 왜 사람들은 근린과 지역사회에서 집단을 이루게 되는가, 지역사회의 기능은 과연 무엇인가에 대한 의문이 생기게 된다. Warren(1978)은 지역사회의 기능을 생산·분배·소비, 사회화, 사회통제, 사회참여, 상부상조 등의 다섯 가지로 제시하였으며, Pantoja와 Parry(1992)는 Warren의 다섯 가지 기능에 방어와 의사소통의 기능을 추가시켜 지역사회의 기능을 설명하고 있다.

2. 지역사회복지의 정의

지역사회복지는 지역사회 수준에서의 사회복지실천으로 지역사회 내에서의 사회복지실천과 지역사회를 대상으로 한 사회복지실천이 동시에 포함된 개념이다. 또한 지역사회복지는 나라별 그 발전과정에 따라 사용하는 용어도 각각 다르다. 우리나라는 지역사회사업 혹은 지역사회복지로 사용하지만, 일본의 경우에는 지역복지로, 영국은 지역사회보호 내지는 지역사회사업으로, 미국은 지역사회조직 내지는 지역사회개입으로 사용하고 있다.

국가별 지역사회복지에 대한 정의들은 지역사회 주민 개인의 문제를 개인 차원뿐만 아니라 지역사회 차원에서 동시에 대처한다는 것과 전문가와 주민이 공동으로 참여한다는 것, 지역사회의 다양한 자원을 활용한다는 것 등의 개념을 포함하고 있다. 이에 따라 지역사회복지는 일정한 지역사회 내에서 주민의 생활 문제를 사회복지사와 주민이 함께 공식적·비공식적 자원을 활용·개발하여 해결하거나 예방하는 다양한 노력들이라고 정의할 수 있다(박태영, 2004, pp.33~34).

이를 좀 더 구체적으로 설명하면, '일정한 지역사회'란 지역사회의 문화와 역사, 지리적 조건, 주민 구성, 산업 특성 등에 따라 다양하게 구분할 수 있지만, 단순히 인구라는 측면으로 제한하더라도 인구 5,000명 정도 수준의 소지역을 의미할 수도 있고, 15,000명에서 20,000명 정도의 읍·면·동 단위를 의미할 수도 있고, 10만 정도의 사회복지관 설치기준 정도를 의미할 수도 있고, 30만 내지 50만 단위의 큰 지역사회를 의미할 수도 있다. 원론적으로 보면, 양질의 사회복지서비스 이용을 위해서는 인구 단위가 적을수록 효과적인 것으로 되어 있지만, 서비스 공급의 효율성을 동시에 고려한 '일정한 지역사회'를 상정할 필요가 있다.

'주민의 생활 문제'에는 단순히 협의의 사회복지서비스만을 의미할 수도 있지만, 일반주민의 생활과 밀접하게 관련된 다양한 영역을 포함할 수도 있다. 예를 들면, 보건·의료 영역까지 만으로 할 것인지, 아니면 안전·교통, 고용·지역산업, 주거환경, 정보, 교육·사회참가 등의 포괄적인 영역까지 포함할 것인지에 대한 논의의 여지가 있지만, 생활 문제의 범위는 점차 넓어질 수밖에 없을 것이다.

'사회복지사와 주민이 함께' 한다는 의미는 지역사회만의 특성으로 주민은 서비스 이용자일 수 있지만, 동시에 서비스 공급자라는 이중성을 갖고 있으므로 주민 참가가 매우 중요시되어야 한다. 물론 사회복지사의 개입이 전혀 없이 진행되는 지역사회의 변화를 지역사회라고 할 수는 없다.

'공식적·비공식적인 자원의 활용 및 개발'이란 정부의 자원이나 시장에서 공급되는 자원뿐만 아니라 가족이나 친척, 이웃, 동료 등 다양한 자원을 필요에 따라 적절하게 활용하거나 필요하다면 개발하는 것을 의미한다. 여기에서의 자원이란 물적 · 인적 · 제도 · 정보 자원 등 다양한 영역을 포함하는 것으로 보아야 할 것이다.

'다양한 노력들'이란 지역사회 수준의 이러한 노력이 가능할 수 있도록 지방자치단체의 역량 강화, 지역사회의 기반시설 · 설비의 정비, 인력배치 및 전달체계의 구축, 주민의 참가의식 강화 등의 내용적 측면과 지역의 클라이언트 사례관리, 자조집단 구성 및 운영, 소지역 조직화, 지역사회복지계획 책정 및 추진, 복지교육 실시, 사회행동, 권리옹호, 지역 내의 기관 및 서비스 제공 조직 간의 연계 등의 방법적 측면을 동시에 고려한 것을 의미한다.

3. 지역사회복지의 원리

사회복지의 기본원리는 인간존엄성의 중시, 평등과 기회균등, 인간고통에 대한 국가책임, 자기결정 등으로 소개되고 있다. 지역사회의 원리는 사회복지의 기본원리를 바탕으로 하면서도 지역사회의 특성이 반영된 방법론적 원리를 필요로 한다. 여기서는 이러한 원리에 해당하는 정상화, 주민참가, 네트워크를 중심으로 살펴보기로 한다.

첫째, 정상화의 원리이다. 정상화 이념은 1950년대 덴마크에서, 1960년대 스웨덴에서 정신지체인의 생활을 가능한 한 정상적인 생활에 가깝게 추구하기 위해 대두된 이념이다. 1970년대 이후에는 미국과 캐나다로 파급되었으며, 1981년 국제장애인의 해로 말미암아 전 세계로 파급된 이념이며, 정신지체인만이 아니라 모든 클라이언트를 대상으로 하는 개념으로 확대되었다.

정상화는 특별한 장애나 욕구를 가진 사람이라고 해서 지역사회와 분리된 곳 즉, 시설이나 병원 등에서 살아가는 것은 인간다운 삶이 아니므로 가능한 한 일반인이 살아가는 보통의 삶과 유사한 생활을 살아갈 수 있도록 하는 것을 의미한다. 여기에는 특별한 욕구를 가진 사람을 모두 일반인으로 만든다는 의미가 아니라 장애로 인한 불편을 최소화하기 위한 사회적 노력이 필요하다는 것이다. 이는 욕구를 가진 사람의 능력 강화뿐만 아니라 이들에게 제공되는 서비스 체계도 동화(同化)와 이화(異化)의 양면을 갖고 적절한 노력을 기울여 나가야 함을 의미하는 것이다.

이러한 정상화는 특별한 욕구의 유무에 관계없이 일정한 지역에서 같은 시기에 더불어 살아가는 이웃으로서 이상적인 공동체를 만들어 가야 하는 지역사회복지의 이념적 기반이 되는 것이다.

둘째, 주민참가의 원리이다. 사회복지의 큰 흐름 가운데 하나가 공급자 중심의 서비스 제공에서 이용자 중심의 서비스 제공으로의 변화이다. 이용자 중심의 서비스 제공은 이용자의 욕구를 기초로 한 서비스 제공과 서비스의 선택권이 이용자에게 주어져 있는 것을 전제로 한다. 이러한 흐름이 지역사회복지에서는 이용자뿐만 아니라 지역 내의 주민 전체의 복지욕구를 파악하고 이를 근거로 하여 서비스 제공체제를 구축하고 실천하는 형태를 취하게 된다.

지역사회에서의 주민은 단순히 서비스를 받는 사람으로만 위치하는 것이 아니다. 지역사회는 문제 발생의 장이기도 하지만, 해결의 장이고 나아가 예방의 장이므로 주민은 서비스 이용자임과 동시에 제공자로써의 양면성을 지니고 있다. 따라서 주민참가는 이 양면성을 잘 실천하는 방법이기도 하다.

주민참가는 주민의 욕구파악을 위한 것뿐만 아니라 주민이 지역사회의 주인공으로써의 주체성을 가질 수 있게 하는 것이고, 지방자치단체와의 동등한 파트너십을 형성하는 방법이기도 하다. 진정한 주민참가가 없는 지역사회복지는 제대로 된 지역사회라고 할 수 없을 것이다.

셋째, 네트워크의 원리이다. 이제까지의 공급자 중심의 서비스 체제로는 이용자 중심의 서비스 제공을 할 수 없다. 즉, 서비스 공급체제의 존재목적에 맞는 서비스 창출로 한정된 체제로는 다양한 욕구를 지닌 이용자가 원하는 서비스를 제공할 수가 없다. 이를 극복하기 위해서는 기존의 서비스 제공체제의 네트워크가 필연적으로 있어야 한다.

또한 서비스 공급체제만 네트워크가 필요한 것이 아니라 이용자의 조직화, 서비스 관계자의 조직화, 관련기관의 연계 등 다양한 네트워크를 통하여 지역사회의 서비스 공급체제와 이용체제를 효과·효율적으로 만들어 가는 것이다.

지역사회에서 네트워크 원리는 궁극적으로는 사회적 인간관계의 조직화를 의미하는 것으로 이는 당사자의 조직화, 자원봉사자나 주민 리더의 조직화, 전문직·보건복지노동자의 연계, 사회복지기관·제도의 연계까지 포함하는 포괄적인 원리를 의미하는 것이다.

제2절 지역사회복지의 내용과 방법

1. 지역사회복지의 내용

지역사회복지는 개념 규정에 따라 다양한 내용들로 구성될 수 있다. 여기서는 일본의 지역사회복지의 내용을 참고하여, 재가복지서비스, 지역조직화 활동, 예방적 복지증진 서비스, 시설보호 서비스로 나누어 살펴보고자 한다(松永俊文 外, 2002, pp.34～36).

재가복지서비스는 방문서비스와 통원서비스로 구분할 수 있다. 방문서비스에는 가정봉사원 파견사업이나, 결연 사업, 이동목욕서비스 등을 들 수 있다. 통원서비스에는 주간보호사업이나 단기보호사업 등을 들 수 있다.

지역조직화 활동은 지역조직화 활동과 복지조직화 활동으로 구분할 수 있다. 지역조직화 활동에는 지역주민이 복지활동에 참가할 수 있도록 촉진하고, 복지에 대한 의식의 변화를 도모하여 복지공동체를 만들어 가는 일련의 활동이다. 복지조직화 활동은 복지서비스의 조정・연계, 서비스 공급체계의 정비, 복지기관의 효과적이고 효율적인 운영 등의 활동을 의미하는 것이다.

예방적 복지증진 서비스는 주민이 클라이언트가 되지 않도록 하기 위한 여러 활동으로 생활관련 시책과의 연결, 복지교육・계발활동, 종합상담・정보제공으로 구분할 수 있다. 생활관련 시책과의 연결은 주민의 생활문제는 복지영역에만 한정되는 것이 아니라 여러 영역에 걸쳐 있으므로 이들 제 영역의 시책과 복지영역을 연결시켜 서비스의 효과를 높이는 것이다. 복지교육・계발활동은 주민의 복지의식을 고양하고 주민참가의 역량을 강화하기 위한 활동이다. 종합상담・정보제공은 다양한 생활문제에 대한 상담 및 정보제공 체제의 마련과 이에 적절한 운용을 의미하는 것이다.

시설보호 서비스는 통원형 시설, 중간형 시설, 생활형 시설로 구분할 수 있다. 시설보호는 서비스 전달체계의 한 축으로서 기능하면서, 이용자의 상태에 알맞은 공급체제를 갖추어야 하는 것이다. 또한 시설은 시설생활자 만을 위한 것이 아니라 지역주민의 복지욕구를 충족하기 위한 서비스도 아울러 제공할 수 있어야 한다. 통원형 시설은 주간 및 단기보호사업 등을 의미하며, 중간형 시설은 그룹 홈을, 생활형 시설은 노인, 장애인, 아동 등 여러 대상으로 분류된 생활시설을 의미한다.

2. 지역사회복지의 방법

지역사회를 실천하기 위해서는 다양한 방법들이 필요하고, 이러한 방법들을 활용하여 실천할 분야가 필요하다.

지역사회의 방법으로는 우선, 주민의 개별적인 욕구를 충족하기 위해 개별적 상담을 활용하게 된다. 둘째는 유사한 생활과제를 가진 주민들의 자조집단 형성을 활용하여 자조집단의 내적 역동성의 활용과 외적인 대변·옹호활동을 하게 된다. 셋째는 소지역 네트워크 구축을 통하여 주민의 협동활동을 활성화하게 된다. 넷째는 주민에게 정보 제공을 통하여 주민참여를 조장하게 된다. 다섯째는 복지교육을 통하여 주민의 의식 개발 및 리더십을 개발하게 된다. 여섯째는 자원 및 서비스 개발을 통하여 부족한 지역사회 자원을 확보하고 필요한 서비스를 공급할 수 있는 체제를 갖추게 된다. 일곱째는 서비스 조정을 통하여 지역사회 내에 있는 기존의 서비스를 효과적으로 활용하게 된다. 여덟째는 행정을 통하여 필요한 서비스를 제공하는 기관이나 조직의 합리적인 운영과 관리를 하게 된다. 아홉째는 지역사회복지 계획을 통하여 지역사회의 전체적인 서비스 체계를 구축하고 이를 실천을 하게 된다. 열째는 사회 행동으로 정책이나 제도의 변화나 개혁을 추구하게 된다.

이러한 열 가지의 방법을 실천 주체 즉, 당사자나 서비스 이용자, 지역주민이나 지역사회의 리더 계층, 전문가 등에 따라 주로 활용하는 방법이 달라지게 된다. 또한 방법의 접근 수준 즉, 미시적(micro), 중간적(mezzo), 거시적(macro) 수준에 따라 활용하는 방법이 달라지게 된다. 이를 정리해 보면 <그림 10-1>과 같다(宮城 孝, 1993, pp.59~60).

실천 주체			
당사자 · 서비스 이용자	• 자조 집단		• 사회 행동
지역 주민 · 리더 계층		• 소지역 네트워크	
전문가	• 개별적 상담	• 서비스 조정 • 자원 · 서비스 개발 • 행정	• 복지 교육 • 지역사회복지 계획 • 정보 제공
실천 수준	micro level	mezzo level	macro level

그림 10-1 지역사회 방법의 위치

지역사회의 실천 분야는 다양하지만, 여기서는 지역사회복지협의회, 사회복지공동모금회, 종합사회복지관, 자원봉사센터, 사회복지시설의 사회화 등을 들 수 있다.

제3절 지역사회복지의 실천모형

지역주민들의 삶의 질 향상이라는 중요한 과제를 안고 있는 지역사회복지의 실천에 있어서 그 동안 제시된 실천 모형을 검토하여 현장에서 활용하는 것은 사회문제를 적절하게 해결 · 예방하는 효과를 가져 올 수 있기 때문에 중요하다. 여기에서는 가장 기초적인 Rothman의 지역사회조직 모형을 중심으로 살펴보고자 한다.

Rothman은 지역사회조직을 통하여 지역사회의 문제에 개입하는 방식을 세 가지로 나누고, 이들의 특징을 몇 가지 기준에 따라 정리하여 제시하고 있는데 이는 지역사회 실천모형의 가장 전형적인 것이다. 이러한 세 가지의 모형 즉, 지역사회개발 모형은 지역수준에서 광범위한 주민들의 참여를 통해 지역의 변화를 시도하는데 중점이 주어지고, 사회계획/정책 모형은 전문가에 의한 사회환경의 변화를 강조하며, 사회행동 모형은 사회적으로 소외 받는 특정집단을 위한 사회행동을 강조한다. 이를 좀 더 구체적으로 살펴보면 다음과 같다(Rothman, 1995).

1. 지역사회개발 모형

지역사회개발 모형(locality development model, model A)은 지역사회의 변화를 효과적으로 이룩하기 위해서는 광범위한 주민들의 변화를 위한 목표설정과 주민을 실천행동에 참여시켜야 한다는 전제에서 나온 지역사회조직의 한 형태이다.

이 모형에서 지역사회조직의 목표는 주민 스스로 지역사회에서의 활동능력을 갖도록 하여 지역사회의 전체적인 조화를 추구할 수 있는 역량을 배양하여 궁극적으로는 자조, 자립을 위한 과정을 중시하는 것이다.

지역사회의 구조와 문제 상황에 대한 전제는 지역사회의 상실이나 아노미 현상에 처해 있어 사회적 관계나 문제해결 능력이 결여되어 있는 것으로 보며, 이 모형은 정태적이고 전통적인 지역사회에 보다 잘 맞는 것이다.

이 모형에서 변화를 위한 기본전략은 '함께 모여서 이야기해 보자'는 것으로 모여서 자신의 욕구를 정리하고 해결해 나가는 것이고, 주된 전술인 합의로 지역사회 내의 여러 집단 간의 상호교류나 토의를 통하여 도출해 나가야 한다.

여기에서 사회복지사는 조력자, 조정자, 교육자, 능력 부여자의 역할을 주로 수행하게 되며, 변화 매개체는 과제 지향적인 소집단들의 조직과 지도를 활용하고, 클라이언트 집단은 전체 지역사회로 보고 있다.

지역사회 구성원간의 이해관계에 관한 전제는 공통성이 있는 이해(利害) 또는 조정 가능한 상이 정도로 보며, 클라이언트 집단을 주민 즉, 완전히 개발 안 된 상당한 잠재력을 지닌 문제해결과정에 참여자로 보고 있다.

2. 사회계획 · 정책 모형

사회계획 · 정책 모형(social planning/policy model, model B)은 지역사회의 특정한 문제를 해결하는 것 그 자체를 중시하는 과업 수행에 목표를 두고 있다. 지역사회에는 여러 문제 즉, 주택문제, 건강문제, 여가활동 등이 산재되어 있는 것으로 본다.

변화를 위한 기본전략은 '진상 파악을 위한 논리적인 조치 강구'로 문제에 대한 자료의 수집과 분석을 통하여 가장 합리적이고 적절한 방안을 강구하는 것이고, 그 전술은 합의 또는 갈등을 적절하게 사용하는 것이다.

여기에서 사회복지사는 사실 분석 및 수집가, 분석가, 사업추진가, 촉진자, 기획가의 역할을 주로 수행하게 되며, 변화 매개체로는 자료의 수집과 분석, 공식조직의 조종 등을 활용하게 된다. 클라이언트 집단은 기능적인 지역사회를 포함한 지역사회 전체 또는 일부로 보고 있다.

지역사회 구성원간의 이해관계에 관한 전제는 조정 가능한 이해(利害) 또는 갈등 상태에 있는 이해 정도로 보며, 클라이언트 집단을 소비자 즉, 사회계획이나 정책실천의 결과로부터 나오는 서비스의 소비자, 이용자, 수혜자로 보고 있다.

3. 사회행동 모형

사회행동 모형(social action model, model C)은 지역사회의 어려운 계층에 처한 주민들이 사회정의와 민주주의 실현에 입각해서 보다 많은 자원과 향상된 처우를 그 지역사회에 요구하는 사회행동의 실천을 의미한다.

이 모형에서 지역사회조직의 목표는 기존 권력관계의 변화를 통한 자원의 이동 및 제도상의 변혁을 추구하는 것으로 과정과 과업 모두를 중시한다. 지역사회의 구조와 문제 상황에 대한 전제는 지역사회 내에 불리한 입장에 놓여 있는 주민이 있고, 이들은 사회적 부정이나 박탈, 불평등 상황에 처해 있다고 본다.

이 모형에서 변화를 위한 기본전략은 '억압자를 분쇄하기 위하여 규합'

하는 것으로 주민의 합법적인 적을 찾아내고 집단행동을 통하여 적대 집단에 압력을 행사하는 것으로, 주된 전술은 갈등 또는 투쟁으로, 지역사회 내의 적대 집단에 대하여 대결, 직접행동, 교섭을 통하여 목표를 성취해 나가는 것이다.

여기에서 사회복지사는 옹호자, 선동가, 매개자, 중재자, 지지자의 역할을 주로 수행하게 되며, 변화 매개체는 대중조직체와 대중운동의 조직과 유도, 정치과정에의 영향 파급 등을 활용하고, 클라이언트 집단은 지역사회의 일부분으로 보고 있다.

지역사회 구성원간의 이해관계에 관한 전제는 부족한 자원으로 인하여 쉽게 조정되지 않는 갈등구조의 이해(利害)로 보며, 클라이언트 집단을 피해자 즉, 불공평한 체제의 희생자로 보고 있다.

위의 세 가지 모형은 각각 단독으로 지역사회조직활동에 활용될 수 있지만, 다양한 지역사회의 문제와 상황은 특정한 한 가지 모형을 적용하여 해결해 나가는 데에는 한계가 있으므로 Rothman은 앞의 세 가지 모형의 통합적 활용을 제안하고 있다. 세 가지 모형의 가치체계가 다르고 관점이 틀리기 때문에 세 가지 모형을 통합하는 것은 쉬운 일이 아니지만, 세 가지 활용 방법을 들고 있다. 즉, 제 상황에 대응하기 위한 선택적 활용, 각 모형의 혼합적 활용, 각 모형의 순차적 활용 등이다.

제4절 지역사회복지의 실천과정

지역사회복지의 실천과정은 사회복지실천 과정과 큰 차이가 없다. 다만 지역사회를 기반으로 한다는 특성 때문에 실천과정 상에 요소들이 일부 차이가 나는 것이다. 여기에서는 지역사회복지 실천과정을 지역사회의 사정, 지역사회복지 욕구의 파악, 실천 계획의 수립, 실천 계획의 실시, 평가로 나누어 살펴보고자 한다(宮城 孝, 2001, pp.139~150 ; 鈴木五郎, 2002, pp.110~135).

첫째, 지역사회의 사정 단계이다. 지역사회복지의 실천을 위해서는 우선 그 대상인 지역사회의 특성을 알지 않으면 안 된다. 지역사회의 문제를 파악하고 정확하게 대응해 나가기 위해서는 지역사회에 대한 사정이 중요하다. 지역사회의 사정을 통해서 지역주민이 자신의 지역사회 문제를 어떻게 경험하고 어떻게 인식하고 있는지, 또한 그 문제를 해결하려는 의욕, 자원, 기술이 어느 정도 있는지 등을 사회복지사는 파악할 수 있다. 지역사회의 사정에 근거하여 지역의 복지욕구를 파악하고 활동목표 · 계획을 세우는 것이 그 지역사회에 있어서 가장 유효하고 현실적인 실천 활동이 가능하게 된다. 이 단계에서는 지역사회의 역사와 문화, 환경, 지역주민, 주민조직 · 단체, 정보의 전달 · 의사소통, 권력구조, 사회자원의 구조 등을 전체적으로 파악하는 것이 중요하다.

둘째, 지역사회 욕구의 파악 단계이다. 지역주민이 생활하는데 있어서 필요한 생활수준 또는 조건이라는 것이 있다. 그러나 그 수준이나 조건과 현실과의 격차가 지역사회의 욕구이다. 지역사회 욕구의 파악이 중요한 것은 지역사회 실천계획의 목표를 설정하는데 필요하기 때문이다. 이를 위해서는 지역사회의 전반적인 복지욕구에 대한 파악과 지역사회별 과제에 따른 욕구의 파악이 필요하며 지역사회에 대한 기존 자료 및 현지답사, 사업이나 상담활동, 모임이나 대화, 통계조사 등을 통해 욕구를 파악하게 된다.

셋째, 실천 계획의 수립단계이다. 지역사회 실천 계획의 수립이란 지역에서 파악된 욕구나 문제를 명확하게 하고 목표를 설정함과 더불어 어떤 방법이나 지역사회 자원을 활용할 것인가에 대한 구체적인 내용이나 스케줄 등을 설정하는 것이다. 지역사회에서 파악한 욕구를 충족시키기 위한 실천을 하기 전에 실천계획을 수립하지 않으면, 무계획적으로 활동이 이루어지게 되고, 그렇게 되면 지역사회의 욕구를 효과적으로 충족할 수 없으며 실천의 의미도 잃어버리게 된다. 실천 계획의 수립 과정은 과제의 명료화와 실천 목표의 설정, 실천 방법의 선택, 실시의 계획, 평가 · 관리의 계획 순으로 진행된다.

넷째, 실천 계획의 실시 단계이다. 이 단계는 지역사회 실천에 있어서 실천 계획의 수립 단계에서 설정한 목표나 실시 계획에 근거해 구체적으로 실시하게 된다. 이 단계에서는 지역사회의 문제 해결, 주민 참가에 의한 주민의 문제해결 능력 향상, 지역사회의 연계나 협동의 강화, 장래의 활동 기반 만들기 등에 초점을 맞추어야 한다. 실천 계획을 실시할 때에는 계획이 원활하게 실시되도록 측면으로부터 지원하는 다양한 활동이 필요하다. 실천 계획의 실시를 촉진하기 위해서는 홍보활동, 주민참가의 촉진, 연락조정활동 등을 진행한다.

다섯째, 평가단계이다. 지역사회 실천에서의 평가는 실천 전개과정에서 적절한 방법과 프로그램이 원활하게 진행되고 있는지를 분석하고, 어느 정도 실천이 종료된 단계에서는 이제까지의 실천을 점검하여 목표의 달성정도나 방법 등을 평가하게 된다. 즉, 계획의 목표는 어느 정도 달성되었는지 또한 실천 활동은 어느 정도 효과가 있었는지를 명확하게 하고 향후 실천에서 그 결과를 반영하는 일련의 과정이다. 따라서 실천 계획 실시의 평가는 실천의 최종 단계이기보다 평가에 의해 얻어진 결과를 보다 유효한 계획을 향후에 세워갈 때 활용할 수 있는 순환과정의 한 단계이다. 평가는 과정평가, 결과・효과의 평가, 욕구파악으로서의 평가로 이루어진다.

이 실천과정은 실천에 있어서 반드시 직선적으로 진행되는 것만은 아니다. 하나의 단계를 몇 번이나 반복하는 경우도 있고, 전 단계로 되돌아가는 경우도 있으며, 중간의 단계로부터 시작하는 경우도 있다. 또한 이들 과정에서는 피드백의 기능이 포함된다. 즉, 활동의 실시를 그 결과에 근거해 평가하고 실천 계획을 고치기도 하며 수정한 계획에 따라 다시 실천하고 그 결과로부터 계획을 수정하는 과정을 반복하는 것이다.

참고문헌

박태영. (2004). 지역사회복지론, 현학사.

宮城 孝. (2001). "地域福祉實踐のプロセス", 平野隆之・宮城 孝・山口 稔, コミュニティとソーシャルワーク, 有斐閣.

大橋謙策, 地域福祉論, 한일지역복지비교연구회 역. (2000). 지역복지와 복지교육, 아시아미디어리서치.

鈴木五郎. (2002). "コミュニティ・ワ-クの展開過程", 松永俊文・野上文夫・渡辺武男, 現代コミュニティ・ワ-ク論, 中央法規.

松永俊文 外. (2002). 現代コミュニティワーク論, 中央法規.

NASW. (1999). Encyclopedia of Social Work(19th), 사회복지대백과사전, 나눔의 집.

Netting, F. E., Kettner, P. M. & McMurtry, S. L. (1998). Social work macro practice, Longman.

Pantoja, A, and W. Perry. (1992). "Community Development and Restoration : a perspective", F. E., Rivera & J. L. Erlich, eds., Communiy Organization in a diverse Society, Allyn & Bacon.

Ross, M. G. (1995). Community Organization : Theory and Principles, Harper & Brothers.

Rothman, J. (1995). "Approaches to Community Intervention", Rothman, Jack, et al., Strategies of Community Intervention, Peacock.

Warren, R. L. (1978). The Community in America, Rand McNally.

제 11 장 보조적 사회복지방법

앞에서 살펴 본 개인과의 사회복지, 집단과의 사회복지, 그리고 지역사회와의 사회복지는 오늘날 많은 사회복지교육자 및 실무자들에 의하여 더욱 강조되고 있다. 사회복지행정과 사회복지조사는 앞의 세 가지 전문적 방법에서 수행되는 서비스에 효과를 미치게 되기 때문에 "보조적 방법" 또는 "간접적 방법"이라고 부른다. 이들 다섯 가지 방법 또는 기술은 서로 관련되어 있다. 이들은 각기 과학적 원리, 구체적 지식과 경험 및 그들의 공통성에 기초를 두고 있으며, 기본적 목적은 경제적, 사회적, 정서적, 또는 문화적 도움을 필요로 하는 상태에 있는 사람들에 대한 효과적인 서비스를 제공하도록 돕는데 있다. 여기서는 사회복지실천을 촉진시키는 방법으로써 사회복지행정(social welfare administration)과 사회복지조사(social welfare research)에 관하여 살펴보기로 한다.

제 1 절 사회복지행정

1. 사회복지행정의 개념

사회복지행정은 다양한 사회복지활동을 조정해 나가고, 조직 활동을 중심으로 제공되는 사회복지서비스를 클라이언트에게 제공하고, 그리고 사회복지조직 자체의 유지와 발전을 위해 필요하다.

Kidneigh(1957, p.75)는 사회복지행정에 대하여 사회정책을 사회서비스로 옮기는 과정이라 정의하고 있다. 이 정의에는 정책을 구체적인 서비스로 옮기는 과정과 정책을 수정하는데 있어서 경험을 이용하는 두 가지 과정을 포함하고 있다. 그리고 Trecker(1971, pp.24~25)는 기존 학자들의 여러 정의에서 사회복지행정은 지속적이고 역동적인 과정이며, 과정은 공동의 목적이나 목표를 달성하기 위한 행동이다. 그리고 인적·물적 자원은 공통 목적이나 목표를 달성하기 위해서 이용되어야 하며, 조정과 협력은 인적·물적 자원을 활용하기 위한 수단이고, 정의(definition)에 함축된 의미는 기획과 조직 그리고 지도력을 포함하여야 한다는 공통점을 지적하였다.

한편, 최성재와 남기민(1993, p.19)은 사회복지행정의 개념을 협의와 광의의 개념으로 구분하고 협의의 개념은 사회복지조직의 목표달성을 용이하게 하기 위해 관리자에 의해 수행되는 상호의존적인 과업과 기능 및 관련활동 등의 체계적 개입과정으로 보았고, 광의의 개념으로는 행정을 조직의 모든 활동과정에 다양하게 기여하는 조직구성원들의 협동적, 조정적 노력으로 보면서 사회복지행정은 사회정책을 사회복지서비스로 전환시키는데 필요한 사회복지 조직에서의 총체적 활동으로 정의하였다. 그리고 박태룡(2000)은 이상의 여러 정의들을 정리하면서 사회복지행정이란 공·사 사회복지기관의 사회복지 목적을 달성하기 위해서 지역사회자원을 지역사회복지서비스로 전환하고 확보하는 과정으로 정의하였다.

이러한 사회복지행정은 목적적 측면에서의 공공성과 수단적인 측면에서의 공공목적을 달성하기 위한 인적, 재적, 물적 변수의 효율적인 조직 내지 관리라는 형태에서는 일반행정과 일면 동질성을 지니고 있다. 그러나 사회복지행정은 일반행정과는 다른 다음과 같은 특성을 내포하고 있다(박태룡, 2000, pp.9~10).

첫째, 기능면에서 사회복지행정은 개별성을 지니고 있는데 반해서 일반행정은 일반성을 띠고 있다.

둘째, 대상면에서 사회복지행정은 사회적 수혜자 내지 사회 부적응자가 주요대상인데 반해서 일반행정은 일반국민이다.

셋째, 내용면에서 사회복지행정은 특정 영역내의 국민의 기본적이고 최저한의 생활수요충족으로 한정하고 있는데 반해서 일반행정은 일반 국민의 모든 수요충족으로 확대되어 있다.

넷째, 연혁적 배경에서 사회복지행정은 근대 산업사회 이후에 나타났으며, 일반행정은 동서고금을 망라한 일류국가의 공통현상이다.

다섯째, 성질면에서 사회복지행정은 윤리적 · 사회적 성격과 적극적 · 시혜적 의미가 농후하나 일반행정은 통치적 · 지배적 성격이 강하고 소극적 · 법치적 의미가 농후하다.

2. 사회복지행정의 이념과 기본원리

사회복지행정은 사회복지의 목적 달성을 위하여 효과성, 효율성, 공평성, 접근편의성 등과 같은 보편적인 이념을 취하고 있다.

우선 효과성(effectiveness)은 조직체의 목표를 달성하는 정도로서, 욕구의 충족 또는 해결이 어느 정도 이루어지는가를 의미한다. 즉, 욕구충족을 위해 선택된 서비스가 어느 정도 적합한가의 관점에서 판단되어진다.

둘째, 효율성(efficiency)은 최소의 자원으로서 최대의 효과를 어떻게 거둘 것인가의 문제이다. 이것은 투입(비용 · 노력)에 대한 산출(목표달성)의 비율을 말한다.

셋째, 공평성(equity)은 동일한 욕구를 가진 대상자는 동일한 혜택 · 서비스를 받아야 한다는 것이다. 이는 서비스 제공 기회, 내용, 비용 등을 포함하며, 결과의 평등까지 고려할 필요가 있다.

넷째, 접근편의성(accessibility)은 대상자가 서비스를 쉽게 이용할 수 있도록 해야 한다는 것이다. 특히 현금급여가 아닌 비화폐적 욕구에 대한 서비스의 경우, 이를 제공받을 기관 등의 충분한 설비, 기능, 물리적 거리, 민주적 기관운영 등이 접근성을 좌우할 수 있다.

이러한 행정의 이념들은 책임성을 확보해 나가는 중요한 요소로서 작용한다. 물론 이러한 서로 다른 이념들은 상호배타적으로 보일 수도 있지만, 서로 상승효과를 가져올 수도 있다는 점에서 사회복지행정활동 속에서 어떻게 구체화시키는가가 매우 중요하다.

이상에서 언급된 이념들은 사회복지행정의 기본적 원리로 구체화된다. 사회복지행정에 있어서 기본적 원리는 행정가가 문제의 분석, 목표의 결정, 방법의 선택, 책임의 할당 및 결과의 평가를 위하여 가지는 가장 유용한 도구로써 이를 간단히 살펴보면 다음과 같다(Trecker, 1971, pp.186～194).

① **사회복지가치의 원리** : 사회복지행정에 있어서 전문적 가치는 서비스가 개발되고 그것을 필요로 하는 사람들에게 유용하게 하는데 기초가 되는 것이다.

② **지역사회와 클라이언트 욕구의 원리** : 지역사회와 그 내에 있어서 개인의 욕구는 언제나 사회기관의 존재와 프로그램의 제공을 위한 기초가 되어야 한다.

③ **기관 목적의 원리** : 기관의 사회적 목적은 명백히 공식화되고, 진술되고, 이해되고, 활용되어야만 한다.

④ **문화적 장면의 원리** : 지역사회의 문화는 표현되는 방법과 서비스가 그것을 필요로 하는 사람들에 의하여 인정되고 지지되고 활용되는 방법에 영향을 미치는 것으로 이해되어야 한다.

⑤ **목적 있는 관계의 원리** : 효과적이고 목적 있는 활동관계가 행정가, 이사, 직원 및 클라이언트 사이에 확립되어야 한다.

⑥ **기관 전체성의 원리** : 기관은 전체성과 총체성에서 이해되어야 한다.

⑦ **전문적 책임의 원리** : 행정가는 전문적 실제의 기준에 기초를 둔 고도의 전문적 서비스를 제공할 책임이 있다.

⑧ **참여의 원리** : 이사, 직원, 클라이언트의 적절한 공헌은 지속적인 역동적 참여의 과정을 통해서 추구되며 활용된다.

⑨ **의사소통의 원리** : 개발된 의사소통의 통로는 인간의 완전한 기능에 필수적인 것이다.

⑩ **지도력의 원리** : 행정가는 목표달성과 전문적 서비스의 제공면에서 기관의 지도력에 대한 중요한 책임을 수행해야 한다.

⑪ **계획의 원리** : 계속적인 계획의 과정은 의미 있는 서비스의 개발을 위하여 기본적이다.

⑫ **조직의 원리** : 많은 사람들의 활동은 조직된 형태로 조정되어야 하고 책임과 관계가 명백히 정의 되도록 구성되어야 한다.

⑬ **위임의 원리** : 대표자 한사람이 모든 일을 할 수 없으므로 다른 전문직원에 대한 책임과 권한의 위임은 본질적인 것이다.

⑭ **조정의 원리** : 많은 사람에게 위임된 업무는 기관의 중요한 일에 모든 노력이 집중될 수 있도록 적절하게 조정되어야 한다.

⑮ **자원활용의 원리** : 재정, 시설, 인사 등의 자원은 기관에 대한 사회의 승인하는 신뢰를 바탕으로 주의 깊게 조성, 보존, 활용되어야 한다.

⑯ **변화의 원리** : 변화의 과정은 지역사회와 기관 내에서 계속적인 것이다.

⑰ **평가의 원리** : 과정의 프로그램에 대한 계속적인 평가는 기관의 목적 달성을 위하여 필수적인 것이다.

⑱ **성장의 원리** : 모든 참여자의 성장과 발전은 행정가가 적극적인 작업 할당, 사려 깊은 지도감독 및 개인과 집단 학습의 기회를 제공함으로써 촉진되는 것이다.

3. 사회복지행정의 과정

사회행정과정이란 목표의 결정, 자원의 확보, 정책과 서비스 기준의 결정, 사업계획에 따른 자원의 할당, 희망하는 서비스의 종류와 양을 제공하는데 따른 관리 운영, 평가 및 자원 활용을 고려하는 것을 말한다(Spencer, 1961, p.31)

이 과정은 Gulick이 제시한 POSDCORB의 현상을 매우 중요하게 사용한다. 즉 사회복지행정이란 과정적 측면에서는 일반행정과 마찬가지로 기획(planning), 조직(organizing), 인사(staffing), 통제(directing), 보고(reporting), 재정(budgeting) 등의 과정을 거치게 된다. 그리고 최근에는 평가(evaluating)를 포함시키고 있다. 이 과정을 구체적으로 살펴보면 다음과 같다.

첫째, 기획(planning)이다. 이것은 목표의 설정, 목표 달성을 위한 과업 및 활동, 과업수행을 위해 사용되는 방법의 결정을 포함한다.

둘째, 조직(organizing)이다. 사회복지조직은 작업의 할당, 즉, 업무분담이 규정되고 조정되는 공식적인 구조의 설정을 필요로 한다. 사회복지조직의 구조는 일반적으로 정관의 규정이나 운영지침서에 기술되며, 역할과 책임이 분명하지 않을 때 직원간 갈등이 초래되고 비효율적 · 비효과적 조직이 될 수 있다.

셋째, 인사(staffing)이다. 이것에는 직원의 채용과 해고, 훈련, 활동조건의 유지 등의 활동이 포함된다. 사회복지행정관리자는 이 과정을 책임지며, 효과적인 훈련 프로그램의 수립을 통하여 직원훈련 과업을 수행하고, 구성원간의 개방적 의사소통 네트워크를 유지하도록 해야 한다.

넷째, 통제(directing)이다. 사회복지행정책임자는 합리적 결정능력, 기관목적에 대한 능동적 관심과 이를 달성하려는 헌신적 태도, 다른 직원의 공헌을 칭찬하고 지위향상을 돕는 능력과 책임과 권한을 효과적으로 위임하는 능력, 개인과 집단의 창의성을 고취하는 능력 등을 입증하고 지휘할 수 있어야 한다.

다섯째, 조정(coordinating)이다. 이것은 사회복지조직 활동의 다양한 부분들을 상호관련 시키는 중요한 기능으로서, 조직의 여러 부서와 직원들 간에 효과적인 의사소통의 통로가 만들어져 유지되도록 해야 한다.

여섯째, 보고(reporting)이다. 사회복지조직의 상황을 기관의 직원, 이사회, 지역사회재원 제공기관 등에 알리기 위하여, 기록의 유지, 정기적 감사, 조사연구 등의 활동이 이루어져야 한다.

일곱째, 재정(budgeting)이다. 건전한 조직상의 계획, 재정계획, 재정운영의 통제 등은 건전한 재무행정을 위한 필수적인 요소이다. 이 단계에 지출을 위한 권위와 책임을 분명하게 규정하고, 예산수립은 임금지급계획, 수입확보방법, 지출통제방법 등에 기초하며, 재정기록을 통해 기관 재정운영의 전반적 책임을 감당해야 한다.

여덟째, 평가(evaluating)단계이다. 이 단계는 설정된 기관 목표에 비추어 전반적인 활동결과를 사정하는 과정으로, 효과성 및 효율성 척도 등을 사용하여 평가할 수 있다.

제2절 사회복지조사

1. 사회복지조사의 개념

사회복지조사는 새로운 복지서비스의 실시나 기존의 복지서비스를 개선하고자 할 때, 또는 미처 확인하지 못한 욕구나 새롭게 발생한 문제를 발견하여 복지과제로 이슈화하려고 할 때, 아니면 지방자치단체가 인구의 이동이나 고령화 등의 동향을 예측해서 장래의 복지수요에 대한 사회복지서비스의 정비계획과 정책을 수립하고자 할 때 우선적인 현상 파악을 행하는 방법의 일환으로 실시하는 것이다. 게다가 이것은 어떤 서비스가 필요할지, 얼마나 필요할지, 서비스의 어디에 문제가 있어서 효과적이지 않은지, 장래 어떻게 복지욕구의 증대를 예측하고, 어떻게 중장기대응책이 필요한지, 주민의 사회복지에 대한 요구에 어떻게 응할지 등의 과제에 대한 해결책을 세우기 위해 근거가 되는 자료와 사실이나 통계적 데이터라는 과학적, 객관적인 자료를 제공하는 것이다(福祉士養成講座編集委員會, 2001, p.144).

사회복지조사는 사회조사의 응용분야로서, 기본적인 조사이론이나 기술은 사회조사에 근거하고 있다. 사회복지조사를 이해하기 위해서는 우선 사회조사의 기본성격을 이해해야 한다. 사회조사는 사회 또는 사회사상에 대해서, 현지조사에 의해, 과학적인 자료나 통계적 추론을 위한 자료를 얻는 것을 목적으로 한 조사이다. 그리고 이것은 자료수집방법에 따라 그것을 기술, 분석할 때까지의 과정을 포함한다고 정의되기도 한다.

한편 사회복지조사는 사회조사와 동일한 지향성을 가지는 동시에 특히 문제 해결적 접근에 중점을 두는 경향이 있다. 사회복지조사는 욕구나 실태를 파악하고, 해결하는 것만에 머무르지 않고 그 해결책을 도출해 내는 것에 기여한다. 직접적이든 간접적이든 서비스나 원조, 사업운영, 제도, 정책 등 향상을 목표로 행해지는 것이다. 사회조사와의 구분점은 이것이 사람들의 보다 나은 생활 및 복지의 향상을 도모하는 것에 공헌하고자 하는 가치의식이 존재한다는 것에 특징을 두고 있다는 것이다. 이외에도 사회복지조사는 사회복지의 정책을 지지하고 발전시키는 기초지식을 제공하고 원조방법, 기술의 향상, 정책의 개량, 사회복지학의 과학화에 공헌하는 것이 기대되어지고 있다.

그리고 사회복지조사는 사회복지원조기술의 간접원조기술의 하나로서 위치 지워지고 있다. 사회복지는 최근 욕구지향을 강조하고 개별의 욕구에 대응한 필요한 서비스를 모두 총체적으로 제공하는 것을 요구하고 있다. 이를 위해서는 욕구를 얼마나 정확하게 파악하는가가 중요한 과제이다. 욕구파악에는 크게 욕구사정과 같이 개개인의 요구를 충족하기 위한 원조수준의 개별적 욕구 파악과 사회조사와 같이 필요한 서비스를 정비하고 운영하기 위해 계획이나 정책의 책정 수준에서 욕구를 파악하는 것이 있다.

사회복지조사는 대상자집단에게 공통적인 욕구나 고유의 욕구를 추출하고 아울러 그 집단이 충족해야 할 욕구의 종류와 양을 명확히 하기 위해 과학적으로 접근하고, 집단적으로 취급되어야 한다. 개개인의 개별적인 욕구는 집단화됨으로 유사한 사례의 대부분에 공통적인 욕구나 그와 같은 사례에 특유의 욕구를 추출할 수 있게 되는 것이다. 이에 따라 명확한 대응에 의한 원조기술이나 서비스를 개발, 개량하는 것이 가능하게 된다. 따라서 사회복지조사는 욕구에 관한 과학적, 객관적 자료를 제공할 뿐 아니라 직접적인 원조기술의 행사를 지지하는 보조적 기술로서의 역할도 담당하고 있다.

또한 사회복지조사는 욕구파악을 위한 것 뿐 아니라 다양한 복지과제에 대응한 과학적 데이터를 얻기 위해 광범위하게 이용되어진다. 이것은 사회복지조사가 이론이나 기술이 사회사상을 과학적, 통계적으로 취할 수 있는 사회조사로부터의 응용이기 때문이다. 그러므로 단순한 간접원조기술의 틀을 넘어 사회복지의 실천과 정책을 유지하고 그 필요성이나 방향성을 기초 짓는 역할도 담당하고 있다.

2. 사회복지조사의 유형

사회복지조사는 접근방법, 수집한 자료의 성질, 조사대상의 범위, 현지조사 방법에 따라 다양하게 구분되어지는데, 이것을 다음과 같이 제시해 볼 수 있다(福祉士養成講座編集委員會, 2001, pp.147～153).

1) 접근방법에 따른 종류

① **기초 자료적 접근형** : 국가에 의한 인구 및 복지·보건관계의 통계, 지방공공단체에 의한 사회복지사업보고 등이 대표적인 조사이다. 이것은 매년 또는 수년 간 기초적 통계나 당해 기관이 실시한 사회복지사업의 실적이 집계되어 공표되고 있다.

② **문제해결적 접근형** : 법률에서 규정된 지역복지계획, 사회복지정책의

수립을 위해 요지원자의 욕구를 파악하는 것이다. 이것은 기초 자료로서의 가치를 가지는 것뿐만 아니라 최종적으로 정비할 시설, 서비스 양을 산출하는 데이터로 이용되는 것을 목적으로 한다. 이 외에도 지방공공단체에 의해 각종 욕구파악이나 서비스 이용 의사 및 이용만족도 등을 묻는 조사를 실시하며 이에 근거하여 서비스를 계획, 개시하거나 개선하는 것이다.

③ **이론 구성적 접근형** : 대학이나 연구기관의 연구자가 관여하여 수행되고 있다. 대부분은 통계조사에 의해 인과관계나 법칙성을 도출해 내어 일반화, 보편화하는 방법을 사용하고 있다.

2) 수집한 자료의 성질에 따른 종류

① **통계계획** : 다수 사례의 수량적 측면을 표준화, 체계화한 기법을 이용하고 객관적으로 계량화하여 그것을 평균, 도수분포, 비율, 상관계수, 분산분석, 회귀분석, 인자분석, 통계적 검정 등의 통계적 기술을 이용해서 기술, 분석하는 조사방법이다. 이 조사의 표준화, 체계화된 방법에 의해 측정됨으로 신뢰성이 높은 자료를 얻을 수 있으며, 통계해석이라는 객관적인 분석방법에 의해 일반화·보편화가 용이하다는 장점이 있다. 그러나 소수의 수량적으로 표현 가능한 측면만을 측정하기 때문에 종합적, 다차원적인 파악이 곤란하고 개별적·구체적·질적인 측면이 간과되기 쉬우며 변화과정이나 동적인 파악이 곤란한 단점도 있다.

② **사례조사** : 특정의 개인이나 가족, 사회집단, 지역사회, 사회제도 등 극히 제한된 소수의 대상을 선택하여 그 전 생활과정 또는 어떤 측면 내지는 요소의 상호관계 및 연계관계의 전체상황을 주관적·통찰적으로 파악하고, 그 분석과 비교로부터 보편적 원리를 형성해 내는 조사이다. 이 조사의 장점은 질적 데이터를 얻어 요인간의 역동적인 관계가 구체적으로 나타난다는 것이다. 한편 단점은 선택된 소수사례가 모집단을 대표하는 표본이라는 객관적인 보장이 없다는 것, 또는 자료 수집, 분석의 과정에 부정확한 관찰이나 자의적인 분석이 들어갈 여지가 크고 신뢰성, 객관성 확보에 어려움이 있다는 것 등이다.

3) 조사대상범위에 따른 종류

① **전수조사** : 조사대상자의 전원을 조사하는 것으로 모집단에 대한 정확하며 신뢰성이 높은 데이터를 얻을 수 있는 이점이 있다.

② **표본조사** : 조사대상 가운데 일부분의 대상을 선택하여 조사하는 것이다. 그 결과에서 선택된 표본을 추출하더라도「일정의 범위 오차 내에서」전체를 추정할 수 있는 것으로 판명되기 때문에 전수조사의 대용으로서 사용되고 있다.

③ **전형조사** : 조사대상범위의 결정에 있어 전형적인 범위를 선택하고, 사례연구를 행하는 것이다. 표본조사는 표본 추출법이라는 객관적인 소속에 근거한 대상 집단의 일부를 추출하는 것임에 비해 전형조사는 조사자가 대상 집단을 대표한다고 판단되는 일부를 전형으로서 제시하는 것이다.

4) 현지조사 방법에 따른 종류

① **질문지법** : 질문지(조사표)를 이용해서 조사대상자에게 응답을 구하여 자료를 수집하는 방법이다. 질문지법에는 응답을 조사대상자 자신이 기입하는 직접기입식과 조사원이 기입하는 타인기입식이 있다. 게다가 자기기입식은 개별 자기기입법, 집단조사법, 우편조사법이 있으며, 타인조사법은 개별면접조사법, 전화조사법이 있다.

② **자유면접법** : 필요한 자료를 면접자와 응답자의 임기응변적인 상호작용을 통하여 정보를 수집하는 방법이다.

③ **관찰법** : 주로 시각을 이용해 대상을 관찰하는 조사법이다. 이것에는 비참여적관찰법, 참여적 관찰법, 통제적 관찰법 등이 있다.

3. 사회복지조사의 과정

사회복지조사의 절차는 그 방법에 따라 다소간의 차이가 있을 수 있으나 일반적으로 다음의 단계들에 따라 진행된다(김영종, 2001, pp.51~52).

① **문제설정**

연구 문제가 주어지고, 개념들이 구체화되며, 가설, 분석 단위, 변수, 조작적 정의 등이 등장하는 단계이다. 이 단계에서는 기존 문헌이나 자유로운 사유들을 통해 아이디어를 갖는 것이 중요한 과업이 된다. 기술적이라기보다는 생각과 고뇌가 요구되는 단계이며, 대부분의 연구들에 있어서 가장 중요한 단계이기도 하다. 적절한 연구 문제를 설정하는 것은 연구의 절반을 수행한 것이나 같다. 연구의 목적, 가설설정, 개념 정의 등이 이 단계에서 이루어진다. 이 과정을 성공적으로 추진하기 위해서는 적절한 문헌검토가 필요하다.

② **연구설계**

연구문제가 결정된 후에는, 그 문제를 해결하기 위해 가장 적합한 논리적 배열(연구디자인)은 무엇인지, 그에 따른 자료 수집방법은 어떤 것이 좋을지를 검토해 보고 선택하는 단계이다. 연구의 목적과 실행 가능성에 비추어서 적절한 디자인과 자료수집 방법이 결정되어야 하는데, 크게는 질적 연구와 양적연구방법으로 구분된다. 양적 연구방법에는 실험, 유사실험, 서베이, 상관관계, 역사연구, 비교연구 조사 디자인 등이 있고, 질적 연구방법에는 근거이론(grounded theory), 사례연구(case study), 민속지(ethnography) 등이 있다.

③ **자료수집**

연구설계에서 채택된 자료수집 방법에 따라 자료들을 직접적으로 수집하는 단계이다. 서베이류의 자료들을 수집하는 것과 관찰에 의해 자료를 수집하는 것 간에는 큰 차이가 있다. 서베이는 조사 대상자들이 자료를 만들고, 관찰은 관찰자(연구자)가 자료를 생성해 낸다. 따라서 이러한 시각의 차이에 따른 자료들의 성격을 고려해야 하고, 자료 수집 과정에서의 구조화의 정도(도구의 엄격성) 등을 연구문제와 환경에 맞추어 적절하게 구사하는 것이 필요하다.

④ **자료의 정리 및 분석**

수집된 자료들은 분류화, 부호화 등을 거쳐서 입력되고, 입력된 자료들은 분석의 단계를 거친다. 자료 분석의 방법 역시 연구의 목적에 적합한 것이어야 한다. 수량적 연구들에서는 통계적 기법을 통한 자료 분석을 중시하며, 따라서 각종 통계치에 대한 해석 능력을 필요로 한다. 변수들 간의 관계에 대한 수량적 조사연구는 가설 검증이 주된 분석 목적이 된다.

⑤ 해 석

연구 문제에 대한 조사연구의 결론을 내리는 것이다. 분석 결과를 통해 연구문제에서 도출된 명제가 참인지 거짓인지에 대한 판단, 그러한 결과에 대한 일반화는 가능한지의 여부, 방법론상의 한계를 인지한 결론에 대한 한계 설정, 연구 결과의 함의성 등을 숙고하는 단계이다.

⑥ 보고서 작성

문제 설정이 과정에서부터 발견한 사실들에 대한 해석까지를 담는 조사연구 보고서를 작성하는 것이다. 보고서에는 조사연구의 방법과 과정, 수집된 자료들의 성격, 분석 결과 등을 담아야 한다.

참고문헌

김영종. (2001). 사회복지조사방법론, 학지사.

박태룡. (2000). 사회복지행정론, 홍익출판사.

최성재 · 남기민. (1993). 사회복지행정론, 나남.

福祉士養成講座編集委員會. (2001). 社會福祉援助技術論Ⅱ, 中央法規.

Kidneigh, J. C. (1957). "Administration of Social Agencies", Social Work Yearbook.

Spencer, S. W. (1961). "The Administrative Process in a Social Welfare Agency", in E. W. Ree(ed), Social Welfare Adiministration, Columbia University.

Trecker, H. B. (1971). Social Work Administration, Association Press.

제 IV 부

사회복지실천분야

제12장 가족복지 (이성희)
제13장 아동복지 (이팔환)
제14장 청소년복지 (이성희)
제15장 노인복지 (박태룡)
제16장 장애인복지 (이준상)
제17장 여성복지 (김태진)
제18장 의료사회복지 (김규수)
제19장 정신보건사회복지 (김규수)
제20장 학교사회복지 (이성희)
제21장 사회복지와 자원봉사 (박태영)

제 12 장 가족복지

현대사회는 빠른 속도로 계속 변화를 하고 있다. 이러한 변화가운데, 한부모 가족의 증가, 재혼 및 이혼가정의 증가, 노손 가정의 증가, 가족해체 등 가족 구조와 형태가 다양화되면서 가족의 문제는 더욱 복잡해지고 심각해지고 있다.

그러나 사회의 가장 기본적인 단위는 여전히 가족이며, 가족은 사회구조의 변화에 지속적으로 적응하는 개방된 사회체계라 할 수 있다. 사회복지학에서는 전통적으로 가족과 가족문제가 주요한 관심의 대상이 되어 왔었다. 개인이 어떤 가족 형태를 구성하든지간에 각 가족들이 생활을 영위하기 위한 필요조건을 만들어주고, 지원하여 주는 것이 바람직하다고 보는 것이다.

이 장은 가족복지의 개념, 가족복지의 대상과 문제를 다루어 전반적인 가족복지에 대한 이해를 돕고, 가족복지의 접근방법과 실천분야를 소개하기로 한다.

제 1 절 가족복지의 개념

1. 가 족

1) 가족의 정의

일반적으로 가족은 인간의 생물학적 조건에 기반을 두고 형성된 가장

원초적인 공동체 단위인 동시에 자녀출산과 양육, 의식제공, 성과 애정의 욕구를 충족시키는 단위로 보고 있다. 이러한 측면에서 가족에 대한 사전적 의미는「부부, 부모, 자녀, 형제 등 혈연과 혼인 관계 등으로 맺어지며, 생활을 함께 하는 집단이나 그 성원」또는「한 집안의 친족, 일가, 일문(一門)」으로 정의되고 있다.

가족은 인위적으로 형성된 목적지향적인 집단이 아니라 자연스럽게 형성된 사회집단이라 할 수 있으며, 가족성원들에게는 그 가족이 요구하고 부여된 역할, 권력구조, 생활유형, 의사소통형태, 문제해결방법을 가지고 있다. 또한 한번 가족 구성원이 되면 일생동안 개인의 생각, 정서, 감정, 행동에 지속적으로 영향을 주는 속성을 가진다(Goldenberg & Goldenberg, 2000).

한국사회는 오랜 세월 동안 가족의 의미와 구성에 있어 개인보다 '우리'를 강조하고 '우리'의 최소 단위로서 혈연중심의 친족공동체를 중요시하는 가족주의가 지배적으로 인식되어 왔다(김병국, 1997 ; 최준식, 1997). 그렇지만 개인이 경험하는 가족은 역사와 민족, 시대적 변천에 따라 다양하므로 한마디로 정의하기는 어려운 일이다. 그러나 기본적으로 가족의 실체에 관해서는 다음 두 개의 다른 시각에 기초하고 있다(이혜경외, 1996).

하나는 20세기의 많은 인류학자들이 주장해온 바와 같이 가족이란 인류사회의 보편적인 제도로서 '자녀양육의 기능을 중심으로 특정한 공간(가정)과 특정한 애정의 유대(사랑)로 연결된 특정한 사람들의 집합체(핵가족)'로서 개념화될 수 있다는 견해이다. 이러한 가족의 개념은 가족이 여성의 영구불변한 역할, 즉 양육, 결합, 재생산 역할에 의해 규정된다는 신념을 전제로 하고 있다. 이러한 의미에서 가족은 인간양육 및 교육을 담당하는 가장 강력한 제도체계라 할 수 있다.

또 하나의 시각은 가족을 생물학적 욕구에 대한 보편적인 반응이라기보다는, 특정한 사회질서 안에서 나타나는 도덕적 및 철학적, 이념적 구성단위로 이해한다. 말하자면 가족은 혈연관계로 이루어진 자연적 집단이 아니라 가정 내부에서 인간관계를 조직하고 고려하며, 개인들이 재산을 소유하고 보호와 복지를 제공하고 특히 자녀양육을 하는 단위이며, 비인격적 규범과 대립되는 사랑과 친밀의 범주로 개념화된 영역이다.

이상에서 살펴본 바와 같이 가족이란 부부관계를 기초로 하여 그들의 자녀로 구성되는 기본적인 사회집단으로서 이들은 이익관계를 초월한 애정적인 혈연집단이며, 같은 장소에서 기거하고 취사하는 동거동재 집단이고, 그 가족만의 고유한 기풍을 갖는 문화집단이며, 양육과 사회화를 통하여 인격형성이 이루어지는 인간발달의 근원적 집단(유영주, 1993)임과 동시에, 사회변동과 함께 의도적인 정치적 개입에 의해 변화하며, 그러한 변화에 대하여 역동적으로 적응할 수 있는 사회제도 중의 하나라 하겠다.

2) 가족의 기능

최근에는 가족을 구성하고 있는 개인을 강조하던 기존의 관점과는 달리 개인을 둘러싼 환경적인 맥락을 강조하는 체계적 관점으로 가족을 이해하려는 경향이 높다. 즉, 개인의 행동은 환경과의 상호작용의 역동성을 반영하는 것이라 보고 있다.

전통적으로 가족은 성이 다른 두 사람의 성인과 그들이 출산한 자녀들이 물리적 거주지를 공유하고 상호간에 동의한 목표를 지니는 사회적 체계이다. 그러나 최근에 서구 여러 나라에서는 가족에 대한 전통적 개념들이 수정되고 있다. 높은 이혼율은 한부모 가족과 복합가족을 양산하고, 입양의 증가는 부부가 출산하지 않은 아동들도 가족의 일원으로 포함시키고 있다. 또한 자녀가 없는 부부들, 동성애가족도 하나의 가족으로 수용되는 추세에 있다. 사실, 오늘날 거의 모든 가족학자들은 더 이상 보편적이고 전형적인 가족 현상을 규정하려 하지 않고(Adams, 1980) 오히려 존재하는 그대로의 생활양식 중심으로 가족을 이해하고 있다.

한국에서도 가족구조와 가치관의 많은 변화가 일어나고 있다. 그동안 우리 사회에서 가족의 주된 기능은 아동양육과 노인부양으로 보는 경향이 강하였고 이것을 위한 직접적 서비스 제공자는 여성이었다. 이러한 여성의 역할은 성별 역할 분업과 가부장제에 의해 유지되어 왔으며, 포괄적인 가족정책이 부재한 상황에서 가족구성원의 복지를 위한 여성들의 역할은 컸다.

그러나 이제 우리 사회는 전통적 의미의 핵가족의 비율이 감소하고 있는 반면에 한부모가족, 노인부부가족, 일인가구, 무자녀 가족, 동거가구, 비동거가족, 공동체가족, 동성가족 등 다양한 가족형태가 계속 증가하는 추세에 있고, 특히 이혼 및 재혼으로 인한 '혼합가족'이 늘어나고 있다(통계청, 1995 ; 2000 ; 2004).

한국가족은 노동력을 재생산하는 기능에서부터, 피부양자를 보호하고 가족원간에 정서적 유대감을 유지하는 기능에 이르기까지 가족이 그동안 수행해왔던 주요 기능의 큰 변화에 직면해 있다(김인숙, 2003). 자녀를 낳아 기르고 싶어도 사회적 지원이 열악하기 때문에 자연히 출산을 기피하게 되며, 한명의 자녀라도 낳게 되면 그 자녀를 양육하는 몫과 부담 때문에 부부갈등이 심화되고, 적은 수의 자녀는 다시 노부모의 부양과 돌봄이라는 사회문제를 제기하고, 이러한 가족문제들은 다시 결혼에 대한 매력 상실을 가져오면서 악순환을 하게 되는 것이다.

또한 가족과 관련된 가치관은 가부장 중심의 가족에서 민주주의와 평등주의로 가고 있으며, 획일성보다는 다양성을 존중하는 방향으로 달라지고 있다(양옥경, 2000). 그러므로 현대사회에서의 가족을 이해하기 위해서는 가족의 구조적 측면에 초점을 맞춘 전통적 개념보다는 가족구성원들 사이의 상호작용을 중요시하는 기능적 측면에 초점을 맞추어야 한다. 다시 말하여 가족을 상호작용하는 인격체들의 통일체로 간주하여 가족의 기능적 측면에 관심을 집중시킬 필요가 있는 것이다.

가족에 대해 학자들에 따라 서로 조금씩 다른 기능들을 제시하고 있기는 하지만, 가족이 담당하는 기능들은 다음과 같이 네 가지로 요약될 수 있다(Strong and Devault, 1992).

첫째, 친밀한 관계의 근원을 제공한다.

둘째, 경제적 협조의 단위로서 기능한다.

셋째, 자녀를 출산하고 그들을 사회화시킨다.

넷째, 가족구성원에게 지위와 사회적 역할을 할당한다.

2. 가족복지의 정의

가족복지는 가족의 욕구와 문제에 대응하는 것이다. 가족문제는 가족의 내·외적인 상호작용에 의해 가족 내부에서 발생한 것이므로 가족성원에 의해서는 문제의 해결을 기대하기가 어렵다고 보고 있다. 따라서 효율적으로 가족문제를 해결하기 위해서는 가족 외부에서의 사회적 대응책이 필요하다.

가족복지의 개념은 사회복지의 분야인 아동복지나 노인복지의 개념과는 그 관점을 달리한다. 즉 가족의 한 구성원이 당면하고 있는 문제를 해결하거나, 발달의 촉진을 위한 대책이 아니고, 가족성원 전체를 지향하는 복지인 것이며, 이를 위해 가족 중의 일부, 또는 전체를 대상으로 여러 가지 대책이 강구되어진다(전재일, 1998). 이와 같이 가족복지가 다른 사회복지분야와 차이가 나는 것은 한 가족성원의 문제라도 그것을 가족 전체와 관련시키고, 가족 전체의 기능을 강화하려는 관점에서 원조한다는 점이다.

최근에 와서 조홍식 교수 등(2002)은 가족복지에 대하여 가족생활을 보호, 보장, 강화하고 가족구성원 개개인의 사회적 기능 수행을 높이기 위하여 시행하는 제반 서비스 활동을 의미한다고 정의를 내리고 있다. 그리고 가족복지는 ①목적면에서 가족생활을 보호, 강화, 유지하는 것과 가족기능과 역할을 이행하도록 돕는 것이며, ②주체면에서 국가와 사회 그리고 민간기관을 포함한 사회구성원 전체가 된다. ③방법면에서 제도적, 정책적, 기술적(치료적)서비스 등 조직적이고 총체적인 활동이 되며, ④대상으로서 가족원 개개인을 포함한 하나의 단위로서의 가족(family as a unit)과 가족 전체성(family as a whole)에 중점을 둔다고 하였다.

이상과 같이 살펴본 바에 의하면, 가족복지는 가족문제의 해결, 예방, 가족성원의 사회적 기능 수행의 활성화, 생활의 질적 향상 등에 직접적으로 관심을 갖는 사회복지서비스나 과정을 포함한다. 그러므로 가족복지란 가족의 전 생애에 걸쳐서 행복하고 안정된 삶을 추구하는 사회구성원 전체의 집단적 노력이다. 또한 가족복지는 가족의 해체, 가족구성원의 사회적 역기능 수행 등의 문제에 의도적으로 개입하는 것을 의미한다.

제 2 절 가족복지의 상과 문제

우리 사회의 가족은 지난 수십 년 동안의 급속한 도시화와 산업화의 과정에서 많은 변화를 경험하고 있다. 가족의 형태가 다양화되고 있으며 사회질서의 변화에 따라 규범에 의한 가족행동이 성, 연령, 세대별로 차별화되어 있고 가족의 기능과 역할이 점차 축소되고 있으며 전통의 가족구조와 생활이 변화하고 있다. 산업화 과정에서 새로운 사회질서가 반영된 가족의 변화는 세계적인 추세이다. 그러므로 가족복지를 실천하기 위해서는 가족의 문제와 가족복지의 대상영역을 이해하는 것이 중요하다.

1. 가족복지의 대상

어떤 가족이 가족복지의 대상이 되느냐 하는 문제는 가족복지정책과 가족복지서비스의 기술적인 면과 전달체계의 조직 등에 영향을 미치고 상호연관성을 가지기 때문에 매우 중요하다. 그러나 가족복지의 대상은 그 나라의 경제적인 여건이나 사회환경에 따라 달라질 수 있기 때문에 하나의 관점이 모든 국가에 똑같이 적용될 수가 없다는 것을 전제로 하지 않으면 안된다.

일반적으로 가족복지의 대상은 다양한 형태의 모든 가족을 서비스 대상으로 하고 있다. 즉, 전통적으로 인식하고 있는 "혼인, 혈연, 입양에 기초한 2인 이상의 공동체로서의 가족"뿐 아니라, 사실혼 가족, 한부모 가족, 위탁아동 가족, 공동생활 가족, 후견인이 있는 가족, 외국인 가족, 단독가구를 포함하고 있으며, 각 가족을 중심으로 생각해 보면 가족 구성원 개개인이 모두 가족복지의 대상이 된다.

1970년대까지만 하더라도 미국에서는 가족복지의 대상영역으로 첫째, 가족의 스트레스 상황, 즉 정상적인 능력을 가진 가족일지라도 가족구성원의 갑작스런 사망, 이혼, 가장의 전근, 낯선 지역으로의 이사, 가장의 실직 등으로 인한 스트레스 상황에 놓여 있는 때, 둘째, 경제적 곤궁 및 사회자원 도입의 곤란 등 경제적·사회적 요구를 충족할 수 없는 상황인 경우, 셋째, 가족관계, 가족구성원의 개인적 기능의 장애로 가족의 사회적 제 기능을 수행할 수 없는 경우 등 세 가지로 지적하였다(NASW, 1970).

최근 들어 젊은 남성층을 중심으로 삶에 대한 가치관이 일 중심에서 가족중심으로 점차 바뀌어가고 있으나, 앞으로 더 많은 남성들이 일과 가족사이에서 갈등을 겪게 될 것이라는 전망이 제기되고 있다(김승권 외, 2000). 이러한 현상은 변화된 여건 속에서도 여전히 여성의 절대적 가사부담은 높지만, 과거에 비해 남편의 가사참여와 가사참여에 대한 부담감이 증가하고 있다는 점에서 가족복지의 대상도 변화되고 있다.

Feldman과 Scherz은 가족의 생활주기를 중시하고 가족주기 각 단계의 일반적 상황을 명확히 하면서, 가족복지의 대상으로 경제적 곤란, 가족구조상의 결손, 가족성원의 일탈행동과 사회적응문제, 가족성원의 장애나 사회적 불이익 처분을 포함시키고 있다.

이상에서 살펴 본 가족복지의 대상영역을 종합해 보면 다음과 같다.

가족의 기능과 가족관계에 관한 문제 : 부부갈등, 별거, 이혼, 재혼, 가정폭력, 부모자녀관계 갈등, 부적응, 일탈행동, 미혼모 문제, 아동학대, 가족유기 등이다.

빈곤이나 사회자원의 결핍에 관한 문제 : 경제문제, 직업 문제, 주택문제, 건강문제로서 저소득, 실업, 만성질환, 신체장애, 정신 장애, 세대주의 사망, 한부모 가족, 청소년 가장가족, 노인문제 등이다(장인협, 1985 ; 조홍식 외, 2004).

위기상황에 처한 문제 : 가족성원들이 능력은 있으나 일시적으로 긴급하거나 긴장상황 때문에 역할수행이 어려운 상태로 실직, 질병, 사업실패, 이민, 이주, 불의의 사고, 가족원의 자살, 수감 등이다.

2. 가족의 문제

가족의 문제는 기본적으로 양성간의 문제이면서 동시에 노동, 직업, 불평등, 정치, 경제 등의 수많은 이질적인 것들이 혼합된 문제로서 그 복잡성이 가중된다. 더구나 일반화된 양성평등의식과 현실적으로는 여전한 낡은 불평등구조의 혼합으로 가족을 중심으로 한 갈등은 더욱 첨예화되었다. 남녀문제를 중심으로 펼쳐지는 현대 가족의 갈등은 이와 같은 사회구조의 모순이 사적 영역으로 전환되어 나타나는 현상이다(Beck, 1997). 최근 들어 한국은 경제적 위기와 함께 잇달아 발생하고 있는 '가족동반자살', '가족해체 현상의 증가' 등과 같은 '가족 문제' 양상이 사회적 관심의 대상이 되고 있다.

우리나라는 1980년의 결혼대비 이혼율이 5.9%에서 20여년이 지난 2002년에는 47.4%에 달하여 무려 8배나 높아졌다. 이제 이혼으로 인한 가족의 해체 혹은 가족사의 변화는 우리사회의 많은 사람들에게 보편적인 현상으로 인식되고 있다. 또한 같은 기간 여성가구주의 비율도 14.7%에서 19%로 증가하였고(남기철, 2003), 2002년도 한 조사에 따르면 여성가구주의 빈곤율은 남성가구주에 비해 최대 4배 높은 것으로 나타났다(한국보건사회연구원, 2002). 따라서 이혼율 증가는 여성 한부모 가족의 계속적인 증가를 가져오며, 여성가구주의 경우 자녀양육과 생계를 동시에 책임져야 하기 때문에 그에 따른 어려움이 크다고 하겠다.

가족 문제의 원인은 가족 외적인 환경적 압력에서 오는 요인과 가족의 내적 요인으로, 또는 일시적 요인에서 발생하는 문제와 장기적 요인에서 발생하는 가족의 문제로 나누어 생각해볼 수 있다. 이러한 문제에 대하여 대처능력이 없는 가족은 가족복지의 대상이 되고, 대상이 되는 가족이라 하더라도 많은 원조와 개입의 기술을 필요로 하는 가족이 있는 반면에 작은 도움만 있어도 스스로 문제를 해결해 나가는 가족이 있다.

여기서는 가족구조와 기능을 중심으로 현대 한국가족의 문제점을 살펴보면 다음과 같다(김유숙, 2000).

첫째, 현대가정이 핵가족화 됨으로서 직업구조의 변동과 그에 따른 도시화, 출산자녀의 감소 등으로 가족 수가 줄어들고 가족형태가 변모함으로써 가족관 및 도덕관의 변동으로 인한 문제가 나타나고 있다.

둘째, 부모가 집에 거주하는 시간이 줄어들면서 나타나는 문제이다. 아직까지 한국의 아버지는 집 밖에서 지내는 시간이 많으며, 맞벌이 부부의 증가로 자녀들이 혼자있는 시간이 늘어나고 부모와의 대화시간이 부족하다. 또한 부모의 권위가 약화되어 청소년에 대한 교육, 훈육, 통제를 기대하기가 어렵다.

셋째, 부모의 과잉보호와 지나친 기대에 따른 문제이다. 핵가족은 대가족에 비해 자녀수가 적음으로 인하여 부모의 관심과 보호가 지나쳐 자녀들을 자신의 보상심리에 따라 정서교육보다는 학업성적위주의 교육을 강조함으로써 자녀의 심리적 부적응 현상들이 나타나고 있다.

제 3 절 가족복지의 접근방법

가족복지는 복합적이고 다양한 가족문제에 사회복지사가 의도적으로 개입하는 것이므로 가족복지의 접근방법으로는 간접적(거시적, 정책적) 방법과 직접적(미시적) 방법이 있다. 이러한 방법들은 어떤 수준에서 출발하느냐의 차이이지 가족의 사회적 기능 수행을 위해서는 상호보완적 관계에 있다.

1. 가족복지정책

가족복지정책은 사회가 아동들이 건강하게 자라고 교육을 받아 궁극적으로 생산적인 근로자, 시민 그리고 부모가 되도록 할 필요가 있다는 전제에서 출발한다.

서구 선진 복지국가들은 이미 1960년대에 "가족정책"의 형태로써 가족 변화와 가족문제를 정치적으로 이슈화하였다. 특히 선진 여러 나라에서 가족이 정치적 관심이 된 영역은 일하는 부모, 저소득 가족, 한부모가족, 아동의 권리 등이었다(Gauthier, 1996). 이에 대한 접근 방식은 각 나라마다 다른데, 예를 들어 "일하는 부모"의 경우 스웨덴은 양성평등적 접근으로, 캐나다는 아동을 지원하는 방식으로, 일본은 일하는 부모 중 母만을 위한 시설지원 방식으로, 그리고 독일은 성역할 분담 방식으로 가족에 대한 지원체계를 마련하였다. 스웨덴이 가족형태의 다원화와 가족생활양식의 변화를 법과 제도속에 수용한 반면, 독일은 가족정책을 다분히 인구정책의 일환으로 간주하였다.

그러나 우리나라에는 정부 차원에서 체계적으로 표명해 온 명시적인 가족정책이 없다고 해도 과언이 아니며, 지금까지의 가족정책은 단편적 차원에서 부분적으로만 시행되어 왔다(손승영, 2001, p.3). 우리나라 가족 관련 정책의 역사를 보면, 1950~1960년대는 여성복지 차원에서 전쟁 직후 모자 · 시설생활아동중심 사업이었다. 1970년대에는 가족계획사업이 전개되면서 1980년대는 가족법개정과 출산억제를 내용으로 하는 인구정책과 맥을 같이 하였다. 그리하여 가족관련 복지정책은 최소한의 수준에서 취약계층을 대상으로 사후치료적 차원에서 이루어졌다고 할 수 있으며, 주 지원대상은 가족을 통해서 적절한 부양을 받을 수 없는 요보호아동, 요보호여성, 장애인, 요보호노인, 등 취약계층에 집중되어 왔었다.

한편 2004년 2월 건강가정기본법이 통과되면서 건강가정지원센터 시범사업이 추진되고 있는데 주요사업 내용을 살펴보면, 첫째, 가정문제의 예방과 상담 및 치료-위기가정, 다양한 형태의 가정에 대한 종합 상담, 가정해체 · 이혼 예방 및 이혼가정 지원 등, 둘째, 건강가정의 형성 · 유지 지원-결혼준비, 부부관계, 부모역할, 가족윤리, 가정생활 등 교육, 가사, 육아, 노인부양, 산후조리, 간병 등에 관한 정보 및 자료제공 등, 셋째, 가정생활문화운동의 전개-가족여가, 가족단위 자원봉사활동, 의식주생활, 소비생활, 지역사회공동체 활동, 건전 가정의례 등 생활문화 개발 · 보급(보건복지부, 2004)으로 규정하고 있다.

1) 소득지원

사회보험 및 공공부조를 통한 소득지원은 가족의 소득을 지원하는 가장 대표적인 제도이다. 현행 우리나라에서 시행되고 있는 소득지원을 위한 정책에는 '국민연금법'에 의한 노령퇴직연금, 장해연금, 유족연금과 '국민기초생활법'에 의한 저소득층의 최저생활보장이 있다(장혜경, 2003). 그리고 국민연금은 세대 간 경제생활을 보장해 주는 가장 기본적인 가족복지정책의 하나라고 할 수 있다.

그 외 세금공제를 통한 지원에는 부양가족 공제, 자녀양육비 공제, 배우자 공제 등이 있으며, 육아휴직수당(급여)은 기존의 육아휴직제도를 유급화하고 생후 1년 미만의 영아를 가진 근로자(남녀 모두 해당)가 양육을 위해 받을 수 있도록 하였다.

2) 자녀양육지원

자녀양육지원에는 '영 · 유아보육법'에 의한 저소득층 아동에 대한 보육지원과 '아동복지법'에 의한 요보호아동에 대한 시설보호조치 그리고 간접적인 조치로서 '남녀고용평등법'에 의한 육아휴직, '모·부자 복지법'에 의한 한부모가정 지원 등이 있다.

3) 노인부양지원

노인복지법에 의하여 저소득층 노인에 대한 경로연금 지급, 노인관련 시설의 지원, 재가노인에 대한 서비스 등 부분적인 서비스만을 정책적으로 지원하고 있다.

이러한 가족복지정책은 양성평등적 정책과 서비스전달체계의 확립이 공통적인 과제로 지적되고 있다. 특히 핵가족이 정상가족이라는 사고에서 탈피하여 다양한 유형의 가족의 욕구를 지원하는 포괄적 가족복지정책이 요구된다고 본다. 따라서 앞으로의 사회복지 제도의 발전을 위해서는 오히려 가족의 기능을 긍정적으로 강화하는 기체로 작용할 수 있도록 국가적 차원에서 다양하고 개별화된 사회복지 서비스를 개발하여 제공하는 것이 필요하다.

2. 가족복지서비스

가족복지서비스는 일반적으로 특수한 욕구를 가진 가족들의 문제를 취급하는 가족복지기관의 서비스 활동으로 가족복지 제도적 접근을 보완하는 잔여적 성격을 띈다고 할 수 있다. 또한 가족수준 실천의 관점은 가족 개개인의 문제를 다루는 것이 아니라 가족을 하나의 단위(unit)로 보고 총체적으로 개입하는 것이라 할 수 있다.

가족복지서비스의 대표적인 프로그램으로는 가족에 대한 직접적 개입, 가족보호, 가정생활교육, 가족계획사업, 가족생활유지와 가정기반 서비스, 가족옹호 및 가족치료 등이 있으며(NASW, 1995), 가족치료는 가족에 초점을 두고 가족체계의 역기능적인 상호작용 패턴과 관계구조를 변화함으로써 문제해결과 스트레스에 잘 대처하도록 돕는 접근방법이다.

가족치료이론으로는 성장지향적 접근(grouth-oriented approach)으로 정신역동모델, Bowen의 가족치료모델, 경험적 가족치료 모델이 있으며, 문제해결적 접근(problem-solving approach) 구조적 모델, 전략적 모델, 행동주의 모델이 있다. 최근의 경향은 사회구성주의(social constructivism)에 입각한 접근 : 해결중심적 모델, 이야기 치료 모델 등이 소개되고 있다.

한편 가족과의 실천에서 사회복지사는 누구를 활동에 참여시키고, 누구에게 초점을 두어 도움을 주어야 하는가의 문제를 고려해야 한다. 정신분석학적 가족치료자는 대체로 모든 가족성원들이 활동과정에 참여해야 한다는데 동의한다. 그들은 가족을 하나의 체계로 돕기보다는 각 가족 구성원의 성장과 성숙을 돕는데 중점을 둔다. 체계적 관점이나 생태적 관점에서는 가족을 하나의 체계로 이해하고 한 구성원의 변화는 다른 성원에게도 변화를 가져올 수 있다는 시각이므로 다양한 이론에 따라 접근이 다를 수 있다. 그러나 여기서는 주요 가족치료이론 몇 가지만을 간략하게 설명하려고 한다.

1) Bowen의 가족체계이론

Bowen가족치료는 정신분석적 원리 및 실제에 직접적인 영향을 받은 치료적 임상모델로서, Bowen의 이론은 연구자들에 의해 정신분석학파, 다세대 접근 또는 체계적 이론에 속하는 것으로 분류되고 있다. Bowen은 정신역동적으로 정립된 접근방법과 체계적 접근방법의 가교적 역할을 했다는 점에서 그가 가족치료에 남긴 업적은 높이 평가받고 있다. 여러 다른 가족치료적 접근보다 인간행동과 인간의 문제에 대하여 가장 포괄적인 견해를 가지고 있다. Bowen은 나머지 가족 성원에게 영향을 미칠 수 있는 한 사람의 변화에 의해서 전체의 변화가 시작될 수 있다고 생각하였다.

Bowen은 인간행동을 과학화하는 방식을 보여 주는 중요한 공헌을 하였고, 우리가 개인으로 기능하는 정도에 대해, 그리고 가족들과 잘 지내는 정도와 이 두 가지의 관련성에 대해 잘 이해하도록 근본적인 기여를 하였다(Nichols & Schwartz, 1995).

Bowen 이론에서 가족내 문제의 핵심은 불안과 정서적 융합이므로, 치료의 목표는 불안을 감소시키고 자아분화 수준을 높이는 것이다. 가족 체계가 변화하려면 폐쇄된 가족유대를 개방하고 삼각관계에서 벗어남으로써 개인의 자율성과 성장을 위한 조건이 만들어진다.

미분화된 가족 자아 집합체(undifferentiated family ego mass)로부터 벗

어나도록 하는 것이 Bowen이론 체계의 목표이다. Bowen의 가족체계이론은 8개의 상호 관련된 개념들 자기분화(differentiation of self), 삼각관계(triangles), 핵가족의 정서적 체계(nuclear family emotional system), 가족의 투사과정(family projection process), 정서적 단절(emotional cut off), 다세대 전수과정(multigenerational transmission process), 형제순위(sibling position), 사회적 정서과정(societal emotional process)등으로 구성되어 있다. 처음 6개 개념은 1963년 이전에 형성된 것이며, 핵가족과 확대 가족내에서 일어나는 정서적인 과정을 설명한다. 그리고 정서적 단절과 사회적 퇴행에 관한 두 개념은 1975년에 첨가된 것이며, 가족과 사회에서 세대간에 걸친 정서적 과정을 설명한다.

2) Haley의 전략적 가족치료

Haley의 가족치료이론은 일반체계이론을 근거한 체계적 단기가족치료이론으로서 가족이 단순한 개인의 집합체가 아니라 상호작용하고 상호 의존하는 체계로 보고 한 가족성원의 행동과 반응이 다른 성원의 행동 과 반응에 지속적인 영향을 미치는 하나의 체계로 보았다.

체계로서의 가족은 자연발생적 위계질서를 갖고 있으며, 가족성원들 간의 상호작용을 통하여 가족 특유의 위계질서를 형성하게 되며, 이러한 가족의 위계질서가 혼란하게 되면 한 명 또는 그 이상의 가족성원이 증상행동을 보이게 된다.

가족 하나 이상의 권력관계와 통제과정을 가지고 있는 체계이다. 기능적 가족이든 역기능적 가족이든지간에 각 가족성원들은 가족관계에서 좀 더 많은 영향력을 행사하고 통제력을 강화하기 위하여 지속적인 권력다툼을 하게 된다.

가족관계는 의사소통을 통하여 이루어지며, 모든 의사소통은 관계의 성격을 규정하기 위한 시도이다. 따라서 관계의 성격을 구명하기 위하여는 순환적으로 이루어지는 의사소통 유형을 분석하여야 하는데, '무엇을 말하는가'보다는 '어떻게 말하는가'가 더 중요할 것이다.

전략적 가족치료는 대개 주 1회 간격으로 총 10～15회의 치료를 실시하는 단기 치료적 성향이 강하고, 현재 가족이 제시하는 문제를 해결하는데 주력한다. 즉 클라이언트를 포함한 가족들이 문제를 야기시키는 역기능적 상호작용의 인쇄과정에 대한 인식이나 통찰력을 증진시키기보다는 치료자 자신이 이러한 연쇄과정에 연합하고 분리하는 과정을 통하여 직접적인 변화를 일으키는데 주력하므로, 전체 치료과정은 매우 행동지향적이다.

전략적 가족치료에서는 논리나 합리성보다는 증상이나 현재 문제를 제거 또는 감소시킬 수 있는 기술이나 전략에 관심을 두고 있다. 특히 문제를 가지고 있는 개인보다는 가족구조의 변화를 일으킬 수 있는 개입전략에 관심과 초점을 두고 있다. 따라서 전략적 가족치료에서는 증상을 둘러싼 가족맥락에 초점을 두고 있다. 이와 같은 변화를 일으키기 위하여 활용하는 대표적인 치료기법으로는 직설적 지시, 역설적 개입, 시련기법 등이 있다.

3) Minuchin의 구조적 가족치료

Minuchin의 구조적 가족치료에서는 가족의 문제가 바람직하지 못한 상호작용의 관계가 계속 유지되는 병리적인 구조 때문에 생기는 결과라고 본다. 1970년대에는 체계론적 관심을 근거로 하는 구조적 가족치료의 영향은 매우 컸으며, 구조적인 가족치료의 주요개념들, 즉 가족규칙, 역할, 연합, 하위체계, 경계, 전체성 등과 같은 개념들은 이미 널리 알려져 있다. 이러한 개념들은 가족구조에서 각 가족성원들의 위치와 가족관계, 가족기능, 가족문제 등에 관한 관점을 구조화시키는데 많은 기여를 하여 왔다.

구조적인 가족치료에서는 가족을 체계이며, 통합된 전체로서 본다. 지역사회에 속해 있는 가족의 구성원들은 하위체계이며, 하위체계는 가족의 기본적인 구조와 상호교류 유형에 영향을 준다. 구조적 가족치료의 주요한 4개의 개념은 가족구조(family structure), 상호교류패턴(transactional pattern), 하위체계(subsystem), 경계(boundary) 라고 할 수 있다(송성자, 2004).

구조적 가족치료의 특징은 치료의 주요한 목적으로서 구조의 변화에 초점을 두는 것이며, 가족의 재구조화하는 과정에서 치료자는 적극적인 자세로서 개입을 하는 것이다. 구조적 가족치료는 체계인 가족의 유형, 과정, 변화를 관찰하는 데 도움이 되는 유용한 도구를 가지고 있다. 그리고 구조적인 접근법은 치료자들에게 기능적인 가족의 경우에는 가족에서 이루어져야 하는 구체적이며 개념적인 지도를 제시하고, 역기능적인 가족인 경우에는 가족에서 잘못되어 있는 것에 관해 지도를 한다. 이 접근법은 빈곤가족, 소년비행, 거식증 가족원이 있는 가족, 약물남용을 하는 가족원이 있는 가족, 알콜중독자가 있는 가족 등에서 효과가 입증되어 왔다.

4) Satir의 경험적 가족치료

경험주의적 가족치료는 1960년대 인본주의 심리학에서 시작되었으며 개인과 가족의 정서적인 경험을 강조하고 있다. 개인과 가족성장을 증진시키는 방법은 감정표현을 자유롭게 하는 것이며, 이는 깊은 수준의 경험을 함께 나누고 가족성원간의 의사소통을 증가하게 한다.

경험주의적 가족치료의 4가지 전제는 모든 행동은 합리적 또는 적절한 동기가 있고, 모든 사람은 치유될 수 있으며 치유는 상담과정에 내재되어 있다. 그리고 마음과 신체는 체계의 한 부분이며, 자존감과 효과적인 의사소통이 서로 관련이 있다는 점이다.

Satir는 의사소통을 하는데 있어 정보를 주고받는 과정과 의사소통의 언어적 비언어적 과정을 중요시하였다. 의사소통 과정에서 정보를 주고받는 메시지의 일치성과 불일치성을 강조하였다. 그리고 오랫동안 가족치료경험을 통하여 어려운 문제를 가지고 있는 가족성원들이 공통적으로 사용하는 역기능적인 의사소통의 유형이 있음을 발견하였다. 따라서 그 유형들을 회유(placating), 비난(blaming), 초이성적(super-resonable), 주의산만(distracting)으로 구분하고 이들의 개념을 발전시켜서 1972년에 의사소통의 새로운 기법(People Making)의 저서를 출판하였다(정문자, 2003).

Satir는 수많은 가족에 대한 치료경험을 하면서 가족에 대한 체계론적 관점, 각 가족성원들의 자기가치, 자기존중, 가족체계내에서의 의사소통유형, 가족규칙 영역에 점점 더 관심을 두게 되었다. Satir는 1980년대에는 가족과 증상을 좀더 체계적으로 사정하고 치료적 접근을 하 기 위한 개념과 기법을 체계론적으로 발전시켰으며, 1988년 사망하기 전까지 실제적인 많은 치료경험을 시범, 강연, 교육을 통하여 자신의 성장모델의 효과성을 입증하였다.

5) 해결중심 가족치료

해결중심 가족치료는 클라이언트가 자신의 문제를 다루는 데 있어서 성공했던 경험에 일차적인 초점을 두는 것으로, 클라이언트의 강점과 자원 그리고 능력에 초점을 두며 결함이나 장애는 가능한 다루지 않는다. 이 모델은 무엇이 잘못되었는지보다는 무엇이 잘 되었고, 그것을 어떻게 활용하는가에 관심을 갖는다. 그리고 클라이언트의 강점, 자원, 건강한 특성들을 도출해 냄으로써 제시된 문제를 해결하려는 것이다. 잘못이나 과거의 실패를 고치려고 노력하기보다는 과거의 성공이나 장점을 찾아내어 그것을 확대시키는 것이 수월하다. 즉 클라이언트가 바라는 결과를 성취하기 위해 클라이언트가 이미 갖고 있는 자원, 지식, 믿음, 행동, 증상, 사회 관계망, 환경, 개인적 특성 등을 활용하는 것이다.

이 모델은 클라이언트가 경험하는 문제에 대한 어떠한 가정도 하지 않는다. 대신에 클라이언트가 호소하는 독특한 불평에 기초하여 개별화된 해결책을 발견하고자 한다. 따라서 클라이언트의 견해는 액면 그대로 수용되어 진정한 클라이언트 중심의 치료접근이 가능하다.

복잡한 문제라고 하여 반드시 그 해결방법이 복잡할 것이라는 가정은 잘못된 것이다. 작은 변화가 또 다른 변화를 가져오며 더 나아가서는 큰 변화를 가져 올 수 있다. 그러므로 목표는 클라이언트가 달성할 수 있는 작은 것으로 세우는 것이 중요하며, 치료는 파급효과를 가져온다고 믿기 때문에 치료개입은 가장 단순한 것에서부터 시작한다(Insoo, 1995).

해결중심 가족치료는 과거를 깊이 다루기보다는 클라이언트로 하여금 현재와 미래의 상황에 적응하도록 돕는데 일차적인 관심을 갖는다. 그러므로 치료면담의 과정에서는 클라이언트가 과거와 문제로부터 멀어지게 하고 미래와 해결책을 지향하도록 돕는다. 또한 해결 방안을 발견하고 구축하는 치료과정 중 클라이언트와의 협력을 중시한다. 또한 진정한 협력적인 치료관계는 클라이언트가 치료자에게 협력할 때 뿐 아니라, 치료자도 클라이언트에게 협력할 때 이루어진다고 믿기 때문에, 치료자는 클라이언트가 치료에 협력하도록 지속적이며 의식적으로 노력한다.

제4절 가족복지의 천분야

가족복지의 실천분야로는 한부모가족, 가정폭력 가족, 장애인 가족, 알코올중독자 가족, 비행청소년 가족, 치매노인 가족 등이 소개되고 있다. 최근 이혼율이 급증하면서 이혼가족과 재혼가족이 새로운 가족유형으로 자리잡고 있으나, 아직 이들 가족에 대한 이해가 부족할 뿐 아니라, 부정적 시각과 편견도 강하게 남아 있어 이들에 대한 실천 또한 강조되고 있다. 이에 대한 자세한 내용들은 가족복지론에서 다루어지므로, 여기에서는 한부모 가족과 가정폭력 가족에 대해서 간단히 살펴보겠다.

1. 한부모 가족

가족복지에서 한부모가족은 지금까지는 일반적으로 모자가족으로 불리어 모자복지의 한 분야로 인식되어 왔다. 한부모 가족이란 부모 중 한쪽으로만 구성된 가족을 말하며, 부모중 한쪽이 부재하기 때문에 그로 인한 복합적인 문제에 처할 가능성이 높아, 사회복지의 일차적 관심 대상이 되고 있다.

이혼의 증가는 한부모가구의 비율에도 변화를 가져오고 있다. 1985년 이혼에 의한 한부모가구는 8.4%에 불과하였으나, 2000년에는 28.2%로 증가하였다(통계청, 2003). 이와 같이 우리 나라에서 이러한 한부모가족은 계속 증가 추세에 있고, 발생원인별 수치에서도 과거에는 배우자의 사망에 의한 가족이 다수를 차지하였으나 점차적으로 이혼이나 별거, 가정폭력, 유기 등에 의한 발생률이 증가하고 있는 추세이다.

우리 나라의 한부모가족에 대한 정부 차원의 정책적 지원은 크게 사회보장제도내의 사회보험제도, 공공부조 및 사회복지서비스 부문으로 나눌 수 있다. 민간 차원의 서비스는 대체로 사회복지관을 비롯한 여러 민간기관을 통해 이루어지고 있다. 우리 나라의 경우, 한부모 가족에 대한 지원은 모 · 부자복지법을 통해 이루어지고 있다.

공공부조 측면에서 한부모가족은 국민기초생활보장사업과 원호사업에 의해 지원을 받을 수 있다. 국민기초생활보장사업과 건강보험법에 의해 저소득 한부모 가족은 국민기초생활 수급권자로 지정되어 정부로부터 생계지원과 의료지원을 받을 수 있다. 1995년부터 모자가족의 지원기준에 의해 일부 저소득 모자가족에 대한 지원이 이루어지고 있다가, 최근 부자가정인 경우 남자 혼자서 자녀 양육 및 가정 유지가 어렵다는 사회적 인식이 확산됨에 따라 종전의 모자복지법이 2003년 6월 모 · 부자복지법으로 개정 · 시행되면서부터 모자가정과 동일한 수준의 지원을 받게 되었다.

한부모가족은 편모와 편부 당사자의 심리 · 사회적 문제뿐만 아니라 자녀들의 심리 · 사회적 문제 또한 우리가 관심을 가져야 할 대상이다. 따라서 한부모가족의 가족결속력 강화를 위한 사회교육프로그램을 정기적으로 실시하고, 편모 혹은 편부가족으로 구성된 자조집단을 형성하여 긴장과 압박감을 완화할 수 있도록, 제도적 정책적 차원에서 재반 지원이 이루어질 수 있도록 해야 한다. 또한 한부모가족의 편모, 편부와 자녀들에게 전문적 상담이 제공되며, 전달체계의 정비와 전문인력이 투입될 수 있도록 정책적 지원이 마련되어야 할 것이다.

2. 가정폭력 가정

가정폭력은 여러 가지의 개인적, 사회적 요인들이 복합적으로 상호 작용하여 발생하는 가정 및 사회의 병리현상이라고 볼 수 있다. 우리 사회에 가정폭력이 심각한 수준에 이르고 있다는 것은 이미 잘 알려져 있는 사실이다.

그 어느 사회보다도 가족주의가 강한 우리 사회에서 1997년 '가정폭력범죄처벌'과 '가정폭력 방지 및 피해자 보호 등에 관한 법률'의 제정을 통해, 사적인 공간에서 벌어지는 매우 개인적인 문제로 인정되던 가정폭력을 공권력에 의한 강제적 개입이 가능한 사회문제로 선포했다는 사실이 이 문제의 심각성을 단적으로 증명해 주고 있다(김연옥 · 박인아, 2000).

가정폭력은 '성폭력범죄의 처벌 및 피해자보호 등에 관한 법률'과는 달리 처벌과 피해자보호 부분으로 접근한다. 1997년 12월 13일 제정된 '가정폭력범죄의 처벌 등에 관한 법률'은 가정폭력 사건의 조기발견을 가능케 하여 가정폭력을 더 이상 은폐하지 않고 피해자가 관계기관의 도움을 받을 수 있도록 하고 있다. 또한 행위자에게 있어서는 가정폭력을 행사함으로 인한 불이익과 처벌로 인해 가정폭력을 실질적으로 예방하는 효과를 거두는 것을 목적으로 한다.

'가정폭력범죄의 처벌 등에 관한 특례법'에 의하면 가정폭력은 가정구성원 사이의 신체적, 정신적, 또는 재산상 피해를 수반하는 행위로 정의된다. 즉 남편의 아내에 대한 폭력, 부모의 자녀에 대한 폭력, 자녀의 부모에 대한 폭력, 형제간의 폭력, 아내의 남편에 대한 폭력 등 가족 간의 모든 폭력을 망라하고 있는 것이다. 또한 가족구성원의 범위를 현재의 가족뿐만 아니라 배우자와 동거하는 친족의 범위를 확대하였다. 결국 가정폭력은 가해자와 피해자의 관계에 따라 폭력현상의 한 범주를 개념화한 것으로 폭력의 주체와 대상 모두가 가족구성원으로 매우 친밀한 관계에 있다는 특징을 갖고 있다(조홍식 외, 2004).

이에 비하여 '가정폭력방지 및 피해자보호 등에 관한 법률'은 가정폭력 피해자가 상담과 일시 보호시설을 이용할 수 있으며, 또한 가정폭력행위자는 상담, 치료명령 등 교정, 교화 프로그램을 받게 되어 가정폭력에 대한 사회적 지원과 통제가 가능하도록 하는 데 목적을 두고 있다. 따라서 가정폭력을 예방하고 가정폭력의 피해자를 보호함으로써 건전한 가정을 육성함을 목적으로 한다.

현재 가정폭력과 관련된 서비스는 사법체계 및 경찰, 의료체계 그리고 사회복지체계 등 다양한 체계의 다양한 기관들을 통해서 제공되며, 특히 사회복지체계로는 아내구타 문제를 전담하는 상담전문기관과 쉼터, '여성 1366'위기전화 등에 의해 주로 이루어지고 있다고 볼 수 있다. 그리고 가정폭력 관련 서비스 기관으로는 1366 위기전화, 가정폭력상담소, 가정폭력 피해자 보호시설, 의료기관, 경찰 · 검찰 등이 있으며, 2003년 12월 현재 가정폭력상담소와 피해자보호시설이 설립되어(여성부, 2004, p.263), 가정폭력관련 업무를 수행하고 있다.

참고문헌

김병국. (1997). 반유교적 유교정치 : 한국정치담론의 모순, 전통과 현대 1(여름호), pp.50~73.

김승권 외. (2000). 『한국가족의 변화와 대응방안』. 한국보건사회연구원.

김성천. (1989). 가족복지의 이론체계구성을 위한 연구. 한국사회복지협의회, 사회복지(여름호).

김연옥 · 박인아. (2000). "가정폭력의 유형별 관련성과 아동의 정신건강에 관한 연구". 한국가족복지학. 제 5호. 한국가족사회복지학회. pp.103~127.

김유숙. (2000). 구조적 가족치료이론의 한국적 적용에 관한 연구, 한국가족치료학회지 제8권 1호, 한국가족치료학회.

김유숙. (2003). 가족상담, 학지사.

김인숙. (2003). 가족지원기본법(안) 제정의 배경과 내용, 정책토론회 자료집, 한국사회복지학회 정책토론회 자료집, 한국사회복지학회.

김형철. (1997), 현대의 도덕관과 유교의 도덕관, 전통과 현대 1(여름호), pp.50~73.

남기철. (2003). 가족지원 전달체계의 쟁점.

박병호 외. (1996). 가족정책의 방향, 한국 가족정책의 이해, 학지사, p.102.

송성자. (2004). 가족과 가족치료(2판), 법문사.

양옥경. (2000). "한국가족개념에 관한 질적 연구", 한국가족복지학, 제6호, 한국가족복지학회, pp.70~99.

양옥경, 김혜영. (2001). "가족의식 변화를 통해서 본 가족정책의 방향", 가족과 문화 13(2), pp.29~55.

유영주. (1993). "가족학이란", 가족학(서울 : 하우), p.20.

이재경외. (2004). 한국가족의 현실과 변화. 여성부.

이혜경 외. (1996). "한국의 가족정책 대안의 선택과 정부, 민간의 연계", 한국가족정책의 이해, 학지사.

장인협. (1985). "가족복지의 과제와 전망, 제 3회 전국사회복지대회 : 2000년대를 향한 사회복지과제", 한국사회복지협의회, p.93.

장혜경외. (2003). 전국가족조사 및 한국가족보고서, 한국여성개발연구원, 여성부.

전재일 편저. (1998). 사회복지실천의 이해, 사회복지개발연구원 출판부, p.205.

정문자. (2003). 사티어 경험가족치료. 학지사.

조홍식 외. (2003). 가족복지학, 학지사.

최재석. (1979). 한국인의 사회적 성격, 개문사.

황진수. (1992). "한국가족정책의 발전방향", [한국노년학], 제 12권 2호, 한국노년학회.

Adams, B. N. (1980). "The Family(3rd ed.)". Chicago : Rand Mcnally.

Gauthier, A. H. (1996). "The Family as a Political Issue". <The State and the Family> 9장. New York : Oxford University Press.

Goldenberg & Goldenberg. (2000). Family Therapy : An Overview(5th ed). Belmint, CA : Wadsworth/Thomson Learning.

Insoo, Kim Berg. (1995). 가족치료연구모임 옮김, 하나의학사.

National Association of Social Worker. (1995). Encyclopedia of Social Work.

Nichols, M. & Schwartz, R. C. (1995). Family Therapy(Boston : Allyn and Bacon, p.404.

Strong, B. and Devault, C. (1992). The Marriage and Family Experience. West Publishing Co.

제 13 장 아동복지

제 1 절 아동복지의 개념

아동복지란 아동이 보다 평안히 잘 지내는 상태를 뜻하는 것으로 서비스의 한 분야, 사회복지실천의 특별한 형태, 아동전체의 복지, 아동의 복지를 위해서 제공되는 정책과 활동이란 개념으로 사용하고 있어 아동복지의 이념적 개념과 실천적 개념을 공유하고 있다.

아동을 위한 주된 자원인 가족은 아동의 욕구 이상을 충족시킬 수 있다. 아동의 욕구를 때때로 해결할 수 없는 가족은 아동의 욕구를 해결하기 위해 원조를 받을 수 있다. 원조는 비공식적으로는 지역사회, 종교 조직, 그리고 시민의 연합을 통해 제공되거나, 혹은 공식적으로는 정부와 민간 기관을 통해 공급되어질 수 있다.

아동은 1)사회적, 경제적 또는 파탄된 가정생활과 관련되는 정서적 문제와, 2)수입보장, 교육, 고용기회, 보건복지 서비스등과 같은 사회적 대비의 결함과, 3)부모들이 대처할 수 없는 특수한 문제에 관련하여 욕구가 생기게 되고, 이러한 욕구가 해결되지 않을 경우 아동의 발달을 저해하는 장애가 된다. 이러한 장애를 극복하도록 도와주는 것이 아동복지이다.

아동복지의 주체로는 국가 및 지방자치단체, 그리고 민간단체로서 공적·사적 아동복지기관이 있으며 그 객체로서는 특수한 문제를 지닌 아동은 물론 모든 아동을 대상으로 한다.

오늘날 아동복지의 개념은 종전의 자선적·인도적인 개념과는 달리 인간의 행복을 추구하는 즉, 명확한 목적과 가치를 수반하는 복지사상과 그 활동을 위한 전문적인 지식이나 기술을 요하는 활동분야로 변화되고 있다(전재일, 1998).

특히 우리나라는 지속적인 고도 경제성장을 배경으로 아동의 보건, 교육 등 일반적인 아동의 복지 지표는 상당히 개선되었다. 영아 사망율이 낮아졌고, 의료수진율도 높아졌고 아동의 체위도 향상되었다. 또한 국민소득의 증대는 가족의 소득을 증대시키고 가족소득의 증대는 아동의 물질적 복지환경을 향상시켰다. 그러나 아동의 물질적 복지환경을 평균적으로 향상시켰지만 동시에, 사회적 불평등은 아동의 비물질적 환경의 황폐를 가져오고 아동의 부적응 문제를 심화시켜왔다. 다시 말해서 산업화를 통한 국민소득의 증대는 아동의 복지향상에 기여하는 측면 뿐 아니라 그들의 비복지 창출에도 기여하여 왔다(이혜경, 1993). 고도의 경쟁적 사회구조가 아동의 정서적 불안과 긴장, 정신건강문제를 유발하고 기회구조의 왜곡은 비행과 범죄아동을 낳고, 이혼의 증가와 한부모 가정의 증가는 치유하기 어려운 정서적 상처를 지닌 아동을 증가시켜 왔다. 이러한 사회적 필요성으로 인해 우리나라의 아동복지는 다음과 같은 목적을 추구하고 있다.

① 모든 아동의 안녕을 보호하고 촉진한다.

② 유기, 학대 및 착취의 문제를 사전예방하고 가족을 지원한다.

③ 욕구가 발생되면 가족의 능력을 사정하고 가족 안정성을 촉진한다.

④ 가정외부 보호가 필요한 아동을 위해 완전한 서비스를 준비한다.

⑤ 부적절한 주택, 빈곤, 약물중독, 의료보호를 받지 못하는 아동과 가족에게 부정적인 영향을 미치는 사회적 환경에 대한 책임을 가진다.

⑥ 가능한 언제라도 가족기능 강화를 지원한다.

⑦ 아동의 복지를 위하여 필요할 때는 언제든지 개입한다.

제2절 아복지의 칙

사회복지사가 아동복지사업을 실천함에 있어서 항상 염두에 두어야 하는 실천원칙은 다음과 같다.

1. 권리와 책임의 원칙

아동복지에서 그 대상에 대한 각각의 책임과 권리가 있는데 현재 아동복지에서 각각의 주체(아동, 부모, 국가)에 대한 책임이 가정에서 사회와 국가로 옮겨져 오고 있으며 아동 자신이 수동적 수혜자가 아닌 적극적 주체로서의 아동의 책임도 강조되고 있다.

즉 아동은 그들 스스로가 단순히 성인의 보호를 필요로 하는 의존적이고 수동적 존재가 아닌 독립적 존재로서 자신의 생활을 책임지려는 적극적 자세여야 한다.

부모는 아동양육에 있어 일차적이고 근원적 책임을 지며, 가정에서 아동이 건전하고 이상적인 생활을 할 수 있도록 보호, 양육, 교육하여야 하며 아동의 건강한 사회구성으로서 그 책임을 다하도록 그들의 자질과 개성을 존중해야 한다.

국가는 앞으로 아동들이 건전한 사회인으로 기능하게 하려면, 국가가 책임성을 띠고 보호, 교육에 적극적으로 나서야 한다. 아동을 둘러싼 체계를 이해하고, 그 체계속에서 아동을 보호, 양육, 교육할 수 있도록 국가가 그 역할을 대리, 보조, 지지하여야 한다. 그러나 아동의 건전한 성장과 발달을 가장 잘 지지해 줄 수 있는 방법은 아동, 부모, 국가가 각각의 권리와 책임을 확립하며 더불어 서로간의 상호작용을 원만히 유지하는 것이다.

2. 보편성과 선별성의 원칙

아동복지사업을 실천함에 있어서 어떠한 조건이나 제한을 두지 않고, 모든 아동들에게 같은 종류, 통일한 수준으로 제공되어져야 할 보편성의 원칙과 아동복지사업의 대상을 조건이나 기준에 따라 제한하는 선별성의 원칙이 있다.

전자는 아동복지의 궁극적 목표로 아동의 최소한의 생활을 위한 최저소득보장, 최소한의 사회생활을 영위할 수 있는 기초생활·예절교육, 기본적 의료조치 등으로 예를 들어 아동수당 등이 있을 수 있다. 후자는 대부분의 기준은 부모의 양육능력수준에 따라 결정되어 그 아동을 요보호 아동으로 간주하여 무상교육, 저소득층 맞벌이 부부의 자녀 무료탁아 등의 방법으로 접근하고 있다.

지금까지의 아동복지는 특정아동이나 가족 또는 일부 선정된 아동을 위한 보충적 사업이 중심이 되어 왔다. 앞으로는 전체아동을 위한 거시적 수준에서 아동복지의 기관이 되는 의료, 고용, 사회보장 등에 대한 제도적 사업이 동시에 수행되어야겠다.

3. 개발적 기능의 원칙

개발적 기능이란 사회복지의 기본적 기능의 하나로서 아동복지에서도 보호적 · 예방적 · 조정적 기능과 더불어 중요한 기능이다.

여기서 개발적 기능이란 제도적 변화만을 초래하는 것이 아니라 국가경제개발과 사회개발의 제조건을 향상시키고 창조하는 일에의 참여를 의미하여 여러 가지 부정적인 사회문제에 대한 의도적인 변화를 초래케 하여 국가적 개발체계와 보조를 맞추는 일련의 활동을 뜻한다. 따라서 아동을 사회적으로 소속이 없는 집단이나 소외 대상으로 볼 것이 아니라 국가발전에 능동적으로 참여하여 활동할 기회를 제공해 주어야 한다. 이때에 아동은 건전하게 성장 발달할 수 있을 것이다.

4. 통합성의 원칙

통합성의 원칙은 아동이 하나의 정체성을 띤 인간으로서 그들에게 관련되는 여러 측면들이 서로 상호적 관계를 가지면서 건전한 성장과 발달을 도모할 수 있도록 하는 것이다. 그러므로 아동을 위한 가정생활, 경제적 안정, 교육, 보건, 노동, 오락, 특수보호 등에 대한 프로그램이나 서비스가 총체적이고 포괄적, 상호보완적으로 적용되어야 아동의 전인적 발달이 이루어질 수 있을 것이다.

특히 이러한 원칙은 행정조직면에서 적용되어야 한다. 아동복지 프로그램의 조직과 운영은 여러 부처에서 관여하고 있기 때문에 부처가 각각 그

들의 소관업무에만 집착하게 되면 부분적 측면의 해결은 가능하겠지만 포괄적 욕구는 충족될 수 없다

5. 전문성의 원칙

전문성의 원칙이란 아동복지사업이 전문가와 전문기관에서 이루어져야 한다는 원칙이다. 왜냐하면 아동의 문제는 복잡하고 다양하므로 전문적인 지식과 기술이 필요하기 때문이다. 이 원칙은 전문적 접근에서 중요하게 고려되는 원칙으로서 예전보다 더욱 세분화되고 있다. 전문성의 원칙은 아동이 가지는 욕구와 발달단계 등에 대한 전문적인 지식과 기술을 가진 전문가의 필요성을 말하는 것이다. 아동이라는 대상에 대한 이해와 기술, 지식을 가진 전문가 현재 절실한 추세여서 앞으로 아동복지사업을 효율적으로 전개하기 위해서는 사회복지학을 비롯하여 교육학 · 심리학 · 아동복지학 등의 전문인력의 활용이 반영되어야겠으며 현행지도자에 대한 체계적 훈련을 통해서 전문인력을 양성, 활용해야 한다.

한편 아동복지의 시설과 단체들도 전문인력에 대한 관심을 새롭게 하여 아동을 위한 프로그램 개발과 실천에 전력하고 정부수준에서도 강력한 제도적 보장에 대한 지지와 격려가 수반되어야 할 것이다.

제3절 아복지의 내용

Kadushin(1980)은 아동복지사업을 지지서비스(supportive), 보충서비스(supplemental), 대리서비스(substitutive)로 범주를 정하고 구분하였는데, 이에 따라 우리나라의 아동복지사업을 간략히 설명해 보겠다.

표 13-1 아동복지 서비스의 내용 구분

구분	카두신의 분류	현행 한국의 서비스 내용
지지서비스	① 아동상담 ② 가족상담 ③ 지역사회정신건강상담 ④ 학대·방임아동보호 ⑤ 미혼부모상담	① 아동상담 ② 방임·학대아동보호 - 기·미아보호
보충서비스	① 소득보조 - 노령, 유가족, 무능력자 보험 - 요보호아동가족수당 ② 가정조정 ③ 탁아 - 집단탁아 - 가정탁아	① 공공부조 - 소년소녀가장세대보호 - 기타요보호아동 ② 보육 - 집단(시설)보육 - 직장보육 - 가정보육
대리서비스	① 가정위탁보호 ② 입양 ③ 시설보호 - 긴급보호 - 집단가정 - 아동시설 - 거택보호	① 가정위탁보호 ② 입양 ③ 시설보호 ④ 시설퇴소연장아동 자립지원

1. 아동상담

아동상담은 "가정내에서 부모가 생존해 있고 부모와 아동이 그들의 역할을 효과적으로 수행할 의지와 능력이 있으나, 부모자녀관계의 갈등, 부부갈등, 형제간의 갈등으로 인하여 난관에 부딪쳤을 때, 가족성원의 사회적 기능을 개선하여 가족붕괴의 위험을 방지하도록 직접적·간접적으로 돕는 원조의 한 방식"이다.

아동상담은 주로 가족생활에서 자연적으로 겪게 되는 위기, 부모의 능력 부족으로 아동에게 부적절한 보호를 함으로써, 아동이 바람직한 경험과 그 기회를 잃는 경우, 아동의 신체발달이나 행동에 문제가 있는 경우, 지역사회의 제반 환경이 생활상의 압박이나 긴장감을 주거나 아동의 욕구와 권리를 침해할 경우에 개별 집단 지역사회조직 등의 방법으로 개입되게 된다.

우리나라는 아동상담을 위해 시 · 도립을 포함한 아동상담소와 아동일시보호소를 설치 · 운영하고 있으며, 각 시 · 도 및 시 · 군에 아동복지지도원을 배치하고, 읍 · 면 · 동 단위에는 아동위원으로 위촉활용하고 있다. 그러나 실질적 활동은 거의 없고 명예직에 만족하고 있다.

아동상담이 더욱 활성화되기 위해서는 아동상담의 법적 근거가 강화되어 아동상담소의 가능이 확장되고 아동상담 서비스 전달체계의 전문성이 보강되는 것이 우선적으로 필요하다.

2. 방임 · 학대아동의 보호

아동학대가 빈발하는 부모-자녀 관계의 전반적인 유형은 아동의 자존감 발달에 크게 영향을 미칠 것으로 짐작된다. 이미 몇몇 연구들은 아동기의 피학대경험은 아동의 자아존중감 감정이입의 능력, 공격성과 같은 정서적 발달과 강박증, 우울증과 같은 정신적 장애 및 신체발달에도 영구적인 영향을 미친다고 하였다.

아동학대의 개념을 주양육자가 아동에게 가하는 의도적인 행위로서 그 위해의 결과가 명백하게 드러나는 것으로, 대체로 신체적 학대 분야로 정의되는 협의의 개념과 주양육자 및 주위의 모든 환경이 아동의 적절한 발달이나 복지의 보장을 저해할 가능성이 있거나, 현재 저해하고 있는 모든 발달영역상의 손상을 말하는 광의의 의미가 있다.

기 · 미아 발생원인은 ①미혼모에 의한 사생아, ②부모사망, 이혼, 별거 등 해체가족아동, ③심신장애아동, ④저소득가정아동 등으로 분류되고 있다. 기 · 미아 조치내용은 ①시설보호, ②귀가 · 연고자 인도, ③입양 · 위탁 등으로 나타났다.

현재 우리나라의 방임 · 학대아동 보호사업은 극단적인 방임의 한 형태인 기 · 미아를 대상으로 하는 보호사업만 실시하고 있을 뿐 아동의 성적 학대, 신체적 학대 및 시설에서의 아동학대 등 나머지 보호사업은 거의 이루어지지 않고 있다.

방임 및 학대 아동의 예방대책으로 상담 및 부모교육을 통한 예방의 활성화, 사회문화적 요인의 제거, 아동방임 · 학대 교과목 편성 등이 있다.

3. 공공부조

소득보조사업의 한 부분인 아동공공부조사업은 아동의 보호자가 현실적으로 생활불능상태에 있거나, 생활이 곤란한 상태에 있는 자에게 국가 또는 공공단체가 최종적인 생활보장수단으로서 갹출을 요건으로 하지 않고 최저생활에 필요한 급여를 행하는 제도이다. 우리나라는 국민기초생활보장법을 근거로 공공부조가 실시되고 있다. 재원은 전액 국가재정으로 이루어진다.

그 종류로는 빈곤으로 인한 각종의 요보호아동의 발생을 미연에 방지하기 위하여 극빈가정과 한부모가족 등의 생활이 어려운 가정에 경제적 지원을 하는 거택보호와, 아동이 보호자로부터 유기, 또는 이탈된 경우나 보호자가 자신의 자녀를 도저히 가정에서 양육하기가 어려운 18세 미만의 아동을 지원하는 시설보호, 보호대상자의 자립능력을 배양시켜 스스로 저소득층을 벗어나 자립하여 정상적인 사회성원이 되도록 하는 자활보호, 취학적령기에 있는 수급자의 자녀에게 교육기회를 부여하여 장차 이들이 사회에서 정상적인 근로능력을 가지고 자활해 나갈 수 있도록, 중학교 및 고등학교의 수업료 및 입학금 전액을 국가가 지원하는 교육보호, 질병이 발생해도 스스로 의료비를 부담할 수 없는 저소득층을 위한 의료보호가 있다.

그러나 우리나라에서는 현재 아동을 위한 공공부조가 독립적으로 운영되는 것이 아니라 수급자에 아동이 일부 대상자로 포함되어 있어 아동의 특수성을 고려한 보호가 미흡하다.

4. 보육사업

보육사업이란 종전의 탁아사업을 말하는 것으로, 유·아동이 부모나 가족으로부터 하루중의 일정한 시간 동안 양육받기가 어려울 때, 타인이 일정생활에 필요한 보호와 함께, 잠재된 능력을 개발하기 위한 교육적인 경험을 제공하는 사업을 말한다.

표 13-2 보육의 종류

분류기준	보육의 종류
보육장소	자기집보육, 가정보육, 직장보육시설, 기관보육시설, 기타
보육시간	반일제, 종일제, 시간제, 주간보육, 야간보육, 24시간 보육
연령	유·영아보육, 유아보육, 방과후 보육 등
설립, 운영주체	국·공립, 민간(법인, 단체, 개인), 직장, 가정
법령, 행정관리	인가보육시설, 신고보육시설, 유치원

현재 우리나라에서는 영유아보육법이 제정됨에 따라, 많은 수의 탁아시설이 운영되고 <표 13-2>에서와 같이 다양한 형태로 운영되고 있다. 하지만 부모와 가정은 교육적으로 높은 질의 교육에 대한 높은 관심과 요구를 보이고 있다. 이러한 욕구에 대처할 수 있으려면 법적근거 강화측면, 제도의 합리적 운영 측면의 강화, 보육기능 강회측면, 보육시설 종사자의 자질향상, 보육사업의 인식전환, 보육정보센터 운영의 활성화 등에 힘써야 할 것이다.

또한 영유아보육에 관한 법제정 과정에서 드러난 것처럼, 탁아를 포함한 아동복지에 대한 정부의 태도와 아동복지법의 보편주의적인 이상은 물론 사회적인 복지욕구의 수준간에는 상당한 괴리가 존재하고 있는 것이다.

5. 가정위탁보호

가정위탁보호는 아동이 자신의 가정에서 도저히 양육되기 어렵거나 입양이나 통원에 위한 시설보호가 불가능하거나, 또는 바람직스럽지 못할 때, 계획된 기간동안만 타인의 가정에서 제공되는 대리보호를 말한다.

이러한 가정위탁보호는 아동에게 있어 장기적 측면에서 아동이 부모나 가정에서 영원한 분리가 아니라, 잠시 위탁되어 있는 동안에 부모가 양육능력을 회복하거나 환경을 개선함으로써 가정을 되찾을 수 있으며, 정서적 안정, 가족이 해체하는 것을 방지하는데 그 의의가 있다. 종류로는 무료위탁, 유료위탁, 고용위탁, 특수위탁, 의뢰 위탁 등이 있다.

우리나라 가정위탁보호의 현황과 과제로 아직 활성화되어 있지 못하고,

그 실적이 부진하고 입양을 위한 전 단계의 조치에 머무르고 있는 실정이다. 가정위탁은 입양을 앞둔 일부 아동을 위한 중간조치로서가 아니라 한부모가정이나 극빈가정의 아동을 보호하기 위한 본래의 의의를 살리는 방향으로 전환되어야 하며, 불우한 가정환경의 아동을 보호함으로써 요보호아동의 발생을 사전에 예방하고, 건전한 가정환경 속에서 양육될 수 있도록 사회적 차원의 계몽과 정책적 지원이 뒤따라야 하며, 보육을 책임지는 보육모 자질의 향상에도 힘써야 할 것이다.

6. 입 양

입양이란 대리보호의 한 형태로서 혈연관계가 아닌 사람과 사회적 또는 법적 관계에 의해서 부모-자녀관계를 형성하는 것을 말한다. 과거에는 가계계승을 목적으로 일가친척들 사이에만 입양이 이루어졌기 때문에, 특별한 조치가 필요하지 않았지만, 오늘날에는 요보호아동의 증가로 인해 입양사업의 조치가 필요하게 되었다. 입양사업의 성립을 위한 일련의 조치로서 관계법의 제정과 정비에서부터 입양을 알선하고 성립시키는 기관의 모든 활동을 포함한다.

입양의 종류로는 입양기관을 통하지 않고 입양하는 것으로 친부모가 가족이나 친구, 이웃집에 직접아동을 입양시키거나, 제3자 소개로 입양시키는 독립입양과 아동복지기관에서 전문가에 의해 친부모로 하여금 친권을 포기하게 하고, 기관의 모든 법적 대리인이 되어서 입양절차를 밟는 경우로서 양쪽 부모 및 가정을 조사하여 가장 적절한 가정과 연결지어주는 기관입양이 있다.

입양의 과정으로 최초의 면담과 가정조사, 입양결연 및 입양의 성립, 사후조사의 과정을 거친다.

현재 국외입양이 많은 현 실정에서 국내입양을 활성화하려면 우선 국내입양의 부정적 태도 불식과 국민의식 계몽교육의 확대가 이루어져야 하며, 입양가정에 대한 혜택이 부여되어야함은 물론이고 시도별 국내입양 종합정보기관을 설치할 필요성이 있다.

7. 시설보호

시설보호란 과거에는 주로 기·미아를 양육하는데 1차적 목적이 있었지만, 오늘날에는 단순한 수용보호의 차원을 넘어 아동들의 건전한 성장과 인격발달 및 사회적 치료를 목적으로 하여 아동문제를 근본적으로 해결하려는 시도까지를 포함하고 있다.

시설보호의 목적은 아동이 시설을 통해서 기본적인 욕구를 충족받고 사회화 및 교육 등의 생활전반에 대한 지도를 받아 사회인으로 기능할 수 있도록 하는 것이다.

그러나 많은 아동들이 대규모 시설에서의 집단생활로 인한 어려움을 호소하여 점차 소숙사제나 그룹홈과 같은 소규모 공동체로 전환 필요성과 학교나 지역사회에서 가지는 시설아동에 대한 일반인의 편견을 불식할 것이 요구된다.

8. 시설퇴소연장아동 자립지원

시설연장아동은 법적인 수용한계연령인 18세이상 20세미만의 아동으로 가까운 장래에 퇴소하여 독립적인 사회생활을 하여야 할 시설보호와 독립생활의 과도기에 있는 청소년기의 아동을 의미하는 것이다. 사회취약계층인 시설보호아동은 일반아동보다 시설보호가 종결되면, 대부분 사회생활을 위한 사회지원체계로부터 멀고 독립을 위한 정신적, 사회적 준비가 부족한 청소년기에 가족과 같은 일차적인 지원체계가 결여된 상태에서 충격과 위기를 직면하게 된다. 그리고 이런 아동 중 일부는 자립의지의 미약과 사회의 냉대로 사회적응력이 부족하여 문제 청소년으로 전락할 수도 있다. 따라서 연장아동을 위해 퇴소후에 자립을 지원해줄 수 있는 지역사회로부터의 비공식적 지원이나 국가의 제도적 보장체계가 필요하다.

우리나라에서는 직업훈련, 연장아동 직장주기, 자립생활관 운영 등이 실시되고 있다. 직업훈련은 연장아동의 퇴소후 취업을 위한 시책으로 전국 아동직업훈련 15개소에서 직업훈련교육을 실시하고 있으며, 연장아동 직장주기 사업은 기업체 등의 협조와 참여로 1976년이후 실시되고 있으며 매년 1,000명이상의 연장아동을 취업시키고 있다. 자립 생활관운영은 퇴소 아동에게 지원되는 주거마련을 위한 자립지원금의 비현실성, 퇴소후에 완전한 독립생활을 하기전의 중간단계의 필요성이 대두되면서 각 시·도에 1개소의 자립생활관이 설치 운영되고 있다.

제4절 아복지법 체계

아동복지의 근거법은 아동복지와 직접 관련이 있는 법률은 물론 기타 아동에 관한 각종 관련법률이 모두 포함된다. 이러한 법률은 상호 관련되어 넓은 의미에서 아동복지법체계를 구성하게 된다.

우리나라에서 아동복지와 관련된 법률은 아동복지법, 영유아보육법, 모·부자복지법, 모자보건법, 입양특례법, 소년법, 국민기초생활보장법, 장애인복지법 등이 있다.

본 서에서는 아동복지와 가장 많은 관련성을 가지고 있는 아동복지법 및 영유아보육법에 대해 살펴보겠다.

1. 아동복지법

우리나라 아동복지의 기본법인 현행 아동복지법은 1961년에 제정되었던 종전의 아동복리법이 전면 개정된 것이다. 종전의 아동복리법은 6·25전쟁을 전후하여 보호자로부터 유실, 유기되었거나, 보호자가 양육하기에 부적당하거나 양육할 수 없는 경우에 이들을 보호하기 위한 목적으로 제정되었다. 따라서 요보호아동이라는 한정된 대상과 함께 대책의 성격은 자선적이고 구호적인 성격을 띠고 있었다(장인협, 오정수, 1984). 그러나 경제발전에 따라 생활수준이 향상되고, 사회구조가 변화하자 이 법에 의해서는 아동의 사회적 요구에 부응하기 어렵게 되었다. 따라서 요보호아동 뿐 아니라 모든 아동의 복지를 사회가 보장해 주어야 한다는 사회적 인식의 증대에 따라 1981년 아동복지법으로 전면 개정되었다.

아동복지법의 주요내용은 다음과 같다.

* 아동이 건전하게 출생하여 행복하고 건강하게 육성되도록 그 복지를 보장하는데 그 목적을 두고 있다.

* 이 법의 적용 대상자는 18세 미만의 아동과 임신중에 있거나 출산 후 6개월 이내의 임산부를 말한다.

* 모든 국민과 국가, 지방자치단체가 보호자와 더불어 아동을 건전하게 육성할 책임을 진다.

2. 영유아보육법

영유아보육법은 1991년 산업화과정에서 기혼여성들의 급격한 취업 증가로 보육에 대한 사회적 욕구가 증대하자, 보육사업의 체계화와 효율적인 추진을 위하여 독립적인 법률체계 하에서 운영하는 것을 골자로 제정되었다가 2004년 1월 전면개정 되었다. 이 법의 기본방향은 법인, 단체, 개인을 포함한 다양한 운영주체에 의한 보육시설의 확충, 보건복지부중심의 업무체계의 일원화, 보호와 보육의 통합을 지향하게 되었다.

영유아보육법의 주요내용은 다음과 같다.

* 영유아는 6세 미만의 취학전 아동을 말하며 모든 국민과 국가, 지방자치단체는 보호자와 더불어 영유아를 건전하게 보육할 책임을 진다.

* 영유아보육에 관한 사업의 기획, 조사, 실시 등에 관하여 필요한 사항을 심의하기 위하여 중앙 및 지방보육위원회를 둔다.

* 시장, 군수, 구청장은 영유아의 보육에 관한 여러 가지 정보의 수집·제공 및 상담을 위하여 보육정보센터를 둔다.

제5절 아복지의 과제

현대사회가 산업화, 도시화, 정보화 사회로 전환됨에 따라 아동의 욕구도 다양화되고 아동문제의 양상도 다양화되고 있다. 그러나 기존의 아동복지사업은 다양화되는 아동의 욕구 충족에 미흡하다. 이제 사회가 무엇보다 아동을 미래지향적이고 건전하게 육성하기 위하여 개선해야 할 아동복지 과제를 몇 가지 제언한다.

1. 가족기능의 강화

산업화에 따른 핵가족화는 가족의 갈등을 완화하는 완충기능으로서 의 친족의 역할을 감소시켰다. 그래서 개인에게 문제가 발생하거나 부부간의 갈등이 존재할 때 파탄으로 이어질 확률이 증가하며 이러한 영향은 아동에게 많은 영향력을 미치게 된다. 아동에게 심각하게 영향을 주는 문제로 이혼, 별거, 아동학대 및 유기, 약물중독, 정신장애 등의 문제가 사회적으로 증가함으로써 아동의 건전한 양육이 어려워지고 있다. 이러한 극단적인 요보호아동의 발생 뿐 아니라 가족기능의 약화로 인하여 아동이 과거 가정으로부터 미충족했던 욕구가 해결되지 않는 경우도 많다. 따라서 가정으로부터 충족할 수 없게 된 욕구를 사회가 보충해 주어야 할 필요성이 제기되고 있다. 미래 사회는 가족의 응집력이 더욱 약화되리라고 보며 그 줄어든 정도를 사회의 다른 제도가 보충해주어야 할 것이다(정영숙 외, 1997).

특히 가족 해체와 빈곤 등에 의하여 요보호자가 발생되기 때문에, 이것을 예방하기 위한 가족복지정책을 강화하여야 한다.

미래의 아동복지는 무엇보다 아동을 양육하는 기본단위인 가정을 튼튼하게 강화하는 일임에 이의를 제기하는 사람은 없을 것이다. 가정이 튼튼하면 아동이 건전하게 성장할 뿐만 아니라, 아동에 관련된 사회 문제를 많은 부분 예방할 수 있게 된다. 정책적으로 가족의 유지 및 가족기능의 강화를 위하여 소득보장, 아동상담, 가족상담 등의 프로그램을 강화시키는 것은 물론이고 부모들에 대한 아동의 개념·양육 등에 대한 올바른 교육이 함께 이루어져야 하겠다.

2. 아동복지 전달체계의 개선

아동복지전달체계로서 공공전달체계, 민간전달체계, 아동복지기관과 시설의 연합회나 협회, 아동복지학회 등이 있다. 그러나 각각의 전달 체계의 역할과 책임이 상호 중복되고 이들 사이의 조정이 이루어지고 있지 않다. 특히 아동복지서비스의 실천결과를 모니터할 수 있는 새로운 제도의 도입이 필요하다. 그래서 실천결과에 대한 책임이 명백해져야 한다.

그리고 현대의 과학화, 정보화의 시대적 요구에 따라 전국적인 전산망을 통하여 요보호아동의 발생과 조치상황, 개별아동복지시설의 수용 능력과 현재의 인원 아동과 그의 가족에 대한 정보가 수집되어 아동의 조치에 정보를 활용할 수 있어야 한다. 이러한 전자정보관리는 사회사업가가 아동 또는 가족과 함께 하는 시간을 늘려주고 그 밖의 보고서 작성과 같은 업무를 위한 시간을 줄여 준다.

3. 아동복지 인력의 전문화

아동복지 실천에서 가장 주된 역할을 담당하고 있는 것은 일선에서 일하고 있는 사회복지사이다. 이러한 사회복지사의 비전문성을 우리나라 아동복지계에서 오랫동안 문제점으로 지적되어 왔다. 전문가 없이 바람직한 프로그램을 운영할 수 없다. 따라서 전문가로서의 사회적 대우가 필요하다. 그렇게 됨으로써 아동복지사가 전문가로서의 사명감을 가지고 아동의 욕구에 맞추어 새로운 프로그램을 개발할 수 있게 될 것이다.

참고문헌

노혜련 · 장정순. (1998). 육아시설 아동의 생활실태와 만족도에 관한 연구, 한국아동복지학회지 제6호.

성영수 외. (1997). 아동복지론, 서울 : 양서원.

이태수 · 함철호 · 이용교, (1997). 소규모 아동복지시설의 운영 실태와 활성화 방안, 한국아동복지학회지 제5호.

이혜경. (1993). 경제성장과 아동복지정책의 변용 : 한국의 경험, 한국아동복지학회지 창간호.

장인협 · 오정수. (1984). 아동 · 청소년 복지론, 서울 : 서울대학교출판부.

전재일. (1998). 사회복지실천의 이해, 대구 : 사회복지개발연구원출판부.

정영숙외 공저. (1997). 아동복지론, 서울 : 양서원.

표갑수. (1994). 아동 · 청소년복지론, 청주대학교 출판부.

보건사회부. (1993). 보건사회백서.

Kadushin, A. (1980). Child Welfare Services, New York : Macmillan.

제14장 청소년복지

청소년기는 인간발달단계 중 가장 급격한 변화를 보이며, 이후의 생의 방향을 결정하는 중대한 시기라고 할 수 있다. 청소년은 이 시기동안 부모로부터 심리적으로 독립하여 자신에 대한 정체감을 형성하고 진로를 결정하며 사회적 역할을 받아들이는 과업을 달성해야 한다.

최근 청소년들은 사회구조와 가치관의 급격한 변화로 인하여 이전과는 달리 신체·정신적, 심리·사회적 특성, 파업과 역할수행 및 행동상에 많은 어려움을 경험하고 있으며, 청소년 폭력, 성범죄, 약물사용, 장기결석, 자살 등 심각한 사회문제들이 갈수록 증가하고 있다. 이러한 청소년을 위한 사회복지개입은 그 실천적 의미가 크다. 이 장에서는 청소년복지의 개념, 대상, 환경 그리고 접근방법을 중심으로 간단히 살펴보도록 하겠다.

제1절 청소년복지의 개념

1. 청소년에 대한 이해

청소년(adolescence, youth)이라는 용어는 라틴어의 adolescere에서 유래한 것으로 성장 또는 성숙으로서의 성장을 의미한다. 청소년기는 일반적으로 전기와 후기로 나누어지는데, 청소년 전기는 아동기가 끝나는 13세에서 18

세까지로 주로 사춘기의 신체적 변화가 특징적이며, 청소년 후기는 18세에서부터 성인으로서 역할을 준비하는 22~23세까지로 주로 심리적·사회적 정체감 형성이 특징적이다.

청소년기는 생리적, 신체적, 사회적, 심리적으로 급격한 변화를 경험하게 되고 다양한 특성을 나타내는데, 주로 아동과 성인의 이중적 성격을 띠므로 청소년을 주변인 또는 중간인이라고 부르고 있다. 이 시기는 자신의 특유성이나 참모습을 객관적으로 자각하게 되며, 자신의 처지 능력, 책임을 깨닫게 되는 자아발견의 시기이며, 부모의 보호, 감독, 통제로부터 점차적으로 벗어나 독립된 하나의 인격으로 인정받고자 하는 심리적 이유(離乳)시기이며, 불안정한 생활에서 안정된 생활로 재구성하여 가는 시기 즉, 독특한 자기세계의 가치관을 형성하게 되는 과도적 시기이다.

또한 청소년기는 부정기, 제2반항기로 감수성이 예민하고 불쾌감을 자주 느끼고 정신적 자주성을 강하게 주장하는 반면, 비판적 태도를 나타내어 기성세대의 제도, 관습을 강하게 강요하게 되면 자기가 설정한 세계로 이탈해 가는 시기이기도 하다. 그리고 2차적 성징에 의하여 정신적, 신체적으로 불안정과 불균형의 심한 긴장이 일어나며, 대인관계도 원만치 못하여 타인을 괴롭히기도 하고 스스로 고민을 하며 성적 변화를 새로이 경험하기 때문에 성에 대한 호기심이 커지는 격동적인 시기다. 동시에 미지의 세계에 대한 불안감이 증가하여 사소한 일에도 민감한 반응을 나타내고 환경 여하에 따라서는 비행에 빠질 위험의 징후가 나타나는 시기이다.

이러한 청소년기에는 심리적 사회적으로 독립된 인격으로 대우받기를 주장하면서도 막상 일을 독자적으로 처리하도록 맡기면 불안해하는 상반된 감정 즉, 의존과 독립, 순종과 반항, 희망과 낙망, 이상과 현실 사이의 왕래 등 감정의 양면성을 나타내는 특유의 문제행동이 나타날 수 있다.

청소년들이 사회관계에서 추구하는 기본적 욕구는 ①가정에서의 안정욕구 ②운동과 오락을 통한 새로운 경험욕구, ③타인으로부터의 인정욕구, ④친밀한 인간관계욕구 등을 들 수 있는데 이 욕구가 전부 또는 다소라도 실현될 때 청소년은 행복을 느낀다고 한다(한국청소년개발원, 1994).

그러나 우리나라 청소년들은 입시제도로 인해 정체감 형성을 위한 충분한 유예기간을 갖기 어렵고 무엇을 하며 어떻게 살 것인가에 대한 자신의 가치관을 확립하기 이전에 부모에 의해 수동적인 진로 결정이 이루어진다. 따라서 청소년기에 건전한 동일시 모델을 통한 정체감 형성은 많은 문제를 사전에 예방한다는 측면에서 매우 중요하다(최옥채 외, 2004).

따라서 사회복지 측면에서 청소년의 건전한 여가활동을 돕고 제도권 밖으로 일탈된 청소년들이 건전한 사회적 역할을 학습할 수 있도록 다양한 실천적 · 정책적 프로그램을 개발하여야 한다. 뿐만 아니라 이미 다양한 중독문제를 보이는 청소년들을 재활시키는 적극적인 개입방안이 요구된다.

2. 청소년복지의 개념

청소년복지란 청소년들의 인권보장과 청소년들이 가족 및 사회의 일원으로서 바람직한 삶을 누릴 수 있도록 하기 위한 복지정책과 서비스지원을 말한다. 즉, 청소년들이 가족과 사회의 일원으로서 행복하고 즐겁게 살아가면서 신체적, 지적, 정서적으로 건전하게 성장 발달할 수 있도록 지역사회나 사회복지 서비스 분야에 있는 공사단체, 기관들이 협력하여 청소년에 관한 사업을 계획하고 실행에 옮기는 조직적인 활동이라고 정의할 수 있다. 이를 위해서는 가정, 학교, 사회 및 국가의 지도와 정책적 지원이 요구된다(표갑수, 1998, p.39).

우리나라는 청소년 문제를 해결하고 그에 대한 대책을 마련하기 위하여, 교육계를 비롯하여 사회 각 분야에서 여러 가지 대응책을 수립하여 많은 노력을 기울여 왔다. 그러나 오히려 청소년의 문제노출은 점차 증가되고 있어 보다 근원적인 차원에서의 접근이 필요한 실정이다.

청소년 문제는 단순히 발생의 주체인 청소년 당사자들에게 책임을 돌려 일방적으로 처리, 처방하려는 방식으로 해결될 문제는 아니다. 청소년문제를 해결하기 위해서는 부분적인 접근보다는 총체적인 접근이 필요하며, 청소년 개인적 차원을 넘어 가족, 사회, 문화적인 시각에서 이해하며 그 해결방법을 모색하여 보다 지속적이고 적극적인 대응이 절실히 요구된다(이성희, 2001).

이러한 관점으로 청소년문제를 이해하게 되는 의도는 ①문제가 발생하게 된 원인보다는 문제해결방법에 초점을 두고 문제를 인식함으로써 생산적이고, ②일반적으로 동의되는 목적을 가지고 타협하게 되며, ③변화를 위한 구체적인 단계를 탐색(Dowling, 1985)할 수 있다는 점이다.

청소년복지의 활동은 가정이나 사회에 적응하지 못하는 요보호 청소년들 뿐만 아니라, 모든 청소년들의 기본적 욕구를 충족케 하고, 정신적, 정서적, 신체적으로 최상의 발달을 기하기 위하여 청소년들에게 직접적으로, 또는 간접적으로 제공되는 모든 사회복지적 실천 활동을 말한다(한국청소년개발원, 1994, p.6).

사실 과거에는 청소년 복지를 자선적인 측면에 비중을 많이 두어 신체적 또는 경제적으로 혼자서 생활을 유지할 수 없는 청소년을 보호 또는 원조하는데 주력하여 왔으나 지금은 청소년들의 권리문제에 많은 비중을 두고 있다. 그런 의미에서 청소년복지는 그들의 빈곤문제나 불행한 사태에 대한 보호 내지 원조에만 그치지 않고 청소년의 전인적인 인격형성을 위한 조언과 지도 또는 권리보장을 중요하게 고려하여 서비스를 실시하여야 한다.

이에 청소년복지는 청소년들이 추구하는 기본적 욕구를 사회와의 관계 속에서 그들의 일상생활을 효과적으로 보내고 사회적, 경제적, 정치적, 정서적 문제를 극복하도록 도와 청소년들의 인격을 발달시키고 미래의 시민으로서 올바르게 살아가도록 돕는데 목적이 있다(홍봉선 외, 2002). 따라서 청소년복지의 목표는 인격형성과 가치관 정립에 필요한 교육, 환경, 사회제도 등을 마련하여 모든 청소년이 인간으로 누릴 수 있는 권리를 존중해 주며 성장하는데 필요한 좋은 환경을 만들어 주어 그들의 꿈과 이상을 키우도록 사회적, 국가적 노력을 기울이며 적극적인 지원과 지도 그리고 보호를 하는 것이다.

제2절 청소년복지의 상

청소년복지의 대상은 모든 청소년이다. 청소년복지의 대상이 소수의 비행청소년뿐만 아니라, 전체 일반청소년이 된다는 점에서 비추어 볼 때, 개입하는 문제의 양상도 가출, 폭력, 비행 등과 청소년의 문제행동에서 청소년기의 발달과업, 학습장애나 발달장애에 이르는 문제까지 다각화시킬 필요가 있다.

청소년의 문제는 청소년 개인의 신체적, 정서적, 심리적 상태뿐만 아니라 부모, 가족, 또래와 같은 대인관계적 측면과 함께 학교 및 교육제도, 기타 청소년이 접하는 사회환경 및 문화적 측면을 상호 역동적인 관계에서 이해해야 할 것이다. 즉, 청소년의 문제가 반드시 병리적이거나 문제행동은 아니기 때문에 증상을 중심으로 획일적이고 진단적인 성격으로 이해하기 보다는 그들이 호소하는 문제의 형태와 그것을 중심으로 생활에 표출되어 나타나는 문제의 범주로 정하는 새로운 이해방식이 필요하다(김병석 외, 1998).

지금까지 청소년문제는 일부 문제행동(약물오 · 남용, 가출, 폭력, 일탈행동 등)에 편중되어 주로 비행에 초점을 두어 왔으나, 최근에는 청소년 범죄, 비행뿐만 아니라 청소년문제행동, 정서장애, 고민문제 등(최충옥, 1998)도 함께 다루는 경향을 보이고 있다.

청소년문제는 단순히 발생의 주체인 청소년 당사자들에게 책임을 돌려 일방적으로 처리, 처방하려는 방식으로 해결될 문제는 아니다. 청소년문제를 해결하기 위해서는 부분적인 접근보다는 총체적인 접근이 필요하며, 청소년 개인적 차원을 넘어 가족, 사회, 문화적인 시각에서 이해하며 그 해결방법을 모색하여 보다 지속적이고 적극적인 대응이 절실히 요구된다(이성희, 2001). 이에 청소년복지의 대상은 기본적으로 모든 청소년을 포함하지만 특별히 도움을 우선적으로 필요로 하는 청소년을 대상별로 나누어 살펴보면 다음과 같다.

정서행동장애 청소년 : 정서적 갈등을 갖고 있는 청소년은 그 자신이나 주위의 다른 사람에게 혼란을 야기시킬 행동을 한다. 이들은 다른 청소년에 대해 적대감정을 품기 쉬우며, 또 다른 행동장애와 밀접한 연관이 있으므로 이에 대한 적절한 보호조치가 필요하다.

학대 및 유기청소년 : 산업화로 인한 가족제도의 변화로 청소년의 유기와 방임, 학대가 상당히 많이 나타나고 있다. 특히 학대와 방임은 일차적으로 가정내에서 부모와의 관계에서 이루어지고 있다. 청소년의 학대와 방임은 밝게 자라야 할 청소년들에게 고통을 주고 생존과 발달을 위협할 뿐만 아니라, 그들이 성장하여 학대하는 부모가 되기 쉽다는 사실을 감안할 때 이에 대한 사회적 관심과 예방대책이 요구되는 중요한 과제이다.

가출 및 비행청소년 : 가출은 많은 청소년문제의 시발점이며 부랑, 부도덕, 비행, 범죄를 야기한다는 점에서 매우 심각하다. 가출의 배경이 되는 제반 요인 중 가장 큰 요인은 가족관계 즉 부모 간 또는 가족 구성원들 간의 불화나 갈등이 심각할 때나, 가족의 경제적 상황이 몹시 어려울 때 이러한 가족상황에서 벗어나 보려고 하는데서 가출이 발생하게 된다. 가출이 청소년과 사회에 미치는 영향이 매우 크므로, 가출에 대한 사전 예방은 물론 사후의 복지대책을 강구하여야 한다.

약물 남용청소년 : 최근 청소년 약물남용은 성인에게 있어서는 합법적인 약물인 술, 담배, 진정제, 커피(김경빈, 1997 ; 최은영, 1999)를 주로 사용하나, 일부 문제청소년들이 본드, 부탄가스, 신나 등 유해물질과 진통제, 진해거담제 등 일반 의약품의 부작용을 이용하며, 극소수 청소년들은 필로폰 등 마약류로 전환하는 경우도 있다.

가장 많이 복용되고 있는 술, 담배 등은 별로 위험하지 않다고 생각하고 있고 약물을 남용하는 청소년의 연령층이 낮아지고 있어(문화관광부, 2004), 이는 건강을 해칠 뿐만 아니라 각종 비행과 범죄로 이어지므로 심각한 사회문제로 대두되고 있다.

성관련 문제 청소년 : 성경험, 원조교제, 임신경험, 성폭행 등이 있겠다. 그러나 청소년의 성적 관심은 이 시기의 삶의 중요한 측면이다. 청소년의 성관련 문제조사(박경애 외, 1999)에 의하면 원치 않는 임신, 성폭행, 자위행위, 성적 호기심, 성 충동, 강간, 기타 순으로 나타났다. 또한 청소년들이 성문제를 제대로 해결하지 못할 때 음란물탐닉, 이성희롱, 강제추행 등 성비행으로 연결될 수 있다(대한가족계획협회, 1994). 따라서 청소년들이 성문제를 바르게 해결하고 성비행에 이르지 않게 하기 위해서는 성에 대해 바르게 인식시키는 프로그램들이 실시되어야 한다.

장애청소년 : 장애의 유형은 지체, 시각, 청각, 언어, 정신지체 등으로 분류하고 있는데 우리나라는 장애 청소년에 대한 복지 시책이 미흡한 실정이다. 장애 청소년들에게 기능의 회복과 능력향상을 통해서 완전한 사회복귀가 되도록 하는 서비스가 제공되도록 복지대책이 마련되어야 할 것이다.

빈곤가정의 청소년 : 빈곤은 신체적, 정서적, 지적, 사회적으로 건전하게

성장할 수 있는 기회를 박탈한다는 점에 문제의 심각성이 존재한다. 경제성장으로 절대빈곤가정은 줄어들고 있으나 아직까지 절대 빈곤의 상황에서 벗어나지 못하는 청소년 가정에 대한 복지대책이 요구되고 있다.

근로청소년 : 근로청소년은 성인근로자에 비해 근로환경이나 대우 가 열악한 특성을 갖고 있다. 근로청소년들의 취업상태에 대한 법적 지원과 비진학 근로청소년들의 교육기회의 확대, 그리고 건전한 사회인으로 성장할 수 있는 분위기 제공 등의 가정적 보호와 창의력과 자아실현을 위한 문화 환경 제공 등의 복지서비스가 제공되어야 한다.

시설생활 청소년 : 최근 이혼가정과 가족해체현상이 증가하면서 청소년의 시설보호사업이 유지되어 오고 있는데 이들에게 가정적 지원을 하고 시설퇴소 청소년들에게 바람직한 사회적 지지를 해 주어 사회에 원만하게 적응할 수 있도록 해 주어야 한다.

교정시설 청소년 : 범죄소년, 촉법소년, 우범소년에 대한 시설 내에서의 각종 교육 및 생활의 개선과 아울러 이들이 사회복귀시에 원만히 사회적응을 할 수 있도록 복지서비스를 제공하도록 하여야 할 것이다.

무직청소년 : 학교나 직장 등에 소속되지 않는 청소년들은 상대적으로 열등감과 소외감으로 좌절하거나 사회로부터 일탈할 가능성이 많다. 이들 청소년들의 소속감을 강화하고 발전적인 기회를 제공하는 서비스가 필요하다.

미혼부모 청소년 : 산업화로 인한 가치관의 혼재로 성가치관이 타락되어 미혼부모의 수가 증가되고 있다. 사회적으로 소외된 미혼부모 청소년들의 인간다운 삶의 질을 향상시키는 노력이 있어야 할 것이다.

제3절 청소년과 환경

이 절에서는 청소년을 둘러싸고 있는 환경을 가족, 또래, 학교, 그리고 지역사회 체계로 구분하여 이해하고자 한다.

1. 가족과 청소년

청소년들의 행동이나 가치관에 많은 영향을 미치는 요인은 바로 그들이 생활하고 있는 가정에 있으며, 그 중에서도 가족은 청소년들의 성장과 발달에 가장 큰 영향력을 미치고 있다. 청소년의 문제행동은 부모-자녀간의 갈등을 해결하지 못하게 될 때 발생하기가 쉽다. 그러므로 청소년문제를 해결하기 위해서는 가족간의 갈등에 대처할 수 있는 문제해결기술과 의사소통양식에 대한 교육이나 상담 서비스를 청소년들과 가족들에게 제공하는 것이 필요하다. 이러한 서비스를 통해 가족성원으로부터 받게 되는 인정이나 지지는 청소년의 정체감 및 자아상의 형성에 긍정적인 영향을 주게 되고, 청소년기동안 형성한 정체감과 자기상은 이후 성인생활에까지 지속된다.

가족의 발달과정, 가족들의 기능방식 및 가족성원들간의 관계 형성 패턴 등은 청소년들의 심리적 성장 혹은 장애의 중요한 요인이 될 수 있다. 그리고 가족관계 중에서 형제간의 차별, 소외감, 갈등은 그들의 큰 고민거리가 되기도 한다. 특히 청소년은 부모와의 의견충돌, 성적저하로 인한 부모의 야단, 형제간의 불화로 인한 스트레스를 많이 받고 있다(노성호 외, 1999 : 최운실, 1993). 가정이 일반적으로 행복하지 못하고 어린 시절이 만족하지 못할 경우, 그 속에서 자라난 자녀는 정서적으로 불안정한 사람이 되어 문제아로 되고 또 이와 같은 성격은 전 생애 동안 그의 생활을 지배하게 되는 것이다(Glueck, 1957).

가족간의 상호작용 외에 고려되어야 하는 또 다른 요인으로 경제적 빈곤이 있다. 그동안 학교에서 일반적으로 저소득계층의 부모들이 비협력적이고 적대적이며 무관심하다고 일축해 왔다. 이처럼 학교와 가정과의 편협적인 의사소통은 학교의 전통적인 권위와 권력을 지속시키는 수단이 되기도 하고 부모와 사회집단의 융화를 방해(Nelson, 1990)하는 요인이 된다.

청소년들에게 있어 경제적 빈곤은 소득분배의 불균형에 의한 상대적 박탈감을 가지게 하고 진학에 대한 희망을 져버리게 만든다. 이러한 문제들은 청소년을 자극하고 사회에 대한 반발심을 불러일으키며 열등감을 갖게 만든다. 이와 같은 문제를 해결하기 위해 사회복지사는 청소년의 가정방문이나 환경조사를 통해 그들이 적절한 사회복지서비스를 제공받을 수 있도록 지역사회자원체계에 연결해 줄 수 있을 것이다. 가족관련 문제의 예를 들자면, 경제적 빈곤문제, 형제 자매와의 관계 문제, 형제간의 차별, 소외감, 갈등 등이 있다.

Sutherland(1974)는 범죄의 중요한 가정적 요인으로 ①가정 내의 다른 성원이 범죄자이거나 품행이 좋지 않거나 알콜중독자인 경우, ②편친 혹은 양친의 사별, 이혼, 유기 등에 의한 경우, ③양친이 무식하거나 문맹 기타 지각적인 결함을 가졌거나 장애 등으로 소년에 대한 감독을 하지 못하는 경우, ④강제, 편애, 지나친 간섭, 과도한 엄격, 방임, 질투, 과밀거주, 친척의 동거 등에 의한 가정불화, ⑤인종이나 종교의 상이, 습관이나 기준의 차이, 입양가정 또는 시설가정의 특징이 있는 가정, ⑥실업, 적은 수입 맞벌이 등 경제적 압박이 있는 가정 등을 들고 있다. Sutherland는 이러한 조건 중 하나 또는 둘 이상이 갖추어진 가정에서 비행소년이 많이 나온다고 했다.

앞에서 살펴 본 바와 같이 가정환경에 어떤 나쁜 조건이 있으면 청소년들은 그 환경에 영향을 받아 문제행동을 일으키는 것이므로 가정에 나쁜 조건이 있을 때에는 부모의 성의 있는 양육태도로 청소년이 원만하게 육성될 수 있도록 최선을 다하여야 한다.

2. 또래와 청소년

친구관계는 자발적인 상호의존적 관계라는 새로운 대인관계의 시초가 되며, 친구는 가족원들로부터 제공받는 정서적 지지와는 다른 성질의 사회적 지지를 제공하는 중요한 지지원이다(황수정, 2000). 따라서 청소년이 친한 친구를 갖지 못하면 외로움을 경험하게 되고 자기가치감이 저하되며, 피상적인 친구관계나 아예 친구가 없는 십대들은 외로움, 우울 그리고 낮은 자아존중감을 호소하게 된다. 청소년들은 또래집단에 소속됨으로써 외로움에서 벗어날 수 있으며 가족구성원간의 갈등에서 고통을 받을 때에도 또래들로부터 위안을 얻을 수 있다(Sullivan, 안석, 2000 재인용).

또한 학교생활에서 집단따돌림을 당하거나 친구와의 관계가 원만하지 못한 학생들이 점점 증가하고 있다. 집단따돌림을 당하는 학생들은 현실의 세계에서 자기 자신과 대화를 하거나 놀아줄 친구가 없기 때문에 쉽게 대인관계를 가질 수 있는 인터넷에 중독되기 쉽다(남영옥, 2002). 그리고 익명성의 특성이 있는 인터넷에서는 소외되고 자신감이 결여된 자기 자신에 대해 보다 자유로워질 수 있기 때문에 이러한 학생들은 쉽게 문제에 노출될 수 있다.

3. 학교와 청소년

학교는 청소년의 발달에 가정 다음으로 중요한 역할을 하며, 그들의 인지적 측면과 성취 뿐만 아니라 성격과 가치관 그리고 사회적 관계에 영향을 미치는 중요한 환경이다(Holmbeck, 1994 : Rogoff, 1981). 학교는 경우에 따라 가정에서 어려움을 겪는 청소년들에게 학교생활을 통하여 인지적·정서적 욕구를 충족시킴으로써, 문제를 극복하도록 하는 교정기능을 수행하기도 한다. 그러나 오늘날 학교는 청소년들의 건강한 성장을 위한 건강한 환경을 성공적으로 제공하고 있다고 보기 어렵다. 그리고 청소년의 전인적 성장을 도모해야 할 학교교육이 때때로 청소년문제를 야기시키는 진원지의 하나가 되기도 한다.

청소년의 여러 측면의 문제들은 학교 및 학급의 규모, 물리적 시설, 교사의 기대, 교육과정의 특성, 수업활동, 급우와의 관계, 학업성취 등과 관련이 높다. 따라서 거의 대부분의 청소년들이 상급학교 진학에 대한 압박감, 성적저하에 따른 심한 스트레스를 느끼게 되는 것이 매우 보편적 현상이다.

학교와 관련한 문제를 선행연구에서 살펴보면, 성적부진과 대인관계의 어려움을 공통적으로 제시하고 있으며, 부적절한 교육환경, 교사와의 관계, 교우관계(김상호, 1993 ; 이태인, 1995 ; Halleck, 1967)등을 들고 있다. 이외에 학교의 교육여건, 교육내용, 교육방법, 교사와의 관계, 학생상호간의 관계 등은 학교환경의 중요한 요인이며, 학생들은 학교생활에서 물리적 환경, 학교의 규칙이나 학교활동에 대한 불만으로 등교거부 등의 부적응 현상을 초래하기도 하며 교사와 갈등을 겪기도 한다. 교사의 편애와 억압적인 태도, 처벌, 의사소통의 문제, 교사의 인정 등이 청소년에게 스트레스를 야기시킬 수 있다. 이처럼 청소년의 발달과 학교환경간의 부조화는 학생들의 낮은 자긍심, 학업중퇴, 무단결석, 학교비행 등 많은 심리사회적 문제를 발생하게 한다(Franklin et al., 1990).

학교생활과 관련된 청소년문제는 대체로 행동상의 문제들로서 주로 학업부진, 등교거부, 수업태도 불량, 교사와의 관계, 또래들과의 관계 등의 문제이다. 이러한 문제들은 학생의 연령과 무관하게 나타날 수 있으나 어떤 문제들은 특정 시기에 특별히 많이 출현되기도 한다.

4. 지역사회와 청소년

청소년들의 문제행동은 어느 순간 갑자기 일어나는 것이 아니라 상당기간에 걸쳐 문제성향이 굳어질 만한 환경에 처하게 되었을 때 나타나게 된다. 이러한 상황에서 청소년들의 인격적 발달에 방해되는 물리적, 사회적, 문화적 요인들은 유해환경, 열악한 생활환경, 사회적 제도와 가치관, 국가적 상황, 퇴폐 · 향락 문화, 가치관 혼란(김기환, 1999 ; 이경은, 1998 ; 청소년대화의 광장, 1998) 등이 포함된다.

실제로 청소년들이 지역사회안에서 쉽게 접촉할 수 있는 다양한 시설, 업소, 물품 및 약물류, 대중매체들은 직 · 간접적으로 청소년문제를 조장하고 있다. 그리고 청소년 비행은 상가지역, 유흥가 혹은 사회적으로 문제화된 지역에서 많이 발생하는 경향을 보인다(송광성 외, 1991). 청소년문제와 관련이 높은 환경으로는 유흥가, 성인오락실, 카페, 숙박업소 등이 있으며, 성인만화, 주간지, 성인용 비디오 및 영화류 등의 대중매체를 들 수 있다. 불건전한 방송매체에서의 지나친 폭력 묘사라든지, 성의 개방 등 유해환경은 청소년들의 호기심을 자극하는 역할을 한다. 최근 청소년들은 학교와 교사를 통해 얻을 수 있었던 정보와 지식을 인터넷과 정보망을 통해 쉽게 접할 수 있게 되었다. 이러한 인터넷의 범람으로 인해 청소년들의 불건전한 방송매체의 접근이 더욱 용이해졌다.

또한 급격한 사회변화와 문화의 발전은 청소년에게 좋은 영향도 주지만 일면 나쁜 영향도 줄 수 있다. 청소년들에게 영향을 주는 문화적인 환경으로는 라디오, TV, 연극, 영화, 신문, 잡지 등 비교적 우리의 신변 가까운 것으로부터 풍속, 관습, 도덕, 경제, 정치제도 등과 같이 구체적으로 파악하기 어려운 것들에 이르기까지 여러 가지가 있다.

특히 매스컴은 대중문화를 형성하는데 큰 역할을 하지만 저속적이고 색정적이며 사실적인 매스컴은 모방성과 감수성이 강하고 욕구불만에 찬 청소년들이 수정하여 소화하지 않고 받아들이는 경향이 농후하기 때문에, 비문화적이고 반사회적인 사실을 그대로 받아들여 비행의 기술을 익히며, 호화로운 생활에의 욕망을 자극시켜 허영적이고 방탕한 생활을 이끄는 악영향을 준다.

이러한 변화는 계층간 지역간의 빈곤의식을 심화시키고 불평등한 배분현상을 야기시키며 물량주의, 황금만능주의 풍조를 보편화시킨다. 이러한 사회구조상의 모순과 결함이 치료되지 않으면 청소년복지 문제는 쉽게 해결되지 않을 것이다.

제4절 청소년복지의 접근방법

청소년문제는 개인, 가정, 학교, 사회와의 상호작용관계에서 복합적으로 발생하는 것으로 이해되고 있다. 그러므로 청소년 문제를 효과적으로 해결하기 위해서는 여러 분야의 다각적인 노력이 요구된다고 하겠다. 청소년문제에 대한 접근은 청소년들이 건강하게 성장·발달할 수 있는 적절한 환경체계를 마련하는 거시적·정책적인 접근과, 아울러 발생한 문제해결을 위한 효과적인 서비스를 제공하는 미시적 전문적 접근으로 구분할 수 있다. 이러한 거시적 접근과 미시적 접근이 통합적으로 이루어질 때, 모든 청소년들은 자신의 능력을 충분히 발휘하여 만족하게 살아갈 수 있을 것이다.

1. 청소년복지정책

1) 청소년복지정책의 주체

현재 정부의 청소년정책은 관련부처별 청소년정책의 담당부서와 정책의 주요 대상은 각 부처별 기능에 따라서 규정되며, 교육인적자원부, 문화관광부, 보건복지부, 행정자치부, 법무부, 노동부, 농림수산부 등이 주로 담당하고 있다. 이들 부처별 업무를 알아보면 다음과 같다.

교육인적자원부의 업무는 청소년의 교육과 관련되기 때문에 모든 부서가 청소년 업무를 담당하고 있다고 하겠다. 그러나 학교교육을 제외한 청소년정책은 사회국제교육국 사회교육진흥과 청소년담당이 맡고 있다. 사회교육진흥과에서는 청소년여가시설 확충 및 학생국제교류 등을 지원하고 있다. 최근 교육인적자원부는 2005년 현재 청소년보호위원회, 경찰청 등과 합동으로 학교폭력 발생을 2005년부터 2009년까지 5년간 25% 줄이는 것을 목표로 한 '학교폭력 예방 및 대책 5개년 기본계획'을 내놓고 있다.

문화관광부에서는 문화예술국에서 전체 청소년을 대상으로 청소년 건전문화의 육성 · 지원과, 민족문화의 전승개발 및 보급과 근로청소년을 대상으로 한 근로청소년회관과 임대아파트의 건립 및 운영, 노동문화제 개최 등을 맡고 있다. 청소년국 사회체육과는 학교교육의 진흥 및 지도육성과 국민체육의 진흥, 그리고 각종 수련시설의 확충을 맡고 있다.

그리고 문화관광부는 가출청소년 선도와 지원, 소외계층 청소년 복지사업에 지방비를 포함해 예산을 지원하고 있다. 2005년 현재 우선 가출청소년들의 생활지원과 공동체 활동, 진로지도와 직업알선 등을 위해 전국 19개 청소년 쉼터와 지방자치단체의 쉼터 활동 프로그램 지원 또 청소년 복지사업으로 전국 328개 청소년 공부방 지원, 전국 158개 비정규학교, 광역시도에 있는 '청소년 드롭인 센터' 7곳을 지원하기로 하였다(문화관광부, 2005).

보건복지부에서는 주로 기 · 미아, 부랑청소년, 장애아동 및 청소년, 청소년가장 등 요보호청소년을 대상으로 건전육성을 위해서 어린이집, 모 · 부자보호사업과 여성직업보도시설의 지원과 시설보호를 하고 있는데, 사회복지정책실이 이를 맡고 있다. 지방의 청소년행정은 시·도의 경우 청소년과, 시·군·구에서는 사회복지과에서 수행한다.

행정자치부는 비행소년의 선도와 청소년복지사범의 단속을 맡고 있는데, 주무부서는 지방행정국과 치안본부 방범국이다. 시·도의 경찰국과 시·군·구의 경찰서 소년계, 그리고 읍면동의 파출소 및 지서를 통해서 지방행정을 하고 있다. 이 밖에도 행정자치부는 한국BBS연맹 등 청소년단체와 협조하여 가두직업청소년의 보도활동을 하고 있고, 청소년범죄예방과 비행청소년의 선도, 청소년유해환경정화사업을 수행하고 있다.

법무부는 범죄청소년의 교정을 위하여 보도행정, 소년원운영, 보호행정 및 보호관찰사업 등을 전국의 소년원, 소년분류심사원, 소년교도소 등을 통하여 업무를 수행하고 있다. 소년원(읍내중학교)과 소년교도소에서는 범죄청소년의 교정과 원만한 사회복귀를 위해서 직업훈련 등을 실시하고 있다.

노동부에서는 근로청소년의 보호육성과 근로청소년의 복지시설의 설치 및 운영지도, 그리고 직업훈련기관 등을 맡는다. 현재 정규 중·고등학교 과정을 가르치는 야간특별학급 및 산업체 부설학교, 근로청소년회관과 근로청소년 임대아파트, 그리고 노동문화제가 주요한 근로청소년사업이다.

농림수산부와 농촌진흥청의 주요 청소년사업은 농촌청소년을 대상으로 각각 농어민후계자 육성, 새마을 청소년회 조직·육성, 그리고 농촌청소년회관의 건립·운영 등을 하고 있다. 그러나 산업화·도시화로 인한 농촌과 농업의 상대적 박탈로 생긴 문제를 해결하기 어렵다. 따라서 농촌청소년의 소득기반의 확충과 함께 그들의 문화와 여가 등에 관한 욕구를 충족시킬 수 있는 사업이 절실하다.

이 밖에도 건설교통부, 국가보훈처 등은 각각 관광자원 개발과 국민휴양시설의 조성, 학생청소년과 보훈자녀를 위하여 관련정책을 펴고 있다.

그러나 이상의 청소년 관련부처간의 업무분장이 명확하지 않아 부처간의 업무가 중복되거나 상호 전가되고 있다. 또한 청소년 관련부처는 중앙과 시·도에만 있고 일선기관에는 정비되어 있지 못하다. 그리고 현행 청소년복지정책은 학생청소년을 위한 많은 정책을 실시하고 있지만, 근로청소년이나 무소속청소년에 대한 정책이 소홀하다(조영승, 2000). 따라서 청소년복지정책은 청소년 관련법 및 제도를 재조정하고, 청소년복지의 목적을 달성하기 위하여 청소년복지 행정전달체계의 확립이 주요한 정책과제라 할 수 있다.

2) 청소년복지 관련법

청소년복지정책을 수행하기 위해서는 그 근거법이 있어야만 행정기관을 통하여 아동 및 청소년의 복지가 이루어 질 수 있다. 아동 및 청소년에 관한 법률은 아동 청소년복지만으로 완전할 수 없으며 아동 및 청소년 복지와 직접 관련이 있는 법률은 기타 아동 및 청소년에 관한 각종 관련법률이 존재하고 있다. 이들은 서로 보완적인 관계에 있으며 넓은 의미에서 아동 및 청소년복지의 법체계를 구성하고 있다.

청소년은 헌법에서 규정하고 있는 행복추구건, 교육권, 근로권, 사회보장권, 평등권 등을 위해 아동 및 청소년복지 관련법이 제정되어 있다. 우리나라의 청소년 관련법은 아동복지법, 영유아보육법, 모・부자복지법, 모자보건법, 입양특례법, 청소년기본법, 청소년보호법, 국민기초생활보장법, 장애인복지법 등이 제정되어있다.

2. 청소년복지 서비스

청소년들이 건강하게 육성되느냐는 곧 국가의 성쇠와 직결되는 것이기 때문에 국가와 사회는 건강한 신체와 강인한 정신력, 풍부한 인간성을 구비한 청소년으로 성장케 하는 일에 주력을 다해야 할 것이다.

청소년복지서비스나 프로그램은 청소년 복지사업의 실천적 수단이 자 기술로서 청소년을 건전하게 보호 육성하기 위한 지도방향의 설정, 방법, 기구, 시설 그리고 실제 행동을 포함한 지원 및 지도력을 말하며 이를 계획하고 실천하는 주체는 모두가 성인이며 피지도자는 청소년이다. 그러므로 청소년은 취학학생, 근로청소년, 가두직업청소년, 불량 청소년, 비행청소년, 범법청소년, 심신장애청소년 등 여러 형태가 있으며 이들은 자기 나름대로 각각 불만과 욕구를 가지고 있으므로 이들의 실태를 올바르게 파악하여 확실한 대책과 함께 청소년복지서비스가 이루어져야 한다.

심신의 장애로 사회의 역할을 다하지 못하는 청소년들에 대해서는 법적인 보장과 행정적 보호 및 사회적 대책을 세워 주어야 하고 특히 비행청소년에 대해서는 그 발생요인을 제거하고 예방과 선도하는 일에 행정당국은 강력한 대책이 있어야 하며 종교, 사회, 공공단체들의 지도와 조언이 있어야 한다.

또한 가정에서 이탈되는 청소년들에 대해서는 부모와 사회복지사 및 청소년 지도자들이 상호협력체계를 구축하여 그들의 건강한 가정생활을 적극 지원해야 한다. 청소년복지 증진을 위한 서비스를 개괄하면 다음과 같은 내용들이 있다.

1) 건전한 가정환경 조성

안정적이고 평화로운 가정은 청소년들이 성장발전 할 수 있도록 충분한 애정을 공급한다. 그러므로 부모들은 부모역할훈련, 부모교육 등에 참여하여 올바른 자녀양육방법과 지식을 갖추어 자녀에게 올바른 조언자, 지지자가 되어야 한다.

가정은 청소년의 성장에 중요한 영향을 주는 곳이므로 이들에게 사랑과 이해와 격려에 찬 가정을 꾸며 주도록 하여 자녀들로 하여금 가정은 따뜻한 인간관계의 집합체라는 것을 인식시켜 가정을 소중히 생각하는 기풍을 길러 주어야 한다.

또한 부부관계는 가족의 심리적 안정에 가장 중요한 역할을 하는 기초체계로서 가족내에서 형성되는 모든 관계의 중심이 된다. 그러므로 부부관계에 문제가 있을 때는 부부 및 부모의 역할뿐만 아니라 그 밖의 여러 가지 역할에도 문제가 발생할 수 있다. 가족이 가지고 있는 문제들의 해결을 위한 상담지도, 해체된 가정을 위한 지지, 보호 등에 대한 다양한 사회복지 서비스를 개발하여 실행하여야 한다.

2) 학교사회복지의 제도화

경제수준이 향상됨에 따라 우리나라 청소년 대다수는 청소년기를 학교제도내에서 보내며 성인으로서 갖추어야 할 인격적, 도덕적, 사회적 자질을 준비하고 있다. 청소년들의 대다수가 학교 등을 통한 교육장면속에서 생활하며 성장하고 있다는 점에서 교육장면에서의 사회복지 서비스의 중요성은 절대적이라 하겠다.

학교에서 학생을 위한 순수 교육적 차원에서의 서비스는 교사와 학교의 교육적 목표와 분리되어서는 안된다. 따라서 교육 목표의 실현을 위해서 오늘날 인간의 잠재력 개발을 극대화하고 전인적 차원에서 성장발달을 촉진하는 사회복지서비스 제공을 목적으로 하는 학교사회복지제도를 실천하고 적용, 확장시키는 것은 필요하다(전재일 외, 1997).

3) 사회적 활동 및 훈련 기회의 제공

학교와 가정에서 좀처럼 얻을 수 없는 넓은 시야의 각종 집단 활동 중에서 개인의 역할과 책임을 자각하는 일과 지역사회에 대한 애착심과 연대의식을 가지게 하는 것은 청소년의 건전육성에 많은 도움이 된다. 청소년기는 참여하고 활동하고 싶은 욕구가 강한 시기이므로 이 시기에는 각자의 능력에 의하여 학교외의 자주적인 활동을 적극 전개할 수 있도록 장소와 지도력을 제공하여 그들의 사회성의 발달을 지원하여야 한다.

4) 사회복지활동에 참가할 기회의 확대

사람은 사회복지 공동체에서 공익에 대한 연대책임과 의무를 갖고 살게 된다. 이러한 사회 내에서는 여러 가지 복잡한 관계가 일어나게 되는데 이를 해소하고 보다 높은 생활수준으로 발전시켜 나가기 위하여 각종 사회적인 조직 활동에 청소년들이 참가함으로서 사회성을 길러나가고 복지교육의 기회를 가지게 될 것이다.

청소년들이 참가할 수 있는 사회복지 활동으로서는 자원봉사활동, 백만인 모금걷기운동, 불우이웃 돕기 운동, 의식개혁운동, 자매결연운동, 새마음갖기운동, 자연환경 보호운동, 저축운동, 절약운동, 농어촌 봉사활동, 헌혈운동 등이 있다.

5) 청소년 문제 해결을 위한 상담제도

청소년들이 자아정체감을 확립하기 위해 고뇌하고 방황하며 갈등을 겪는 것은 발달심리상 당연한 일이며 건강한 성인이 되는데 필수적인 통과의례일 수 있으나 이러한 과정에서 청소년 자신들이 쉽게 극복하기 어려운 갈등이나 심리적 고통이 수반되기도 한다. 이러한 갈등이나 심리적 고통을 해소하지 못하고 정체감의 혼돈에 빠질 경우 학교와 사회에 적응하지 못할 뿐만 아니라 삶의 목표마저 상실하게 되기 쉽다.

이러한 문제는 비행 등의 일탈문제, 정서 및 성격장애, 정신질환 등의 심각한 문제를 일으키며, 가출, 범죄 심지어는 자살에 이르는 사회 문제를 일으키게 된다. 따라서 청소년의 개인적인 문제, 특히 진로문제, 교우문제, 이성관계, 사회관계, 인간관계 등에 대한 해결의 방침을 결정하는데 도움을 주는 동시에 인격적인 발달을 돕는 상담제도는 각급 학교 뿐만 아니라 사회의 각 기관인 아동상담소, 사회복지기관, 학교, 직장, 병원 및 청소년 단체회관과 청소년 교정시설 및 사회복지시설의 상담실을 통해 다양한 상담활동을 펼쳐오고 있지만, 아직 널리 보급되어 있지 못하였을 뿐만 아니라 전문지식과 기술을 갖춘 전문상담원이 충분히 배치되지 않아 원만한 효과를 거두지 못하고 있다.

6) 청소년 유해환경의 정화와 복지사범의 단속

청소년은 다음 세대를 책임져야 할 주인공으로서 성인기로 성장하는 과도기에 있으면서 학습의 시기이다. 따라서 그들을 건전하게 육성하기 위해서는 유해환경으로부터 보호해야 한다. 청소년에 유해한 환경으로는 유흥식품접객업소, 숙박업소, 유기장에서의 퇴폐풍조, 음란출판물, 성인위주의 퇴폐적인 각종 매스메디아, 호화사치풍조 등이 있다. 청소년 복지사범이란 청소년의 복지를 침해하는 성인범죄를 말하는데 이는 청소년 비행을 조장하고 있는 주범이라고 할 수 있다.

청소년들의 건전한 심신발달과 올바른 가치관을 형성토록 선도보호 육성해야 할 책임이 성인들에게 있음으로 청소년들의 건전한 성장을 위해서 그들이 출입해서는 안 되는 유흥업소, 성인유기장 등에 출입토록 묵인하거나 음주, 흡연할 것을 알면서 술 담배를 판매, 청소년들의 남여혼숙을 묵인, 조장하는 행위, 또는 이들을 혹사 학대 및 배후에서 중간 착취하거나 금품을 갈취 하는 행위 등은 형법, 청소년보호법, 미성년자보호법, 아동복지법, 공연법, 공중위생법, 식품위생법, 생활보호법, 풍속영업규제에 관한 법률 등에 의거 이들을 강력히 단속해야 할 것이다.

7) 직업청소년들을 위한 사회복지서비스

직업청소년들은 연령층으로 보아 학문과 교양을 익힐 입장에 있어야 할 것이지만 사정에 의하여 직업에 종사하게 된 근로청소년들로서 가치관이 올바르게 정립되기 전에 물질적인 욕구가 강하게 작용하여 사치, 허영, 불건전한 향락풍조와 유해환경에 강하게 감염될 소지가 크다.

특히 직업청소년들을 보호하기 위해 마련된 법적조치, 즉 최저연령의 근로제한, 유해 및 위험사업에의 근무금지, 근로계약의 불이행 금지, 임금청구권의 보장, 근로시간의 제한, 귀향여비의 지급, 교육시설의 마련 등 원만한 복지서비스의 실행을 위하여 적극적으로 노력하여야 하며 사회인들도 직업청소년이 일반학생들과 비교해서 마치 문제아로 또는 버림받은 청소년으로 취급하는 경향이 있는데 설령 비행할 요소가 많다고 하더라도 일단 믿어 줄 수 있는 사회적인 관념이 선행되어야만 직업청소년들의 건전한 성장이 기대될 수 있다.

8) 건강한 체력단련을 위한 서비스

청소년의 건강증진이나 질병의 예방, 치료 사업은 이들의 건전한 성장발달과 행복한 삶을 위해 매우 중요하다. 야영장, 유희장, 자연학습장, 유스호스텔, 체육관 및 체육공원 등 다양하고 풍부한 청소년 체력시설의 확충, 건전한 체력 프로그램의 개발·시행, 보건위생과 의료시설의 확충, 영세가정이나 농어촌 청소년을 위한 보건진료와 의료보호 등을 통해 청소년의 건강생활을 위한 복지 서비스를 전개하여야 한다.

9) 여가활동을 위한 시설이나 프로그램

청소년들에게 있어서의 여가생활은 평소 가정이나 학교, 직장생활에서 쌓일 수 있는 긴장, 갈등, 권태, 부담 등을 떨쳐버리고 재창조의 새로운 힘을 축적해 주는 중요한 역할을 한다. 물론 청소년들이 여가생활을 어떻게 활용하느냐에 따라서 건전한 심신의 성장발달을 이룰 수 있기도 하고 반면에 바람직하지 못한 비행에 빠질 수도 있기 때문에 건전한 여가생활 활용을 위한 복지 프로그램이나 서비스를 충분히 제공함으로써 청소년의 심신발달에 만전을 기해야 할 것이다.

청소년을 위한 체육관, 영화관, 음악관, 전용 놀이장, 캠프장, 복지관 및 유스호스텔과 같은 시설이 전국적으로 확충 신설되어 모든 청소년들이 건전하게 성장할 수 있는 기반을 확립해야 한다.

또한 청소년들은 자립의 시기에 도달하지 못한 시기이므로 이들의 복지를 위해서는 최저한도의 물질적인 욕구가 충족되어야 하므로 최저생활의 보장, 공적부조제도의 확장, 고용기회의 확대, 장학기금 수혜 확대 등을 통해 청소년들에게 경제적인 혜택과 안정이 보장될 수 있는 사회복지 서비스가 활발하게 전개되어져야 하겠다.

참고문헌

김기환. (1997). 청소년 일탈행위와 전문직의 역할. 학교폭력과 사회복지의 과제. 제1회 학교사회사업학회 학술대회.

김상균 · 김연옥 · 오정수 · 노혜련 · 김기환. (1997). 학생비행 예방 및 선도를 위한 복지 프로그램 개발에 관한 연구. 서울대 사회복지연구소.

남영옥. (2002). 청소년의 인터넷 중독 및 사이버 성중독의 심리사회적 변인과 문제행동 연구. 한국사회복지학 통권 50호, 한국사회복지학회.

문화관광부. (2004). 청소년백서.

이경은. (1998). 학교생활 부적응 유형과 요인에 따른 학교사회사업서비스 욕구에 관한 연구. 박사학위논문 : 대구대학교 대학원.

이성희. (2001). 청소년 문제 해결을 위한 지역사회중심의 모델에 관한 연구, 대구대학교 대학원 박사학위논문.

이태인. (1995). 청소년의 자아존중감 향상을 위한 집단사회사업의 효과. 석사학위논문 : 연세대학교 대학원.

전재일 · 권복순 · 조운희 · 이경은 · 이성국. (1997). 학교사회사업. 사회복지개발연구원 출판부.

전재일 · 이준상. (1998). 사례관리론, 사회복지개발연구원 출판부.

조영승. (2000). 청소년정책을 담당할 정부조직의 바람직한 구조에 관한 연구, 한국청소년연구 11권 1호, 한국청소년개발원.

청소년대화의 광장. (1995). 비행 청소년상담 지원정책.

최옥채 · 박미은 · 서미경 · 전석균. (2004). 인간행동과 사회환경(개정판), 양서원.

최운실. (1993). 사회변동과 청소년문화의 변화. 사회변화와 청소년의 인간다운 삶. 한국청소년교육연구소 제2차 청소년정책토론회.
최은영. (1999). 약물남용 청소년의 인간관계 분석. 박사학위논문 : 서울대학교 대학원.
최충옥. (1998). 청소년문제 연구의 동향과 과제. 청소년학 연구. 제5권 제2호.
표갑수. (1999). 아동 청소년복지론, 청주 : 청주대학교출판부, 1998.
한국청소년개발원. (1994). 청소년복지론, 서울 : 도서출판 인간과 복지.
황수정. (2000). "청소년의 인터넷 중독과 사회적지지 지각 및 사회적응력 간의 관계". 계명대학교 석사학위논문.
홍봉선외. (2002). 청소년복지론. 양서원.
Dowling, E. & Osborne, E. (1985). Theoretical framework, A Joint systems approach to educational problems with children. The Family and the School: A Joint Systems Approach to Problems with Children, London : Routledge, and Kegan Paul. 5-30.
Franklin, C., McNeil, J. S., & Wright Jr., R. (1990). School social work works: findings from an alternative school for dropouts. Social Work in Education, Vol.12, No 3.
Halleck.S. (1967). Psychiatry and Dilemmas of Crime, N.y : Harper.
Glueck, S. E. (1957). Unraveling Juvenile Delinquency, Cambridge, Massachusetts : Harvard University Press.
Jersild, A. T., E.S. Woodyard and F. C. Del Soar, Joys and problems of Child.
Nelson, Y. A. (1990). *Initiating an Ecosystems Model in School Social Work Practice* : The Urban School Setting. City University of New York, D.S.W.
Rearing, N. Y. (1949). Bureau of Publication, Teachers College, Columbia Univ.
Sutherland, Edwin H., and Donald R. Cressey. (1974). Crimnology, 9th ed., Piladelphia : Lippincott Company.

제 15 장 노인복지

제 1 절 노인복지의 개념

노인복지(elderly welfare, welfare of the elderly)는 노인에게 관련된 문제를 해결하고 지원, 보호해 주려는 사회적 노력으로 사회복지실천의 한 분야이다(박태룡, 2004, p.31).

따라서 노인이 인간다운 생활을 영위하면서 자기가 속한 가족과 사회에 적응하고 통합될 수 있도록 필요한 자원과 서비스를 제공하는 데 관련된 공적 · 사적 차원에서의 조직적인 제반 활동을 뜻한다(최성재 · 장인협, 2004, p.300). 여기서 인간다운 생활이란 우리나라 헌법과 국민기초생활보장법이 정한 건강하고 문화적인 삶을 의미하며, 나아가서는 국가사회의 발전적 수준에 걸 맞는 일상생활상의 욕구를 충족하고 가족과 사회로부터 소외됨이 없이 조화로운 삶을 영위함을 뜻한다. 또한 자원과 서비스를 제공한다 함은 노인에게 필요한 인적, 물적, 재적 자원을 개발하여 연결시켜 주거나 보충해주며, 사회적 적응에 조력하며 개인의 발전을 위한 욕구충족에 필요한 서비스를 제공해 줌을 의미한다. 그리고 공적 · 사적 활동이라 함은 노인복지는 공적차원에서 뿐만 아니라 사적차원에서도 이루어져야 하며, 일시적이고 무계획적인 활동이 아니라 지속적이고 조직적인 활동이어야 한다는 뜻이다. 또한 노인복지는 저수혜 노인이나 사회부적응노인 등 특정 노인뿐만 아니라 모든 노인의 복지증진을 위한 조직적인 사회복지활동을 뜻한다.

제2절 노인인구의 특성

1. 노인의 규정

노인이란 일반적으로 인생의 마지막 단계로서 신체적·정신적 기능이 쇠퇴하고, 사회적 역할이 감소되는 것과 관련하여 독특한 성격을 가지는 사람으로 한정되고 있다. 그러나 노인의 개념은 사회와 학자에 따라서 다양하게 받아들여지고 있다.

연령에 의한 정의를 보면, 노인기(senile)를 70±10으로, 65세를 노쇠기로, 60세를 노년기로 보는 경우가 있으며(金子仁部 新福尙武, 1973, pp.2~3), 우리나라의 노인복지법에서는 65세로 부분적으로 규정하여 역년적(曆年的), 형식적, 집단적, 구조적 연령의 자연연령을 기준으로 정의하고 있다.

한편 Breen과 제2차 국제노년회의에서는 생리적, 개별적, 기능적 연령의 실질연령을 중심으로 규정하고 있다. 그러므로 노인을 단순히 자연연령만으로 규정하기란 어려우며 그렇다고 실질연령만으로 규정짓기도 어렵다.

따라서 노인은 일반적으로 육체적, 정신적으로 기능이 감퇴되어 정상적인 생활기능과 직업적 기능을 발휘하기 어려운 시기에 있는 자로 봄이 타당할 것으로 보인다(박태룡, 2004, p.30).

이 시기의 노인은 시력의 약화, 청각 및 언어의 장애, 상하지의 부자유 등 신체적 장애를 수반하여 가정적, 사회적 활동이 제한되어 심리적 소외를 경험하게 된다. 또한 지능저하와 노인의 네 가지 고통(四苦)으로 적응능력이 감퇴되고 욕구불만이 증대되어 노인특유의 심리적 특성을 가지게 하여 노인의 가정생활과 사회생활의 부적응을 초래한다.

2. 노인인구의 특성

1) 세속적 권위집단

노인은 가정과 사회로부터 존경의 대상이 되어왔다. 이러한 근원은 바로 가족 내에서의 상하관계 내지 권위관계에서 유발된다. 또 이것은 사회통합의 기제장치(機制裝置)로써 이용되기도 한다.

우리나라와 같은 동양사회에서는 세속적 권위가 사회통합의 수단이 되는 경향이 있다. 이러한 세속적 권위는 선천적 권위와 후천적 권위로써 구별될 수 있는데 선천적 권위는 종족적 권위, 성적 권위, 연령적 권위가 있고, 후천적 권위로는 정치권력적 권위, 경제적 권위, 문화적 권위가 있다(申相俊, 1989, p.70).

우리나라는 전통적으로 선천적 권위의 연령적 권위가 사회통합을 위한 보편적이고 본원적인 권위역할을 해왔으며 앞으로도 정도의 차이는 있어도 큰 변화는 없을 것으로 생각된다. 사회통합의 기제장치를 통합시키고 이들 여러 가지 종류의 기제를 계서화(階序化)시키지 않아 지나치게 후천적인 세속적 권위에만 편향시켜버리면 사회갈등이 격화되어 사회분열을 조장시킬 우려가 있다. 따라서 우리나라의 실정으로는 종교적 권위에 사회통합을 크게 의뢰하기가 어려우므로 세속적 권위 중 선천적 권위에 사회통합을 기대해야 한다. 그러나 성적 권위와 종족적 권위라 할 수 있는 신분적 권위가 국민평등이념으로 크게 쇠퇴되어 부득이 사회통합의 방편을 연령적 권위에 의존할 수 밖에 없다. 이것은 바로 우리나라의 전통문화와도 합치되는 것이다.

2) 체험지식집단

노인은 많은 지식과 풍부한 경험을 지닌 지식인으로서 가정과 사회에 공헌해왔다. 그러나 산업구조의 급격한 변화는 노인으로 하여금 사회적응을 어렵게 하고 사회문화적인 면에서도 현대문화에 따를 수 없게 하고 있다. 즉 급속한 산업화에 따라 사회기능이 전문화되어 직장에서의 전문적 지식과 기술의 필요성이 증가되고, 반면에 새로운 지식과 기술의 개발로 인하여 노인의 지식과 기술의 생명을 단축시켜 직장의 요구를 충족시킬 수 없게 되어 부득이 퇴직을 강요당하고 있다.

이러한 현상은 구미산업사회에서도 일반적인 경향으로 나타나고 있다. 우리나라의 경우는 정년제도의 도입으로 가속화 되었다.

그러나 구미 선진제국에서는 고령자임에도 불구하고 일을 할 의사가 있고 또 그러한 능력이 있는 자에게는 적합한 직종과 취로의 기회를 부여하여 노인의 지식과 경험을 최대한으로 활용하고 있다. 따라서 우리나라도 노인의 재교육을 통한 취업희망노인을 위한 적절한 직업개발에 박차를 가해야 되리라 본다.

3) 퇴직자 집단

노인은 줄곧 정치 · 경제 · 사회 · 문화면에서 정상을 차지하여 왔다. 그러나 정치변동과 산업화, 기업주의 이윤추구로 말미암아 점차적으로 사회적 지위가 하락하였으며, 1960년대의 정년제도의 도입으로 가속화되었다. 이러한 정년제는 교육공무원의 62세를 제외하면 특정 고위직 외에는 60세 전후로 되어 있고 하위직 공직자는 50～56세로 제한되어 있다.

또한 최근의 경제난에 따른 고통분담차원에서의 일반직 공무원의 정년단축과 더불어 기업체의 퇴출이 일반화된 가운데 임금피크제(wage peak system) 도입 기업체가 늘어나 퇴직자 집단이 크게 늘어날 것으로 보인다.

4) 사회보장수혜집단

노인의 사회보장수혜집단은 국가나 시기에 따라 차이가 있게 마련이다. 그러나 학자에 따라서는 60세 또는 65세 이상을 사회보장수혜집단이 되어야 한다고 보는가 하면(Neugarten, 1974), 연령단계에 따라 사회보장수혜가 달라야 한다는 주장도 있다.

각국의 연금지급연령을 보면 남자의 경우는 60세가 가장 많았고. 여자의 경우는 55세가 가장 많다(U. S. Department of Health and Human Servies, 1983).

제3절 노인문제의 배경

1. 노인인구의 증가

급속한 사회변화에 따라 인구학적 측면에서도 많은 변화를 초래하였다. 즉 가족계획사업과 보건분야의 개선으로 인구증가율의 둔화와 연령구조의 개선을 가져왔으며, 산업화에 따른 인구재분배 현상으로 도시지역에 많은 인구가 집중되는 반면에 농어촌지역에는 인구의 절대수가 감소되고 있다.

이러한 인구의 변동은 노년인구의 실수 및 구성비의 증가, 사망률의 저하에 따른 평균수명의 연장, 노년인구지수의 증대 등으로 노인문제를 제기하는 기본적인 요인이 되고 있다.

우리나라의 노인인구는 전체인구의 꾸준한 증가에 따라 계속 증가추세를 보이고 있을 뿐 아니라 그 증가속도가 어느 연령층보다도 높다.

이러한 현상은 2000년의 전체 인구 47,008천명에서 2005년에는 48,294천명으로 증가하였으며, 이중 65세 이상의 노인인구는 같은 기간에 7.2%에서 9.1%로 증가되어 고령화 사회(aging society)로 진입하였고, 2019년에는 14.4%로 증가할 것으로 추산되어 고령사회(aged society)로, 2026년에는 20.0%로 초고령 사회(super aged society)로의 진입을 예고하고 있다(보건복지부, 2005, p.11).

이와 같이 우리나라는 고령화 속도가 미국 · 영국 · 독일 · 스웨덴에 비교하여 아주 빠르고, 일본에 비해서도 5년이나 빠른 것으로 나타났다(박태룡, 2004, p.24).

한편 평균수명이 경제성장에 따른 국민소득의 향상과 생활수준의 향상, 의료의약의 발달로 점차 상승되며, 노년인구지수도 증가되고 있어 고령화 경향을 더해주고 있다.

고령화 경향은 농촌지역이 더욱 가속화되고 있다. 특히 도시지역은 노인인구의 수는 증가율이 높으나 이를 구성비의 입장에서 보면 농촌지역이 도시지역에 비하여 2배가 넘는다.

노인인구의 고령화 경향은 농촌이나 도시에 관계없이 증가되고 있으며, 이로 인한 노인문제의 대두는 점차 심화될 것이다.

이러한 노인인구의 증가는

① 경제적 측면에서, 비생산인구를 증가시켜 젊은 세대로 하여금 부양책임을 가중시키는 동시에 노동력의 부족을 초래하며

② 정치적 측면에서, 노인들의 완고한 심리적 특성으로 인하여 보수적일 수가 많으며

③ 사회심리적 측면에서, 젊은 세대와의 의견대립으로 사회진보의 저해요인이 되기 쉽다.

2. 도시화

지역별 인구동향을 보면, 인구의 도시집중화 현상이 두드러지게 나타나고 있다. 도시의 인구집중은 전통적인 사회에 있어서의 이웃과 친구를 멀리하게 하였고, 부모는 농촌에, 자식은 직장 따라 도시로 이주하게 되어 노인은 이웃과 친구를 잃고, 자식마저 격리시켜 고독과 소외감을 가지게 되었고, 반면에 젊은 세대는 조부모 내지 부모와의 별거로 노인존경과 같은 윤리관을 이어받지 못하여 심지어는 노인을 배제하는 풍조마저 싹트게 하고 있다. 이러한 경향은 농촌노인이나 도시노인이나 다 같이 겪는 것이다.

3. 산업화

현대사회는 산업구조의 급격한 변화로 인하여 노인들의 사회적 적응은 점차 어려워지고 있다. 이러한 현상이 진전됨에 따라 자연과 친밀했던 농어촌은 공업지대로 변모해 버렸고, 최근의 새로운 기계도입과 기술혁신은 산업의 규모와 구조를 더욱더 확대 및 고도화 시킴과 동시에 작업과정을 규격화, 세분화 시킴으로써 고령노동자 보다 약령노동자를 필요로 하게 되었다.

또한 노인들이 과거에 터득한 기술이나 경험은 현재의 산업구조에 맞지

않을 뿐더러 비능률적이라는 이유로서 배제당하고 있다.

이로 인하여 노인의 취업은 점점 더 어렵게 되어 노인의 경제적 능력이나 지위는 저하되고 사회문화적인 면에서도 급격하게 변화하는 현대문화에 노인은 쉽게 따라 갈 수가 없기 때문에 사회의 다수집단으로부터 소외되고 있어 노인의 사회적 역할과 지위가 저하되고 있다. 이리하여 심지어는 노인자신의 고독감과 무력감을 품은 나머지 생활의욕을 상실하게 되어 정신적 장애에 빠지거나 자살을 하는 경향까지 초래하고 있다. 이에 사회는 노인을 위한 경제적 보장과 사회복지서비스도 필요하겠지만 우선 노인자신이 보람과 사회의 유용성을 인식토록 사회참여의 기회를 마련해줌이 더욱 바람직할 것이다.

4. 핵가족화

노인은 자신의 가족들로부터 가계의 계승자로서 존경과 권위를 보장받아 왔다. 그러나 개인주의를 기초로 하는 자본주의 사회의 발달로 가족성원의 분리가 촉진되어 가족들에 의한 노인의 보호기능이 점차 상실되어 가고 있다.

서구사회에서는 독거노인 또는 노인부부세대가 60~80%를 상회하고 있으며 동양인 일본에서는 아직 자녀부부와 동거하는 비율이 비교적 높게 나타났다.

우리나라는 전국적인 정확한 통계적 수치는 없으나 자녀부부와 동거하는 비율이 일본보다는 높으리라 본다. 그러나 점차 핵가족화로 이행되고 있어 단신 및 노인부부세대가 증가되리라 본다. 이러한 노인문제는 자녀부부와 동거하는 경우에도 가족상의 권위나 지위의 변화로 심리·사회적 문제를 야기시키고 있다.

제4절 노인복지의 책

노인인구의 증가는 세계적인 추세로서 우리나라도 예외일 수는 없다. 따라서 각 국은 자국의 경제・사회적 여건에 적합한 프로그램과 서비스 개발에 박차를 가하고 있으며 이에 따른 대책을 강구하고 있다.

Kaplan(1953)은 노인을 위한 사회적 대책(social program)으로써 의료 및 정신의학적 서비스, 적당한 주택, 정서적 안정과 사회적 유용성을 위한 기회, 퇴직 후의 재정적 보장, 만성병 노인을 위한 보호조치, 노동능력에 알맞은 곳에서 일할 기회, 창조적 활동의 기회 및 여가선용의 지도 등 7가지를 들었다. Shenfield는 사회정책(social policies)으로써 직업대책, 연금제도, 주택대책, 의료서비스, 수용보호 및 재가노인(在家老人)의 복지서비스 등 5가지를 들었다. 岡村重夫는 노인의 사회생활상의 기본적 요구로 경제적 안정, 직업적 안정, 가족관계의 안정과 주택의 보장, 의료와 건강의 보장, 교육의 기회, 사회적 협동의 기회, 문화・오락의 기회 등 7가지를 들고 있다.

우리나라도 노인복지법의 제정, 경로헌장의 선포에 이어 국민연금법을 실시하고 있으며, 중앙행정기관인 보건복지부 내에 노인복지정책과・노인요양보장과・노인지원과를 설치하여 보건복지증진에 매진하고 있으며 시・도에는 사회복지(여성)국 복지정책(노인복지과)과 노인복지계(노인복지담당)에서 노인복지업무를 관장하고 있다. 현행 노인복지대책을 노인의 사회생활상의 기본적 요구별로 살펴보면 다음과 같다.

1. 경제적 안정

노후의 경제적 안정이란 은퇴와 배우자의 상실에 의한 경제적 박탈에 기인된 것으로 노인의 어느 욕구보다도 선행되어야 한다.

이러한 경제적 안정을 위한 노후생활보장을 위한 제도로서 공무원・군인・사립학교 교직원만을 대상으로 하는 연금제도와 5인 이상 사업장 근로자를 대상으로 퇴직금제도가 있으나 실질적으로 노후생활보장대책이 되지 못하고 있다.

이에 정부는 1988년부터 전 국민을 포용하는 국민연금제도를 실시하여 1999년부터는 전 국민이 혜택을 받게 되었다. 이 중 노령연금은 중심적 급여로서 수급자격조건 즉 가입기간, 수급개시연령 또는 재직여부에 따라서 완전노령연금 · 감액노령연금 · 재직자노령연금 및 특례노령연금으로 구분하고 있다.

또한 과거 공공부조상의 기초생활보장은 부양의무자가 없거나 있어도 부양능력이 없는 자로서 수혜대상이 되고 있으며, 노인복지법상의 노령수당은 1991년부터 70세 이상의 생활보호대상가구수(거택 및 시설보호대상자)에게 지급하고, 1992년부터는 자활보호대상자까지 포함 시켰으며, 1995년에는 70~79세와 80세 이상으로 구분하여 차등 지급하고, 1996년부터는 65세 이상의 생활보호대상노인에게 65~79세와 80세 이상으로 구분하여 차등 지급하였으며, 1998년 7월 1일부터는 경로연금으로 대체하여 종전의 생활보호대상자와 저소득 노인으로 구분하여 차등 지급하고 있다. 그러나 1999년 9월에 국민기초생활보장법이 제정 · 공포되어 2000년 10월 부터는 이 법에 의해서 시행되고 있다.

간접보조로서 60세 이상의 자에 대하여 상속세를 인적공제(1인당 3천만원)하고, 60세 이상 직계존속 부양자에게는 부양가족공제를, 부양가족 중 65세 이상인 노인과 생계를 같이 하는 자에게는 경로우대공제를 실시하고 있으며, 노부모봉양수당 · 주택자금할증지원 · 주택분양우선권부여 · 부모와 자녀가 각각 주택을 소유하고 따로 살다가 세대를 합친 경우 양도소득세를 면제하고 있다(보건복지부, 2004, p.134).

이외에 경로우대제도의 개선과 더불어 65세 이상의 노인에게 교통비(지방비)를 지급하고 있다.

2. 직업적 안정

노인이 직장에서 소외 · 배제되는 이유를 미국고용안정국(The U. S Bureu of Employment Security)은

① 젊은 근로자에 비하여 비능률적이다.

② 사회가 요구하는 육체적 요구를 충족할 수 없다.

③ 경제적으로 유용하지 못하다. 연금과 보험의 증액으로

④ 정년(the compulsory retirement age)에 묶여 있다.

⑤ 사회정책이 젊은 근로자를 고용하도록 되어 있고, 다른 연령계층의 혼합을 기피하고 있다.

⑥ 새로운 직업훈련이 어렵다.

⑦ 질병이 잦고 많은 일을 할 수 없다.

⑧ 연령서열정책으로 노령근로자를 하위수준(lower levels)에 머물게 할 수 없다는 것을 지적하고 있다(Loether, 1975, pp.73~74). 그러나 노후의 생활안정을 위해서는 무엇보다 직업적 안정이 요구되며, 우리나라와 같이 조기정년으로 인한 경제적 불안정은 사회문제화 되고 있다. 선진국에서는 정년을 상향조정하거나 아예 철폐하고 있다.

우리나라는 현재 노인의 직업적 안정을 위하여 노인공동작업장과 노인취업알선센터를 통하여 취업의 기회를 확대하고 있으며, 노인의 직종개발에 힘쓰고 있다.

1991년에는 고령자고용촉진법을 제정하여 1992년 7월부터 시행하고 있다. 이 법에 의하면 300인 이상의 상시근로자를 고용하는 사용주는 기준고용률(상시근로자의 3/300)을 적용하도록 의무화하고 있으며, 기준고용률 초과업체에 대해서는 세제지원과 고용지원금을 지급하고 기준고용률 미달업체에 대해서는 부담금을 부담하도록 하고 있다. 이와 같이 정부는 노동가능 유휴노인노동력을 최대한 활용하여 노후생활의 안정과 보람된 생활을 영위하도록 하고 있다.

3. 의료보장

노인은 유병률이 높고 만성화 경향이 짙은 반면에 소득은 저하되고 의료비의 부담이 가중되고 있다. 우리나라는 1961년에 생활보호법을 제정하여 의료보호를 실시하였으며, 1977년 1월에는 의료보호에 관한 규칙을 마련하여 확대 실시하였으며, 동년 12월 31일에 의료보호법을 제정하여 1979년 1월부터 시행하고 있다.

한편 1981년에 노인복지법을 제정하여 1983년부터 매년 노인건강진단을

무료로 실시하고 있다.

의료보험의 경우 대부분의 노인은 국민건강보험 피보험자의 피부양 가족으로서 의료보험의 해택을 받고 있다. 그러나 노인의 건강 및 질병의 특성을 고려한 급여종류나 급여수준을 특별히 마련한 것은 없다.

의료급여의 경우도 의료비 부담능력이 없는 모든 계층에게 의료해택을 주는 제도로서 재산가액이 정부가 정한 수준이하인 자를 2종으로 구분하여 1종대상자는 의료비전액을 무료로, 2종대상자는 외래 · 입원 20~30%를 본인부담으로 하고 있다.

이외에 노인복지법에 의한 노인건강진단은 65세 이상의 모든 노인이 대상이 되나 예산상의 제한과 운영상의 문제점이 많아 주로 국민기초생활보장 수급자 중 희망자를 대상으로 실시하고 있다. 비용은 전액 국고로 충당하고 있으며, 2004년도에는 3만 6천여명이 무료건강진단을 받았다. 그러나 이 프로그램의 실효를 거두기 위해서는 일본과 같이 노인보건법을 제정하여 의료체계를 이원화함이 바람직할 것으로 사료된다.

4. 가족관계의 유지

전통사회에서의 노인은 가부장으로서 가정적, 사회적 지위는 확고하였다. 따라서 노인은 재산권의 소유와 직업의 통솔뿐만 아니라 사회생활 전반에 걸친 지식과 지혜의 소유자로서 존경을 받아 왔다. 그러나 사회의 급변과 가족제도의 변화로 노인의 지위는 크게 흔들리게 되어 그들의 가족과 사회로부터 소외 · 배제 · 격리하는 경향마저 짙게 하고 있다. 따라서 노인은 사회문제의 대상이 되고 있다. 그러나 이러한 노인문제는 가족기능의 강화로 보장될 수 있으며 건전한 가족관계의 유지로서 해결될 것으로 본다.

이에 Kaplan(1974)은 노인의 욕구를 여가선용에 두고 'suitable living arrangements and family relationship'이라 하여 정상적인 가족관계의 유지를 강조하였고, 우리나라 노인복지법에서도 국가와 국민은 경로효친의 미풍양속에 따라 건전한 가족제도가 유지 · 발전되도록 노력하여야 한다고 하여 전통적 가족제도의 장점을 유지 · 발전시켜 노인을 가족 내에서 보호함이 바람직함을 시사하였다.

따라서 정부는 경로효친사상의 앙양으로 효행자를 발굴하여 포상하고 '어버이 날'과 '노인의 날' 그리고 '경로의 달'을 법정화 하여 다양한 행사를 추진하며, 노부모봉양수당을 지급하고 노부모 봉양자에게 소득세·상속세·양도세 등의 세제상의 해택을 주고 있다. 또한 공영시설 이용에 대한 경로우대제의 확대와 재가복지서비스를 확대·실시하고 있다. 그리고 노인주택으로서는 3세대형 주택건립과 자녀와 노인세대간의 근거리형 주택의 개발이 바람직하겠으며, 저소득층 노인을 위해서는 노인복지주택으로서의 영구임대주택이나 주택의 유지·보수·개량에 대한 비용의 일부 혹은 전부를 정부가 지원하는 방법을 고려해야 할 것이다.

5. 사회적 협동

Kaplan, M(1974)은 노인은 사회적으로 유익한 봉사를 하고 싶어 하고, 지역사회의 일원으로서 인정받기를 원하며, 여가시간을 만족스러운 방법으로 충족되기를 바라며, 정상적인 교우관계를 원하여, 정신적 만족을 원한다고 하여 사회적 활동을 강조하였다. 그리고 Bull과 Aucoin는 건강하고 사회적·경제적 지위가 높은 노인일수록 사회적 활동에 참가하는 비율이 높다고 하였다. Cutler도 사회활동에 참가하는 노인이 참가하지 않는 노인보다 생활만족도가 높다고 하여 사회활동을 강조하였다.

따라서 노인은 가능한 사회활동에 참가함이 건강증진과 생활만족도를 높이는 데 도움이 되며 노화방지에 크게 이바지하며 지능저하도 감소시킬 수 있다. 그럼에도 불구하고 사회참여를 기피하는 경향은 노인 자신의 성격특성에도 기인되지만 노인을 위한 사회적 대비의 결함에 있다고 하겠다. 노인은 노후생활의 고통 중의 하나로 무위고를 들고 있다. 즉, 할 일이 없어 죽겠다는 것이다. 이러한 노인에게 가정과 사회에서의 참여를 유도함은 노인에게 보람과 즐거움을 주는 길이다. 이에 정부는 노후의 생활안정지원을 위한 여가선용과 사회활동 조장, 경로당의 건전 프로그램 개발·보급 등을 추진하고 있다.

6. 교 육

노인교육이란 노인을 대상으로 하는 노인여가프로그램이며, 평생교육프로그램이다. 최근 사회구조의 급변으로 그 필요성이 가중되고 있다.

이러한 노인교육의 목적은 노인의 자주적인 학습의욕을 충족시키고 학습권을 보장하여 노년기에 겪는 네 가지 고통에 대응하는 것이고 심신의 건강보전과 현대사회의 적응에 대한 교수, 노인복지증진에 기여함을 목적으로 한다. 그리고 노령자백악관회의(White House Conference on Aging)의 교육분과보고에서 노인교육은 노인집단의 모든 노인의 기본권이며, 충만하고 의미 있는 생활을 하도록 노인에게 주어진 하나의 방법이며, 앞으로 계속되는 것이고, 사회경쟁을 위한 자원과 같이 그들의 잠재력을 개발하도록 돕는 방법이다라고 하여 노인교육의 필요성과 의의를 강조하였다.

Havighurst는 노인의 재교육영역으로서

① 새로운 과학문명과 기술진보에 적응하는 문제

② 노년기의 건강과 신체적 변화에 대한 지식과 이에 적응하는 문제

③ 친구를 잃게 되는 슬픔에 적응하는 문제

④ 집단의 소속관계를 유지·확보하는 문제

⑤ 배우자의 사별에 적응하는 문제

⑥ 정년퇴직에 따라 감소되는 수입에 적응하는 문제

⑦ 죽음에 대처하는 문제

⑧ 젊은 세대의 사고방식이나 국제적인 감각에 접근하려는 의욕과 이에 적응하는 문제

⑨ 노년기를 즐길 수 있는 방법을 강구하는 문제 등으로 밝히고 있다.

그러나 우리나라의 노인교육은 노인교실을 통하여 경향 각처에서 운영되고 있으나 이들 시설은 대부분이 지역사회의 유지나 독지가에 의해서 설치되었으며, 일정한 교육과정에 의해서 운영되는 것이 아니고 강사의 사정에 의해서 임시변통으로 운영되어 소기의 목적을 달성하기란 어렵다. 따라서 바람직한 노인교육을 위해서 노인의 특성과 지역성에 적합한 교육과정이 제정·운영되어야겠다.

7. 문화 · 오락

인생을 3단계로 나누어 청소년기를 면학의 시대요, 성인기를 노동의 시대요, 노년기를 여가활동의 시대로 칭하고 있다. 이것은 바로 노년기에는 여가시간이 많음을 뜻한다.

이러한 늘어나는 여가시간을 선용한다는 것은 극히 중요하다. 여가이용은 바로 지능저하와도 관련되어 여가이용이 많은 자는 생활내용이 풍부하여 지능저하가 적은 것으로 나타났다. 그러나 오늘의 노인은 전통사회의 문화권에서 생활해온 자로서 현대사회에서의 문화를 수용하지 않으면 아니 된다. 즉 오늘날의 문화시설을 이용하고 활용하여야 한다. 노인은 알맞는 놀이시간마저 낭비로 생각하여 왔고 성인기에 노는 것을 부정적으로 보아왔다. 이것은 바로 경제적으로 어려운 여건에서 생활하여 왔기 때문이다. 따라서 노인이 즐길 수 있는 문화시설과 오락시설을 확충하여 노년의 삶을 보람 되게 보내도록 노인여가프로그램 개발에 노력을 다해야겠다.

노인복지법에서 국가 또는 지방자치단체는 노인의 건강유지와 여가선용을 위하여 교양강좌 · 오락, 기타 노인의 복지증진을 위한 사업을 실시하도록 노력하여야 하며, 노인복지회관 · 경로당 · 노인교실 · 노인휴양소 기타 노인복지증진을 목적으로 하는 사업을 하는 자에 대해서는 적절한 지원을 할 수 있도록 규정하여 재정적 지원을 하고 있다.

문화 · 오락의 기회는 주로 노인복지회관 · 경로당 · 노인교실 · 노인휴양소에서 제공하고 있다. 그리고 정부는 경로당 운영비와 난방비를 보조하고 있다.

제5절 노인복지의 접근

노인복지대책의 접근을 노년구분에 의한 접근, 노인문제중심별 접근, 노인문제해결단계별 접근으로 살펴보면 다음과 같다.

1. 노년구분에 의한 접근

노년층은 자연연령에 의해서 55~64세의 청노, 65~74세의 중노, 75세 이상의 노노로 3분하거나 실질연령에 의한 건강한 건노, 건강이 쇠퇴하기 시작하는 준건노, 노쇠한 쇠노의 3자로 나눌 수 있으며, 이러한 노년구분에 의해서 노인대책이 다를 수 있다.

청노 즉, 건노는 청년층과 같이 취업 내지 사회참여에 중점을 두어야 하고, 중노 즉, 준건노는 취업과 사회참여 및 사회복지를 병행시켜야 하며, 노노 즉, 쇠노는 사회복지중심의 노인정책을 펴나가야 할 것이다.

표 15-1 노년구분에 의한 노인정책

구 분	청노(건노)	중노(준건노)	노노(쇠노)
취업 · 사회참여	○		
취업 · 사회참여 및 사회복지		○	
사회복지			○

주) ○는 합치형을 의미함.

즉, 합치형 3개를 제외한 6개의 경우는 적합한 노인정책이라 할 수 없으며, 여기에는 오히려 노인의 저항과 사회적 낭비를 수반하게 된다. 청노에게 취업 내지 사회참여를 활용하지 않고 사회복지에 편중한다든지 노노에게 사회복지시책을 쓰지 않고 취업 내지 사회참여를 강요한다는 것은 바람직하지 못하다. 그러나 노인대책에서 우선 선행되어야 할 것은 노인인구의 통계가 일반적으로 "65세 이상 인구"로 처리되어 있을 뿐 65세 이상 인구의 연령별 분포라든가 건강상태에 따른 통계를 거의 찾아볼 수 없으며, 다만 표본조사에 다른 부분적 사례만을 접할 수 있을 정도이다. 따라서 올바른 노인정책을 수립하기 위해서는 기초자료로서 노인인구의 세부적인 통계자료와 건강상태에 따른 구체적인 자료가 제시되어야 할 것이다.

2. 노인문제중심별 접근

노인복지정책은 어떤 현상이 노인에게 고통을 주며 또 노인의 공통적 욕구가 사회적으로 해결 또는 충족되어야 하는가에 초점을 두어야 한다.

따라서 노인복지정책은 대부분의 경우 문제중심으로 접근된다고 볼 수 있다. 이에 '노인복지편람'에서는 문제중심별 접근방법으로서 <표 15-2>과 같이 소득유지정책 · 건강보호정책 · 주택정책 · 사회적서비스정책을 들 수 있다.

표 15-2 문제중심별 노인복지대책

문 제	복지대책	우리나라의 노인복지프로그램
경제적 문제	소득유지정책	사회보험 · 공공부조
건강보호 문제	건강보호정책	Demogrants · 건강유지 사회보험 · 공공부조
주택문제	주택정책	공공부조
여가시간의 문제 사회심리적 문제 영양문제 · 교통문제 정보제공 및 안내	사회적서비스정책	Demogrants · 공공부조

한편 노인의 사회생활상의 곤란에 대응하는 사회복지적 활동으로서 사회생활상의 기본적 요구에 따른 대책을 들 수 있다. 따라서 노인복지대책은 노인문제중심별 내지 기본적 요구별로 강구함이 바람직할 것으로 사료된다.

표 15-3 기본적 요구별 일반적 노인대책

노인의 기본적 요구	우리나라의 노인복지프로그램
경제적 안정	노령연금
직업적 안정	중고연령자의 직업안정시책
의료 · 위생 · 영양의 보장	의료보장 · 공중위생
가족적 안정(주택 · 일상생활보장)	가족근대화시책 · 가족법 · 비영리적 주택정책
사회적 협동의 기회	직역 · 지역단체의 참가
교육의 기회	사회교육시책
문화 · 오락의 기회	비영리적 recreation 시책

3. 노인문제해결단계별 접근

노인문제해결단계는 개별적 접근단계, 종합적 접근단계, 사회적 접근단계로 대별하여 발전시켜가야겠다.

1) 개별적 접근단계

개별적 접근단계는 노인의 특수문제 해결단계로서 노인의 주택·근로노인의 보직 또는 적소배치, 의료 또는 간호 등과 같이 노인이 지니는 개별적이고 구체적인 문제를 해결하는 단계이다. 따라서 이 단계는 노인자신의 사회생활상의 기본적 요구에 초점을 맞추어야 되리라 본다.

2) 종합적 접근단계

종합적 접근단계는 노인의 일반문제 해결단계로서 노인복지법의 제정, 경로헌장의 선포, 노인전담기구의 설치 등과 같이 노인의 생활전반에 걸친 종합적인 관심표명의 단계이다. 따라서 이 단계는 노인개인이 아닌 전체 노인의 복지증진을 위한 문제해결로서 국가적인 차원에서의 접근이 필요시 된다.

3) 사회적 접근단계

사회적 접근단계는 관심의 대상을 노인 자체로 고립화시키지 아니하고 노인을 둘러싼 사회환경과의 유기적 상호관계 속에서 노인문제를 해결하려고 하는 단계이다. 따라서 이 단계는 사회적인 차원에서 항상 노인을 의식하면서 공공사업 내지 서비스를 전개하여야 할 것이다. 개인으로서 노인이 자기가 속한 사회적 조직망에로의 통합은 극히 중요한 사회심리적 욕구이며 발달적 과업이라 할 수 있다. 그러므로 노인의 가족과 사회에 대한 통합은 큰 의의를 지니며 노인복지정책도 반드시 통합방향으로 유도·개발되어야 할 것이다.

참고문헌

金德俊 外 3人. (1970). 新社會事業概論, 서울 : 韓國福祉研究所.
朴泰龍. (2004). 老人福祉論, 大邱 : 大邱大學校 出版部.
보건복지부. (2005). 2005년 노인보건복지사업안내.
峨山社會福祉事業財團. (1985). 老人福祉便覽, 서울 : 峨山社會福祉事業財團.
金子仁郎. (1973). 新福尙武(編), 老人の精神醫學と心理, 東京 : 垣內出版株式會社.
岡村重夫. (1975). 三浦文夫(編), 老人の福祉と社會保障, 東京 : 垣內出版株式會社.
日高幸男. (1975). 岡本伸治, 松本伸夫, 老人の學習, 東京 : 東洋經濟新聞社.
Breen, L. Z. (1960). "The Aging Individuals," Handbook of Gerontology, Chicago : The University of Chicago Press.
Bull C. N. and Aucoin J. B. (1975). "Voluntary Association Participation and Life Satisfaction", Journal of Gerontology.
Cutler, S. T. (1975), "Voluntary Association Participation and Life Satisfaction," Journal of Gerontology.
Kaplan, J. (1953). A Social Program for Older People, Mineapolis : The Lund Press, INC.
Kaplan, M. (1974). "The Uses of Leisure", Handbook of Social Gerontology, Chicago : The University of Chicago Press.
Loether, H. J. (1975). Problems of Aging, Belmont : Dickenson Publishing Company Inc.
U. S. Department of Health and Human Services. (1984). Social Security Programs Throughout the World 1983, Washington. D. C. : U. S. Government Printing Office.
White House Conference on Aging. (1971). Education Washington. D. C. : U. S. Government Printing Office.

제 16 장 장애인복지

제 1 절 장애인복지의 개념

장애인복지는 사회복지의 한 분야로서 심신의 손상으로 인해 사회생활에 어려움을 겪고 있는 사람들에 대하여 의료적, 교육적, 직업적, 사회적, 심리적 서비스를 제공하고, 동시에 사회적 인식개선과 물리적 환경을 조성하여 그들이 안정된 삶을 영위할 수 있도록 하려는 국가 및 사회의 조직적 활동이라고 할 수 있다.

이러한 장애인복지는 장애인이 가지고 있는 잔존능력을 최대한 개발하여 사회적응능력을 향상시키고 자립생활을 유지할 수 있도록 하는데 그 목적이 있으며, 사회통합과 정상화이념에 기초하고 있다.

우리나라에서의 장애인복지는 오랫동안 장애인에 대한 그릇된 편견과 잘못된 인식이 가장 큰 문제로 지적되고 있으며, 장애인과 관련한 법적 체계가 마련된 것도 불과 얼마 되지 않았다.

장애인복지와 관련한 법들을 살펴보면 1977년에 특수교육진흥법이 제정되었고, 1981년에 심신장애자복지법이 제정되었으며, 1989년과 1999년에 전면 개정되었다. 또한 장애인들의 직업재활을 촉진하기 위하여 1990년 장애인고용촉진 등에 관한 법률이 제정되었으나 1999.12.17일 장애인고용촉진 및 직업재활법이 제정되면서 폐지되었다. 장애인들의 사회활동을 위한 사회적 장벽철폐를 위하여 장애인 · 노인 · 임산부 등의 편의증진보장에 관한 법률이 제정되었고, 세계인권선언 50주년 기념일인 1998년 12월 9일 장애인 인권헌장이 선포되면서 점차 장애인에 대한 사회적 인식개선과 제도적 장치를 위한 법적 기반이 조성되었다. 장애인복지는 "모든 국민은 인간다운 생활을 할 권리를 가진다"는 헌법정신과 "장애인은 인간으로서의 존엄과 가치를 존중받으며 이에 상응하는 대우를 받는다"(장애인복지법제4조)와 장애인권리선언에서 주장하고 있는 "장애인은 인간으로서의 존엄이 존중되는 권리를 출생하면서부터 갖고 있다"(장애인권리선언3조)는 것에 입각하여 장애인복지는 장애인들의 권리에 기초하여 논의되어지고 전개되어야 한다. 즉 장애인복지는 모든 국민과 더불어 모든 영역에 있어서 장애인이 가지고 있는 불리(핸디캡)를 인적, 물적, 사회적 제 자원의 활용과 협력을 통해서 가능한 한 경감, 해소하고 다른 모든 사람과 동등한 생활조건과 생활 안정을 확보하는 것이다. 더 나아가서는 장애로 인해 갖게 되는 사회, 심리, 물리적 장애와 이와 같은 사회적 상황을 만들어 내고 있는 사람들의 장애인에 대한 가치관(편견, 차별)의 극복과 개선 내지 제거에 깊은 관련을 갖고 있는 활동이다. 뿐만 아니라 장애인복지는 가치관의 극복을 통해서 새로운 가치관, 장애인관을 창조하여 그것을 국민의식 속에 정착화하는 것을 목표로 하고 있다는 데서 사회복지체제 속에서 장애인 복지만의 독특성을 갖게 되는 것이다(오혜경, 1998).

궁극적으로 장애인복지는 완전한 사회참여와 자립생활을 통한 사회통합에 그 목적을 두고 있으며, 이를 위해서 장애인과 비장애인이 가지고 있는 공통적인 문제와 장애의 특수성으로 인한 문제를 종합적으로 고려해서 해결해 나가는 기술론적 접근과 정책론적 접근이 동시에 고려되어야 할 것이다.

제2절 장애의 개념과 유형

1. 장애인의 정의

장애인에 대한 정의는 어떤 시각에서 장애인을 보는가에 따라 달라진다. WHO의 정의에서는 장애가 없는 사람은 아무도 없으며, 그 누구도 신체와 정신이 항상 건강한 상태로 있지 못하기 때문에 모든 사람을 제3의 장애인(third-party handicapped)으로 보고 있다(박종삼, 2003, p.251). 또한 김정권 교수는 "장애인이란 없다. 단지 장애사회가 있을 뿐이다"라고 주장한다. 이는 사회환경이 완전하다면 사회생활을 하는데 그 누구도 어려움을 느끼지 않을 것이기 때문이다.

우리나라 장애인복지법 제2조 1항에서는 "장애인은 신체적 · 정신적 장애로 인하여 장기간에 걸쳐 일상생활 또는 사회생활에 상당한 제약을 받는 자를 말한다"고 규정하고 있으며, 제2조 2항에서는 장애를 신체적 장애와 정신적 장애로 구분하고 있다. 이는 장애를 너무 기능적으로 보고 있는 경향이 강하며, 세계적인 추세인 화상장애, 약물 중독 등과 같은 사회적 장애로 그 범주를 확대해 나가는 것이 바람직하다.

또한 장애라는 것은 일상생활 속에서 신체적으로든 정신적으로든 자신의 의사와 관계없이 어려움을 느끼게 되는 사회구조 및 시민들의 의식상태에 근거하고 있기 때문에 장애범주의 확대를 통하여 그들이 겪고 있는 손실감을 보존시켜 주고, 한편으로는 사회 및 시민의 의식을 개선해 나가는 것이 필요하다.

2. 장애개념

세계보건기구는 1980년부터 사용되어오던 장애개념을 수정하였다. 1980년의 장애개념은 손상(impairment), 능력장애(disability), 사회적 불리(handicap)로 분류하여 사용하였으나, 이러한 개념은 장애가 개인적인 손상에서 출발하여 고정된 개념의 능력장애나 사회적 불리로 고착시키는 역할을 해 왔기 때문에 수정되었다. 2001년의 개념은 손상(impairment), 활동(activity limitation), 참여(participation restriction)로 정의하고 있다.

이를 구체적으로 설명하면 손상은 신체적 상태에 초점을 둔 개념으로 신체적인 불균형에 기초를 두고 손실된 그 상태를 의미한다. 능력 장애는 장애로 인해 잃어버린 개인의 능력에 초점을 둔 개념이며, 사회적 불리는 장애로 인해 모든 능력이 상실되었다는 시민들의 의식에 초점을 둔 개념이다. 하지만 2001년의 장애에 대한 개념은 기존의 장애개념이 국민들의 편견을 극복하지 못하고 장애를 개인의 책임에 기초를 두고 있는 한계성을 극복하고 장애를 개인의 책임보다 사회적 책임을 강조하기 위한 개념이라고 할 수 있다. 즉, 활동의 제한은 개인의 행동 상에 초점을 두고 개인의 활동을 저해하는 것이 개인의 기능에 기인하기 보다는 사회환경이나 제도와 관련되어 있음을 강조하고 있으며, 참여는 장애인의 평등을 통한 완전한 사회참여를 강조하기 위한 개념이라고 할 수 있다.

3. 장애인복지의 주요개념

장애인복지의 목적을 달성하기 위해서 장애인복지정책입안자 및 관련 전문가, 그리고 국민의 장애인에 대한 인식이 중요하다. 이러한 인식을 기초로 장애인복지가 전개되기 때문이다. 따라서 본서에서는 장애인복지에 대한 주요개념들을 살펴보고 장애인복지에 대한 이해를 돕고자 한다.

1) 시민권

시민권은 평등하지 않은 것을 평등하게 해주는 것으로 시민들의 정치적 · 사회적 권리를 포함하고 있다. 이러한 시민권의 해석은 시대적 상황이나 국가에 따라 달리 해석되고 적용되어지고 있으며, 장애인들이 삶이나 환경에서 진정한 사회통합을 이루기 위해서는 매우 중요하다. 시민권에 대한 주장은 1960년초 킹 목사를 중심으로 흑인들의 시민권 운동에서 출발하였으나 그 이후 사회적 약자들에 대한 운동으로 확대되어져 갔고 1964년 시민권리법이 제정되면서 미국의 재활정책에 직접적으로 영향을 주었다.

이러한 시민권 운동은 장애인복지분야에도 영향을 미쳐 1971년 정신지체인 권리선언, 1975년 장애인의 권리선언 등을 통하여 장애인도 다른 사람들과 마찬가지로 모든 사회활동에 참여할 권리가 있음을 선언하게 되었다. 1994년에는 장애인의 기회균등을 위한 표준규칙을 제정하여 장애인을 비롯하여 세계 만인을 위한 사회를 건설할 것을 제창하는데 그 영향을 미쳤다. 이러한 시민권 운동은 권리에 기초한 인간의 존엄성과 인간의 평등사상에 입각하여 전개되고 있다.

2) 사회적 역할가치 부여 이론

사회적 역할가치부여(SRV : Social Role Valorization)이론의 개념은 "가능한 한 사람들에게 가치 있는 사회적 역할을 습득, 유지시키기 위하여 문화적으로 가치 있는 수단을 이용하는 것" 또는 "사람들이 문화적으로 가치 있는 삶을 영위할 수 있도록 하기 위한 가치 있는 수단들의 이용"에 초점은 두고 있다. 사회에서 가치 이하로 평가된다는 것은 가치이하로 평가된 사람이 업신여김을 당하게 된다. 또한 가치이하로 평가된 사람을 형편없이 취급하는 것은 이러한 개인, 집단에 대한 사회적 역할 지각을 잘 나타내는 것으로 결국 장애인들을 사회로부터 격리된 환경 속에서 살아가도록 내버려 두는 결과를 초래하고, 사람들은 다른 사람들에 의해 어떻게 인식되고 취급되느냐에 따라 다음에 어떻게 행동할 것인가를 결정하기 때문에 장애인에게 긍정적인 역할을 부여할 수 있는 사회환경이 구축되어져야 한다.

사회적 역할가치 부여이론의 기본이념(정상화이념)의 7가지 상황을 설명하면 다음과 같다.

첫째, 인간서비스에 있어 의식과 무의식적 역할을 강조한다. 즉, 정책입안자, 행정가, 사회복지사, 훈련가 혹은 복지의 대상자 등은 무의식적으로 장애인의 역할을 축소해서 인식하게 되면 장애인에게 보편적인 삶을 살 수 있도록 해 주지 못하게 된다. 따라서 정상화이념은 국민들의 잘못된 무의식을 바로잡아주는 것이라고 할 수 있다.

둘째, 역할기대의 바람직한 정립이 이루어져야 한다. 역할기대는 역할기대의 대상이 되는 사람이 기대된 대로 행동하기를 바라는 사람들로부터 나온 것으로서 예를 들면 "너는 영화관 못가. 휠체어 타고 어떻게 가니?" 하는 기대를 하고 있다면 휠체어 장애인들은 영화관에 갈 수 없다. 왜냐하면 휠체어가 들어갈 수 있는 편의시설이 제공되지 않기 때문이다. 하지만 장애인의 잠재능력을 확실히 인정해주고, 잠재능력을 발휘할 수 있는 환경을 구축해주며, 그 사람을 바라보는 잘못된 인식을 바꾸게 된다면 편의시설이 설치될 것이고 휠체어를 타는 장애인도 영화관에 갈 수 있을 것이다.

셋째, 긍정적 사고의 함양을 강조한다. 억압된 사회는 두려움과 불안감을 조성하여 자신의 잠재능력 발휘할 수 없도록 만든다. 따라서 정상화 이념은 장애인의 긍정적인 측면을 개발하고 동기를 부여해야 한다.

넷째, 개인의 능력증진을 강조한다. 장애를 갖지 않았지만 가치이하로 평가된 사람의 경우는 나쁜 역할기대가 주어지고, 이들의 성장이나 발달에 필요한 기회나 경험이 제공되지 않고 또한 나쁜 역할 모형을 보여주는 사람과 함께 격리(수용시설)되어져 있었기 때문에 그의 능력을 충분히 발휘할 수 없게 된다. 이는 개인능력강화가 국가능력강화 및 인류능력강화로 이어짐을 고려해 볼 때 심각한 문제를 야기하게 된다. 따라서 장애인들에게 능력을 증진할 수 있는 환경제공이 필요하다.

다섯째, 모방력이다. 현실적으로 복지대상자들이 모방할 수 있는 모델은 거의 부정적인 것들이 많다. 가치 있는 모델로부터 분리되어 있고, 사회적으로 낮은 평가를 받는 특성이나 행동을 보이는 사람들과 함께 있음으로 인해 야기되는 문제 등은 올바른 모델링을 통한 사회화의 중요성을 고려해 볼 때 탈시설화 정책 등을 통해 극복되어져야 한다.

여섯째, 사회적 이미지 향상이 필요하다. 역사적으로 가치이하로 평가되었던 사람과 관련된 상징이나 이미지는 상당히 부정적이다. 장애인에 대해 무의식적으로 인식되어지는 나쁜 이미지를 바꾸고 개인의 잠재능력을 인정할 수 있는 사회적 이미지를 고양해 나가야 한다.

일곱째, 사회적 참여의 중요성이 강조되어야 한다. 사람들의 장애인에 대한 부정적인 인식 즉, 장애인을 소외, 가치 없는 존재라는 인식은 사회통합을 저해한다. 사람은 누구나 능력을 가지고 있으며 장애인도 한 사람의 인간으로 잠재능력을 가지고 있다. 그래서 그 능력을 발휘할 수 있도록 국민들의 인식, 태도를 바꾸고 사회적 상황, 환경을 제공해 줄 때, 장애인도 가치 있는 역할을 수행할 수 있을 것이다.

3) 자립생활 운동

자립생활운동(IL운동)이란 선택할 권리, 서비스를 제공받을 권리, 자기결정권리에 기초하고 있다. 즉 이 세 가지 의미를 내포한 사회적 지원체계를 기반으로 장애인 스스로 자신에게 만족스러운 생활방식을 선택하고 자신의 생활 전영역에 걸쳐 주도권을 행사하며 제반 의사결정과정에 참여함으로써 자신의 문제를 결정하고 해결할 수 있는 주체적인 생활을 의미한다. 이는 시민권운동과 소비자 보호운동, 자조운동, 탈시설화운동 등에 영향을 받은 것으로서 장애인복지가 지향하는 궁극적인 목적이라고 할 수 있다. 자립생활운동의 역사는 1962년 미국 일리노이 대학에서 시작되었으며, 1970년대 초 미국 최초의 자립생활지원센터(CIL)를 중심으로 본격화되었다.

4. 장애유형 및 판별기준

장애유형은 그 정의나 기준에 따라 여러 종류로 분류될 수 있다. 우리나라의 1999년 2월 8일 개정된 장애인복지법 제2조에서 장애유형을 크게 신체적 장애와 정신적 장애로 분류하고 있으며, 동법 시행령 제2조에서는 장애유형을 지체장애인, 뇌병변장애인, 시각장애인, 청각장애인, 언어장애인, 정신지체인, 발달장애인, 정신장애인, 신장장애인, 심장장애인으로 분류하고 그 기준을 규정하고 있으며 2003년 7월부터는 호흡기, 간, 안면변형, 장루, 간질장애도 장애범주에 포함되었다. 여기서는 장애인복지법에서 제시하고 있는 장애분류를 제시하고자 한다(장애인복지법 제2조).

표 16-1 장애 분류와 등급표

대분류	중분류	소분류	세분류	등급
신체적 장애	외부신체 기능의 장애	지체장애	절단장애, 관절장애, 지체기능장애, 변형 등의 장애	1~6급
		뇌병변장애	중추신경의 손상으로 인한 복합적인 장애	1~6급
		시각장애	시력장애, 시야결손장애	1~6급
		청각장애	청력장애, 평형기능장애	2~6급 (평형기능장애는 3~5급)
		언어장애	언어장애, 음성장애	3~4급
		안면변형장애	안면부의 변형으로 인한 장애가 계속되며, 이로 인하여 사회생활 활동이 현저하게 제한	2~4급

대분류	중분류	소분류	세분류	등급
신체적 장애	내부기관의 장애	신장장애	투석치료중이거나 신장을 이식 받은 경우	2, 5급
		심장장애	일상생활이 현저히 제한되는 심장기능이상	1, 2, 3, 5급
		호흡기장애	폐나 기관지 등 호흡기관의 기능에 장애로 일상생활 및 사회생활 활동이 제한	1~3급
		간장애	간의 기능에 장애가 지속되며, 이로 인하여 기본적인 일상생활 및 사회생활 활동이 제한	1, 2, 3, 5급
		장루장애	장루 기능에 장애가 지속되며, 이로 인하여 일상생활 및 사회생활 활동이 제한	2~4급
		간질장애	간질로 인한 기능 및 능력 장애가 지속되며, 이로 인하여 일상생활 및 사회생활 활동이 제한	2~4급
정신적 장애	정신지체		지능지수가 70이하인 경우	1~3급
	정신장애		정신분열, 분열형정동장애, 양극성정동장애, 반복성우울장애	1~3급
	발달장애(자폐증)		소아자폐 등 자폐성장애	1~3급

제3절 장애인의 재활

재활이란 단순한 치료나 훈련의 기술적인 측면만이 아니고 심신의 장애를 가진 사람이 훌륭한 사회인으로서 생활할 수 있게 되는 것을 의미한다. 즉, 장애의 보충이나 보상, 치료회복과 개선, 문제의 해결과 극복으로서 장애인의 전인적인 재활이 이루어지도록 모든 욕구를 충족시켜주는 종합적 서비스인 것이다. 미국재활협의회(National Council on Rehabilitation)에서는 재활이란 심신장애자의 신체적, 정신적, 사회적, 직업적 · 경제적 가용능력을 최대한으로 회복시켜 주는 것으로 정의하고 있다(Townsend, 1966). 1976년 제29차 세계보건총회에서 장애예방과 재활은 제3의 의학으로 정의하면서 의료적, 사회적, 교육적, 직업적 조치를 통합적으로 사용하여 개인을 훈련시키고 재훈련시켜 개인의 기능적 능력을 가능한 최고의 수준으로 높이는 것이라고 정의하고 있다.

재활과정은 장애인의 신체적, 정신적, 사회적, 직업적, 경제적 가용능력을 최대한 회복시키기 위한 목표지향적이고 개별화된 일련의 연속적인 서비스 과정으로서 이것은 재교육, 재적응, 선천적 장애와 관련되는 habilitation과 교육, 학습, 후천적 장애와 관련되는 rehabilitation으로 구별할 수 있다.

재활의 어의는 사회복귀 또는 사회통합으로 이해되고 있으며 원어의 rehabilitation은 접두사 re(다시)와 어간 habilit(적합한)와 접미사 ation(~으로 하는 것)으로 되어있다. 다시 적합하게 하는 것을 의미하므로 재활은 사람답게 될 권리와 자격과 존엄이 어떤 원인에 의해서 손상된 사람이 그것들을 다시 회복하는 것을 의미한다. 근본적으로 장애를 은폐하는 것이 아니고 회복하는 것이다.

재활의 목표는 장애인이 잠재능력을 극대화 할 수 있는 총체적인 서비스를 제공하여 장애인이 최적의 생활을 유지할 수 있도록 해 주는 것이다.

장애를 제거하여 사회에 복귀시키는 것으로 신체장애의 발생 초기부터 의료적, 직업적, 교육적 및 사회심리적 개입과정을 통하여 서비스 대상에 따라 개별화 되고 전문직 간의 팀워크에 의한 통합적인 서비스와 그 가족 및 지역사회의 적극적인 참여를 유도하게 된다. 재활은 크게 의료적 재활, 교육적 재활, 직업적 재활, 사회적 재활, 심리적 재활로 구분 될 수 있다.

따라서 재활이란 장애인의 잠재능력을 최대한으로 개발하여 최상의 생활을 유지할 수 있도록 도와는 것으로서 장애예방, 기능향상(치료), 사회적 통합으로 분류할 수 있다. 장애의 예방은 1차수준의 예방, 즉 산전, 산후관리, 유전상담, 예방교육 등을 의미하며, 2차수준의 예방 즉, 장애의 조기발견 및 치료 등 의료적 측면을 말하고, 3차수준의 예방은 훈련 및 보장구 사용교육 등 기능회복에 초점을 두는 것으로 분류한다. 기능향상(치료)은 손상되었거나 손상되지 않은 신체부분의 기능적 보상과 보장구 사용 그리고 환경적인 장애의 제거[1] 등을 포함한다. 마지막으로 사회적 통합은 교육, 직업, 심리

등을 포함, 사회의 한 구성원으로 살아갈 수 있게 하는 것이다.

기존에는 재활의 분야를 의료재활, 교육재활, 직업재활, 사회재활, 심리재활 등으로 분류하였으나, 지식정보화 사회의 도래와 함께 재활공학, 성재활 등 그 범위도 확대되어지고 있다.

1. 의료재활

의료재활은 외상이나 질병에 대한 병소(병의원인) 치료만으로 끝나는 것이 아니라 환자가 장애를 갖게 되었을 때 남아 있는 기능으로 일상생활은 물론 직장생활도 가능하도록 훈련시키는 것으로 장애가 있는 사람이 주어진 조건 하에서 최대한의 신체적, 정신적, 사회적 능력과 직업, 교육 등의 잠재적 능력을 발달시켜주어 가능한 정상에 가까운 생활을 할 수 있게 해주는 것이 목적이다.

의료재활의 대상은 만성질환이나 장애를 가지고 있는 사람이며, 주요 분야는 장애를 예방하고 제거하며, 장애로 인한 기능상의 손실을 최소화하고 이들이 일상생활을 할 수 있도록 훈련시키는 것을 포함한다. 따라서 의료재활은 예방, 진단과 평가, 물리치료, 작업치료, 언어치료 등을 포함하고 있다.

2. 교육재활

교육재활은 장애인의 통합적인 재활에서 교육적인 측면을 의미하며, 특수교육이 재활의 가장 중요한 수단이라고 할 수 있다. 하지만 교육재활은 교육정책의 전반적인 것을 포함하고 있기 때문에 교육재활의 일부로 특수교육이 이해되어져야 한다. 교육재활의 목적은 자아실현, 인간관계, 경제적 능력, 시민적 의무를 달성할 수 있도록 장애인을 교육하는 것으로서 특히 잘 훈련된 전문적인 교사와 특수한 교육과정 및 교수방법, 그리고 교수매체를 종합적으로 갖추고 있어야 한다.

---

1) 환경 : 편의시설 뿐만 아니라 국민의식도 포함 됨.

교육재활의 대상은 장애인으로서 특수한 상황에서 교육이 필요한 사람이며, 시각장애, 청각장애, 정신지체, 지체부자유, 정서장애(자폐성장애 포함), 언어장애, 학습장애, 기타 교육인적자원부령이 정하는 장애를 가지고 있는 사람들이며(특수교육진흥법 제10조), 특수교육의 내용은 장애상태에 따라 개별화되어 있어야 하고 구체화되어 있어야 한다.

특수교육의 목적은 특수교육을 필요로 하는 사람에게 국가 및 지방자치단체가 적절하고 고른 교육기회를 제공하고, 교육방법 및 여건을 개선하여 자주적인 생활능력을 기르게 함으로써 그들의 생활안정과 사회참여에 기여함을 목적으로 한다(특수교육진흥법 제1조).

특수교육기관은 특수교육대상자에게 유치원, 초등학교, 중학교 또는 고등학교의 교육과정을 교육하는 특수학교 및 특수학급을 의미하며, 특수학급은 특수교육대상자에게 통합교육을 실시하기 위하여 고등학교 이하의 각급학교에 설치된 학급으로서, 그들의 능력에 따라 전일제·시간제·특별지도·순회교육 등으로 운영되는 학급을 말한다.

순회교육은 특수교육을 담당하는 교원이 가정이나 의료기관, 학교 기타 시설 등에 있는 특수교육대상자를 방문하여 행해지는 특수교육을 의미한다. 통합교육은 특수교육대상자의 정상적인 사회적응능력의 발달을 위하여 일반학교에서 특수교육대상자를 교육하거나, 특수교육기관의 재학생을 일반학교 교육과정에 일시적으로 참여시켜 교육하는 것을 말한다. 치료교육은 장애로 인하여 발생한 결함을 보충하고 동시에 생활기능을 회복시켜 주는 심리치료·언어치료·물리치료·작업치료·보행훈련·청능훈련 및 생활적응훈련 등의 교육활동을 말한다.

3. 직업재활

직업재활은 직무지도와 훈련 그리고 직무배치 등과 같은 직업적 서비스를 포함하는 연속적이고 협력적인 재활과정의 일부로써 장애인이 적절한 고용을 확보하고 유지할 수 있도록 서비스를 제공하는 것을 의미한다. 즉 직업재활은 심신의 결함을 지닌 장애인들의 신체적·정신적·사회적·직업적·경제적 능력을 최대한으로 길러줌으로써 일할 권리와 의무를 비장애인과 똑같이 갖도록 하여 주는 재활사업으로 장애인의 사회통합을 위한 최대의 과제라고 할 수 있다(남상만 외, 2003, p.147).

직업재활의 대상은 장애의 원인이나 특성, 연령에 상관없이 그들이 준비가 되어있고 적절한 고용을 확보하고 유지할 수 있다면 모든 장애인들에게 적용될 수 있다. 직업재활의 과정은 일반적으로 직업상담, 직업평가, 직업훈련, 직무배치, 보호고용, 사후지도 등으로 구성되어 있다. 직업상담은 장애인들의 직업준비에서 직업계획, 직업활동과 관련된 상담을 하는 것이다. 직업평가는 장애인의 신체적·정신적·직업적 잠재능력 및 직업적 행동과 관련한 평가를 의미하는 것으로 초기평가와 작업표본평가, 현직평가로 분류하여 볼 수 있다. 초기평가는 지능 및 적성검사, 직업능력흥미검사, 작업능력검사를 중심으로 실시하고 있으며, 작업표본평가는 실제직업에서 사용되는 것과 유사하거나 동일한 과제, 재료, 도구를 사용하는 평가이다. 현직평가는 실제작업장에 투입시켜 자질을 평가, 가장 객관적으로 평가하는 것을 의미한다.

직업훈련은 직업전 훈련과 직업적응훈련, 그리고 직업훈련으로 분류할 수 있으며, 기본적으로 적합한 직종을 선택하기 위한 취업의 준비단계를 의미한다. 직무배치는 직업환경, 장애인의 개인적 특성 및 적성을 고려하여 직업세계에서 적응능력을 배양해 줄 수 있는 직업세계로의 연결을 의미한다. 보호고용은 작업세계에서 활동하기 위하여 특별한 환경이나 세심한 도움이 필요한 장애인이나 작업능률이 현저히 떨어지는 장애인들을 위하여 특별한 보호의 시스템을 구축할 필요가 있는 장애인들을 위한 고용의 한 형태이다. 주로 정신지체나 중증장애인들이 그 대상이 된다. 사후지도는 장애인들이 직업세계에 적응 할 수 있도록 취업 후에도 관심을 가지고 지도를 해 나가는 활동을 의미한다.

4. 사회재활

사회재활은 장애인이 사는 물리적·사회적·경제적·심리적 환경 조건들을 정비하여 인간다운 만족스러운 생활을 영위하는 것으로 정의하고 있으며, 전제조건으로 사회제도의 개혁, 장애인의 생활을 위협하는 사회적·심리적·문화적 요소의 제거, 국제수준에 기초할 것, 다른 재활분야와 역동적인 관계(밀접한 관계)를 가질 것을 제시하고 있다(국제재활협회). 사회재활의 대상은 모든 장애인이며, 사회재활의 주요내용은 장애인 관계법의 정비, 행정의 정비, 경제적 환경의 정비, 물리적 환경의 정비, 장애인의 심리적·정서적 문제의 해결, 사회적·문화적 기회의 확대를 들 수 있다.

5. 심리재활

심리재활은 장애인의 부정적인 성격을 변화시켜 사회적응력을 향상시키는 것으로서 장애인과 가족 등 주위 사람들에 대한 심리적 안정을 도와주는 활동이라고 할 수 있다. 심리재활의 대상은 장애를 가진 사람과 장애를 가진 사람에게 영향을 줄 수 있는 가족 및 주위 사람들이며, 주요내용은 심리검사, 상담, 심리치료, 가족치료, 집단활동 등이 있다. 심리재활의 초점은 장애인이 자기 자신을 있는 그대로 받아들일 수 있도록 하는데 있으며, 자신의 문제를 정확히 판단하고 스스로 해결하고자 하는 강한 동기를 조성하게 하고, 자신의 왜곡된 성격 및 행동의 교정에 스스로 참여하도록 도와주는 것이라고 할 수 있다(손광훈, 2004, p.257).

6. 재활공학

재활공학은 장애인들이 손상된 부위를 공학기술을 통해 재활시키는 새로운 분야이다. 1986년 미국의 개정재활법은 재활공학을 "교육, 재활, 고용, 운동, 자립적인 생활, 여가선용을 포함한 영역들에서 장애인들의 욕구를 만족시키고 장애인들에게 직면한 문제를 해결하기 위한 기술들 혹은 과학적 원리들의 체계적인 작용을 의미하는 것"으로 정의하고 있다(남상만 외, 2003, p.163). 즉 재활공학은 장애인들의 손상된 부위를 공학기술을 통해 재활시키는 재활의 새로운 분야로서, 재활공학, 보조기술, 보조기기 등은 그 개념이 유사하고 추구하는 바도 유사하다. 재활공학의 대상은 손상, 능력 장애, 사회적 불리로 분류되는 세 가지 의미의 장애인에게 모두 필요하며, 재활공학의 분야는 현재의 과학을 이용하는 것으로 의용생체공학, 사회적 분야, 교육적 분야, 일상생활기기의 개발, 정보전달미디어 등 매우 다양하다.

제4절 장애인복지서비스의 전체계

서비스 전달체계란 장애인이 필요로 하는 서비스를 누가 어떠한 경로를 통하여 대상자에게 제공·전달하는가 하는 조직적 관계를 말한다. 장애인복지서비스는 장애인복지의 욕구체계, 자원체계, 전달체계라는 세 가지 하위체계로 구성된다. 이처럼 욕구와 자원간의 상호작용이 발생되는 장면(setting)을 전달체계라고 한다. 장애인복지라는 전체 체계가 원활한 기능을 발휘하기 위해서는 세 가지의 하위체계 중 어느 하나에도 결함이 있어서는 안된다.

우리나라 장애인복지 서비스 전달체계의 현황을 정부중심, 민간중심, 장애인 단체중심으로 구분할 수 있고 이를 살펴보면 다음과 같다(손광훈, 2004).

1. 정부중심의 서비스 전달체계

장애인복지에 관한 중앙정부의 부처는 보건복지부 '장애인복지심의관실'과 그 아래 있는 '장애인정책과'와 '재활지원과'이다. 1996년까지만 해도 '장애인복지과' 하나만 있었으나 1997년에 장애인복지심의관실이 새로이 설치되면서 장애인복지 업무를 담당하는 부서가 장애인정책과와 재활지원과로 양분되었다.

보건복지부는 사회보험, 공공부조, 사회복지서비스와 관련 복지제도를 추진하기 위한 정책수단과 관련 예산을 갖고 있다. 장애인복지 서비스는 보건복지부 내 '장애인복지심의관실'이 이를 담당하고 있다. 1981년에 심신장애자복지법이 제정되면서 이를 추진하기 위한 독립적인 과의 신설이 필요하여 동년 당시 보건사회부(현 보건복지부)내 사회국에 '재활과'를 신설했다. 이후 심신장애자복지법이 장애인복지법으로 전문 개정되면서 재활과는 장애인복지과로 개칭되었다. 그리고 1997년에 장애인복지심의관실이 설치되면서 장애인정책과와 재활지원과로 양분되었다.

한편 보건복지부는 교육부, 노동부와 달리 특별지방행정기관을 별도로 두고 있지 않아, 지방자치단체 수준에서의 전달체계는 행정자치부의 일반 지방행정기관을 통해 정책을 집행하고 있는 실정이다. 따라서 시 · 도에서는 보건복지국 내에 복지정책과에서 관련 업무를 집행하고 있고, 시 · 군 · 구에서는 사회복지과 내 사회계에서 관련 업무를 수행하고 있으며, 읍 · 면 · 동 단위에는 사회담당 또는 사회복지전문요원이 배치되어 있다.

2. 민간중심의 서비스 전달체계

장애인복지를 위한 민간단체 · 기관 · 시설 등이 여러 가지 형태로 장애인복지 서비스사업을 하고 있다. 이들 기관은 각기 설립목적에 따라 의료재활, 사회재활, 생활보호 등의 프로그램을 운영하거나, 자원동원 및 조직 등의 지역사회복지를 실시하고 있다. 장애인복지시설은 대부분 민간법인이나 기관에서 운영하며, 이용시설인 장애인복지관은 대부분 정부에서 설립하여 그 운영을 민간기관에 위탁하고 있다.

우리나라는 1980년대 까지 시설중심의 재활서비스가 그 중심을 이루어 왔으나 1985년 CBR사업에 대한 시범사업의 실시와 다양한 형태의 복지서비스가 제공됨에 따라 지역사회중심의 서비스가 활성화를 띄게 되었다. 먼저 장애인복지법에 기초한 우리나라 장애인복지시설을 살펴보면 장애인생활시설과 장애인지역사회시설, 장애인직업재활시설, 장애인유료복지시설 등으로 분류하고 있다.

① **장애인생활시설** : 장애인생활시설은 장애인이 필요한 기간 생활하면서 재활에 필요한 상담 · 치료 · 훈련 등의 서비스를 받아 사회복귀를 준비하거나 장애로 인하여 장기간 요양하는 시설을 의미한다.

② **장애인지역사회재활시설** : 장애인지역사회재활시설은 장애인복지관, 의료재활시설, 체육시설, 수련시설, 공동생활가정 등 장애인에게 전문적인 상담 · 치료 · 훈련 등을 제공하거나 여가활동 및 사회참여활동 등에 필요한 편의를 제공하는 시설을 말한다.

③ **장애인직업재활시설** : 장애인직업재활시설은 일반고용이 어려운 장애인이 특별히 준비된 작업환경에서 직업훈련을 받거나 직업생활을 영위할 수 있도록 하는 시설을 말한다.

④ **장애인유료직업재활시설** : 장애인유료직업재활시설은 장애인이 필요한 치료, 상담, 훈련 등 편의를 제공받고 이에 소요되는 일체의 비용을 시설운영자에게 납부하여 운영하는 시설을 말한다.

3. 장애인 단체

장애인단체는 보건복지부 소관 장애인복지 관련법인으로 한국장애인복지진흥회, 한국시각장애인연합회, 한국농아인협회, 한국지체장애인협회, 한국정신지체인애호협회, 한국장애인단체총연합회, 한국장애인단체총연맹, 한국뇌성마비복지회, 한국장애인부모회, 한국장애인복지시설협회, 한국장애인재활협회, 장애우권익문제연구소, 한국보장구협회, 한국장애인연맹, 한국장애인복지관협회, 한국여성장애인연합, 한국신체장애인복지회등이 있다.

참고문헌

金重大. (1989). 障碍者福祉論, 大邱 : 弘益出版社.
남상만, 나운환, 유명화, 이준상. (2003). 장애인복지개론, 서울 : 홍익제.
서울특별시. (1990). 서울시 장애인의 실태파악과 대책수립에 관한 조사연구.
손광훈. (2004). 장애인복지론, 서울 : 현학사.
박종삼. (2003). 사회복지학개론, 서울 : 학지사.
峨山社會福祉事業財團. (1981). 障碍者 福祉便覽.
오혜경. (1999). 장애인복지학입문, 서울 : 아시아미디어리서치.
小島蓉子. (1970). 心身障碍者 福祉, 東京 : 光生館.
手塚直樹. (1986). 障碍者福祉論, 東京 : 光生館.
Allan W. Scott. (1958). Rehabilitation : A Community Challenge, New York : John Wiley Sons, Inc.
Rich Heber. (1976). A Manual on Terminology and Classification in Mental Retardation, Washington : A. A. MD.

제 17 장 여성복지

제 1 절 여성복지의 개념

1. 여성복지의 개념

여성복지라 함은 일상생활상의 제 장애가 제기되어 경제적으로나 문화적으로 충족한 가정생활 및 사회생활이 보장되는 것을 궁극의 목표로 하는 제도와 활동의 총칭으로서 미혼과 기혼을 가리지 않고 모든 여성에 관한 복지 전반을 포함하는 여성의 복지를 뜻한다. 즉, 여성복지란 미혼모, 가정폭력 및 성폭력피해여성, 성매매피해여성, 가출여성, 근로여성, 저소득여성 및 학대받는 여성들과 같은 요보호여성은 물론 모든 여성들이 인간다운 삶을 영위할 수 있도록 정부 및 민간이 행하는 모든 조직적인 활동이라 할 수 있다. 따라서 여성복지를 사회복지의 하위 개념으로 규정하여 여성을 위한 사회복지로서 여성 개개인에게 인간다운 삶을 보장하기 위해서 시도되어지는 자원의 재분배 노력들을 가리킨다. 이러한 여성복지의 실체는 국가와 시대에 따라 다르게 나타난다.

여성복지가 대두되는 것은 여성만이 가지는 임신, 출산 및 양육의 기능을 중심으로 여성은 특수한 상황에 처하게 되며, 아동, 가정과 불가분의 관계를 가지고 있기 때문이다. 또한 산업사회 구조의 다원화 및 사회변모로 가출여성, 이혼율, 근로여성, 노령인구의 증가 및 빈곤문제의 대두 등 여성문제의 사회화에 다양한 여성복지의 수요에 효과적으로 대처할 수 있는 정책 개발이 요구되기 때문이다.

여성의 지위 향상과 복지 증진을 위한 법 제도는 1980년대에 들어와서 획기적 발전을 이루었다. 즉, 보건복지부 산하에 한국여성개발원의 설립(1983년), 국무총리 직속의 여성정책심의위원회의 설치(1983년)를 비롯하여 남녀고용평등법의 제정(1987년), 여성문제전담부로서의 정무 제2장관실의 발족(1988년), 지방자치단체의 가정복지국, 가정복지과의 신설(1989년)이 이루어졌고, 90년대에 들어와 여성발전기본법(1995년), 성폭력방지법의 개정(1995년), 가정폭력방지 및 피해자보호등에 관한 법률의 제정(1997년), 모자복지법의 개정(1998년), 제1차 여성정책 기본계획(1998~2002년)과 제2차 여성정책 기본계획(2003~2007년), 여성부 발족으로 인한 업무의 이관(2001년), 윤락행위등방지법의 폐지 및 성매매처벌법과 성매매방지법의 대체입법 제정(2004년) 등으로 여성복지에 대한 관심이 높아졌고 여성복지제도도 크게 확대되었다.

이러한 제도적 변화는 국민의 증대된 복지에의 인식과 요구를 정부 차원에서 수용한 결과로 나타났으나 여성복지사업의 중요성과 긴급성이나 다양한 복지욕구에 비해 실질적인 서비스의 내용은 아직도 미흡한 수준에 머무르고 있다.

2. 여성의 특성

여성은 남성과는 근본적으로 차이가 있다. 여성이 가지는 특성을 신체적, 심리적, 사회적인 면에서 살펴보면 다음과 같다. 신체적 특성으로서는 일반적으로 여성의 신체조직은 피하지방(皮下脂肪)이 많고, 근력, 폐활량(肺活量)이 남성에 비해 낮으며, 보행 속도가 느리고 활력과 속도를 요하는 작업에 있어서 남성에 비해 불리하고 장시간 서서하는 작업에는 부적당한 체질을 가지고 있다. 반면 세심한 주의력을 요하는 작업이나 수작업(手作業)에 있어서는 남성보다 여성이 우수하다고 할 수 있다.

또 하나의 특징적인 차이점은 생리현상이다. 생리현상은 여성의 감정에까지 영향을 주어 생활의욕과 대인관계 면에서 장애가 되는 수도 있다. 이와 같은 생리구조는 여성만이 가지는 임신, 출산의 모성 기능 수행을 수반하게 된다.

심리적 특성으로서는 일반적으로 감정적이고 소극적이며, 심미적(審美

的)이고 감수성이 예민하여 자제력이 약하다고 한다. 이러한 심리적 특성은 신체적 기능에 의하여 그 경향이 규정되며 사회 문화적 영향에 따라 형성되어 지는 것이다.

사회적 특성으로서는 신체적, 심리적 특성이 서로 연관되어 사회적 특성으로 나타나게 되는데 경제활동에 있어서 남성은 시장경제활동에 종사하는데 반하여 여성은 가족경제활동에 종사하는 특징을 볼 수 있으며, 사회적 지위에 있어도 남성은 국가사회의 공적 역할을 담당하여 독자적인 사회적 지위를 소유하는데 반하여 여성은 가족생활의 사적 역할을 담당함으로써 남성의 지위에 의존하게 된다. 결국 남성은 사회 지향적이고 여성은 가정 지향적인 특성으로 나타나게 된다는 것이 전통적인 견해였으나 이러한 견해는 최근에 이르러 크게 바뀌고 있다.

3. 여성문제와 여성정책

1) 여성문제의 개념

여성문제란 우리 사회의 조직내에서 여성이 당연히 차지해야 하는 사회적 지위에 관한 것이며, 여성이 모든 사람과 평등한 권리를 누리면서 인간사회의 유용한 자원이 되기 위해서는 여성이 각 방면으로 자기의 능력과 재능을 어떻게 발휘해야 하는가에 관한 문제이다.

또한 여성문제란 가정과 사회에서의 남성과 여성의 불평등의 문제와 여성의 인간화를 저해하는 사회조직내에서의 여성에 대한 억압의 문제로 압축될 수 있다. 이러한 정의는 여성이 사회에서 여전히 올바른 지위를 차지하고 있지 못한 상황에서 아직도 그 유용성이 있다.

2) 여성문제의 유형

여성문제에 대한 인식은 관점에 따라 다양하게 나타날 수 있다. 특히 사회복지 대상으로서의 여성은 크게 모든 여성을 포함하는 일반여성의 문제와 사회적으로 인식된 구체적인 문제를 가진 요보호여성의 문제로 구분할 수 있다.

(1) 일반여성의 문제

우리 사회의 여성이라면 누구나 경험할 수 있는 문제로서 사회적 참여 여부를 떠나서 가정이 여성의 일차적 삶의 터전이라는 인식에서 나타나는 여성의 가정에의 종속과 의존에 의해 발생하는 것으로서 첫째, 가정의 종속으로 인해 나타나는 문제(유형 · 무형의 폭력에 의한 피해자인 여성과 가정내에서의 폭력유형으로서 아내에 대한 폭력, 여성학대 등)이고, 둘째, 가정에서 여성의 역할과 관련되는 문제로서 여성의 가정에의 종속 · 가사 및 육아의 1차적 책임 전담으로 인한 사회참여의 제한과 사회적 노동에 참여하지 않은 여성의 가사노동에 대한 가치저하와 심리적 보상이 정당화되지 못하는 문제이다.

(2) 요보호여성의 문제

요보호여성의 문제는 일반여성의 문제가 그들의 가정의 종속성과 남성의 의존성에서 연유된 것이라면 이들 요보호여성의 문제는 종속성과 의존성의 대상이 되는 가정과 남성의 부재 내지 부조화에서 비롯된 것이라고 할 수 있다. 그래서 일반여성의 문제와 마찬가지로 이들 여성들의 문제도 그들이 가지는 종속성과 의존성의 원인들과 관련해서 궁극적으로는 이해되어져야 할 것이다.

이들 여성의 문제에 대한 원인이 남성위주의 여성차별적 사회구조에서 남성의 부재로 빚어지는 문제라는 상황 - 생존을 위한 자원접근의 장애 - 이라고 보면 이들에 대한 대책으로서 사회복지 측면의 지원의 준비가 요청된다. 사회적으로 특수한 문제를 가진 것으로 인식되는 여성으로서 이들의 문제는 환경부적응, 욕구불만, 불안 등 여성 자신의 개인적 결함으로 발생하는 문제에 봉착해 있는 사람들이다.

이러한 요보호여성 문제의 특성은 여성이라는 특성으로 출산 · 육아 · 가사에서 사회참여와 직장진출에서 모성보호조치를 필요로 하고 있다. 여성이 자녀의 양육 · 교육담당자라는 특성은 사회변화로 나타나는 욕구상승, 경쟁심, 가치관의 혼란 등 모든 아노미현상에 대처할 수 있는 여성의 가치관 확립을 요청하고 있다.

따라서 사회복지 측면의 여성문제는 가정내에 문제가 있으나 사회로부터 도움이 적절치 않은 상황 또는 문제가 있는 사회로부터의 영향 때문에 가정 자체로서는 그 안정을 유지하기가 어려운 상황에 처해 있는 경우가 그 주 대상이 된다.

이들이 갖는 문제들은 일시적 · 장기적으로 가정과 사회에 미치는 파급 효과는 개인과 가정에게 치명적일 수도 있고 또 다른 문제의 유발 요인이 될 수도 있기 때문에 심각성을 띠고 있는 것이다.

3) 여성정책과 여성복지정책

여성정책이란 사회의 모든 분야에서 여성의 지위와 권익을 향상시켜 남녀가 평등한 사회를 이루려는 포괄적인 국가의 정책이며, 소극적으로는 이에 장애가 되는 모든 요소를 제거하는 정책이다(김복규, 1997). 우리나라에서는 여성발전기본법에서 여성정책을 남녀평등의 촉진, 여성의 사회참여 확대 및 복지 증진에 관한 대통령령이 정하는 정책이라고 규정하고 있다. 한편 여성복지정책은 사회복지정책 가운데 여성을 그 대상으로 하는 정책이며 여성의 욕구를 충족시키고 여성문제를 해결하거나 예방하기 위한 국가적 시책이라고 할 수 있다.

여성정책에서는 여성의 지위 향상과 사회참여 확대 및 여성복지 증진이라는 기본목표를 설정하고 있는데 이 세 범주는 상호 배타적인 것은 아니며 어디에 중점을 두느냐에 따라 분류될 수 있는 하나의 기준이 될 뿐이다. 그러나 사회복지 측면에서는 이 세 범주 중 여성복지 증진을 목표로 하는 시책에 초점을 맞추고자 한다. 따라서 여성복지정책은 전체 여성의 보다 인간다운 삶의 조건을 형성하기 위한 정책과 사회적 취약계층으로 분류되는 여성들이 복지를 향상시키기 위한 정책으로 분류할 수 있다. 전자는 보건 의료, 교육, 문화, 노동 등에서의 복지수준의 향상이 정책의 과제이며 후자는 특별한 보호를 필요로 하는 저소득 여성, 모자가정, 성폭력 및 가정폭력피해여성, 미혼모, 성매매여성, 가출여성 등을 대상으로 하는 각종 사회복지 서비스가 여기에 해당된다.

따라서 여성복지의 증진 과제는 여성이 처한 근본적인 장애적 요소를 불식하고 여성문제가 직접적으로 일어나고 있는 가정과 사회를 변화시키며 여성에 대한 사회복지 서비스가 시급히 요청되고 있는 취약여성의 당면문제를 해결해 나가는 것이다.

제2절 여성복지의 장과 서비스

여성복지대상을 집단별로 구분해보면 모자가정, 이혼여성, 미혼모, 가정폭력 및 성폭력 피해여성, 성매매여성, 가출여성, 근로여성 그리고 일반여성 등으로 나눌 수 있으나 여기에서는 대표적인 요보호여성 집단에 대해 살펴보기로 한다.

1. 모자가정

1) 모자가정의 개념

모자가정(fatherless family)이란 일반적으로 사별·이혼·유기·별거·미혼모 및 기타 사유에 의해 남편이 결손된 상태에서 편모와 18세 미만의 아동을 부양하고 있는 가구를 의미하는 것으로 모자가정을 여성가구가족, 여성세대주가족, 미망인가구 등과 혼용하기도 하는데 이들은 서로 중복되는 면도 있지만 반드시 일치되는 개념은 아니다.

한편 국가의 경제적 지원을 필요로 하는 모자가정은 저소득층 모자가정, 영세모자세대, 빈곤모자가정, 요보호모자세대 등 다양한 개념과 용어가 혼용되고 있다.

모자가정은 그들이 갖는 특수한 생활상의 곤란문제가 여성복지의 주요한 관심대상이 되어 왔는데 이를 사회복지 측면에서 보면 어머니에 대한 여성복지의 의의와 함께 자녀에 대한 아동복지의 의의를 동시에 갖고 있다.

2) 모자가정의 특성과 문제

모자가정의 증가현상이 어떤 원인에 유래되든간에 여성이 생계부양책임을 가지고 현실사회에 적응해야 한다는 것은 불리한 조건이 아닐 수 없다.

모자가정의 편모는 통상적인 어머니와 가정주부로서의 역할 외에도 경제적 가장(家長) 및 일반적인 아버지가 수행하는 것으로 인식되는 역할까지 담당해야 하며, 배우자의 부재로 인한 정서문제, 생계유지를 위한 생업활동, 자녀양육 등의 복합적인 문제에 봉착하고 있다.

이들 모자가정이 갖고 있는 문제를 살펴보면 당면하고 있는 가장 큰 어려움은 가족부양을 맡았던 부의 상실로 인하여 소득이 감소됨으로써 생기는 경제적 문제이다. 또한 부의 부재에 따른 자녀양육과 교육문제에도 어려움을 겪고 있다(전재일 외, 1997). 이 밖에도 부의 상실로 인한 충격으로 가정을 둘러싸고 있는 사회적 관계망의 축소와 그에 따른 사회적 지원의 감소 및 사회활동의 위축, 가족구조상의 기능적 결함에서 오는 좌절감, 실패감, 죄책감 등의 심리·사회적 문제를 들 수 있다.

3) 모자복지 서비스

모자가정에 대한 사회복지 서비스는 국민기초생활보장법, 모·부자복지법, 아동복지법 등에 근거하여 모자가정의 가족해체를 미연에 방지하고 이들에게 자립기반을 조성하여 건강하고 문화적인 생활을 유지토록 하기 위해 생계급여, 자립기반 조성, 시설보호가 이루어지고 있다.

특히 요보호모자세대에 대한 모·부자복지법상의 급여내용은 아동양육, 아동교육지원비, 직업훈련비 및 훈련기간 중 생계비, 아동양육비 등의 지급과 모자가정의 모와 아동에 대한 직업훈련과 취업알선, 모자복지시설에의 보호 등이다. 그러나 이러한 서비스는 주로 저소득모자가정에 국한되어 적용되고 있어 전체 모자가정에 대한 실질적인 혜택이 주어지지 않고 있다. 또한 모자복지시설의 보호를 받고 있는 모자가정은 전체 요보호모자가정의 1% 내외로 극히 소수에 불과하다.

따라서 모자가정에 대한 사회복지 서비스를 수행함에 있어서 먼저 그들의 문제를 과학적으로 파악하여 적절한 원조가 이루어지도록 정책이 수립되어야 할 것이다. 즉, 경제적 지원 이외에 모자가정이 가지고 있는 심리적, 사회적 문제 해결을 통해 자립할 수 있도록 하는 다각적인 서비스 방안을 강구해 나가야 할 것이다.

2. 미혼모

1) 미혼모의 개념

미혼모(unmarried mother ; unwed mother)란 법적으로 결혼하지 않은 상태에서 아기를 임신했거나 분만한 여성을 말하여 그 중에는 이미 결혼한 기혼자가 이혼, 별거, 과부의 상태에서 법적이 아닌 남자와의 관계에서 임신했을 경우도 있고 또 처녀가 혼전임신(婚前姙娠)한 경우도 있다.

미혼모문제는 비교적 최근 들어 사회문제로 제기되었는데, 오늘날 수없이 발생하는 기아(棄兒)는 경제적 요인이나 가족해체 등의 산물이라고도 볼 수 있겠으나 그 중 상당수는 미혼모에게서 출생했을 것으로 보인다.

미혼모문제는 미혼모를 모두 사회문제의 대상으로 삼아야 할 필요는 없고 다만 부정한 성행위가 사회의 가치관이나 도덕규범을 이탈했거나 임신으로 인하여 사회적, 경제적 지위가 떨어지거나 사회에 적응하지 못하게 되고 정서적, 교육적, 경제적 지위가 불안하여 아동양육에 문제가 발생하거나 아동의 법적 지위가 문제되어 사회적 물의를 일으킬 때 사회문제의 대상이 된다(김근조, 1986).

우리나라에서 미혼모는 사회적 일탈자가 되고 사회적 부적응자가 되기 쉬우며 심지어 기아를 발생시킬 우려가 있다. 또한 법적 가정단위에서 이탈하여 출생한 아동은 사생아(私生兒)라는 이름으로 그 어머니와 함께 현실적인 고통을 받고 있으며 이러한 미혼모와 그들의 사생아는 가정과 사회에서 소외될 때 그 생명은 유기되어 질병과 영양실조상태에서 급기야는 영아사망에 이르는 경우도 있을 것이고 이런 와중에서 살아남은 사생아는 고아라는 이름으로 시설수용보호를 받거나 다른 가정에 입양되어 지게 된다.

또한 이들에 대한 사회적 몰이해는 그들로 하여금 가출, 실직상태로 몰아넣고 또 심리적, 경제적 궁핍을 당하게 되며 이러한 때 제대로 도와주지 않으면 더한 곤궁에 빠지게 되는 것이다. 이러한 미혼모의 문제는 현실사회의 어느 곳에서나 그들이 낳은 사생아의 문제와 함께 존재하고 있는 것이다. 다만 그들의 사회적 지위나 보호책의 차이가 있을 뿐 문제의 심각성은 존재하고 있다.

2) 미혼모의 발생 요인

미혼모의 발생 요인은 심리적 요인과 사회 문화적 요인으로 나누어 볼 수 있는데 이러한 요인이 단독으로 혹은 복합적으로 작용하여 미혼모문제를 발생케 한다(Kadushin, 1980).

심리적 요인은 여성의 성장 발달과정과 관련지어 설명되고 있는데 즉, 미혼모가 되는 것은 성장과정에서 해결되지 못한 정서적 갈등의 표현이며 성격장애의 한 증상으로 인식된다. 이러한 성격장애로서 충동성, 초자아(super-ego) 발달의 결함, 자기배척, 성에 대한 불안 및 고독 등이 지적되고 있으며 이와 함께 가정에서 부모와 자녀 사이의 관계장애와 가족구성원간의 의사소통의 부족과 갈등, 가정의 심리적 장애요소가 함께 작용하는 것이다.

사회 문화적 요인은 가족 기능의 약화, 성 윤리의 변화, 산업화 · 도시화에 따른 사회적 변화와 관련되어 있다. 이와 같이 미혼모는 여러 가지 요인에 의해서 발생되는 것으로서 어떠한 특정 요인 한 가지에 의해 미혼모가 되기보다는 개인적, 가정적, 사회적, 문화적, 경제적 요인이 복합적으로 작용하여 미혼모가 된다고 볼 수 있다.

이러한 요인에 의해서 발생되는 미혼모가 가지고 있는 문제는 임신한 아기에 대한 문제로서 분만 · 양육비, 분만에 대한 불안, 공포, 사회적 관념에 따른 가족과 사회의 비난에 대한 두려움과 수치심으로 학업에 대한 증오와 적개심으로 사회에 대한 반항적, 자학적인 태도, 사회적 관계와 경제적 수단의 상실에서 오는 사회적 지위와 기회의 박탈, 사회적응의 문제 등 심리적, 정서적, 경제적, 신체적 문제로 복합적 성격을 가지게 된다.

3) 미혼모 서비스

미혼모문제를 해결하기 위한 접근방법은 미혼모 발생의 사전 예방을 위한 조치와 사후 치료적 차원의 프로그램으로 대별할 수 있다. 미혼여성의 혼전 성관계는 사회적인 여러 여건이나 기타 다른 나라의 경우로 보아 계속 증가할 추세이다. 따라서 미혼여성의 혼전임신에 따른 미혼모와 사생아의 발생도 계속 증가될 것이다.

이와 같이 증가하게 될 미혼모 발생의 근절책은 기대할 수 없지만 문제 발생의 원인에 따른 개인, 가정, 사회에 대한 상담서비스, 결손가정, 빈곤 가정에 대한 지원의 확대를 통한 가정생활의 안정을 도모하고 학교, 기업체 등 미혼여성이 집단적으로 생활하는 집단에 대해 성교육, 성상담을 확대하며, 청소년유해업소의 근절, 원하지 않은 임신에 대한 합법적인 임신중절수술의 허용 등의 방법이 모색됨으로써 미혼모 발생의 예방 내지 수적 감소가 가능하게 될 것이다.

미혼모에 대한 서비스는 사회적 치료와 심리적 치료로 구분할 수 있는데, 사회적 치료는 수입의 유지, 주거의 제공, 산전산후의 진료, 직업상담 등을 통해 사회적응이 이루어지도록 서비스를 제공하는 것이고, 심리적 치료는 대인관계의 조정, 임신과 출산에 대한 반응, 자아개념 등 임신·출산으로 인한 전반적인 정서문제를 다루어 자아의 분열을 막고 건전한 자아를 확립하여 자신의 문제를 해결해 나가도록 돕는 서비스이다.

우리나라의 미혼모에 대한 상담 보호는 주로 민간 입양기관이 맡아 왔으며 미혼모문제에 대한 관심보다는 사생아의 보호문제에 대한 관심과 서비스가 집중되고 있는 실정이다.

3. 이혼여성

1) 이혼의 의미

법적으로 이혼이란 부부가 생존 중에 혼인관계가 해소되는 것을 의미한다. 부부의 결혼생활에 변화를 가져오는 금세기 가장 특징적 현상 중의 하나는 이혼율의 증가이다(장휘숙, 1996). 이혼에 대한 개념이나 인식은 사회가 발달하고 시대적인 사상이 변하면서 달라지고 있다. 특히 현대사회에 이르러서는 남녀평등 사상의 영향으로 인해 결혼생활이 불만족스러울 경우에는 남녀 누구나 이의 해결책으로 이혼을 생각하게 되는 사회적인 분위기가 조성되어 버렸다. 이러한 영향 등으로 이혼율은 급속한 증가 추세를 보이고 있으며, 특히 최근에는 황혼이혼문제가 제기되고, 이혼연령도 모든 연령층에서 나타나고 있고 그 원인도 다양해지고 있어 앞으로도 계속 증가될 전망이다.

2) 이혼결과에 따른 문제

이혼은 모자가정을 발생시키는 주요한 요인이 되어 왔다. 이혼모가정이란 일반적으로 이혼으로 인해 편모와 자녀만으로 이루어진 가정을 의미한다. 부부의 결혼관계를 인위적으로 종결짓는다는 것은 어느날 갑자기 부부가 이혼하는 것으로 끝나는 단순한 사건이 아니라 그것은 부부가 이혼결정을 내릴 때까지의 어려운 과정과 별거기간 그리고 이혼 및 이혼 후의 재적응의 기간을 포함하는 계속적인 과정이다. 따라서 이혼은 현실적으로 겪게 되는 문제는 물론 신체적·정신적 건강문제와 가족문제 그리고 대인관계문제를 일으킨다.

현실적인 문제로서 이혼은 여성을 빈곤하게 하는 주요한 요인 중의 하나가 되고 있으며 경제적 자립 능력이 없는 여성의 어려움은 더욱 심각하다. 소득수준이 낮은 집단에서는 이혼 그 자체가 영향을 미친다기보다는 낮은 생활수준이 더욱더 경제적 어려움에 영향을 미치게 된다. 신체적·정신적 건강문제는 이혼과정 동안의 긴장은 신체적 건강을 악화시키고 심리적 장애를 초래할 가능성이 많다. 남편과 자녀에게 지나치게 의존적인 삶을 살던 여성은 이혼을 인생의 실패로 생각하는 경향이 높으며 반대로 독립적인 성 역할 태도를 가진 여성이 이혼하는 경우 이들은 자아상실에 대해서 어려움을 덜 느끼게 될 것이다.

가족문제는 주로 자녀문제로서 여자아동들보다 남자아동들이 반항적이고 일탈적으로 변하되기 쉽다. 이혼한 어머니가 자녀를 양육하게 될 때 어머니의 부모역할 양식은 보다 더 권위적으로 변하는 경향이 있다. 편모들은 자녀를 그의 아버지와 분리시켰다는 죄책감에 시달리고 자녀양육과 직업역할을 동시에 수행해야 하기 때문에 어려움을 겪게 된다. 가족관계 측면에서 이혼 후 편모가 부모의 역할을 다하기에는 이해와 능력이 부족하고 결과적으로 의사소통의 어려움까지도 따른다. 대인관계문제는 이혼 후 사회적 접촉망의 축소에 기인된 고립감으로 어려움을 겪게 된다. 이와 같이 이혼은 이혼 건수나 이혼율의 문제뿐만 아니라 이혼 후의 결과나 영향이 심각성을 띠고 있으므로 가족 기능을 회복시키는 차원의 대책이 당면 과제이다.

4. 가정폭력 피해여성

1) 가정폭력의 개념

가정폭력이란 가족구성원 중의 한 사람이 타인에게 의도적으로 적대적인 물리적 힘을 사용하거나 정신적 행위와 효과 특히 눈에 보이는 육체적 손상을 의미한다. 가정폭력의 가해자는 양성(兩性)이 될 수 있으므로 원래는 중립적인 의미로 규정하고 있으나 여기에서는 남편에 의한 아내폭력을 중심으로 다루고자 한다. 왜냐하면 우리사회에는 부부간의 폭력 중 남편에 의한 아내구타가 제일 많은 것으로 알려져 있기 때문이다.

가정폭력은 다른 형태의 폭력과 공통점을 가지고 있으면서도 다음과 같은 특색이 있다. 첫째, 가정폭력은 가해자와 피해자가 서로 긴밀한 관계를 갖고 있다는 면에서 다른 형태의 폭력과 구분된다. 둘째, 가정폭력이 초래하는 신체적 및 감정적 해악은 일회적이 아니고 오랫동안 지속되고 반복되는 특징을 갖는다. 셋째, 가정폭력은 피해당사자에게만 충격이 주어지기보다는 함께 사는 가족구성원 모두에게 영향을 미친다는 특징을 갖는다.

2) 가정폭력의 유형과 실태

가정폭력의 유형은 첫째, 손과 발로 구타하거나 기구를 사용하는 구타 등 신체적인 형태 둘째, 협박이나 모욕 혹은 경제권 박탈 등 언어적, 심리적 형태 셋째, 강제적인 성행위, 가학증과 같은 성적 형태 넷째, 재산이나 기물을 파괴하는 형태가 있다. 이러한 폭력들은 동시에 일어나기도 하며 특히 신체적 폭력은 언어적, 심리적 폭력이나 학대와 동시에 일어나는 경우가 많고 나머지 폭력과도 상호 관련된다.

성폭력 실태조사 결과를 종합해보면 아내가 처음으로 구타를 당하는 시기는 결혼 후 1년 이내가 약 60~80%, 결혼 5년 이내는 92%로 나타나 비교적 결혼생활 초반에서에서부터 나타났으며, 남녀대상자 1,200명 중 결혼생활을 통하여 남편의 폭력을 한번 이상 경험한 여성은 45.8%, 부인에게 한번 이상 폭력을 행사한 남성은 50.5%였다. 또한 결혼 후 남편에게 구타당한 경험이 있는 사람은 42.2%였고, 지난 1년 동안 구타당한 경험이 있는 사람은 14%였다. 이와 같은 결과로 미루어 볼 때 아내구타는 사회의 어느 특정집단에서만 일어나는 현상이 아니며 구타자의 연령이나 직업도 다양하게 분포되어 있음을 알 수 있다.

폭력피해여성이 경험하는 피해로는 신체적 증상과 고통, 자존심 손상과 수치심, 정서적 억압, 불안과 긴장, 정신신체증 증상, 환경통제능력의 결여 등으로 나타나고 있으며 폭력을 견디지 못해 가출하게 되는 등 구타의 심각성과 후유증이 문제가 된다.

3) 가정폭력 피해여성에 대한 지원체계

증가하는 가정폭력에 대한 입법으로서 가정폭력방지 및 피해자 보호등에 관한 법률과 가정폭력범죄의 처벌등에 관한 특별법이 있는데, 가정폭력방지 및 피해자보호등에 관한 법률의 목적은 가정폭력을 예방하고 가정폭력으로 인한 피해자를 보호함으로써 건전한 가정을 육성하기 위해 사회복지 차원의 대응으로 가정폭력관련상담소와 가정폭력피해자보호시설을 설치 · 운영하도록 규정하고 있다. 가정폭력 피해여성을 위한 상담기관으로서 가정폭력관련상담소, 성매매피해상담소, 여성회관, 긴급전화「1366」등이 있다. 가정폭력에 대한 사회적 개입은 사법체계 및 경찰, 의료체계 그리고 사회복지체계를 포함해 가정폭력문제를 전담하는 전문기관과 쉼터가 있다. 배우자의 물리적 · 신체적 학대로 인해 아동의 건전양육과 모의 건강에 지장을 초래할 우려가 있는 모와 아동 또는 모로서 희망하는 자를 일시보호하는 모자일시보호시설이 있다. 그러나 모자일시보호시설은 학대받는 여성의 피난처, 쉼터의 일시보호적 기능에 머무르고 있어 상담서비스의 전문화와 시설운영의 체계화가 향후과제로 대두되고 있다.

5. 성폭력 피해여성

1) 성폭력의 개념

성폭력의 정의는 그것이 범죄인지 아니면 성문제인지 혹은 연구자가 어떤 개념에 초점을 두느냐에 따라 그 정의가 다양하게 달라진다. 그러나 일반적으로 성폭력은 동의 없이 강제적으로 성적 행위를 하거나 성적 행위를 하도록 강요·위압하는 행위 및 성행위를 유발시키는 선정적인 언어로 유인하는 행위로 보고 있다.

이렇게 볼 때 성폭력은 강간뿐만 아니라 추행, 성적희롱, 성기노출, 성추행과 근친강간을 포함하는 어린이 성학대, 윤간, 아내강간, 강도강간 등 여성뿐만 아니라 남성에게도 가해지는 모든 신체적, 언어적, 정신적 폭력을 포괄하는 광범위한 개념이다.

2) 성폭력 실태

성폭력에 대한 공식통계만으로는 성폭력 실태를 파악하기에 미흡하다. 그러나 상담기관이나 연구조사에서 나타나는 성폭력의 실태를 종합해보면, 성폭력이 인생의 특징적 성격이며 많은 여성들이 생애동안 다양한 형태의 성폭력을 여러 번 경험한다는 것이다. 우리나라에서 성폭력관련범죄의 신고율은 매우 낮은 것으로 나타났으나 성폭력사건은 시간이 흐를수록 증가 추세에 있으며 일반폭력이나 강도 등의 강력범죄와 함께 발생율이 높아지고 있다.

성폭력 피해여성은 연령이나 교육정도, 사회 경제적 지위 등에 관계 없이 경험하고 있으며 발생장소도 인적이 드문 곳 뿐만 아니라 피해자나 가해자의 집이나 숙박업소, 대중교통수단 등 다양한 곳에서 발생하고 있다. 또한 가해자는 모르는 사람일 것이라는 통념에서 벗어나 피해자와 안면이 있거나 주변인물일 경우가 많아 성폭력이 보편화되고 있음을 나타내고 있다.

성폭력은 일어난 사건 자체로서 끝나는 것이 아니라 엄청난 사회적 영향을 미치고 있으며 성폭력 피해여성의 대표적인 후유증 증상은 불안, 두려움, 우울, 사회적응 및 성적 기능상의 문제, 정신적 후유증 등이다. 성폭력 피해여성이 경험하는 문제는 지속적 공포와 불안, 우울증, 자아존중감의 감소 등 정서적 문제와 모든 남성을 무서워하고 혐오하는 것은 물론 친구들과도 어울리지 못하는 대인관계의 문제가 있으며 가족관계도 심각하게 손상되는 문제를 경험하게 된다.

3) 성폭력 피해여성에 대한 지원체계

성폭력 피해여성을 위한 입법은 성폭력범죄의 처벌 및 피해자보호등에 관한 법률이 있다. 지금까지 성폭력 피해자를 위한 서비스는 민간 차원에서 여성단체등에 의한 상담서비스 위주로 실시되어 왔으며 성폭력피해자를 위한 상담기관은 한국성폭력상담소, 여성의 전화 등으로 급증하는 성폭력 상담사례 수에 비해 절대수가 부족하였다. 성폭력범죄의 처벌 및 피해자보호등에 관한 법률에 의한 성폭력피해상담소는 성폭력피해를 신고받거나 이에 관한 상담에 응하는 일, 성폭력피해자로 인하여 정상적인 가정생활 및 사회생활이 어렵거나 기타 사정으로 긴급히 보호를 필요로 하는 사람을 병원 또는 성폭력피해자보호시설에 데려다주는 일 등을 주요 업무로 하고 있다. 성폭력피해자보호시설은 성폭력피해상담, 성폭력피해자일시보호, 성폭력피해자의 신체적・정신적 안정회복과 사회복귀를 돕는 일, 기타 성폭력피해자의 보호를 위하여 필요한 일을 담당하고 있다.

6. 성매매 피해여성

1) 성매매의 개념

윤락이란 '타락하여 몸을 버림'으로 정의되고 있으나 행정적으로나 법규상 사용하는 윤락의 개념은 매춘(賣春 : prostitution)이라는 용어와 구별되지 않는다.

윤락행위등방지법이 규정하고 있는 윤락행위는 불특정인을 상대로 하여 금품 기타 재산상의 이익을 받거나 받을 것을 약속하고 성행위를 하는 것으로 정의하고 있어 불특정인과 재산상의 이익 수수의 두 가지 측면을 강조하고 있다. 그러나 윤락행위등방지법이 폐지되고 성매매처벌법과 성매매방지법이 제정됨에 따라 윤락이라는 개념 대신 성매매 개념이 도입되었다. 성매매라 함은 불특정인을 상대로 금품 그 밖의 재산상의 이익을 수수・약속하고 성교행위, 구강・항문등 신체의 일부 또는 도구를 이용한 유사성교행위를 하거나 그 상대방이 되는 것을 의미한다. 또한 성매매알선등

행위란 성매매를 알선·권유·유인 또는 강요하는 행위, 성매매의 장소를 제공하는 행위, 성매매에 제공되는 사실을 알면서 자금·토지 또는 건물을 제공하는 행위 등이다.

일반적으로 윤락행위는 크게 세 가지 유형으로 정의되는데 첫째, 사회통제의 수단 면에서 공창(公娼)과 사창(私娼) 둘째, 지역점거의 형태면에서 집창(集娼)과 산창(散娼) 셋째, 윤락여성의 행동형태로 분류되고 있다.

우리나라의 경우 매춘의 형태는 사창의 형태로서 산창의 형태라기보다는 집창의 형태를 이루고 있으며 또한 전통적 매춘은 퇴조를 보이는 한편 상대적 빈곤 또는 돈을 쉽게 벌기 위해서나 쾌락을 얻기 위해 퇴폐향락업소를 매개로 하는 산업형 매춘 또는 겸업매춘이 중심을 이루고 있다.

우리나라에서는 성매매행위에 대한 사회적 관심은 해방 후 여성운동과 더불어 있어 왔고 한국전쟁은 성매매여성의 수적인 증가를 가져왔다. 또한 근래에 와서 양적인 증가뿐만 아니라 질적인 다양화의 변화를 보이고 있으며 성매매여성이 연소화, 매춘과 범죄와의 연계현상이 두드러지게 부각되고 있어 성매매의 사회적 병폐문제가 제기되어 왔다.

매춘의 문제는 성매매여성의 수적 증가 그 자체만으로도 문제가 되고 있으며, 개인적으로는 성병(性病)의 감염과 신체적인 학대로 인한 건강의 문제, 수입이 중간 촉매자에게 착취당하고 있는 문제가 있고, 사회적으로는 인신매매의 성행, 퇴폐문화의 심화, 성병의 만연으로 인한 국민보건의 침해, 성규범의 해이와 성 도덕의 문란으로 성범죄의 증가, 성을 상품화함으로써 도덕성과 건강성을 상실하게 되어 인간의 존엄성을 해치게 되는 문제가 있다.

2) 매춘의 원인과 사회적 통제

매춘의 원인에 대해서는 크게 성매매여성의 개인 및 가족과 관련된 요인과 사회 문화적 요인으로 나누어 볼 수 있다. 개인적인 요인은 정신적, 도덕적 타락, 정신적·심리적 결함에 기인하는 것이고 가정생활의 문제 즉, 문제가정, 빈곤가정, 결손가정 등의 배경과 가정생활의 경험에서 오는 요인이 있다. 사회 문화적인 요인은 도시화, 성의 개방풍조, 향락추구의 사회분위기 등과 관련되어 있고 남녀간의 불평등한 경제 사회적 제도에도 기인한다고 보고 있다.

성매매행위는 일반적으로 사회병리의 한 현상으로 이해되고 있으나 어느 시대 어느 체제하에서도 차단되거나 중단되지 않은 뿌리깊은 역사성을 지니고 있는데 성매매행위에 대한 통제형태는 첫째, 성매매행위를 범죄로 간주하여 형벌을 가하는 사회 둘째, 성매매행위의 금지입법은 제도화되어 있으나 직접 형벌을 가하지 않고 성매매에 부수되는 행위를 처벌하는 사회 셋째, 성매매행위를 제도적으로 공인하여 특정지역이나 특정조건에 한하여 인정하고 그 이외의 성매매행위는 금지하는 사회 넷째, 성매매행위에 대하여 아무런 제도적 제약을 가하지 않는 사회 등이다.

이와 같이 성매매행위에 대한 각국의 태도는 금지국(禁止國), 규제국(規制國), 폐창국(廢娼國) 등으로 구분할 수 있는데 점차 폐창국의 수가 증가되는 추세를 보이고 있으나 최근 들어 여성의 권리신장과 더불어 구미제국에서는 직업의 일종으로 성매매행위를 허용하는 경향을 보이기도 한다. 이와 같이 성매매행위를 반드시 근절해야 되는 사회문제로 보지 않고 사회의 필요악으로 보는 견해와 반드시 근절해야 될 사회병리로 보아 규제가 필요하다는 견해가 상반되고 있다.

3) 성매매 피해여성에 대한 보호와 자립 지원

성매매행위의 근절과 성매매여성에 대한 보호와 자립 지원은 건전한 사회기풍의 진작과 국민보건의 보호 및 인권의 존중이라는 거시적 차원의 사회문제 해결에서 비롯된다. 그러나 성매매행위와 성매매여성의 문제는 독자적인 현상이 아니라 사회구조와 가치변화에 관련되는 사회현상이며, 그 역사성으로 미루어 보아 단순하게 근절시킬 수 있거나 규제할 수 있는 문제는 아니다.

우리나라는 성매매행위에 대한 대책으로 1947년 공창제도를 폐지한 후 1961년 윤락행위등방지법을 제정하여 윤락행위를 금지하는 법적 제재를 가하면서 아울러 선도보호사업을 시행해 왔으나 법의 실효성 문제가 제기되어 1995년 윤락행위등방지법의 쌍벌 규정과 벌금액수의 강화 그리고 징역기간의 연장을 골자로 하는 부분적인 행형 강화를 통해 성매매를 통제하겠다는 입법취지를 담고 있다(박종성, 1996). 그러나 형벌권의 강화만으로서는 소기의 목적을 달성하지 못하게 되자 성매매알선등 행위의 처벌에 관한 법률과 성매매방지 및 피해자보호등에 관한 법률로 대체되기에 이르렀다.

성매매행위에 대한 법적 제재조치의 내용은 성매매행위의 금지, 성매매행위의 유인, 권유, 강요, 장소의 제공 금지, 성매매행위를 한 자 또는 성매매행위의 상대자에게 금품, 기타 재산상의 이익을 요구하거나 받거나 또는 받을 것을 약속하는 행위 등이다. 이들 금지행위를 위반할 경우 벌칙 규정을 두고 있다. 성매매피해자를 위한 복지시설은 일반지원시설, 청소년지원시설, 외국인여성지원시설, 자활지원센터 등이 있어 성매매피해자에 대한 보호와 자립을 지원하는 조치가 이루어지고 있다.

제3절 여성복지서비스의 전체계

1. 여성복지법 체계

우리나라 현행 여성복지법체계는 헌법의 생존권 보장 규정과 평등규정 조항에 근거하여 사회보장기본법, 사회복지사업법, 여성발전기본법 등의 기본법이 제정되었으며 하위 실정법으로서 모·부자복지법, 성매매알선등행위의 처벌에 관한 법률, 성매매방지 및 피해자보호등에 관한 법률, 아동복지법, 모자보건법, 성폭력범죄의 처벌 및 피해자보호등에 관한 법률, 가정폭력범죄의 처벌등에 관한 특례법, 가정폭력방지 및 피해자보호등에 관한 법률, 영유아보육법, 청소년보호법, 청소년기본법, 청소년육성법, 전염병예방법, 공중목욕탕업법, 풍속영업의 규제에 관한 법률, 후천성면역결핍증예방법, 장애인·노인·임산부 등의 편의증진보장에 관한 법률, 청소년의 성호호에 관한 법률 등이 제정·시행되고 있다. 이와 같이 여성복지에 관한 법제는 다양하게 분리체계를 유지하고 있다.

2. 여성복지서비스의 전달체계

현행 우리나라 여성복지서비스의 전달체계는 중앙정부와 지방자치단체의 관계, 공공전달체계와 민간전달체계간의 관계성을 살펴볼 필요가 있다. 현행 여성복지서비스는 보건복지부와 여성부를 정점으로 하는 중앙부처의 조직과 시 · 도, 시 · 군 · 구의 지방자치단체의 전달조직 그리고 민간 사회복지기관이 상호연계하여 대상자의 복지욕구 파악과 그에 따른 정책 수립 및 서비스전달 기능을 담당하고 있다. 그러나 여성복지 서비스의 최일선의 기능을 담당해야 할 하위체계가 확립되지 않아 여성의 정확한 욕구파악과 이에 대한 적절한 대응이 불가능하다(이영희, 1999). 즉, 여성복지 서비스의 최일선 기능을 담당하고 있는 읍 · 면 · 동의 사회복지담당공무원의 업무량 과다와 전문성 부족으로 인하여 요보호대상자의 선정의 정확성을 기하기 어렵고 이에 대한 효과적인 사후관리가 미흡한 점 등 적절한 서비스 제공에 어려움이 있다.

여성복지관련상담기관은 성매매피해상담소, 모 · 부자복지상담소, 모 · 부자가정상담소, 성폭력피해상담소, 가정폭력관련상담소, 아동상담소 등이 설치 · 운영되고 있으며 이 밖에도 여성긴급전화「1366」, 현장상담센터 등이 운영되고 있다.

여성복지시설은 모자보호시설, 모자자립시설, 미혼모시설, 모자일시보호시설, 성매매피해여성을 위한 각종 지원시설, 성폭력피해자보호시설, 가정폭력피해자보호시설 등이 있으며 이용시설로는 여성회관, 여성복지관, 사회복지관, 여성인력개발센터 등이 있다.

이와 같은 여성복지서비스 전달체계는 법제의 다원화 체계에 따른 전달체계의 혼란, 중앙정부와 지방자치단체간의 업무분담의 미확립, 여성복지시설의 다원화와 민간주도의 시설운영에 따른 전문성 확보의 미흡, 종합적인 여성복지서비스기관의 부재로 인한 서비스 이용의 불편 등의 문제가 제기되고 있다(김태진, 1998).

참고문헌

김윤정 · 남미애 · 노병일 · 박유경 · 윤경아 · 이윤화 · 조성혜. (2001). 여성복지론, 대학출판사.

김인숙 · 김혜선 · 성정현 · 신은주 · 윤영숙 · 이혜경 · 최선화. (2000). 여성복지론, 나남출판.

김태진. (2005). 여성복지론, 대구대학교출판부.

양옥경 · 현경자 · 노중대. (2002). 여성과 사회복지, 이화여자대학교출판부.

조흥식 · 김혜련 · 신혜섭 · 김혜란. (2000). 여성복지학, 학지사.

제 18 장 의료사회복지

제 1 절 의료사회복지의 개념

1. 의료사회복지의 의의

인간은 신체적, 정신적 2대 기제로 되어 있기 때문에 질병의 발생이 단순히 신체적 조직과 그 기능의 결핍 뿐 아니라 정서적 요인에서도 올 수 있으며 사회적 요인 등이 작용할 수도 있다. 세계보건기구에서도 "건강이란 완전한 육체적, 정신적, 사회적 복지의 상태"라고 정의하고 있고 질환의 원인에 있어서도 육체적, 정신적, 사회적 요인이 작용하기 때문에 신체적 질환에 따른 사회적, 정신적 문제들에 대한 치료가 요청된다.

따라서 의료의 활동이 치료적인 면에서 보건활동 면으로 점차 확대됨과 함께 치료의학과 예방의학, 개인의학과 집단의학, 치료활동과 보건활동 등은 의료에서는 없어서 안 되는 중요한 영역으로서 의료의 사회적 확대가 요구된다.

인간은 사회적 존재이며, 사회를 구성하는 구성원이다. 환자는 단순히 병은 들었지만 그 이전에 사회구성원이며 그들은 다른 사람과 관계를 가지고 있으며, 그들이 활동하고 있는 사회조직 내에서 각각 책임을 가지기 때문에 개인이 병에 걸려도 그들은 이러한 현실로부터 분리되어 질 수 없다.

이와 같이 질병은 중요한 사회문제이다. 질병의 영향이 일시적이든 장기간이든 개인, 가족 그리고 지역사회는 사회경제적 대가를 치르게 된다. 이러한 대가는 손상된 사회기능의 상실 뿐 아니라 의료자체에도 큰 손실인 것이다. 따라서 보건·의료분야에서 사회복지사는 환자의 보건·의료에 심리사회적 접근을 시도해야 하는 특별한 책임을 가지고 있다.

2. 의료사회복지의 개념

인간을 질병으로부터 보호하는 방법은 첫째, 질병으로 이환하기 전에 여러 병인을 제거하는 것이고, 둘째, 병이 이환되었을 때는 조기에 발견하여 조기에 치료를 하는 방법이고, 셋째, 이렇게 치료된 환자가 사회기능적 회복을 위하여 재활과 잠재능력을 개발하는 예방의학적 접근이다.

그러므로 개인의 건강유지와 질병치료, 사회복귀에 가능한 모든 수단이나 기회가 누구에게나 공평하게 주어져야 할 것이다. 보건·의료에 있어서 사회 문제를 사회복지적인 차원에서 해결하거나 완화시켜 나아가 건강증진에 기여하고자 하는 노력이 의료복지이다.

김덕준 교수는 "의료사회복지란 의료팀(medical team)의 일원으로 사회복지의 전문적 입장에서 보건·의료의 장에서 환자 혹은 그 가족이 당면한 정신적, 사회적, 경제적 문제와 욕구상태를 해결·완화·충족하여 의료의 달성을 원조하는 과정"이라 하였다.

의료사회복지사는 의사를 중심으로 한 임상 의료팀의 일원으로서의 위치를 가지고 진단, 치료, 사후지도, 그리고 예방 및 사회복귀 등의 광의의 의료의 효과를 저해하는 환자와 그 가족의 심리적, 경제적, 사회적 장애나 제 곤란을 해결하거나 완화하도록 하는 전문가라고 할 수 있다.

따라서 의료사회복지는 보건·의료기관에서 의료팀의 일원으로서 사회복지의 전문적인 방법을 활용하여 환자의 질병치료와 회복 및 사회복귀기능을 돕는 목적으로 질병으로 인하여 파생되는 환자의 심리적, 사회적 그리고 경제적 문제가 진료과정이나 질병회복에 악영향을 주지 않도록 문제를 해결해 주거나 조정하여 환자 및 그 가족을 돕는 전문적인 활동이다.

이것은 의료사회복지가 사회과학 입장에서 의사의 진료를 돕는 필요성에서 환자의 질병내지 장애에 대해서 올바른 진단을 돕기 위하여 의학적인 진료와 함께 심리적, 사회적, 경제적 상황을 고려한 전인진료(全人診療)의 인식이 증대됨에 따라 참여하게 된 것이라 할 수 있다.

제 2 절 의료사회복지의

1. 구미의 발달

영국에서는 1895년 런던의 왕립시료병원에 런던자선조직협회의 후원으로 Stewart를 파견하여 첫째, 의료비를 부담할 수 없는 자에게는 무료진료를 제한하고, 둘째, 구제가 필요한 자에게는 구빈법(Poor Law)의 혜택을 받을 수 있게 지도하고, 셋째, 무료진료를 받아야 하는 대상자에게는 무료진료를 안내하거나 의뢰해 주는 일을 하게 하였다(김규수, 2004).

1989년 이후 병원에 사회복지사를 채용하여 모자복지활동, 결핵과 임산부를 위한 가정방문, 미혼모의 갱생을 위한 지도와 성병 환자들의 치료적, 정신적 지도를 비롯하여 휴양할 수 있는 장소를 주선하는 일을 하게 하였다(김규수, 2004).

1905년에는 Cabot박사가 Boston의 Massachusetts종합병원 외래에 사회복지사를 채용하게 되었다. 이와 같이 병원에 사회복지사를 채용하기에 이른데는 두 가지 중요한 배경이 있다(Bracht, 1978). 첫째는 이 병원이 여러 과학적인 양상이나 의학기술면에서 다양한 실험을 계속 시행하여 새로운 발전과 발견을 위하여 노력하는 과정에서 협동적인 팀웍의 중요성이 인식되었던 것이다. 둘째로서 Cabot박사가 환자에 있어서 심리사회적 요인이 당시에는 의학적인 관심에 가치가 있는 것으로 인식은 안 되었지만 환자의 건강을 증진시키는 서비스로 환자의 전 인품에 관심을 두어야 한다고 주장해 왔는데 있다. 또한 그는 의사가 환자를 전인적으로 관심을 갖는 진료를 함에 있어서 사회복지사의 도움의 필요성을 주장해 왔었다.

1906년에 뉴욕의 Bellevue병원, 1908년 발티모어의 Johns Hopkins대학병원 등에서 사회복지부서가 신설되어 확대되어 갔다. 1940년대 와서 사회복지사는 의료팀(medical team)의 한 전문가로 인식되었으며 “의료사회복지(medical social work)”라는 학술잡지가 발간되었다.

2. 우리나라의 발달

현대적인 의료사회복지의 시작은 1883년 캐나다 선교사가 무료진료를 겸했던 세브란스병원에서 여전도회 회원으로 구성된 자원봉사자들이 부녀봉사원의 역할을 한 것이 그 기원이라 하겠다. 1958년 7월 13일에 개원한 '한 · 노병원'에서 노르웨이인 Rekkebo라고 하는 사회복지사는 결핵환자와 그 가정을 캐나다 유니테리안 봉사회의 인적, 물적 자원으로 돕기 시작하였다.

그 다음 해인 1959년 4월에 국립중앙의료원, 같은 해 9월엔 원주기독병원이 개원과 동시에 의료사회복지를 시작하였다. 1962년 국립정신병원, 서울대학교 부속병원, 남부 · 중부시립병원, 1964년 세브란스 병원, 1966년 성모병원, 대구 동산의료원, 1968년 전주예수병원, 중앙대성심병원 등에서 사회사업과나 실이 신설되었다. 1970년 사회사업부서의 신설과 함께 일반의료, 정신의료, 재활의료, 지역사회의료 등으로 전문화되어 1980년대 전문적인 서비스의 내실화가 진행되어 그 활동이 활발했었다.

우리나라에서 병 · 의원에서 사회복지사가 일할 수 있는 법적 근거가 된 제도화는 "종합병원에는 사회복지사업법의 규정에 의한 사회복지사 자격을 가진 자 중에서 환자의 갱생, 재활과 사회복귀를 위한 상담 및 지도업무를 담당하는 요원을 1인 이상 둔다."는 1973년 9월 20일 대통령령 제6863호 개정의료법과 그 시행령에 규정되어 있다.

또한 1973년 대한의료사회복지사 협회가 결성되어 의료사회복지사의 권익옹호와 전문적인 연구와 발전을 도모하기 위하여 매년 1~2회씩 워크샵과 수련회를 실시하여 직무의 표준화, 전문분야별 사례발표, 감수성 훈련, 포괄수가제 등의 다양한 연구 활동과 과제를 연구하고 있다.

그리고 중요한 것은 1977년 7월 1일부터 실시되고 있는 의료보험에서 정신보건사회복지서비스에 대한 보험수가를 청구할 수 있었고, 그 후 재활의학사회복지에서 보험수가를 확대 청구하게 되었다.

제3절 의료사회복지의 기능

의료사회복지란 의료기관이나 사회복지시설 및 재활원 등에서 질병의 의학적 치료와 함께 환자 및 그 가족의 심리적, 사회적, 경제적 문제를 해결하도록 도와줌으로써 환자의 건강회복이나 재활을 돕는 노력이다.

미국병원협회와 의료사회복지협회의 합동위원회에서 합의된 병원에서의 사회복지기능을 보면 다음과 같다(Skidmore & Milton, 1976).

① 환자의 병의 치료・회복에 관련되는 사회적, 경제적, 정서적인 요인의 중요성을 의료팀이 이해하도록 돕는다.

② 환자나 그의 가족들에게도 심리사회적 요인이 질병에 영향력을 줄 수 있음을 이해시켜 의료적인 서비스를 건설적으로 활용할 수 있도록 돕는다.

③ 환자와 그 가족의 복지 증진과 사기를 진작시키며

④ 의료팀 가운데 다른 전문가의 교육적 활동에 참여하고

⑤ 다양한 서비스를 통하여 보다 양질의 의료서비스가 되도록 병원을 돕는다.

⑥ 환자나 그 가족들의 욕구를 충족시키기 위하여 지역사회의 자원이 건설적으로 사용될 수 있도록 돕는다.

사회복지의 본질적인 기능을 중심으로 의료복지의 기능을 보면 다음과 같다.

1. 의료팀과의 협동

의료기관에서 합리적이고 정확한 진료와 전인적인 진료를 위하여는 여러 차원의 학문적 접근을 통합할 수 있는 의료팀웍(medical team work)이 바람직하다 의료팀에는 의사, 간호사, 물리치료사, 작업치료사 등으로 구성되는데, 이들과 함께 협동적인 서비스를 할 때 사회복지사가 환자의 개

인력, 가족력, 사회경제적 상태와 그 역동적인 관계를 사정, 평가하여 의료팀의 성원에게 정보를 제공하여 가장 합리적, 효과적인 치료계획과 상호협력적인 노력을 하게 된다.

2. 직접적인 서비스

사회복지사는 환자의 진료과정에서 전인진료를 위한 정보를 수집하고 사정, 평가하는 개별사회사업활동과 치료계획을 설정한다.

환자와 그 가족들에게 질병에 대한 정서적, 사회적, 경제적 영향력을 이해시키고 이들 문제에 개입하여 진료과정의 문제를 제거하거나 진료를 촉진케 한다. 또한 환자의 질환의 성격이나 환자질환에 있어서 가족역동을 종합적으로 이해하여 만성적, 재발성이 있는 질환은 환자와 가족에 대한 사회복지의 실천기술과 방법, 가족치료, 집단치료와 교육을 통하여 직접서비스를 주게 된다.

3. 병원 내 프로그램 계획과 정책결정

의료사회복지사는 병원직원의 문제에도 상담하거나 병원행정이나 의료전달체계에 깊이 관여함으로서 병원이 지역사회와 관계 유지나 공공기관과 병원 협력관계, 지역사회 자원활용, 증원에 따른 병원행정의 조정 등 병원운영과 지역사회기관과 관계유지와 지역사회참여 등에 사회복지적, 보건서비스적인 프로그램의 제안과 설정에 개입하게 된다.

4. 지역사회조직

의료사회복지사는 보건·의료나 예방사업 활동에서 지역사회의 보건·의료기관이나 행정당국과 유기적인 관계를 통하여 진료 및 예방사업과 다양화와 양질의 의료서비스를 지역주민에게 제공할 수 있도록 돕는다. 동시에 병원이나 환자의 문제를 돕는 과정에서 필요한 자원을 지역사회 내에서 조직화하고 동원하는 일과 지역사회에 유용한 기관을 알선 해 준다.

특히 정신질환자의 사후지도와 재활 및 사회복귀를 위한 취업보도, 사회참여기회제공, 지역사회정신건강 계몽활동에서 자원 활용은 매우 중요한 일이다.

또한 지역사회의 공중보건이나 모자보건사업, 재활사업 활동에의 지역사회 어머니회 자원봉사자 결성과 운영, 의료자원으로서 중간집단 활용이 증대되고 있다.

5. 교육프로그램

보건·의료기관의 규모에 따라 차이가 있겠으나 수련병원에서는 특별히 의과대학생, 간호학과 학생, 사회복지학과 학생들의 보건·의료영역의 전문적인 교육과 임상실습지도에 의료사회복지사가 참여하여 의료팀의 일원으로서 사회복지사의 기능과 역할을 소개하고 전인진료를 위한 다양한 프로그램을 지도한다.

6. 의료에 관련된 조사연구

의료사회복지사는 보건 및 의료영역에서 사회복지개입에 필요한 욕구를 측정하고 프로그램개발을 위한 자료를 수집한다. 의료사회복지사는 의료전달체계의 운영상 문제점을 사정하거나 평가하여 병원기능이나 전달체계의 활동에 보다 과학적이고 합리적인 방안을 모색할 수 있도록 기초자료를 제공한다. 또한 의료사회복지사는 임상가와의 역학적 조사나 학술적인 연구 활동에 참여하게 된다.

제4절 의료사회복지사의 역

1. 의료사회복지사의 자질

의료사회복지는 대상이 질환을 가진 환자 및 그 가족이기 때문에 의료사회복지사에게 특수한 지식과 기술 그리고 태도가 요구된다. 따라서 의료사회복지사의 자질을 첫째, 질병에 대한 일반적인 개념과 신체의 건강을 유지하는데 필요로 하는 여러 기제에 대한 지식을 가져야 하며, 둘째, 어떠한 병이든지 복합적인 요인이 작용하고 있다는 것을 인식하고 발생학적, 역동학적인 접근을 통한 전인적인 인간으로 이해하여야 하고, 셋째, 치료과정에서 치료와 연관해서 생기는 부차적인 병의 역동성과 내용에 관한 지식을 갖추어야 하고, 넷째, 의료팀과 지역사회와의 밀접한 인간관계를 통하여 효과적인 치료활동을 위한 각각의 능력을 활성화시킬 수 있는 능력을 가져야 하며, 다섯째, 지역사회의 의료자원을 동원하여 질병의 예방과 치료, 나아가서는 퇴원환자의 재활을 위한 프로그램 계획과 자원을 조직하고 동원할 수 있어야 한다.

2. 의료사회복지사의 역할

사회복지사의 측면에서 보면 Meyer박사는 첫째, 환자로 하여금 병원생활에 안심하도록 해 주는 일, 둘째, 건강한 몸으로 퇴원할 수 있도록 준비시켜 주는 일, 그리고 셋째는 퇴원해서 가정에서 계속 건강을 유지시키는 일을 위해 부단히 의사와 접촉하는 것이 의료사회복지사의 역할이라고 하였다.

의료사회복지에 있어서도 전문분야가 있어 그 분야 따라 전문적인 역할의 차는 다소 있겠으나 보편적인 역할을 요약하면 다음과 같다.

① 심리적 사회적 치료자의 역할

의료사회복지사는 질환으로 생기는 심리적인 문제로 인하여 바람직한 의료서비스를 통하여 안정감, 자신감 및 용기를 가지도록 지지해 주는 개인 수준에서 실천하는 역할이 있다. 그리고 재활환자의 경우는 자신의 과소평가로 인한 문제, 사회적 위축 등을 집단사회복지의 활동을 통하여 성취감, 자신감 그리고 참여의욕을 증진시키므로 당면문제를 해결하거나 완화하도록 돕는 치료적인 역할을 의미한다.

또한 환자와 가족관계에서 야기되는 환자의 수용 문제는 질환의 특성을 이해시켜서 가족의 치료적인 협력과 분위기를 조성하여 환자의 재적응의 문제를 돕는 활동이다.

② 서비스 조정자의 역할

치료에 참여하는 여러 다른 전문요원과 함께 각기 다른 전문적인 진단과 치료 및 서비스 계획을 수립하는데 있어서 심리, 사회, 경제적인 정보를 제공하여 환자의 전인적인 이해를 증진시키고 의료팀의 종합적이고도 통합적인 서비스를 위한 협력과 조정을 담당한다.

또한 의료보장의 제도화가 미비한 우리나라의 경우 경제적 문제가 환자에 있어서 중대한 문제이므로 진료비 문제의 내부적 조정과 조정절차 또는 외부자원의 활용을 통한 조정의 역할이 중요하다.

③ 자원동원자의 역할

의료적 치료나 재활과정에는 인적, 물적, 정신적인 많은 사회자원이 요구된다. 물론 병원 내의 의료적인 여러 자원 활용의 극대화를 위한 조직을 비롯하여 환자의 회복, 재활 및 사회복귀를 위한 자원을 조직하고 동원하는데 적극적인 참여활동을 하게 된다.

④ 재활치료 및 교정자의 역할

재활의료팀에서의 심리사회적 측면의 조사연구와 평가, 치료, 훈련, 지도 및 서비스의 계획수립에 협력으로 생활지도적 심리사회적 그리고 직업적 등의 종합적인 재활과정에서 참여하고 돕는다.

특히 장애로 생긴 것이나 재활과정에 생길 수 있는 심리사회적인 여러 문제나 행동반응 즉 자기중심적, 비사회적, 퇴행적, 자유적 정서의 불안 등을 치료하거나 교정 및 생활지도를 하는 제반 치료적인 활동에 참여하게 된다.

3. 의료사회복지사의 직무

대한의료사회복지사협회와 연세대학교 사회복지연구소는 의료사회복지사의 직무를 표준화하여 7개 직무 하위 차원, 33개 의료사회복지가 직무를 선정한 후, 각 직무들의 수행실태와 필요도 인식을 토대로 핵심직무를 포함하는 4개 집단 - ① 대학부속병원의 일반/재활의료사회복지, ② 대학부속병원의 정신보건사회복지 ③ 종합/병/의원의 일반/재활의료사회복지 ④ 종합/병/의원의 정신보건사회복지 -의 표준 직무를 선정하였다. 따라서 핵심직무를 포함하는 각 집단별 표준 직무는 수행실태를 토대로 한 것과 필요도 인식을 토대로 하는 2가지 유형으로 제시되었다.

본 절에서는 의료사회복지의 실천을 위한 보건·의료기관 내에서 기구로 편성되고 조직되어 그 기관의 기능에서 통합되고 조정적인 역할을 할 수 있도록 분화된 직무를 규정하여 인적, 물적, 제도적 체계를 마련하였다.

표 18-1 최종 선정된 집단별 표준 직무

대학부속병원 일반/재활의료 직무	대학부속병원 정신의료 직무
12. 내원객의 욕구에 의한 환자의 개별상담 13. 사회보장 및 법적제도에 대한 정보제공과 지원 14. 지역사회의 새로운 자원개발 및 정보망 조성 15. 수집된 기존 지역 사회의 자원체계에 대한 정보제공	12. 치료계획에 의한 환자의 가족치료 13. 수집된 기존 지역사회의 자원체계에 대한 정보 제공 14. 질병에 의한 고위험 환자의 발견 15. 실습생지도

핵 심 직 무	
심리·사회·정신적 문제해결 직무차원	1. 심리·사회적 문제의 원인 조사 및 사정 2. 치료 계획에 의한 환자의 개별 치료 3. 환자와 환자가족의 교육 4. 환자와 환자가족에게 질병에 대한 정보제공
경제적 문제 해결 직무차원	5. 후원자(단체)연글 등을 통한 병원 외적 자원과 연결◈
지역사회자원과 연결 직무차원	6. 지역사회 자원과 연결◈
사회복귀 및 재활 문제해결 직무차원	7. 퇴원계획 상담
Team-Approach 직무차원	8. 사례분석 평가◈
사회복지부서의 순수행정 직무차원	9. 보고서 및 업무일지의 기록 10. 사회복지부서의 운영에 관한 회의
교육 및 연구 조사 직무차원	11. 전문성 제고를 위한 교육 참여

종합/병/의원 일반/재활의료 직무	종합/병/의원 정신의료 직무
12. 사회보장 및 법적 제도에 대한 정보제공과 지원 13. 병원내의 자원을 이용한 진료비 지원 14. 지역사회의 새로운 자원개발 및 정보망 조성 15. 수집된 기존 지역사회의 자원체계에 대한 정보제공	12. 내원객의 욕구에 의한 환자의 가족상담 13. 집단활동지도 14. 사회생활 훈련지도

자료 : 대한의료사회사업가협회·연세대 사회복지연구소, 1997.

제5절 의료사회복지의 천장면

의료사회복지는 종합병원, 보건소, 의원, 요양원, 정신병원, 재활원 등의 전문병원을 포함한 의료시설에서 이루어진다. 따라서 의료사회복지의 활동내용은 의료기관에 따라 다르고 사회복지사의 역할기대 또한 다르기 마련이다.

여기서는 의료사회복지실천장면을 종합병원의 사회복지과나 실에서 행해지는 전형적인 활동을 중심으로 일반 의료사회복지, 재활의료, 지역사회보건 사회복지 등으로 나누어 살펴보면 다음과 같다.

1. 일반 의료사회복지

일반 의료사회복지는 현대의학의 전문화와 병원운영의 합리화 등으로 인한 환자 치료상의 전인적인 면을 보지 못하는 문제, 환자의 질환이나 치료과정에 영향을 주는 난치병 환자, 만성 환자, 수술환자 그리고 가족의 심리사회적인 문제, 빈곤 환자의 치료비 문제, 퇴원 후의 생활문제 등을 대상으로 전문적인 서비스와 자원조정과정의 활동에 중점을 두고 있다.

따라서 사회복지사의 직무는 첫째, 환자에 대하여는 환자가 가지고 있는 질병치료에 관련되는 심리사회적 문제를 이해시키고 개별사회사업의 접근을 통하여 자신은 물론 병원의 의료자원을 활용하고 적응할 수 있도록 돕는다. 둘째, 의료팀(medical team)에 대하여는 환자의 치료에 있어서 사회경제적 배경과 가족을 비롯한 개인생활사(family & personal history)에 대한 정보를 조사·수집하여 전반적인 치료활동에 반영케 하고 의료진이 환자를 전인적(total person)으로 이해하고 서비스를 줄 수 있도록 돕는다. 셋째, 가족원에 대해서는 환자의 질환의 특성과 예후, 환자의 반응 특징을 설명하여 이해케 하며 보조치료자적인 역할을 수행하거나 협력하도록 한다. 또한 질환으로 생긴 여러 가지 문제를 돕는다. 넷째, 퇴원계획 및 사후지도(after care) 즉, 퇴원후의 사후치료(follow up care)는 물론 생활처소가 없는 자에 대해서는 사회복지시설에 의뢰하거나 생활보호를 위한 의뢰나 자원 활용을 비롯한 직업지도나 보도 등으로 돕는다. 이 경우는 전문화되지 않는 대부분의 병원에서 임상적인 서비스와 행정적인 서비스를 함께 제공한다.

2. 재활의료사회복지

재활의료사회복지는 재활의료시설이나 병원부설재활원, 재활센터 등의 재활기관에서 장애의 기능회복과 잠재능력의 향상을 통한 적극적인 사회참여로 기본욕구의 충족과 가치실현을 할 수 있도록 재활 팀의 일원으로서 사회자원을 조직·동원하여 주로 심리사회적, 직업적, 교육적 재활을 돕는 활동분야이다.

재활의 대상은 신체적, 정신적 장애인이나 중복장애인들의 첫째, 신체적 기능의 회복을 위한 의학적 수술이나 치료, 신체기능훈련, 둘째, 사회적 재활로 자기장애를 극복하고 사회에 복귀하여 원만한 적응을 하게 하는 정신적 재활, 셋째, 신체적, 정신적, 사회적 재활 못지않게 중요한 것은 자기의 기본적 욕구를 충족할 수 있는 직업적 재활이 중요한 과정이며 과제이다.

따라서 사회복지사는 첫째, 다른 치료 및 재활요원의 협력자로서 심리사회적 치료나 교정자, 둘째, 장애문제의 정도와 자신의 의지 등의 평가진단 그리고 훈련 및 서비스·계획 등의 참여자, 셋째, 재활에 활용될 수 있는 인적, 물적, 정신자원의 활성화 특히 재활요원의 동원자, 넷째, 장애자에 대한 편견을 교정하고 우리 사회 전체의 관심사로 장애의 출현을 예방할 수 있는 사회계몽, 교육활동도 요청되어 사회교육자, 연구자 등의 활동에 적극 참여하게 된다. 현재 우리나라에서는 삼육재활원, 소아재활원, 노동청 산업재활원등의 전문시설이나 종합병원으로서 세브란스 병원 부설 재활원, 전주 예수병원 등에서 실시되고 있다.

3. 지역사회보건사회복지

지역사회의료봉사는 자발적이고 조직적인 지역사회 주민의 노력에 의해 지역주민의 전체적 건강을 증진시키는 예방의학적인 목적을 둔 건강프로그램과 예방의학적인 활동 및 교육에 관한 일반의료봉사를 증진시키는 활동이다.

지역사회의 의료사회복지의 주요 내용은 모자보건사업, 전염병관리, 환경위생, 보건교육, 순회의료봉사 등 다분히 국민전체를 위한 의료제도 및 정책결정을 위한 의료복지사업으로서 다만 지역사회라는 지리적 사회적 기능 영역으로 구분된 범위에서 실시된다.

따라서 의료사회복지사의 직무는 첫째, 의사나 간호사가 의뢰하는 환자의 가정을 방문하고 면접하며 가정실태를 정확히 파악해서 의사 및 관계 직원과 협의하여 사회사업기관이나 국공립의료기관에 의뢰한다. 둘째, 지역주민을 대상으로 어머니교실, 노인학교 등을 통하여 가족계획과 공중보건 및 의료교육을 실시하여 지역주민이 스스로 그들의 보건관리문제를 해결하도록 돕는다. 셋째, 지역사회에서 어머니회나 신용협동조합, 보건소, 어린이집, 각종 사회교육 등을 운영토록 돕는다. 넷째, 무의촌의 이동진료 계획과 실천으로 병원의 예방과 치료는 물론 보건위생계몽운동에 힘쓴다. 기타 극빈자의 무료진료의 적격여부를 선정하는 일 등이다.

현재 의료사회복지사가 참여하는 대표적인 예는 연세대학교 부속 연희보건소, 가톨릭의대 부속 자선무료진료소등을 들 수 있다.

참고문헌

김규수. (2004). 의료사회복지실천론. 서울 : 형설출판사.

김덕준. (1976). "의료사회사업연구", 사회복지연구, 제10집, 서울 : 중앙대학교 사회복지학과.

김학묵 · 이병윤 공역. (1988). 환자의 심리, 서울 : 일조각.

이현수. (1978). 임상의사소통론, 서울 : 대왕사.

장인협. (1981). 사회복지개론. 서울 : 한국사회개발연구원.

Bracht Neil F. (1978). Social Work in Health Care : A Guide to Professional Practice, New York : Haworth Press.

Friedlander, Walter A., & Apte Robert Z. (1974). Introduction to Social Welfare, Englewood Cliffs : Prentice-Hall, Inc.

Skidmore, Rex A. & Thrackeray, Milton G. (1976). Introduction to Social Work, Englewood Cliff : Prentice-Hall, Inc.

White Grace. (1951). "The Distinguishing Characteristic of Medical Social Work", Medical Social Work, Vol.5, No.1.

제 19 장 정신보건사회복지

제 1 절 정신보건사회복지의 개념

1. 정신보건사회복지의 정의

정신의료사회복지(psychiatric social work)의 개념은 학자들에 따라, 그리고 시대에 따라 다르며 이를 살펴보면 다음과 같다.

1949년 Fink등은 "정신보건사회복지란 정신적, 정서적인 질병에 대해 전적인 책임이 정신의학자에 의해 수행되고 있는 병원이나 진료소에서 실시되는 개별사회사업이다." 1954년 미국 사회복지연감(Social Work Year Book)에서 Kurtz는 "정신보건사회복지란 정신의학과 함께 직접적이고 책임 있는 관계에서 이루어지는 사회복지다. 여기서는 정신의학적 치료에 관련한 전문가들, 즉 정신과의사(psychiatrist), 정신과간호사(psychiatric nurse), 심리학자(psychologist), 작업요법사(occupational therapist) 등을 포함한 팀웍(team work)의 일원으로서 병원, 진료소, 정신보건기관 등에서 실시하는 활동이다. 그 목적은 정신적 또는 정서적 장애로 고통을 받고 있는 정신질환자 등의 건강을 회복시키며, 지역사회에서 정신건강을 촉진하는 활동을 하는데 있다"고 정의하고 있다.

그리고 1960년에서는 O'Keefe는 "정신보건사회복지란 정신보건기관이나 정신위생프로그램에서 이루어지는 사회복지이며, 그 목적은 지역사회내의 정신위생을 향상시키는 사업과 정신적, 정서적 장애(mental & emotional disturbance)가 있는 사람들에게 봉사하는데 있고, 병원이나 진료소, 정신보건기관에서 이루어지며, 정신과의사, 심리학자, 흔히 신경정신과 환자들의 치료와 정신보건사업에 관심이 있는 전문가들을 포함한 치료팀(therapeutic team work)으로 이루어지며, 정신보건기관에서 이루어진다."고 정의하고 있다.

이상과 같이 정신보건사회복지는 정신의료기관에서 사회복지사가 정신과 진료 팀, 정신의학자, 심리학자, 간호사, 작업치료사 등과 함께 정신적, 정서적 장애로 고통을 받고 있는 사람을 대상으로 정신적, 정서적 장애에 따른 고통은 물론 그 고통으로 파생되는 경제적, 사회적 문제 그리고 증상회복에 따른 지지적 문제 등을 해결하기 위하여 사회복지실천방법과 기술을 활용하여 실천하는 사회복지의 한 영역이다.

2. 정신보건 전문요원

정신적, 정서적 장애의 치료는 환자의 가족생활과 성격형성과정과 그 특성을 이해하고, 다양한 차원에서 현재의 증상이 주는 의미를 이해를 기초로 정신의학자를 비롯한 다양한 전문직원들과 팀워크가 효과적이다.

정신과, 신경과 환자치료를 위한 전형적인 치료 팀의 구성은 정신과의사, 정신보건사회복지사, 정신보건임상심리학자, 정신보건간호사, 작업치료사 및 그 외 보조치료자들이 상호유기적인 관계를 가지면서 정신 역동적, 가족 역동적 사정(assessment)이나, 치료계획, 치료에 협력할 때에 보다 효과적이다.

1) 정신의학자

정신의학자(Psychiatrist)는 치료에 대한 사회적, 법적으로 인정된 책임을 갖는 의학적 배경과 그의 본질적 관심 때문에 정신의학 팀의 책임자로 기능한다. 또한 환자의 질병에 대한 정신병리학적, 발생학적, 유전 등, 즉 소인(disposition)과 해부학적, 생물학적, 생화학적 과정의 영향 및 성격의 발달과 병리에 중점을 두고, 주로 임상진단과 약물치료 및 정신치료를 행하며 종합적인 치료의 전략 등을 계획하여 시도하도록 주관한다.

2) 정신보건임상심리사

정신보건임상심리사(Mental Health Clinic Psychologist)는 심리학적 이론과 훈련을 통하여 여러 가지 검사 도구를 활용한 심리진단, 임상적인 문제에 대한 학습이론과 행동수정의 원리를 적용한 인지-행동치료, 개인치료와 집단치료, 그리고 성격, 정신병리 및 치료기법에 대한 연구, 교육 및 자문의 역할을 행한다.

3) 정신보건사회복지사

정신보건사회복지사(Mental Health Social Worker)는 환자를 둘러싸고 있는 가족, 친구, 학교, 지역사회들과의 관계망 및 환경의 지지체계에 촛점을 두고 사회복지실천기술을 통하여 진단한다. 또한 환자의 입원기간을 통하여 개별 및 집단상담, 사회치료와 가족교육이나 가족치료를 실시한다. 그리고 퇴원을 앞둔 회복기 환자들이 사회로 복귀하는데 있어 그들 가정과 사회환경을 평가하고 퇴원 후 가정 및 사회에 재적응을 잘 할 수 있도록 퇴원계획을 세우고, 정신건강분야에서 다른 전문직과 협력을 함에 있어 정신보건사회복지사는 개인 및 가족문제에 영향을 미치는 심리사회적 요인을 지역사회자원을 활용하여 돕는데 촛점이 있다.

4) 정신보건 간호사

정신보건간호사(Mental Health Nurse)에게는 환자와의 접촉이 가장 많고 특히 병실 내에서 간호사 역할은 의료인의 신뢰를 바탕으로 환자와 관계를 맺고 병실생활의 일상적인 생활과 동료환자들과의 관계형성을 돕는다. 또한 간호학의 전문적인 지식과 기술을 바탕으로 신체의 치료와 더불어 환자를 위한 치료적 환경을 조성한다.

제2절 정신보건사회복지의

1. 구미에서의 발달

미국 정신병원에서 사회복지사의 활동은 1904년 Manhattan State Hospital에서 Meyer가 환자의 생활이나 그의 병의 원인에 사회적 힘(social forces)이 어떤 영향을 끼치는가에 대하여 폭넓은 임상이해를 위해 그의 처를 가정방문토록 하였다. 또한 환자의 학교, 가정, 지역사회에서 조기에 중재하고 회복기에 작업요법이나 레크리에이션요법(occupation therapy & recreation therapy)등의 사후지도(after care) 프로그램을 사용하였다. 사회복지사의 채용은 1905년에 Massachusetts General Hospital의 신경과가 최초로 채용하였으며, 1906년 뉴욕을 Bellevue Hospital의 정신과 병동에 환자의 회복을 돕기 위해 채용하였다. 또한 Michigan에서도 정신병원이 설립되면서 조사(study)와 진단을 위해서 정신의학적인 지도하에 정신보건사회복지의 역할이 수행되었다. 얼마 후에 Manhattan State Hospital 에서 Horton이 자선부조협회의 도움으로 정신병원에서 치료의 일부로 사회복지가 실시되었다.

그러나 가장 획기적인 발전의 계기는 1913년 Boston Psychopathic Hospital (지금 Massachusetts Mental Health Center)에서 Southard와 Jarrett의 지도 아래 사회복지과를 두고 활동하였는데 이 때 이 두 사람이 공동으로 "psychiatric social work"이란 용어를 처음 사용하게 되었다. 또한 중요한 것은 Jarrett에 의해서 미국정신위생위원회(National Committee for Mental Hygiene)와 Boston Psychopathic Hospital의 협력으로 Smith College에 정신보건사회복지사를 위한 단기훈련과정을 두게 되었다.

1918년 Smith College에 최초로 정신보건사회복지사 양성을 위한 교과과정을 제정하게 되었고, New York대학의 사회복지학과에서도 특별한 목적으로 정신위생과정을 설치하고 Gluck와 Kenworthy가 강의하였다.

1920년 정신보건사회복지사들은 Boston Hospital에서 그들의 서비스의 전문화와 체제형성을 위해 정신보건사회복지사클럽(Psychiatric Social Worker

Club)이 결성되어 1922년 미국 의료사회복지사협회의 분과로 되었다. 1926년 미국 정신보건사회복지사협회(Americal Association of Psychiatric Social Workers)로 발족되었다.

1946년 정신건강법(The National Mental Health Act)의 통과로 정신병의 예방이나 정서적인 안정의 증진에 지역사회의 직접적인 노력이 주목되었다.

1960년대 지역사회정신건강 센터법의 제정으로 지역사회치료나 재활시설이 많이 설립되어 정신보건사회복지사는 정통적인 활동 외에 예방적이고 교육적인 프로그램이나 재활 프로그램 등 지역사회 자원 활용으로 사회복귀를 위한 다양한 서비스에 열중하게 되었다.

영국의 정신보건사회복지는 아동상담소, 정신병원, 지역사회정신건강 센터의 순으로 발전되었는데 초기에는 아동상담소로서 East London Clinic (1926), London Guidance Clinic(1929) 등이 민간단체에 의해 설립되기 시작하여 1950~1960년 지방교육당국에서 운영되는 아동상담소는 162개소에서 261개소로 증가하여 정신보건사회복지사가 197명이나 되었다(Timmes, 1964).

정신보건사회복지훈련센터가 1929년에 런던경제대학(London School of Economics)에 설치되었으며, 1930년에 17명의 회원으로 영국 정신보건사회복지사협회(BAPSW)가 창립되었으며 1961년에는 회원이 850명으로 늘어났다. 1947년에는 맨체스터대학교(Manchester University)에도 정신보건사회복지훈련 센터가 설치되어 정신과에 의료진들에 의해서 9~10명이 수련하여, 1962년에는 144명의 정신보건사회복지사를 배출시켰다(Timmes, 1964).

2. 우리나라의 발달

1945년 정신의학회가 조직되면서 체계적 연구가 시작되어 심리학자와 사회복지사가 함께 청소년문제를 연구하게 되었고, 1960년대에 외국에서 수련하고 귀국한 정신의학자에 의해서 정신치료, 약물요법, 충격교법 및 사회적응치료가 시작되면서 심리학자와 사회복지사가 적극 참여하게 되었다.

우리나라의 정신보건사회복지의 발달계기는 6 · 25당시 미8군 병원에서 정신보건사회복지사 Morgan의 역할을 한국의 정신과의사들이 임상경험을 한 것을 비롯하여 1958년 서울시립아동상담소가 설립되면서 정신의학자, 정신보건사회복지사, 심리학자, 법률학자와 함께 팀웍을 시도한 것이 계기가 되었다. 그 후 서울대학교학생지도연구소, 1962년에는 국립정신병원, 카톨릭의대부속 성모병원의 신경정신과에서 환자의 진단과 치료 및 사후지도를 위한 목적으로 사회복지사가 팀워커로 참여하게 되었다. 1969년 1월에 대구 동산의료원 신경정신과에 정신보건사회복지사가 채용되었으며 주된 업무는 환자의 개인력조사, 가족상담, 집단요법 등이었다.

1995년 정신보건법이 제정되므로써 이제 우리나라도 정신보건사회사업이 지금까지의 병원중심의 활동에서 그 활동영역을 확대하여 지역사회에까지 나아갈 수 있는 전기가 마련되었다. 또한 정신보건법의 제정으로 인하여 정신보건전문요원 자격제도가 마련되었고 이에 따라서 정신보건사회복지사들도 전문적인 자격을 갖추기 시작하였다. 1996년 말 현재 정신보건사회복지사 자격증을 취득한 사람은 188명이다. 이들은 모두 정신보건법에 의해 정신보건사회복지사자격을 얻을 수 있다. 그리고 자격증의 유무를 떠나 현재 정신과병 · 의원 그리고 정신요양원 등 약 100여 곳의 기관에 근무하는 정신보건사회복지사는 약 800여명에 이른다.

제3절 정신보건사회복지의 기능

정신보건사회복지의 기능적 접근으로는 진단과정, 치료과정, 재활, 사후지도 및 예방활동으로 구분할 수 있다.

1. 정신과 치료팀과 협력

정신의학기관에서의 진단이란 정신의학자의 임상진단과 심리학자의 심리검사 결과상의 진단, 사회복지사의 환자 및 그 가족을 둘러싸고 있는 사회환경을 파악 조사한 심리사회적인 진단을 정신의학, 정신분석학, 사회학의 이론과 사회복지의 전문적인 방법과 기술을 통하여 하게 되는데, 이것을 종합해서 치료 팀의 역동적 진단을 최종적으로 하게 된다.

여기서 정확한 진단을 위해서는 환자 개인 및 가족과 사회력에 관한 정확한 정보수집과 파악이 중요하다.

사회복지사는 사정(assessment)과정을 통하여 환자의 성격형성에 있어서 사회적 · 정서적 · 심리적인 환경이 어떻게 영향을 주었는가 파악해야 한다.

보다 구체적으로 치료 팀의 역동적 진단을 위한 정보제공자로서 사정과정을 살펴보면 다음과 같다.

첫째, 질병의 발생 전후에 있어서 환자의 사고내용, 기분, 말투 및 행동양상의 변화에 대하여 가족성원이 관찰한 내용을 정신과의사가 환자로부터 얻어낸 자료와 비교하기 위하여 그리고 다른 여러 가지 자원에 대한 일치점, 차이점, 생략부문 및 왜곡된 상황 등을 점검하기 위하여 가치 있는 정보를 마련해 둔다. 둘째, 환자의 부모나 형제들은 환자의 어린 시절에 대한 의미 있는 대인관계를 이해할 수 있게 하는 실마리, 성장하는 가운데에서의 지체나 왜곡, 초기충격 그리고 기본적 성격특성을 이루는 요인들을 제공해 준다. 셋째, 환자와 그의 가족이 상호작용하는 환경에 특유한 사회적 · 문화적 · 도덕적 금기, 규칙 그리고 지침 등을 조사해야 한다. 넷째, 환자의 현재 증상에서 발견된 탈선정도를 측정하기 위하여 환자가 치료되어 정상범주에 달하게 될 수 있도록 잠재적 치료목표를 결정하기 위한 환자의 병전상태를 알아보는 것이 유용하다. 다섯째, 정신의학자는 대체로 정신질환이란 원초적, 발달적, 유발적, 결합적, 인격에 환경적 스트레스가 영향을 주게 된다고 일반적으로 가정하고 있다. 그래서 환자가 스트레스에 어떻게 반응하고, 반응하는데 지니고 있는 심리적 요인은 무엇이며, 어떤 스트레스에 반응하는가에 대해서 알아보는 것이 필요하다. 여섯째, 가족들은 환자의 증상을 계속 유지시킴으로써 얻을 수 있는 부차적 요인들을 역동적으로 이해할 수 있도록 해야 한다.

2. 직접적인 서비스

정신의학 팀에서 역동적 진단이 형성되면 주로 사회치료(social treatment), 특히 개별사회사업, 집단사회사업, 환자가족의 가족치료, 작업요법, 레크리에이션요법, 야외요법 등의 활용으로 치료를 한다.

첫째, 개인과의 사회복지는 환자의 개인력, 가족력, 병전성격, 질환에 대한 반응과 방어기제사용 등을 바탕으로 지지적 요법(supportive treatment)을 중심으로 현실감과 자아강화를 위한 접근을 한다. 또한 경증환자에 대해서는 자기인식(self-awareness)을 위한 통찰요법을 시도하기도 한다. 그리고 입원환자가 병실의 적응과 타 환자나 치료자와의 관계를 비롯한 치료적인 자원활용을 개별적으로 지도하고 상담하여 치료과정에서 생기는 긴장과 방향 등의 문제를 해결하도록 지도한다.

둘째, 환자의 치료가 개별적 치료 못지않게 집단을 활용하는 것이 효과적일 때가 많다. 집단치료는 통제된 집단 상호작용을 통해서 개인성원의 성격과 행위에 있어서 급격한 개선을 야기 시키는 데 목적을 두고 있다.

3. 병원 내 프로그램계획과 정책결정

정신보건사회복지사는 병원 내 치료공동체운영, 집단치료프로그램 운영, 외부자원봉사 활용 그리고 의료보호환자진료계획 등에 참석하여 병실운영방침 등을 협의한다. 따라서 정신보건사회복지사는 의도적인 목적을 통하여 사회적 재활을 목표로 동기·능력·기회를 부여하여 환자의 재사회화는 물론 잠재능력을 개발하여 사회기능을 향상시켜서 사회복귀를 잘 할 수 있도록 해야 한다.

4. 지역사회자원조직과 연결

정신보건사회복지사는 현 병실운영 프로그램에 유익한 지역사회자원 활용(자원봉사자, 치료레크리에이션 동원, 대학의 목공예, 도자기공예 활동 등)과 낮 병원에 조직, 연결 업무 등 그리고 퇴원 후 지역사회 자조집단 연결, 사회복지관 내 재활기관 훈련, 사회복귀시설 연결 직업재활을 위한 보호 작업장 연결, 임시취업보도 그리고 집단주거시설 연결 등 주거지 내 자원활용 업무 등을 한다.

5. 교육프로그램

정신보건사회복지사는 정신보건에 관한 홍보와 교육프로그램개발, 환자가족 교육과 자문 지역사회 주민의 정신건강에 대한 홍보와 정신장애인에 대한 낙인 근절 활동에 참여한다. 그리고 사회복지학과 학생 실습지도와 정신보건사회복지사 수련제도 운영에 참여하는 일이다.

6. 조사연구

회복기에 있는 정신질환자의 재활을 위한 욕구, 지역사회 정신건강센터 또는 사회복귀체계에 대한 정신장애인은 물론 지역사회 주민의 의식조사 실태, 정신장애인에 대한 욕구, 정신사회재활 프로그램개발, 가족의 욕구, 주민들의 의식조사, 재활을 위한 조사·연구 그리고 정신보건 의료기관 및 정신보건시설의 확장과 그 활용 방안에 관한 조사·연구 등이다.

제4절 정신보건사회복지사의 역

정신보건사회복지사의 역할을 Kyes와 Hofling은 다음과 같이 지적하였다. 첫째, 환자로 하여금 건설적인 방법으로 그의 사회·환경을 이용하도록 개별적 접촉을 통하여 조력한다. 둘째, 가족들로 하여금 환자에게 고용, 주택, 재정적 지원 및 보호를 제공할 수 있는가에 대하여 알 수 있도록 개별적 접촉을 통하여 돕는다. 셋째, 환자 자신과 그의 가족성원에 대한 의도적인 감정을 다루어서 개별적으로 돕는다. 넷째, 이용 가능한 자원과 지역사회 센터에 대한 이용방법과 목적 등을 환자와 가족에게 설명하여 돕는다. 다섯째, 환자와 가족이 거주하고 있는 지역사회 내의 사회기관을 안내하거나 보다 나은 치료와 보호를 위해서 그 외의 사회자원을 안내한다. 여섯째, 환자가 입원 중인 기관에는 그의 가족과 집단, 지역사회와의 관계를 유지하도록 돕는다. 일곱째, 환자에 대한 전인적인 치료프로그램에 중요한 기여를 위하여 환자의 사회력, 가족 직업력 등에 대한 정보를 획득한다. 여덟째, 정신과 팀이 타요원과의 활동에 적극적으로 참여하여 조사, 진단, 계획, 치료 및 사후보호서비스에 있어서 수평적인 입장에서 상호 협동적으로 참여한다. 아홉째, 환자의 치료목표에 충실을 기하기 위하여 지역사회 내의 유력인사와 적극적인 친화관계를 형성한다.

정신병원의 실제에서 입원치료는 필연적인 중요활동인데 입원치료에서 사회복지사의 활동은 다음과 같다.

① 환자나 가족에게 치료를 위해 유용하고 도움이 되는 기관임을 이해시키고 인식시킨다.

② 가족에게 기관의 치료활동을 소개하고, 설명하여 환자의 입원치료에 협조사항을 상의한다.

③ 환자나 그 가족과의 초기과정(intake)을 통하여 사회력(social history)을 조사연구(study)해서 가족에게 환자 병의 의미를 이해시킨다.

④ 환자의 입원에 관련될 수도 있는 가족 내의 스트레스(stress)문제를 완화 내지 개선하기 위한 도움을 준다.

⑤ 치료 팀의 타 구성원에게 진단이나 치료에 중요한 사회·경제적 그리고 환경적인 정보를 역동적 이해와 설명으로 제공하여 토의한다.

⑥ 환자의 입원기간을 통하여 사회복지사는 가족병리문제를 조사연구(study)하게 된다. 이는 흔히 청소년기 환자에게 가족이 그들의 문제를 해결하기 위하여 잘못 입원시키는 경우, 즉 가족의 근본적인 갈등의 희생 소위 희생양(scapegoat)으로 투사되는 경우가 있다.

⑦ 사회복지사는 가족중심의 문제에 대해 역동적 질환을 통한 가족치료(family therapy)를 함으로써 돕는다.

⑧ 환자나 가족과의 지속적인 개별사회사업, 환자집단이나 가족집단과의 집단적인 치료활동을 전개한다.

⑨ 가족과 지역사회와의 유기적인 관계를 갖고 환자의 사회복귀를 위한 수용과 이해를 촉진시킨다.

⑩ 퇴원시는 환자가 집으로 돌아갈 수 있게 재적응에 필요한 준비를 하는 일에 환자나 가족을 돕는다.

⑪ 회복기의 환자에게 가장 중요한 것은 사후지도프로그램(after-care program)과 재활(rehabilitation) 활동인데 개인이나 지역사회자원을 동원하여 환자가 사회에 복귀할 수 있도록 지속적인 관계를 갖는다.

⑫ 정신병원이 지역사회기관으로 인식됨에 따라 유용하고도 생산적인 인간으로 재활하려는 사람이나 퇴원 후 재발을 예방하기 위한 추수치료(fallow up)를 충실히 할 수 있도록 환자나 가족, 지역사회에 직접 참여하여 돕는다.

제 5 절 정신보건사회복지의 천장면

정신보건사회복지사가 전문자원으로 활동하고 있는 실천장면은 정신병원, 종합병원 신경정신과, 신경과병원, 보건소, 정신요양원, 사회복귀시설 그리고 지역정신보건센터 등을 들 수 있다. 그리고 군병원, 사회복지기관, 학교, 교정분야에서 정신의학적인 상담역할을 담당하기도 한다.

1. 종합병원 신경정신과와 정신과 전문병원

종합병원과 정신과 전문병원에서 전형적으로 사회복지사는 환자와 그의 가족을 조사하여 치료계획수립과 직접치료 그리고 사후지도활동에 책임을 갖고 참여하게 된다.

환자가 입원을 하게 되면 환자나 그의 가족에게 환자의 치료를 위해 유용한 기관임을 이해시키고, 가족에게 모든 치료활동을 소개하고 이에 협력토록 상담한다. 초기과정에서 환자의 개인력(personal history)과 가족력(family history)등 사회력을 조사하여 가족에게 질병의 역동적인 의미를 이해시키며, 가족문제를 치료할 수 있도록 돕는다. 특히, 조사결과, 환자가 가족의 병적인 문제의 희생자로 투사되는 경우도 흔히 있다. 따라서 환자 가족에 대한 가족치료도 또한 환자치료 못지않게 중요하다.

다른 치료요원에게 진단이나 치료계획에 중요한 사회경제적, 환경적 정보를 역동적으로 설명하고 이해시키며 토의한다.

치료과정에서는 환자와의 개별적, 소집단적 방법과 활동을 통하여 병원생활의 적응과 병적인 행동, 사고, 감정을 변화시키도록 돕고, 가족에게도 동시적으로 치료적인 행동을 하게 한다. 또한 중요한 것은 지역사회자원을 치료활동에 활용하는 일이다.

퇴원 시는 환자가 가정으로 돌아갈 수 있는 모든 준비와 가족성원의 준비를 마련하고 퇴원후 지속적인 치료활동이 이루어지도록 퇴원계획과 퇴원 후 모든 재활활동에 보다 적극적으로 참여하여 환자의 사회복귀와 기능향상을 돕는다. 이것은 재발예방을 위해서도 중요한 과제가 아닐 수 없다.

병원 부서로 운영되는 낮 병원에서는 음성반응환자 내지 정신장애인에 대한 서비스는 ① 약물관리, ② 심리사회적 지도, ③ 재활계획상담, 집단치료, ④ 사회기술훈련과 인간관계훈련, ⑤ 직업적응과 기능훈련, ⑥ 추수모임, ⑦ 자치적인 평가, ⑧ 집단치료 또는 알코올 중독 관리사업 등이다.

정신보건가족에 대한 서비스는 ① 가족의 정신건강교육, ② 가족지지모임, ③ 가족과 함께한 모임 등에 역점을 두어 서비스를 주어야 한다.

2. 신경정신과 의원

신경정신과의원은 정신의학자, 정신과간호사, 사회복지사로 구성되는 소수의 직원으로 주로 외래치료 중심보다 팀 관계가 밀접하고 활발하여 광범위한 활동을 하게 된다.

대부분 초기과정에서 진료소의 기능과 활동을 안내하고 병원에서와 같이 사회력을 조사한다. 신경정신과의원에서의 사회복지사의 치료적인 활동은 ① 환자를 비롯한 클라이언트의 욕구에 맞는 진료서비스의 적부를 수행하고, ② 유용한 서비스를 활용할 수 있도록 돕고, ③ 자신의 문제를 인식하고 깨닫게 하며, ④ 지역사회자원을 활용토록 의뢰하고, ⑤ 치료과정에서 클라이언트나 그의 보호자에게 직접적인 서비스를 주는 일, ⑥ 클라이언트 자신의 만족스러운 적응을 위한 노력을 강화시키며 또한 유용한 자원을 활용토록 촉진시키는 일 등이다.

또한 중요한 것은 정신의학자는 의학적, 정신의학적 책임을 갖지만, 사회복지사는 환자의 현실문제에 관련된 생활문제의 구체적인 서비스를 제공하며, 지역사회자원이나 가족성원의 협력을 조성하는 일이다.

그리고 진료소의 운영의 모든 행정적인 업무를 처리 및 관리하며 구체적인 프로그램계획과 실시를 주관한다. 특히 보호자를 중심으로 한 교육활동을 하게 된다. 나아가서는 정신건강을 위한 지역사회교육을 통한 예방활동에 적극 참여하고 홍보하며 특히 사회복지기관에서 교육과 상담업무를 맡게 된다.

3. 지역사회 보건소

보건소 내의 정신보건사업의 주요기능은 ① 정신질환의 예방, ② 정신질환자의 발견, ③ 정신질환자 및 그 가족에 대한 상담, ④ 정신질환에 대한 사회복귀 훈련, ⑤ 알코올, 약물중독자 및 치매환자의 관리 등에 있다.

정신보건법에 의한 정신보건 전문요원의 업무 범위는 공통적으로는 ① 사회복귀시설 운영, ② 정신질환자의 사회복귀촉진을 위한 생활훈련 및 작업훈련, ③ 정신질환자와 그 가족에 대한 교육, 지도 및 상담, ④ 법 제25조 제1항의 규정에 의한 진단 및 보호의 신청, ⑤ 정신질환 예방활동 및 정신보건에 관한 조사연구, ⑥ 기타 정신질환자의 사회적응 및 직업재활을 위하여 보건복지부장관이 정하는 활동에 참여하는 것이다.

이들 중 정신보건사회복지사의 고유적인 업무는 ① 정신질환자에 대한 개인력조사 및 사회조사, ② 정신질환자와 그 가족에 대한 사회사업지도 및 방문지도로 규정하고 있다.

4. 정신의료원

정신요양시설에서 사회복지사의 기능은 보다 적극적이고 재활과 사회치료의 프로그램이 운영될 수 있는 여건, 즉 법적, 제도적 보장이 있어야 한다. 특히 장기적으로 탈시설화 실현을 위한 정신질환 관리 대책이 지역사회 내에서 일어나야 한다.

사회복지사의 주요역할은 ① 심리사회적 상담지도, ② 집단프로그램의 개발과 활용, ③ 대인관계기술훈련, ④ 일상생활교육과 훈련, ⑤ 가족상담과 가정방문지도, ⑥ 무연고자에 대한 후원자 개발과 연결, ⑦ 지역사회자원 동원과 후원자 결성, ⑧ 보호작업장을 통한 직업훈련과 취업보도, ⑨ 정신요양원의 시설개방화 추진, ⑩ 지역주민의 참여기회 확충 등이다.

5. 사회복귀시설

사회복귀시설에서는 첫째, 생활훈련시설, 둘째, 작업훈련시설, 그리고 셋째, 종합훈련시설 등으로 분류할 수 있으나 그 주요활동은 ① 개별적인 재활상담, ② 음성반응환자의 집단지도, ③ 사회복귀를 위한 집단치료, ④ 사회기술과 적응훈련, ⑤ 생활기술과 대인관계훈련, ⑥ 가족정신교육과 상담, ⑦ 정신장애인의 가족회 조직과 육성, ⑧ 재가정신장애자에 대한 가정방문, ⑨ 지역사회자원 동원과 후원회 조직과 육성, ⑩ 지역사회주민을 위한 정신건강교육, 지역사회주민의 정신건강증진을 위한 계몽사업, 의료기관과 지역사회기관과의 연결 업무 등이 사회복지사가 할 수 있는 주요 역할이라 볼 수 있다.

6. 지역사회 정신보건센터

사회정신의학과 지역사회정신의학(community psychiatry)이 예방정신의학적인 성격을 가지기 시작하면서 다양한 예방과 재활 및 재발 방지를 위한 운동이 일어났다.

지역사회정신보건은 전통적인 임상정신의학의 문제점에 대한 의료적 대책의 변화이다. 즉, 입원치료 후 사후지도가 불충분하고, 청소년, 노인의 치료 대책이 뒤졌으며, 병원중심주의의 경직된 치료 활동의 제한성 등으로부터 내부적으로는 정신병원의 개방제(open ward system)로 발전되었고, 치료적 공동사회의 형성, 집단치료, 작업치료의 적극화, 각종 재활(rehabilitation)의 강화, 환자의 사회복귀대책의 현실화 등으로 발전되어가는 진료형태로 변해가기 시작하였다. 이는 병원에 장기입원으로 인한 인격의 황폐를 막기 위한 것으로 입원기간의 단축을 가져왔다.

지역사회정신보건센터의 성격은 전통적인 정신병원의 입원치료로서 다루지 못하는 영역인 예방, 홍보 그리고 재활서비스를 다룸으로써 전에는 정신질환자가 지역사회와 격리되어야 했으나 좀 더 개방적이고 치료적인 지역사회환경 내에서 치료 이외의 다양한 서비스를 제공하는 데 있다.

참고문헌

김규수. (2004). 의료사회복지실천론, 서울 : 형설출판사.

김철권 · 변원탄. (1995). 만성 정신과 환자를위한 정신재활. 서울 : 신한출판사.

서울대학교 의과대학 의료관리학교실 외. (1994). 지역사회정신보건사업체계개발.

Fink, A. E. et. al. (1949), The Field of Social Work, New York : Holt, Rinehart & Winston, Inc..

Jacobs, H. E. (1988). "Vacational Training", in Psychiatric Rehabilitation of Chronic Mental Patients(ed, R. P. Liberman). American Psychiatric Press.

Kurtz. Russell H. (1954). Social Work Yearbook, New York : National Association Social Workers.

Liberman, R. P. (1986). Training Skill of the Psychiatrically Disabled. Schizophrenia bulletin, 12, pp.631~647.

Liberman, R. P., Derisi, W. J. & Mueser, K. T. (1989). Social Skills Training for Psychiatric Patient L.A. : Pergaman Press.

Social Work Yearbook. (1960). New York : N. A. S. W.

Arieli, Silven et. al. (1974). American Handbook of Psychiatry, Vol.Ⅴ. New York : Basic Books, Inc.

Timmes, Noel. (1964). Psychiatric Social Work in Great Britain(1939~1962), London : Routledge.

Meyer, A. (1922). "Historical Sketch and Outlook of Psychiatric Social Work", Hospital Social Service, Ⅴ: 221-222.

Perlman, H. H. (1975). "Social Work in Psychiatric Setting", S. Arieti, American Handbook of Psychiatry, 2nd Ed., New York : Basic, Inc., Vol. Ⅴ: 674-677.

제 20 장 학교사회복지

제 1 절 학교사회복지의 개념

우리나라는 아직 학교사회복지실천의 역사가 그다지 오래되지 않았기 때문에 학교사회복지에 대한 개념이 완전하게 정립된 것은 아니다. 이 절에서는 학교사회복지에 대한 개괄적인 이해를 돕기 위해 학교사회복지의 필요성과 정의를 살펴보고자 한다.

1. 학교사회복지의 필요성

학교는 인간의 사회화를 위한 1차 집단인 가정 다음으로 중요한 사회화 기관이다. 급변하는 교육환경에 따라 학교의 책무 또한 다양하게 확대되어 가고 있다. 그 중에서도 학생의 복지와 학습환경에 대한 관심의 고조는 교육의 본질적 측면에서 매우 바람직한 현상이라 할 수 있다.

학교교육은 학생에게 지식과 기술을 전수시키는 것은 물론, 학생의 능력과 잠재력을 개발하고, 자아실현의 기회를 제공하여, 건전한 사회구성원으로 성장할 수 있도록 교육하는 것을 목적으로 한다. 그러므로 교육의 본질적인 목표를 달성하기 위해서 학교는 전문적인 지식과 고도의 기술을 가르치는 것 외에 학생들의 심리·사회적 기능을 향상시키며, 이들의 인성과 도덕성을 함양시키기 위한 포괄적인 교육을 제공하여야 한다.

그러나 일반적으로 교사들은 학교에서 문제발생의 위험이 있는 학생들을 파악하고 있기는 하지만, 그들을 도와줄 수 있는 구체적인 방법에 대해서는 잘 알지 못한다(Iaconetti, 1999). 또한 학교교육이 전인교육을 통한 자아실현을 목적으로 한다는 이상적인 구호만을 외칠 뿐, 실제로는 청소년의 욕구, 소망, 적성이나 기능과는 관계없이 상급학교 진학을 목적으로 하는 입시교육에 치중하고 있다. 특히 교육병리현상과 학교부적응으로 인해 파생되는 각종 청소년문제와 사회문제의 심각성을 고려할 때, 오늘날의 학교는 기능과 역할에 있어서 본질적으로 변화되어야 할 필요가 있다.

그럼에도 불구하고 교육당국은 학생문제 해결은 상담교사 또는 전문상담교사제도와 학교상담자원봉사자제도에 의존하고 있다. 그리고 학교에서 학생들의 문제를 처리함에 있어서 교사들이 대부분 방과후 지도를 위한 근무외 시간에 대해 큰 부담감을 갖고 있어 빠른 해결을 위한 처벌중심의 관리방식을 택하고 있는 것이 보편화되어 있다. 이러한 근시안적인 방침은 학생들의 거부감을 강화시키고 그들의 문제를 더 심각하게 진전시킬 수 있다(이성희, 2001).

현재 교육병리 현상과 학생문제의 해결을 위해 교육인적자원부가 부단한 노력을 하고 있지만 진로상담교사나 교사들은 과중한 업무부담, 전문적인 지식과 개입방법의 부족, 타 전문직과의 협조부족으로 인하여 증가되는 학생문제의 예방과 치료에 효과적으로 대처하지 못하고 있다.

따라서 학생문제의 예방과 치료를 위해 가정, 학교, 지역사회를 연계하고 학교부적응 학생의 사회환경적 요인들에 적절한 사회복지적 개입방법을 활용함으로써 학교생활의 질을 높이고 모든 학생들이 자신들의 학습목표를 성취할 수 있도록 돕는 새로운 시도로서 학교사회복지가 대두되고 있다.

2. 학교사회복지의 정의

초기의 학교사회복지는 학생 개개인에 대한 개별사회사업의 접근에 한정되었으나 오랜 발달과정을 거치면서 학생 개인 뿐 아니라 가족, 학교, 지역사회 등의 환경적 요소와 예방까지 포함하는 광의의 정의로 확대하게 되었다.

학교사회복지란 좁은 의미로는 특정 학생 개인의 부적응에 대한 예방적 치료적 활동으로 한정지을 수 있고, 광의로는 교육의 목적을 달성하기 위해 모든 학생과 그의 환경체계, 그리고 체계사이의 관계에 관한 전문적인 원조활동을 포괄하는 의미로 볼 수 있다(전재일 외, 1997). 그러므로 학교사회복지는 사회복지사가 사회복지의 원리와 방법의 적용을 통해 학교, 가정 및 지역사회의 자원체계를 조정 활용하여 학생의 정상적인 생활에 장애가 되는 심리적 · 사회적 부적응을 조기에 발견, 예방, 치료하는 사회복지실천의 한 분야이다.

여러 가지 장애로 학교생활에 적응하지 못하고 학습 효과에 문제가 있는 학생을 돕는 치료적인 활동으로 개별사회사업에 초점을 두고 Konopka(1963)는 "학교사회복지는 학생이 사회적 · 정서적 문제를 가지고 있어서 학교에서 기대하는 기능이나 목표를 성취하지 못할 때 이를 도와주는 노력"이라고 정의하였다.

개별사회사업적 접근에 보충하여 사회적 기능에 초점을 두고 사회적 역기능의 예방적 측면까지 고려하여 Anderson(1972)도 학교사회복지란 "사회적 · 정서적 문제를 가진 개별 학생을 도와주기 위하여 ① 손상된 사회적 기능의 회복, ② 지역사회 자원을 연결, ③ 사회적 역기능을 예방하는 것이다"라고 정의하고 있다.

학생 개인을 원조하기 위해 부모, 학교, 지역사회의 활용 뿐 아니라 이러한 환경요소들간의 연결망을 중요시하는 Costin(1975)은 학교사회복지란 "학교의 주요 목적달성을 위해 학교가 학생 개개인의 지적 · 사회적 · 정서적 욕구와 문제해결에 관심을 갖도록 도와주며, 모든 학생들이 학교에서 공평한 교육기회와 성취감을 제공받을 수 있고, 필요한 경우 지역사회자원을 활용하여 최대한 학생 자신의 능력을 발휘하도록 돕는 사회복지실천의 분야"라고 정의하였다.

다른 전문가들과 상호협력적 관계를 강조한 Smalley와 Rowen(1955)은 학교사회복지를 "학생의 전인교육의 기본적인 목적을 달성하기 위해 전문적이고 교육적인 서비스와 전문가간의 상호협력적 접근으로 학교가 제공하는 교육기회를 학생들이 최대한 활용할 수 있도록 돕는 전문직"이라고 정의하였다.

학생과 환경체계 사이의 관계를 강조한 Germain(1979)은 생태체계론적 관점에서 학교사회복지를 "학생뿐 아니라 가족, 학교, 지역사회에서 학생과 부모, 지역사회가 사회적 능력을 개발하는 것을 도와주고 동시에 학생,

부모, 지역사회의 욕구에 대해 학교가 책임성을 가지도록 도와주는 것"이라고 정의하였다.

특히 NASW(2004)는 이러한 관점에 초점을 두고 학교사회복지란 "학교체계내에서 전문적 능력과 자격을 갖춘 사회복지사가 제고하는 사회적 서비스를 의미한다. 즉 공교육체계에서 학교교육의 목적을 달성하도록 지원하고, 학생들이 학교에 잘 적응할 수 있도록 도와주며, 이를 위해 학교, 가족, 지역사회가 수행하는 노력을 조정하고 영향을 미치는 활동이다"라고 정의하고 있다.

이와 같이 학교사회복지는 요보호학생이나 학교부적응학생 뿐만 아니라 모든 학생들이 질적으로 향상된 학교생활을 영위하도록 돕고 환경체계를 개선해 주는 전문적 활동이다. 그러므로 학교사회복지는 사회복지의 목적과 교육의 목적을 상호 접목시키는 과정이라고 할 수 있다(성민선외, 1995). 즉, 학교사회복지는 사회복지사가 모든 학생이 자신의 잠재력과 능력을 최대한 개발할 수 있도록 도와주고, 미래의 건전한 사회구성원으로 성장할 수 있도록 도와주는 활동이며, 궁극적으로 학교의 교육기능과 목적을 달성하도록 도와주는 사회복지실천의 한 분야로 정의할 수 있다.

3. 학교사회복지의 목적

학교사회복지는 학교가 교육의 본질적인 목적을 달성하도록 도와주는 사회복지의 전문분야이기 때문에 학교사회복지의 목적은 학생들이 학습능력, 문제해결과 의사결정능력, 변화에 대한 적응능력을 가질 수 있도록 도와주는 것이라고 할 수 있다. 사회복지와 교육의 목적이 본질적으로 서로 다르긴 하지만 이 두 전문분야는 공히 인간의 잠재력과 능력을 확신하는 인간존엄의 가치관에 기초를 두고 있다. 따라서 사회복지와 교육의 목적을 동시에 수행하는 것은 곧 인간의 존엄성을 실현시켜 주기 위해 사회복지와 교육의 방법론을 병행하여 최적의 교육환경을 제공하는 것이다.

학교사회복지의 목적을 보다 구체적으로 살펴보면, 다음 세 가지로 설명할 수 있다.

첫째, 학교교육의 목적을 달성하도록 지원하는 것이다. 취약학생이나 학교부적응 학생은 물론 모든 학생들이 자신의 교육적 욕구에 적합한 교육을 받을 수 있도록 공평한 교육 기회를 제공하는 것이다.

학교가 학생 개개인의 교육적 욕구와 권리를 충족시켜 주기 위해서는 특별교과과정이나 개별화된 학습지도를 제공하는 교육적인 면뿐만 아니라, 모든 학생들이 자신의 잠재력과 능력을 발휘할 수 있도록 교육기회를 공평하게 배분하는 사회정책이나 사회복지서비스를 제공하는 것이 무엇보다도 중요하다.

둘째, 모든 학생들이 공평한 교육기회를 보장받아 학교생활에 잘 적응하며 심리·사회적 기능을 향상시킬 수 있도록 전문적인 상담과 사회복지서비스를 제공하는 것이다. 모든 학생은 초·중·고등학교의 전과정을 통하여 성적과 입시, 진로결정, 생리적 변화 등으로 인한 다양한 스트레스를 받게 된다.

그러나 학교생활에서 경험할 수 있는 이러한 스트레스들은 모든 학생들에게 다 부정적인 영향만을 주는 것이 아니다. 오히려 학생들의 개인적 특성, 가정과 사회적 환경에 따라 같은 종류와 강도의 스트레스라 하더라도 다양한 결과가 나타날 수 있으므로 적절한 개입이 요구된다.

셋째, 학생들의 총체적인 삶의 질을 향상시켜 궁극적으로는 학생복지를 실현하는 것이며, 이를 통하여 학교가 전인교육의 목적을 달성하는데 필요한 최적의 환경을 조성하도록 도와주는 것이다.

결론적으로 학교사회복지의 목적은 학생 개개인이 자신의 잠재력과 능력을 최대한 개발할 수 있도록 도와주고, 모든 학생이 미래의 건전한 사회구성원을 성장할 수 있도록 최적의 교육환경을 제공해 주는 것이다.

제 2 절 학교사회복지의

학교사회복지는 19세기 말에서 20세기 초 영국과 미국 등에서 의무교육 실시에 따라 아동에 대한 교육서비스의 일환으로 시작되었다. 영국은 19세기 후반에 의무교육을 시작하면서 1871년에, 미국은 1906년에 공립학교에서 시작하여 발달하였다. 영국과 미국을 제외한 헝가리, 캐나다, 호주, 노르웨이, 스웨덴 등 다른 나라들은 1930년대 이후 학교사회복지를 시작하였으며, 1960년대에는 바하마, 핀란드, 덴마크, 네덜란드, 가나, 아르헨티나 등에서 학교사회복지가 시작되었다.

1970년대와 1980년대에는 몰타, 아랍에미리트, 홍콩, 싱가포르, 뉴질랜드, 대만, 사우디아라비아, 일본, 폴란드 등이 학교사회복지를 시작하였고, 1990년대에는 한국, 스위스, 오스트리아, 러시아, 라트비아, 에스토니아, 마케도니아, 스리랑카, 몽골 등에서 실시하고 있다(ISSW, 2003).

2000년대에 들어와서는 학교사회복지가 아시아, 중동 등에서 활발하게 이루어지고 있고, 특히 동유럽 국가들은 공산화 이후 중단하였던 학교사회복지를 자유화가 이루어지면서 다시 재개하여 실시하고 있으며, 우리나라도 비교적 활발하게 시범사업이 이루어지고 있는 국가로 인정받고 있다.

미국에서는 19세기 후반부터 나타난 아동의 인권과 의무교육의 중요성의 영향으로 당시 인보관이나 자선조직단체에서 활동하던 사회복지사들이 학교사회복지의 필요성을 인식하게 되었고, 이후 한세기 동안에 미국 사회의 변화에 따라 다양한 모델과 적용방법들을 발전시키면서 오늘날에는 가장 활발한 활동을 하는 사회복지 전문분야 중의 하나로 정착되었다. 그러므로 미국의 이러한 발전과정을 도입기, 전문화 시기, 통합적 서비스시기로 구분하여 살펴본 후 우리나라의 현황에 대해 알아보도록 하겠다.

1. 도입기(1900년~1930년대)

1880년대 후반에서 1900년대 초기의 미국사회는 유럽에서 건너온 이민자와 농촌에서 도시로 이주하는 이농민이 급증하던 시기로 교육, 빈곤, 노동환경, 주택, 범죄 등의 다양한 사회 문제가 발생하였다.

이러한 빈곤문제의 해결과 도시이주민의 사회적응을 향상시키려는 사회복지사들의 노력이 점차 확대되면서 비록 독립적이지 않았지만 거의 같은 시기(1906~1907 동안)에 뉴욕, 보스톤, 하트포드의 세 도시에서 학교사회복지가 시작되었다. 학교체계 밖에서 시작된 학교사회복지는 이들 세 도시에서 제공된 방문교사의 역할과 기능이 각 도시의 특색과 상황에 따라 서로 차이가 있었다(Smalley, 1994). 그러나 사회복지사는 자신들의 인보관에 속해 있는 학생의 가정과 학교를 수시로 방문하면서, 학교에게는 이들 학생의 가정환경에 대한 정보를 제공하고, 부모에게는 학생의 학교생활을 알려주어 학생의 학업성취를 위해 학교와 가정이 상호협조할 수 있도록 도와주는 연계자의 역할을 하였다.

1920년대 동안 학교사회복지는 소년범죄와 청소년 비행을 예방하는데 주력하여 방문교사의 활동이 점차 활발해지고 그 중요성이 부각되면서 방문교사는 아동의 전인적인 복지에 도움을 주는 학교내의 전문인력으로 인정받게 되었다. 특히 1923년 방문교사제도가 소년범죄의 예방에도 도움을 준다는 연구결과가 발표되면서 Commonwealth Fund의 재정지원에 의해 학교사회복지에 대한 미국 전역에서 시범사업이 전개되고 방문교사제도가 더욱 확산되었다. 이후 1929년의 Milford회의에서는 방문교사를 사회복지의 6대 전문 분야 중의 하나로 인정하게 되었다(Stuart, 1986).

이러한 활동은 1930년까지 계속되었고 많은 도시로 학교사회복지프로그램이 확대되어 나갔으며 그때까지 31개의 주에 대략 244명의 학교사회복지사가 있었다. 이 당시에는 학교사회복지의 대상이 되는 학생의 수가 소수에 불과하였으며, 학교제도나 교육과정에 대하여 학교사회복지사가 직접적으로 개입하여 도움을 주는 경우는 적었던 시기였다(Germain, 1969). 그럼에도 불구하고 이 시기는 학교사회복지가 사회복지의 한 전문분야로 정착되는데 가장 중요한 시기였으며, 학교는 학생과 가족, 그리고 자원을 연결하여 주는 학교사회복지를 중요하게 인식하기 시작한 시기이었다.

2. 전문화 시기(1940년~1970년대)

1940년대는 그동안의 방문교사제도가 점차 학교내의 공식적인 활동으로 인정되면서 미국 전역으로 확산되었고, 방문교사라는 명칭도 사회복지의 고유한 전문직을 나타내는 학교사회복지사(school social worker)로 바뀌어졌다. 1945년에는 기존의 '방문교사협회'가 '학교사회복지사협회'로 개칭되어졌다. 이 협회는 1948년 학교사회복지의 전문화를 위해 학교사회복지사의 자격조건, 대학교육의 내용, 양성과정 등을 표준화하여, 현재까지 학교사회복지의 전문화를 위해 노력하고 있다. 1950년대 중반부터 학교사회복지서비스 제공에서 집단사회사업을 활용함으로써 학생의 문제행동이나 대인관계문제를 해결하려는 경향이 두드러졌다. 1940년~1960년대 동안 학교사회복지사의 역할은 자연히 개별사회사업 중심이었고, 학교의 출석과 청소년의 비행예방을 강조하던 초기와는 다르게 아동 개개인이 현재의 학교 환경을 잘 활용하도록 도와주는데 더 관심을 가졌다. 1960년대는 학교사회복지 실제의 목적과 방법에 있어서의 계속적인 변화로, 집단사회사업과 지역사회와의 연계가 새로운 접근으로서 활용되었다.

1960년 후반부터 학교사회복지가 독립된 전문분야로 인정됨에 따라 학생에게 많은 영향을 미치는 학교의 주요 상황에 대한 관심이 집중되었고, 학교를 변화시키기 위하여 학교 관련인사와 협력하였다. 그러므로 이 시기의 학교사회복지사는 학생의 학습장애에 영향을 미치는 가정환경이나 학교환경을 변화시키는데에 중점을 두기보다는 학생 개인의 학교부적응이나 심리·정서적 문제의 원인을 파악하고, 개별사회사업이나 집단사회사업을 활용하여 학생의 인성과 심리문제를 치료하는데에 더욱 치중하게 되었다.

1970년대에 등장한 체계이론과 생태학적 관점으로 인해 학교사회복지사는 학생의 학교부적응과 학습부진의 원인을 학생 개인의 심리 · 정서적인 특성뿐만 아니라, 사회환경이나 학교환경의 영향도 포함하여 고려하게 되었다. 학생의 문제를 미시적이고 거시적인 체계에서 이해하려는 체계이론의 도입은 곧 학교사회복지사가 학교 내 다른 전문직과 협조하여 보다 포괄적이고 다양한 서비스를 제공하는 팀접근의 필요성을 부각시켰다. 따라서 1970년대의 학교사회복지사들은 심리치료적인 상담서비스 외에 체계론적 관점에 기초한 지역사회-가정-학교의 자원개발과 이들간의 상호연계, 부모교육 등의 서비스와 학교행정체계 개혁, 교과과정 개선, 지역사회 환경개선, 정책입안 등을 위한 자문가와 대변자의 역할도 수행하기 시작하였다(Allen-Meares, 1977).

또한 학교사회복지사의 역할이 확대되던 1970년대는 학교사회복지를 위한 표준화와 전문화가 이루어지던 시기로 1976년 미국사회복지사협회(NASW)는 학교사회복지의 표준화된 서비스를 위하여 학교사회복지사의 역할, 양성과정, 윤리강령, 서비스의 종류와 과업 등을 규정하고 표준화하였다(Stuart, 1986). 이 시기의 학교사회복지는 사회복지의 한 전문분야로 공인받았을 뿐만 아니라 학교 내의 공식적인 제도로 정착되면서 미국 전역으로 확산되었다. 그리고 학교사회복지는 전문가협회를 통하여 학교 사회복지사의 자격과 서비스의 내용을 표준화하고, 심리치료사의 역할을 포함하여 지역사회와 학교제도의 변화에도 적극적으로 개입하는 전문사회복지사로서 활동하게 되었다.

3. 통합적 서비스 시기(1980년대 ~ 현재)

1980년대에 와서 학교사회복지의 역할이 크게 확장되었고 사회복지실천에서의 관점이 생태학적이고 사회체계적인 접근을 더욱 강조하는 것으로 변화되었다. 1980년부터는 학생의 중퇴, 미혼모, 마약, 가출, 범죄 등의 학생문제와 빈곤아동, 아동학대, 걸인, 부랑아, 이혼 등의 사회문제가 심각해지면서 이러한 문제를 예방하고 해결하기 위해서는 보다 포괄적이고 통합적인 학교사회복지 서비스가 필요하게 되었다. 따라서 약물남용을 경험한 학생, 심각한 정신건강문제를 지난 학생, 통제할 수 없는 학생에게 서비스를 제공해주는 사회복지사의 활동이 요구되었다.

1980년대에 일어난 교육개혁운동은 학교사회복지의 역할과 기능을 변화시키는데 상당한 영향을 미치게 되었다. 즉 학교부적응 학생의 학업성취를 위해서는 학교가 학생 개인의 심리적, 가정적, 경제적, 사회적 욕구를 모두 충족시켜주어야 한다. 이러한 욕구를 충족시켜주지 않은 상태에서 이들 학생의 학업성취만을 추구하는 것은 학교의 본질적인 기능을 약화시키게 된다고 보았다(한인영외, 1997).

1980년대 이후에는 학생들의 권리 및 문화적 다양성의 인정과 관련하여 학부모에 대한 개입이 있게 되었고, 따라서 학교-지역사회-가족간의 파트너십이 형성되게 되었다. 이때 학교사회복지는 학생의 권리(예 : 훈육, 체벌, 정학, 퇴학, 능력별 학급편성, 특수학급에로서의 배치 문제, 학생의 성적에 대한 접근 등)와 관련된 일을 주로 맡았다(Costin, 1987). 이로써 학교사회복지사는 학사와 관련된 결정 과정에서 발생하는 갈등에 대한 중재역할, 학교 프로그램 및 서비스에 대한 정보 제공, 학생에 대한 정신건강서비스의 제공 등을 담당하게 되었다.

이 시기의 학교사회복지는 학교를 중심으로 하여 모든 학생들에게 다양한 종류의 사회복지서비스를 제공하고 이상적인 학교환경을 만드려는 학교연계 통합적 복지서비스를 의미한다. 학교연계 통합적 복지서비스는 학교중심의 통합적 복지서비스와 같은 의미로서, 학교가 지역사회의 복지관, 정신건강센터, 의료보건기관과 같은 사회복지기관과 연계하여 학교내에서 혹은 학교부근에서 학생과 그의 가족들에게 다양한 사회복지서비스를 제공한다.

4. 한국 학교사회복지의 현황

우리나라는 청소년 비행과 학교·가정생활의 부적응에서 오는 각종 사회적·정서적 문제 및 무단결석, 가출 등의 증가추세로 볼 때 현재 실시 중인 학교의 진로상담교사제도나 외부의 지원체계만으로는 충분한 학생복지활동을 기대하기 어렵다. 따라서 학교사회복지는 진로상담교사, 학교사회복지사 등의 전문직의 팀웍과 학교-가정-지역사회-각종 지역기관의 유기적인 협력체계를 구축한 다중적이고 통합적인 접근이 절실히 필요한 상황이다.

최근 정부는 교육인적자원부를 비롯하여 문화관광부, 보건복지부, 지방자치단체 등의 관할 아래 청소년종합상담실, 청소년 대화의 광장, 아동상담소, 경찰서 산하 청소년상담실 등을 운영하여 지역사회의 청소년문제에 개입하고 있지만 전체 학생 수에 비하면 아직 그 활동이 미미하다.

우리나라의 학교사회복지는 민간 사회복지기관의 선도 및 동참과 정부당국, 지방 교육청 등의 시범사업으로 꾸준히 실시되어 왔다는 데서 그 특징을 찾을 수 있다. 민간 기관들은 아동·청소년에 대한 복지사업의 일환으로 혹은 제도화를 전제로 한 기획사업의 하나로, 그리고 정부나 지방 교육청 등은 학교사회복지제도화에 앞서 사회복지사들의 전문성과 역량을 탐색하기 위한 시범사업을 펼쳐 왔다고 할 수 있다.

학교사회복지의 운영은 서비스가 이루어지는 공간을 중심으로 할 때 학교상주형과 지역중심형이라는 두 가지 모형으로 나눌 수 있다. 학교상주형은 학교라는 공간에 사회복지사가 상주하여 활동하는 것을 의미한다. 상주라함은 일정한 공간(학교사회복지실), 일정한 사람(고정된 학교사회복지사), 일정한 시간(전일 근무) 동안, 일정한 역할(학생복지 증진을 위한 실제적이고 고유한 사업)을 하는 것을 의미한다(최경일, 2004).

학교상주형 학교사회복지를 실천하고 있는 학교들은 2004년 12월 현재 전국에서 103개교에 이르고 있다. 이는 103명의 학교사회복지사들이 학교라는 현장에서 일하고 있다는 것을 의미한다. 이들을 고용하고 있는 주체와 재원은 교육인적자원부, 사회복지공동모금회, 지방자치단체와 지방 교육청 그리고 민간 기관과 단체들이다. 극히 일부이지만 어떤 사회복지관들은 독자적으로 학교사회복지사를 선발하고 학교에 파견하여, 학교사회복지를 주요 사업으로 실천하고 있기도 하다.

한편, 지역중심형의 학교사회복지는 정확한 실태를 파악하기가 어렵지만 전국의 대부분 종합사회복지관들이 학교와 관계를 맺고 학교사회복지 형태의 서비스를 제공하고 있다. 프로그램내용에 따라서는 학생들 뿐 아니라 학교, 교사, 학부모에게도 실질적인 도움을 제공하는 경우가 적지 않다.

우리나라의 학교사회복지 실천은 1995년부터 10여 년간 나름대로 제도화의 기틀을 마련하는 시기를 거쳐 왔다고 할 수 있다. 이 기간 동안 학교사회복지를 경험했던 학교의 수는 전국적으로 대략 120여 개교가 되며, 이들 학교의 상당수는 학교사회복지의 지속을 원하는 것으로 나타나고 있다. 이는 실제로 학교사회복지사가 일하는 만큼 교사들의 수업외 부담이 줄어들었고, 학생의 복지는 증진되었으며, 학교는 학생들이 편히 이용할 수 있는 공간을 확보하게 되었다(성민선 외, 2004).

현재 사회복지공동모금회의 학교사회복지 기획사업과 교육인적자원부의 교육복지투자우선지역 지원사업이 2003년에 시작된 후, 2005년부터 확대실시되고 교육복지 5개년 계획이 수립되므로 학교사회복지의 제도화를 위해 매우 중요한 시점에 와 있다. 교육인적자원부가 2004년에 전국 48개 초 · 중 · 고등학교에서 새로 시작하여 2006년까지 연장하고, 48개 학교를 더 확대하여 전국 96개 초 · 중 · 고등학교에서 실시하게 된 '교육복지 증진 및 학교폭력 예방을 위한 사회복지사 활용 연구학교' 운영의 성과는 과거 여러 시범사업들에 대한 평가와 더불어 학교사회복지제도화에 큰 영향을 미칠 전망이다.

제3절 학교사회복지의 상

학교사회복지의 대상은 일차적으로는 모든 학생이며, 그 다음으로 학생들의 학교생활과 전인교육의 목적 달성에 영향을 미치는 교사, 학부모, 지역사회체계가 포함될 수 있다. 학교사회복지의 발전 초기에는 요보호학생이나 학교부적응 학생이 우선적인 대상이었지만 최근에 와서는 모든 학생에 대해 동등한 교육기회를 보장하려는 움직임으로 대상을 전체학생까지 확대하고 있는 추세이다.

특히 생태체계적 관점은 환경과 개인의 상호작용을 바탕으로 개인의 욕구와 함께 체계내의 각 요소들간의 관계에서 나타나는 욕구도 서비스의 대상으로 본다(전재일 외, 1997). 이러한 관점에서 학교사회복지의 일차적 대상과 그들의 문제를 다음과 같이 분류할 수 있다(Freeman, 1994 ; Gibelman, 1993).

대인관계에 문제를 보이는 학생 : 폭력행동, 비사교적 행동, 교사나 성인의 권위에 대항하는 행동 등을 함.

심리 · 정신적인 문제를 지닌 학생 : 갑작스러운 위기상황을 보이 는 학생들로 우울, 소외, 공포, 불안, 자살기도, 심리적 · 행동적 변화 등을 보임.

학교규칙을 위반하는 학생 : 장기결석, 등교거부, 잦은 지각, 무단 조퇴, 수업불참 등의 행동을 하여 근신, 정학을 받음.

가정환경적인 문제를 갖고 있는 학생 : 결손가정, 이혼, 재혼, 빈곤, 입양, 소년소녀가장세대 등

부모가 자녀양육에 문제를 보이는 학생 : 학대, 방임 등

학습부진 학생 : 학습의욕저하, 학습무능력, 학습부진, 학업불량 등으로 학업목표를 달성하지 못함.

반사회적 행동을 하는 학생 : 비행이나 범죄 행위를 하는 학생들로서 폭력, 절도, 가출, 약물남용, 불량써클 가입, 십대임신 등

장애인 학생 : 정서, 발달, 신체장애 등이다.

그러나 학교사회복지제도가 아직 정착되지 않은 우리나라와 같이 제도의 도입초기에는 개입 대상을 한정할 필요가 있다. 우선적으로 학습부진, 비행 및 폭력행동, 장기결석 및 중도탈락 학생들을 중심으로 개입하여 그 효과성을 입증하고 개입대상을 점차 전체 학생으로 확대해 나가야 할 것이다.

제4절 학교사회복지의 실천과정

학교사회복지는 학교에서 발생하는 다양한 어려움을 중재하기 위한 특별하고도 포괄적인 실천과정이 요구되며, 이러한 실천과정은 학자들의 관점에 따라 다양하게 구분되어 제시되고 있다.

Allen-Mears, Washington과 Welsh(1986)는 학교사회복지의 실천과정을 계획, 실행 및 평가단계로 구분하고 있으며, Compton과 GaIaway(1984)는 문제해결과정을 문제의 목표설정, 예비적 계약, 탐색 및 조사가 포함되는 접촉단계, 사정과 평가단계, 중재계획의 실정을 포함하는 계약단계 그리고 중재, 종결, 평가가 수행되는 행동단계로 구분하고 있다. 또한 전재일 외(1996)는 개별사회사업의 실천과정을 초기과정, 조사과정, 문제확인과 진술, 개인의 성격적 요인, 사회적 상황의 역동성 분석, 목표설정, 과제의 전략 및 변화노력의 결과 예측을 포함하는 사정과정 그리고 치료과정과 종결과정을 구분해서 임상실제에서 개인과 가족의 문제해결 과정을 상세히 다루고 있다.

그리고 전재일, 이성희, 이경은(1999)은 학교사회복지실천 모형을 제시하여 실천과정을 비공식단계, 준비단계, 사정단계, 수행단계, 평가단계, 종결단계, 그리고 점검으로 구분하여 설명하고 있다.

이와 같이 사회복지실천과정은 학자들의 관점이나 입장의 차이에 따라 다르지만, 본 절에서는 학교사회복지 실천에서 활용성을 높이기 위해 ① 초기과정, ② 사정과정, ③ 수행과정 그리고 ④ 평가 및 종결과정으로 구분하였다.

1. 초기과정

학교사회복지의 실천은 우선 학교와 학생에 대한 기본적인 이해가 우선되어야 한다. 그러므로 학교사회복지 서비스를 계획하기 위한 초기과정은 ① 학교영역과 관련된 철학, ② 학교의 외부상황을 이해하기 위한 지역사회의 일반적인 현황과 지역사회내의 역동성, ③ 학교의 물리적 상황과 학교의 욕구와 자원, ④ 학교의 교육과정과 교육내용, 그리고 ⑤ 학생의 특성에 대한 이해, ⑥ 예상되는 장애요인에 대한 자료를 수집한다.

사회복지사는 학교조직에서 프로그램이나 활동을 전개하기 위해서 ① 학교내에서 학교사회복지프로그램이 어느 정도 새로운가, ② 그 프로그램에 대해서 어느 정도 알고 있고 또 중요하다고 보고 있는가, ③ 학교가 어느 정도 변화를 할 준비를 갖추고 있는가, ④ 프로그램이 교내 다른 부서에 어떠한 영향을 미치는가(성규탁, 1992), 그리고 ⑤ 프로그램의 내용과 대상은 무엇인가 하는 상호관계를 분석하는 것이 필요하다.

1) 학교사회복지에 대한 승인 획득 및 초기관계 형성 단계
2) 사업계획 수립을 위한 환경체계에 대한 자료수집단계
3) 학교사회복지 계획을 설정하는 계약단계

2. 사정과정

사정단계는 각 체계가 갖는 개별적인 정보의 의미를 기초로 학생의 개인내적 생활, 대인관계적 상호작용 및 학생이 기능하고 있는 환경체계간의 상호역동적인 통찰을 도모하여 클라이언트에 미치는 장애요인을 사정하고자 하는데 중점을 두는 과정이다. 그러므로 사회복지사는 학생자신, 가족, 교실, 학교, 지역사회체계에서 발생된 어떤 결함의 에너지가 어떻게 영향

을 미치고 있는가 하는 체계간의 역동성에 대한 총체적인 정보를 명확히 확인해야 한다.

사회복지사는 초기과정부터 수집된 정보를 바탕으로 종합적으로 사정하여 중재해야 할 문제, 자원 및 장애요인이 밝혀지면, 그 다음은 실천할 수 있는 중재계획을 수립하여 목표를 설정해야 한다. 사회복지사는 일차적 대상 범위에 대한 윤곽이 잡히면 그를 중심으로 욕구를 사정하여 해결되어야할 문제를 파악한다. 그리고 사회복지사는 제시된 문제를 다루기 쉽게 구체적으로 목록을 만든 다음 하나하나의 문제를 해결하기 위한 목적과 실행목표를 정한다.

3. 수행과정

수행과정은 다른 사회복지실천분야에서와 마찬가지로 사회복지 전문직의 가치를 토대로 목표달성에 가장 효과적이고 효율적이라고 판단되는 중재전략을 수립하고 계획에 따라 실행하는 모든 사회복지서비스 제공 활동을 포함한다. 즉, 수행과정은 사회복지의 가치, 지식, 중재에 관한 이론과 기술을 바탕으로 대상범위 선정, 문제파악, 목적·목표설정, 중재전략수립 등의 절차를 통해 개개 클라이언트에 따라 특유하게 사회복지서비스를 전달하는 일련의 과정이다. 각 절차는 시계열적으로 나열된 것이 아니라 서로서로 연계되면서 필요에 따라 특정부분이 강조되거나 확대 또는 축소되기도 한다.

학교사회복지사는 학교체계와 관계를 형성하여 학교체계안에서 사회복지서비스가 제공될 수 있는 터전을 마련하여야 한다. 실천과정의 일부로서 수행과정은 클라이언트로서 학생 또는 학교체계와 관련된 문제상황이 학교사회복지사에게 의뢰된 시점부터 시작한다.

4. 평가 및 종결과정

평가는 프로그램담당자에게는 일종의 부담이 될 수도 있지만, 평가는 학교사회복지의 필연적 부분이다. 학교사회복지의 과업은 실천하고 있는 일이 전문적으로, 공정하게 그리고 생산하고 있는 것에 대한 명확한 이해로서 평가되는 것을 보장하는 일이다(Anderson, 1980). 평가는 직접적으로 기관의 목적과 운영에 영향을 미치며 또한 이는 공공책임에 대한 중요한 의미를 지니고 있다. 학교사회복지는 계속적인 평가결과에 의해 조직체를 정비함으로써 학교에 대한 시민들의 이해를 증진시키며, 서비스의 질을 향상시키고, 투입비용에 비해 효과적·효율적인 결과를 산출하게 할 뿐만 아니라, 평가결과와 환경의 변화에 대한 필요성과 현실성을 인식하고 실질적이고 즉각적으로 대응하고자 하는 자세가 무엇보다 중요하다.

개인 또는 집단과의 종결은 평가결과를 바탕으로 ① 모든 목적이 달성되었을 때, ② 목적들이 달성되지 않았거나 더 이상 진전이 없는 것으로 보일 때 또는 ③ 다른 요인이 개입되어 사례를 끝내야 할 필요가 있을 때 이루어진다(전재일외, 1996 ; 김종옥 · 권중돈, 1993).

제5절 학교사회복지사의 역

학교사회복지사의 역할은 사회복지의 가치와 교육의 가치 모두에 기초를 두고 있다. 학교사회복지사가 학교 외부에서 활동을 시작한 초기에는 단순하게 학교와 가정 지역사회를 연결시키는 정보제공자였는데 이후 그들의 역할은 이론적 관점에 따라 강조점이 다르다.

정신분석학적 관점은 정선분석에 기초를 둔 임상중심의 역할을 크게 강조하였다. 사회학적 관점은 사회불평등을 개선하기 위해 학교와 지역사회의 불평등을 변화시키는 역할을 강조하였다. 그리고 생태체계관점은 환경과 인간의 이중적 초점을 제공하여 인간과 환경을 총체적으로 파악하고 해결책을 모색하는 학교사회복지사의 역할을 제시하였다.

1900년대 초 학교사회복지사의 전신이라고 할 수 있는 방문교사의 역할은 가정, 학교, 지역사회의 연계를 통해 학교생활 부적응 학생들의 학업성취를 향상시키는 것이었다. 이들은 가정을 방문하여 학생의 학교생활에 대해 가정에 알리고 부모들이 학교의 입장과 학생의 욕구를 이해하도록 돕고, 학생의 학업에 영향을 주는 가정환경이나 학교외적인 요인들을 찾아 학교에 알려주는 가정-학교-지역사회의 연결자의 기능을 담당하였다. 그리고 1920년대 후반부터 일어나기 시작한 정신보건운동의 영향으로 학교사회복지사의 역할은 학생의 심리·정서적 문제에 개입하는 전문 심리치료사로 변화되었다.

1960년대 후반부터 급변하기 시작한 사회환경은 학생의 가출, 중퇴, 미혼모, 마약, 범죄, 폭력, 비행 등의 사회문제가 학교생활부적응과 상호 연관되어 있다는 연구결과들이 발표되면서 학교교육의 효과성과 기존의 치료중심적인 사회복지서비스에 대한 사회적 비판이 증대되었다. 따라서 학교사회복지사는 사회학적 관점에서 학생문제의 원인을 학생 외에 학교와 지역사회와 같은 환경의 불평등에 있다고 파악하였다. 따라서 학교사회복지사는 교직원에게 지역사회의 구조와 영향력있는 사회요인을 설명해야 하고, 학교에 대한 지역사회의 이해와 지지를 높이고, 소외된 학생을 지원하는 학교프로그램을 개발하여, 학생의 학습과 학교에서의 적응력을 향상시켜야 한다.

1970년대 이후부터 학교사회복지는 학생과 학생의 환경에 동시에 접근할 수 있는 생태체계관점을 도입하였다. 학생은 개별적 치료 및 상담에서부터 특수교육에 장애 학생의 배치에 이르기까지 광범위한 서비스를 요구하게 되었다. 생태체계관점에서의 학교사회복지사는 학교생활 부적응에 기여할 수 있는 생태체계의 어떤 부분을 변화시키는데 초점을 둔 몇 개의 접근방법을 함께 사용한다. 특히 생태체계관점은 예방적 중재로 어려움을 가질 가능성이 높은 학생을 위하여 사례발견, 사례관리, 가족교육, 그리고 학령기전 학생과 가족에 대한 서비스 형태를 제안하였다(이경은, 1998).

이상으로 학교사회복지사의 역할을 종합하여 정리하여 보면 다음과 같다.

첫째, 학교사회복지사는 학생의 심리·정서적 문제를 예방하고 해결하는 상담가로서의 역할을 한다. 학교사회복지사는 학생의 문제를 명확히 규정하기 위해 학생, 가족, 학교제도, 지역사회의 정보를 수집하고 학생문제의 원인을 체계적으로 사정하고 이에 따라 개별상담, 집단상담, 가족상담 등의 전문적인 상담을 제공하여야 한다. 만약 학교내에서의 도움만으로는 문제해결이 불가능할 경우, 학교사회복지사는 지역사회의 자원과 연계하거나 심리치료를 제공하는 전문기관에 학생을 의뢰하여 학생의 심리·정서적 문제를 해결하도록 돕는다.

둘째, 학생의 심리·정서적 문제는 학생 개인의 인성적 특성에 의해 발생하기도 하나, 경제적 혹은 사회적 환경이 영향을 미치기도 한다. 따라서 빈곤가정이나 가족해체가정의 학생들을 위해서는 심리상담외에 경제적 원조를 제공하는 사회복지서비스도 병행하여야 한다.

셋째, 학교사회복지사는 교사에게 학생문제의 원인과 특징에 관한 설명을 해주고 부모에게는 자녀양육과 관련된 부모교육을 하여 학생문제를 예방하고 해결하는데 도움을 준다.

넷째, 학교사회복지사는 학생-학교-가정-지역사회의 관계를 증진시키는 연계자로서 학교가 지역사회에 기대하는 내용과 학교의 교육목적을 주민들에게 홍보하거나, 반대로 지역사회의 욕구를 학교당국에 전달한다.

다섯째, 학교사회복지사는 학교 내외의 타 전문직과 협력하여 학교행정이나 교육정책이 학생을 위한 최선의 결정이 되도록 도움을 준다. 학교내의 보건교사나 특수교사 등 타 전문직과 긴밀한 상호협력을 통하여 학생은 최적의 교육환경에서 교육을 받을 수가 있도록 돕는다.

특히 학생자원봉사활동, 학교폭력의 예방과 해결, 학생징계제도의 완화, 중퇴학생의 복교허용, 학교운영위원회 활성화, 대안학교의 활용 등과 같은 새로운 교육정책이 발표되고 있는 현실을 비추어 볼 때, 학교사회복지사는 ① 적절한 이론의 개발, ② 학교사회복지사 자체의 조직형성, ③ 학교사회복지 실천프로그램의 개발, ④ 가정, 학교와 지역사회자원 개발 등을 위한 노력이 필요하다.

참고문헌

김상균외 4인. (1997). 학생비행 예방 및 선도를 위한 복지 프로그램 개발에 관한 연구, 서울대학교 사회복지연구소.

김영화. (1997). 학생이 바라는 학교의 모습, 교육일보, 교육부.

김종옥·권중돈. (1993). 집단사회사업방법론, 서울 : 홍익제.

성규탁. (1992). 사회복지행정조직론, 서울 : 박영사.

성민선 외. (1995). 학교부적응 청소년들을 위한 학교사회사업 실천모델 연구, 학교사회사업, 창간호.

성민선 외. (2004). 학교사회복지의 이론과 실제, 학지사.

이경은. (1998). 학교생활 부적응 유형과 요인에 따른 학교사회사업서비스 욕구에 관한 연구, 박사학위논문 : 대구대학교 대학원.

이성희. (2001). 지역사회중심의 청소년문제해결 모형에 관한 연구, 박사학위논문 : 대구대학교 대학원.

전재일 · 김상규. (1996). 개별사회사업, 서울 : 형설출판사.

전재일 외. (1997). 학교사회사업, 대구 : 사회복지개발연구원 출판부.

전재일 · 이성희 · 이경은. (1999). 학교사회사업실천 어떻게 할 것인가? 대구 : 사회복지개발연구원 출판부.

윤정광. (1997). 학교사회사업 제도의 도입과 활성화방안에 대한 견해 및 교육부의 추진내용 : 건전한 교육환경 조성을 위한 학교사회사업 도입방안, 「학교사회사업」 대토론회.

한인영 외. (1997). 학교와 사회복지, 학문사.

Allen-Meares, P. (1997). "Analysis of Tasks in School Social Work," Social Work, pp.196~201.

Anderson, R. J. (1974). School Social Work : The Promise of a Team Model. Child Welfare.

Anderson, R. I. (1980). "Editorial Comments." Social Work in Education, 2(3), April.

Compton, B., & Galaway, B. (1984). Social Work Processes, Chicago, IL : The Dorsey Press.

Costin, L. (1975). "School Social Work Practice : A New Model", Social Work Vol. 20, No. 2.

Costin, L. B. (1987). School Social Work. In A Minahan(Ed. -in-chief), Encyclopedia qf Social Work (18th ed., vol. 2) NASW.

Freeman, E. (1994). "School Social Work Overview", Encyclopedia of Social Work, 19th ed. NASW.

Gibelman, M. (1993). "School Social Workers, Counselers, and Psychologists in Collaboration : Ashared agenda," Social Work m Education, Vol-15(1).

Germain, W. E. (1969). "B Constructs for an Integrative and Generative Conception of Social Work," In G. Hearn(ED), The General System Approach : Contribution Toward Holistic Conception of Social Work, New York : Council on Social Work Education.

Germain, C. B. (1979). (ed), Social Work Practice : People and Environment. New York : Columbia University Press.

Konopka, G. (1963). Social Group Work : A Helping Process, N. J. : Prentice-Hall Ins.

Lurie, Harry L. (1967). Encyclopedia of Social Work, New York : NASW.

NASW. (2004). Standards for School Social Services. Washington, D.C. : NASW.

Smalley, R. E. (1955). "School Counseling as Social Work", Bullein t the National Association of School Social Workers, 30.

____________. (1994). "Social Work Service in School : A Nation Study of Entry-level Tasks", Social Work, vol. 39(5), p.560~565.

Stuart, p. (1986). "School Social Work as a Professional Segment : Continuity in Transitional times," Social Work in Education(8).

http://internationalnetwork-schoolsocialwork.htm planet.com

제 21 장 사회복지와 자원봉사

제 1 절 사회복지와 자봉사

우리는 복지사회에서 살기를 원하고 있다. 이는 우리 모두가 그런 곳에서 건강하고 문화적인 삶을 영위할 수 있다고 믿기 때문이다. 이러한 복지사회는 누군가가 만들어서 우리에게 가져다주는 것이 아니라 우리 스스로 사회문제 즉, 빈곤, 질병, 범죄, 실업, 부적응, 갈등, 장애, 매춘, 약물남용 등을 해결하거나 예방하는 노력을 함께 기울여서 만들어 가야 하는 것이다.

사회문제의 해결·예방을 위해 기울이는 노력에는 크게 두 가지가 있다(大阪ボランティア協會, 1987, pp.230～232).

하나가 보장하는 복지이다. 정부가 사회문제를 해결하기 위해 법률이나 조례를 만들고, 이를 바탕으로 행정적인 조치나 전문가에 의한 서비스를 제공하는 등의 노력을 의미한다. 사회문제를 효과적으로 해결하기 위하여 국민연금법, 의료보험법, 사회복지사업법, 국민기초생활보장법, 아동복지법, 장애인복지법, 노인복지법, 영유아보육법 등을 만들고, 이러한 법적 근거 위에서 전문가를 고용하여 전문적인 서비스를 제공하거나 직접적인 서비스(현금, 현물의 지원)를 제공하는 것이다. 이 때 조세를 통해 확보된 재원을 사용하므로 소득 재분배의 효과가 있다. 보장하는 복지의 대표적인 예가 동사무소의 사회복지직공무원이 국민기초생활보장수급자에게 각종 서비스 즉, 생계보호, 의료보호, 자활보호 등을 제공하는 것이다.

다른 하나는 참가하는 복지이다. 볼런타리즘(voluntarism)과 상호부조 정신을 바탕으로 한 주민의 자발적인 참가에 의해 스스로 사회문제를 해결하거나 예방하기 위해 기울이는 노력이다.

참가하는 방식에는 세 가지의 형태가 있다. 먼저 운동적(social action) 참가는 기존의 잘못된 사회제도나 관행을 변혁하여 합리적인 형태로 바꾸려는 노력을 의미한다. 복지개혁시민연대와 같은 것이 이에 속한다.

둘째로 제도적 참가는 기존의 제도내에 들어가서 의견 제시, 모니터링, 자문, 협력 등의 노력을 기울이는 것이다. 예를 들면 복지위원이나 갱생보호위원, 보호관찰소의 보호위원, 정부기관의 각종 위원 등에 참여하여 활동하는 것을 의미한다.

셋째로 활동적 참가는 사회적인 서비스가 현실적으로 필요하지만 기존 제도내에서 감당할 수 없는 부분에 개입하여 제공해 나가는 노력이다. 각종 요지원자들에게 인간다운 삶의 유지를 위해 필요한 각종 서비스 즉, 일상적, 정서적, 교육적, 금전적 서비스를 제공하는 것이다. 지금 이루어지고 있는 대부분의 자원봉사가 활동적 참가에 해당된다.

보장하는 복지와 참가하는 복지는 각각 단독으로 혹은 상호 협력적으로, 때로는 상호 대립적인 관계를 갖기도 하면서 궁극적으로는 사회문제를 해결하거나 예방하여 복지사회를 이루어가는 힘인 것이다.

상호 협력적인 관계를 통하여 활동하는 대표적인 것이 재가복지사업이다. 정부에서 재가복지사업의 추진을 위한 장치 즉, 직원, 사무실, 차량 등을 지원하고, 민간의 자원봉사자를 활용하여 재가복지서비스를 요지원자에게 제공하고 있는 형태를 취하고 있다.

상호 대립적인 관계를 통하여 활동하는 것이 최근에 등장하기 시작하는 각종 감시단이다. 예를 들면, 사회복지시설 옴부즈맨, 시설인권옹호 민간감시단 등의 활동이 이에 속한다.

보장하는 복지와 참가하는 복지가 다양한 활동을 할 수 있도록 하기 위하여 그 바탕이 되는 근본적인 기반은 인권의 존중과 민주주의의 정신, 지방자치 정신이다.

이상의 내용을 그림으로 나타낸 것이 <그림 21-1>이다.

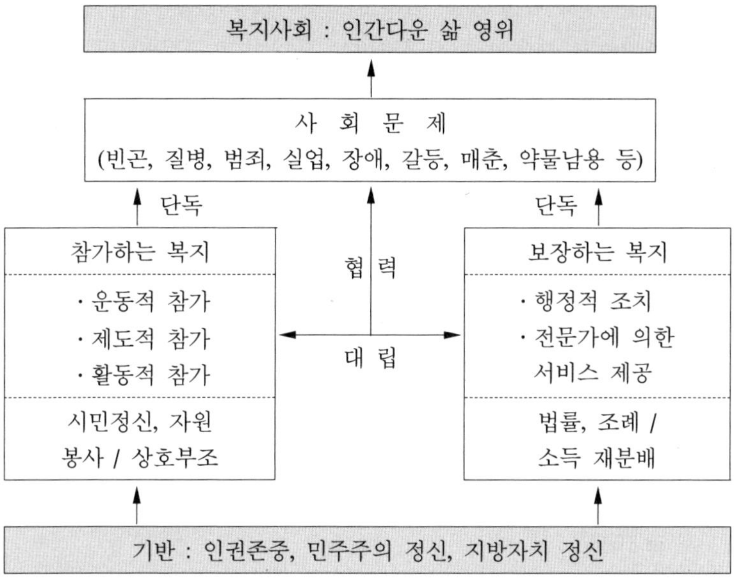

그림 21-1 참가하는 복지와 보장하는 복지

제2절 자봉사의 요성

자원봉사의 필요성은 여러 가지로 설명할 수 있지만 여기서는 자기성숙과 지역사회의 공동체 의식 형성, 공적서비스의 한계성 보충, 새로운 복지관의 대두 등으로 나누어 살펴보기로 한다.

1. 자기 성숙

인간의 기본적인 욕구를 대별하면 생리적인 욕구와 사회 심리적인 욕구로 구분할 수 있다. 사회 심리적인 욕구는 사랑을 받고 싶어 하는 애정의 욕구, 단체나 유력한 존재의 일부가 되고 싶어 하는 소속의 욕구, 사회적으로 가치 있는 것을 이루고 싶은 성취의 욕구, 남의 간섭을 받지 않고 자주적으로 행동하고 선택하려는 독립의 욕구, 자신의 존재를 인정받고 싶어 하는 승인의 욕구 등으로 구성되어 있다.

이러한 사회 심리적인 욕구를 적절하게 충족하지 못하면 부적응 행동을 일으키게 되고 이는 자신과 그가 속한 공동체의 안녕을 파괴하게 된다. 사회 심리적인 욕구를 아주 효과적으로 충족시킬 수 있는 활동이 바로 자원봉사이다.

더욱이 여가가 늘어가는 오늘날 여가를 선용하여 정신적 안정과 삶의 보람을 느낄 수 있는 좋은 활동이 바로 자원봉사인 것이다. 이는 자칫 여가가 없는 사람은 자원봉사를 하지 않아도 괜찮은 것으로 생각할 수 있는데 결코 그렇지 않다. 누구나 인간이라면 반드시 해야 하는 것이 자원봉사이다. 다만 여가가 있으면 활동 일감의 선택 폭이 보다 넓은 정도의 차이뿐이다.

인간의 능력은 무한하다. 오늘날 우리의 교육체제하에서는 경험하기 어려운 체험 학습의 기회를 자원봉사를 통하여 폭넓게 가질 수가 있어서 자신이 가지고 있는 잠재능력을 개발하거나 발견할 수 있는 계기가 될 것이다.

이상과 같은 효과적인 사회 심리적인 욕구 충족, 보람 있는 여가 활동, 자신의 잠재능력 개발 등은 그 자신을 성숙하게 만들고 나아가 공동체의 바람직한 구성원인 '자격 있는 복지시민'으로 변화하게 만들 것이다.

2. 지역사회의 공동체 의식 형성

이상적인 지역사회(ideal community)는 지리적·공간적 영역을 가지고, 그 영역 내에 생활환경 기반이 잘 정비되어 있고, 주민들의 상호교류와 그 지역에 대한 주민의 귀속의식이 있어야 한다. 오늘날 우리가 사는 지역사회는 물리적 환경은 대체로 갖추어져 있지만 정신적 환경은 황폐화되어 있다.

어느 아파트 단지의 부녀회에서 재활용품을 모아 판매한 수익금으로 아파트 경로당에서 경로잔치를 열기로 결정하였다. 아파트 주부들이 재활용품을 모으고, 판매하기 위한 바자회를 준비하고, 직접 팔기도 하고 사기도 하며, 판매한 수익금으로 경로잔치를 준비·진행하는 과정 가운데서 주민 상호간의 교류가 이루어지게 되었다. 경로잔치를 열고남은 돈으로 꽃모종을 사다가 아파트 화단에 심게 되었다. 그 전에는 화단에 관심이 없던 주민들이 꽃모종이 조금만 시들해도 물을 주는 관심을 보이게 되었다.

자원봉사는 주민 상호간에 서로 도우며 살아가게 만들고, 이 지역사회의 주인이 바로 자신이라는 주인의식을 갖게 만드는 것이다.

3. 공적 서비스의 한계 보충

인간의 욕구는 무한한데 반하여 그 욕구를 충족하기 위한 공적인 서비스는 유한하다. 인간의 욕구와 그 충족을 위한 노력 사이에는 늘 차이(gap)가 있게 마련이다. 이 차이를 메우기 위해 자원봉사가 필요하다. 만약 이 차이를 메우지 않은 상태가 지속된다면 욕구 불만의 사회적 약자는 증가하게 되어 우리 사회는 복지사회와는 점점 멀어지게 될 것이다.

시설아동이 이번 겨울방학 동안 스키장에 꼭 한번 가고 싶다고 한다. 개학하면 다른 친구들은 방학 동안 다녀온 곳에 대하여 많은 이야기를 하는데 이 아이도 이번에는 무언가 이야기 거리를 만들고 싶다는 것이다. 그러나 스키장에 갈 수 있는 비용은 시설보호비 어디에도 계상되어 있지 않다.

이들의 욕구를 전혀 충족시켜 주지 못할 때 이 아동들은 정상적인 과정과 절차를 통하여 자신의 욕구를 성취하는 것은 한계가 있는 것으로 판단하게 될지도 모른다. 만약 그렇게 되면 비정상적인 방법, 한탕주의식의 방법을 이용하게 될 것이고, 이는 그 아동 자신이나 한탕의 대상이 되는 모두에게 있어서 불행이다.

자원봉사의 역할 가운데 보충적 역할이 있다. 현실적으로 필요하지만 기존 제도 내에서는 감당할 수 없는 부분이나 제도가 미비한 영역에 대하여 필요한 서비스를 제공하여 보충하는 역할이 자원봉사자에게 주어져 있다. 특히 복지영역은 삶과 직결되어 있기 때문에 지체할 수 없는 영역이다. 서비스가 향상될 때까지 요보호 아동의 성장을 정지시킬 수도 없고 요보호 노인의 사망을 늦출 수도 없다. 따라서 제도의 탓만 하고 있을 것이 아니라 자원봉사를 통하여 이들의 삶의 질을 높여 나가는 노력이 필요한 것이다.

4. 새로운 복지관(福祉觀)의 대두

전통적으로 일반인들은 사회적 약자에 대하여 일방적으로 서비스를 베푸는 대상으로 여겨 왔다. 그래서 그 표현도 사회적 약자를 '위한(for)'로 사용해 왔다. 그러나 1981년 세계 장애인의 해 이후부터 사회적 약자와 '함께 하는(with)'으로 점차 바뀌어 오고 있다.

이러한 현상은 정상화(normalization) 이념의 대두에서 비롯된 것이다. 이 정상화 이념은 사회적 약자를 특정한 곳에 격리하여 분리시키는 것이 아니라 일반인과 같은 정상적인 생활을 영위할 수 있도록 하기 위해 일반인과 통합해 나가는 것을 의미하고, 가치이하로 평가되는 사람에게 가치 있는 사회적 역할을 수행하도록 지지하는 것이다. 이렇게 하기 위해서는 자원봉사의 뒷받침 없이는 어려울 것이다.

제3절 자봉사의 개관

자원봉사는 영어로 'Volunteer'라고 쓰는데 라틴어의 'Voluntas(자유의지)'에서 유래된 용어이다. Volunteer의 사전적 의미는 '독지가, 지원병, 무상 봉사자, 자발적인, ~를 자진해서 한다' 등으로 표현되어 있다.

자원봉사에 관련된 용어를 한국여성개발원에서는 '자원활동'이라고 쓰고 있으며, 김영호 교수는 '자원복지활동원'으로 쓰고 있다. YMCA나 YWCA와 같은 사회교육기관에서는 '자원지도자'로, 대한적십자사에서는 '봉사자' 혹은 '봉사원'으로, 그 외의 여러 기관에서는 '자원봉사자'로 쓰고 있으며, 영어인 'Volunteer'로 사용하는 곳도 있다.

각기 용어를 다르게 사용하는 데는 이유가 있겠지만, 여기서는 보편적으로 사용하는 '자원봉사' 혹은 '자원봉사자'로 쓰기로 한다.

1. 자원봉사의 정의

자원봉사 혹은 자원봉사자에 대한 정의는 다양하게 언급되고 있지만 활동범위의 차이를 제외하면 대부분의 정의는 자발성과 공익성, 무보수성의 공통점을 내포하고 있다.

나름대로의 자원봉사자 정의를 내려보면 '공익증진 활동에 자발적으로 반대급부 없이 참여하는 사람이다'라고 할 수 있는데, 이해를 높이기 위해 좀 더 구체적으로 살펴보고자 한다.

자원봉사는 사회복지 영역에서 주로 활동되고 있지만 이제는 환경, 노동, 방범, 선거, 교육, 의료, 문화, 스포츠, 과학(박람회), 국제협력 등 다양한 분야에서 활용되고 있다. 따라서 자원봉사는 사회복지활동 뿐만 아니라 공익증진 부분의 모든 영역으로 확대되어가고 있다.

자발성과 무보수성은 자원봉사의 특성에서 다루기로 한다.

참여라는 의미는 일반적으로 자원봉사자가 요지원자에게 서비스 제공이나 부족한 자원의 보충이라는 소극적인 의미로 통용되지만, 참여라는 단어 속에는 이러한 소극적인 의미와 더불어 제도의 변혁이라는 운동형(action)의 적극적인 노력도 포함되어 있다. 예를 들면 사회복지시설에서 부족한 일손을 돕는 것도 자원봉사이지만, 시설에 인력을 더 배치하도록 제도를 바꾸는 노력도 자원봉사이다. 물론 그 접근 방법은 매우 다르지만 둘 다 반드시 필요한 것이다.

만약 서비스만 있고 action이 없으면, 자원봉사는 행정의 시녀화 내지는 제도화의 방해물이 될 수 있다. 반면에 action만 있고 서비스가 없으면, 자원봉사는 공허한 것이 되기 쉽다. 특히 복지 영역은 생활과 직결되어 있기 때문에 서비스가 개선될 때까지 삶을 중단할 수가 없다. 부족한 부분은 곧바로 보충해 주어야 하는 것이다. 따라서 서비스와 action을 동시에 고려한 자원봉사가 필요한 것이다.

자원봉사는 모든 인간이 해야 하는 활동이라고 하지만 자신의 행동에 대하여 스스로 판단하고 결정을 할 수 있는 능력 즉, 자기결정권이 있는 사람이라야 진정한 자원봉사자일 것이다. 외국의 경우 자원봉사자를 셀 때 국가에 따라서 다르지만 14세이상, 16세이상, 18세이상, 성인 등으로 나이를 제한한 자료들이 나와 있다. 우리나라의 경우 1991년 통계청 자료에 의하면 15세이상으로 제한하여 자원봉사 참여율을 보고하고 있으나(통계청, 1996), 아직 자원봉사자의 연령에 대한 논의는 미흡한 상태이다.

2. 자원봉사의 특성

이러한 자원봉사는 자발성, 공익성, 무보수성, 선구성, 지속성, 연대성, 민간성 등의 특성을 갖고 있다. 여기서는 자발성, 공익성, 무보수성을 중심으로 살펴보고자 한다(박태영, 1998, pp.238~240).

1) 자발성

자원봉사는 타의에 의해 강제로 하는 활동이 아니라 자신이 생각하고 판단하여 스스로 행동하는 것이다. 자발성은 자신이 결정한 것에 대하여 책임감을 가지게 하고 자신이 선택한 것에 대하여 능동적이고 적극적으로 임하게 하는 원동력이 된다. 따라서 자발성은 자원봉사의 생명과 같은 것이다.

또한 자발성은 자원봉사자 스스로 활동을 그만 둘 수 있다는 의미도 포함하고 있다. 이것은 자원봉사의 특성임과 동시에 한계이다. 언제든지 그만 둘 수 있는 자발성이 자원봉사자에게 있다고 해서 자원봉사가 무책임한 활동으로 전개되어도 좋다는 의미는 아니다. 자원봉사는 개인의 자발성에 기초를 두고 있지만, 공익 증진 영역에 기여하는 활동이므로 사회적 책임성을 갖고 있다. 따라서 약속한 활동에 대한 실천은 반드시 이루어져야 한다.

학교에서 자원봉사를 교과목으로 설정하여 강제로 활동하게 하거나, 대학에서 교양필수로 자원봉사 과목을 설정하여 모든 학생이 반드시 자원봉사에 참여하게 하거나, 기업에서 강제성이 수반된 자원봉사는 '사회봉사 내지는 강제봉사'이지 자원봉사는 아니다. 그러나 학생의 경우 한 인간이 자신이 살고 있는 공동체의 이익 증진을 위해 어떻게 공헌하면서 살아야 하는지를 가르치는 복지교육 또는 봉사학습의 의미는 있다고 생각된다.

2) 공익성

사람이 자발적으로 하는 모든 활동을 자원봉사라고 하지는 않는다. 자신의 이익이나 일시적 감상, 취미 활동, 특정인의 이익 등을 위한 활동은 자원봉사라고 할 수 없다. 불특정 다수인의 복지 증진에 기여하는 영역의 활동이어야 자원봉사인 것이다.

지역사회에 있는 개인이나 단체로부터 자원봉사를 해 주도록 요청받았을 경우, 혹은 자신이 소속한 모임에서 자원봉사를 하고자 할 때 자원봉사 일감 여부를 판단하는 기준이 바로 공익성이다.

어떤 청소년 단체의 자원봉사 캠프에서 중학생이 동네 세탁소에서 세탁물을 배달한 것이나, 대학생이 자원봉사 과목 이수를 위해 여름방학 동안 고향 형님댁 과수원에서 일손을 도와준 것이나, 장기간 여행하는 집의 강아지 먹이를 주는 일 등은 공익성이 없기 때문에 자원봉사가 아니다.

3) 무보수성

자원봉사는 자신이 한 활동에 대하여 정신적인 보상과 만족 외에 물질적인 보상이나 대가를 바라지 않는 것이다. 자발성과 공익성의 요건을 충족시킨 활동이라도 그 활동에 상응하는 금전적 대가를 지급받으면 이미 자원봉사의 영역을 벗어나는 것이다. 의사의 진료나 변호사의 법률상담이 무료로 이루어질 때 자원봉사가 될 수 있다.

최근에는 자원봉사자에게 실비를 지급해야 한다는 주장이 있으나 이것은 자원봉사의 기본 정신에 어긋나는 것이다. 외국에서도 자원봉사의 유급화로 지칭되는 paid-volunteer나 arbeiteer(아르바이트와 볼런티어의 합성어)라는 용어가 사용되고 있으나 이들은 순수한 자원봉사자가 아니다.

그러나 일정 기간 동안 전적으로 자원봉사를 하는 이들에게는 활동에 필요한 기본적인 비용을 지불하는 것은 필요할 것이다. 또한 자원봉사 수행 상에 필요한 경비나 교통비, 식비 등의 활동비를 지급하는 것은 금전적 보상이라고 볼 수 없다.

3. 자원봉사의 원칙

자원봉사를 하려는 사람은 최소한 다음과 같은 세 가지 원칙들을 체득하고 있어야 한다.

1) 인권의 존중

모든 인간은 그 무엇과도 바꿀 수 없고 그 무엇으로부터도 침해받거나 무시될 수 없는 존엄성을 가지고 있다는 인식과 이해가 자원봉사의 기본 출발점이다. 자원봉사자는 활동 대상자인 사회적 약자를 대할 때 그들의 인권을 존중하는 자세로 임해야 한다.

사회적 약자를 쓸모없는 인간으로, 항상 다른 사람에게 짐이 되는 인간으로, 좀 모자라는 인간으로(sub-human) 보는 것은 잘못이다. 우리가 보기에는 자신과 신체 외형이 다르고, 삶의 방식이 다르고, 생각의 수준이 다르다고 '별 볼일 없는 사람'으로 취급해서는 안 된다. 우리사회에는 별 볼일 없거나 불필요한 사람은 없다. 다만 그렇게 생각하고 사람이 있을 따름이다.

사회적 약자를 존중해야 하는 이유는 이들도 우리 자신만큼 소중한 인격체이기 때문이고, 이들도 나름대로의 역할을 갖고 태어난 인간이기 때문이다. 또한 사회적 약자는 우리와 함께 더불어 살아가야 하는 우리 자신의 또 다른 모습이기 때문이다.

진정한 의미의 자원봉사는 가진 자가 못 가진 자에게 베푸는 것이나 도와주는 것이 아니라, 자신에게 있는 것을 필요한 사람과 나누는 것이고 친구가 되는 것이다.

2) 민주주의 정신의 존중

자원봉사는 민주주의를 바탕으로 하여 존재하는 것이므로 민주적인 생각과 방법을 자원봉사에 잘 활용하여야 한다. 특히 단체로 자원봉사에 참여하는 사람들은 그 단체의 조직과 운영에 있어서 민주적인 방식과 절차를 따라야 할 것이다.

3) 자원봉사의 목적화

자원봉사는 그 자체가 목적이지 다른 목적을 성취하기 위한 수단으로 이용되어서는 안 된다. 특정 종교의 전파 수단이나 선거에서 득표하기 위한 수단으로, 기업의 PR수단으로, 전문기술을 연마하기 위한 수단으로, 점수나 학점을 따기 위한 수단으로 이용되어서는 안 된다.

어려운 형편에 처해 있는 사람에게 교회나 성당, 절에 나오도록 하기 위하여 금품을 제공하거나 돕는 것은 전교나 포교활동은 되겠지만 자원봉사는 아니다. 신께로부터 받은 은혜에 감격하였다면 신의 형상을 좇아 창조된 인간에게 신께 하듯 봉사하고 더 이상의 조건을 붙이지 않는 것이 진정한 자원봉사이다.

수지침을 배운 한 주부가 수지침 기술 연마를 위하여 시술 대상자를 찾기 어려우니 자원봉사를 하겠다는 것이나, 대학에서 배운 지식과 기술을 수련할 의도로 자원봉사에 참가하는 것이나, 취업이나 점수를 따기 위하여 자원봉사에 참가하는 것은 올바른 자원봉사가 아니다.

이러한 자원봉사의 원칙은 우리의 관념 속에 인식되어 있을 뿐만 아니라 우리의 일상생활 가운데서 자연스럽게 표출될 수 있도록 체질화되어 있어야 한다.

4. 자원봉사자의 자세

자원봉사는 한 인간으로서 누구나 언제나 어디서나 실천해야 하는 활동이다. 즉 행사나 활동으로서의 자원봉사가 아니라 생활 속에서 체질화된 자원봉사가 바람직한 것이다. 자원봉사를 생활화하기 위해서는 다음과 같은 자세를 갖추어야 할 것이다.

① 자신이 관심 있는 일부터 시작한다.
② 자기 주변에 가까이 있는 일부터 시작한다.
③ 상대방이 필요로 하는 활동을 해야 한다.
④ 자원봉사 대상자를 자신과 동등하게 여겨야 한다.

⑤ 자원봉사는 가늘고 길게 해야 한다.
⑥ 약속은 반드시 지킨다.
⑦ 활동에 한계를 그어야 한다.
⑧ 활동을 기록하고 점검해야 한다.
⑨ 자신의 성장을 위해 지속적인 노력을 기울여야 한다.
⑩ 겸손한 태도와 감사하는 마음을 가져야 한다.
⑪ 가족과 직장의 이해를 얻어야 한다.
⑫ 기관의 직원과 좋은 관계를 유지해야 한다.
⑬ 활동 중에 알게 된 비밀은 반드시 지킨다.

제4절 자봉사조정자

사회복지 영역의 자원봉사 담당자 즉, 조정자는 1978년에 만들어진 한국사회복지협의회 부설 사회봉사안내소의 담당 직원이 그 최초라고 생각된다. 그 후 사회복지시설이나 사회복지관의 직원이 겸무의 형태로 조정자의 역할을 수행해 왔다. 1992년 전국적으로 재가복지봉사센터가 개설됨으로 여기에서 근무하는 직원은 전임 조정자의 전형이라고 여겨진다.

사회복지 영역뿐만 아니라 다른 영역에서도 자원봉사에 대한 관심의 증대로 인하여 조정자의 중요성을 인식하게 되었다. 그러나 아직은 그 개념이나 역할, 양성 과정 등 조정자에 대한 올바른 이해가 부족한 실정이다.

자원봉사자가 되려는 사람과 자원봉사를 요청하는 사람(기관)에게 적절하게 대응하여 자원봉사활동이 성공적으로 이루어지도록 하는 사람을 '자원봉사조정자(volunteer coordinator)'라고 한다. '조정(coordinate)'이라는 의미 속에는 '조정, 연결한다'는 의미와 '동등하게 한다'는 의미가 내포되어 있다. 자원봉사자와 자원봉사 요청자 양자를 대등한 관계로 적절하게 연결, 조화시켜 나가는 것이 조정의 기본이다.

자원봉사가 성공적으로 이루어지기 위해서, 즉, 자원봉사활동의 지속화, 당면한 욕구의 충족 정도, 자원봉사활동에 대한 자원봉사자・클라이언트

쌍방의 만족도 등을 높이기 위해 자원봉사조정자가 필요하다(巡 靜一, 1996, pp.5~11).

여기서는 조정자의 역할, 직무, 활동분야를 중심으로 기술하고자 한다.

1. 자원봉사조정자의 역할

조정자의 역할은 그가 소속되어 있는 자원봉사센터의 규모와 활동 범위, 직원의 수 등에 따라 다르지만, 여기서는 대체로 공통되는 조정자의 역할을 여덟 가지로 나누어 살펴보고자 한다(박태영 · 최경익 역, 1993, pp.58~66).

1) **받아들임**(욕구 · 활동 희망자의 접수)

조정자는 자원봉사자의 서비스를 요구하는 의뢰와 자원봉사를 희망하는 신청, 활동 내용에 관한 상담, 클라이언트의 상담, 활동 후의 소감 등 여러 가지 의견들을 민감하고 확실하게 받아들여야 한다. 그 방법으로는 전화 접수, 면접, 가정 방문 등을 통하여 이루어지게 된다.

2) **찾음**(자원봉사자 모집, 클라이언트의 파악)

조정자는 근무하는 기관에 자원봉사 관련 욕구가 들어오기만을 기다리는 것이 아니라 적극적으로 잠재 자원봉사자 층에 활동을 호소하거나 클라이언트의 욕구를 파악해야 한다.

자원봉사자의 모집은 매스컴의 활용이나 기존 단체에 의뢰, 자원봉사자 교육 등을 통하여 이뤄지게 되며, 클라이언트의 욕구 파악은 지역사회복지 욕구 조사나 관계기관 업무 협조로 가능하게 된다. 여기에서 중요한 것은 조정자의 의욕과 아이디어, 인내심이다.

3) **연결**(조정 · 소개)

조정자의 역할을 최소화한다면 '연결'이라는 업무가 될 것이다. 자원봉사활동을 요청하는 사람과 자원봉사를 희망하는 사람을 연결하고 조정하는 업무이다.

파악된 클라이언트와 훈련된 자원봉사자의 연결은 간단한 것 같지만 실제로는 많은 어려움이 발견되는 부분이다.

4) **고취**(훈련, 배움의 장 만들기)

자원봉사자가 활동을 하기 전에, 또 활동을 시작한 후에도 필요한 훈련이나 교육의 기회를 만들어 자원봉사자를 고취시키는 업무가 조정자의 중요한 역할 가운데 하나이다.

이것도 일반적인 주제에 대한 강의나 교육, 연구 모임 등의 정기적인 개최 방법과 자원봉사자 자신의 관심과 의문을 근거로 한 과제별 수시 모임을 개최하는 방법이 있는데 전자는 형식적인 것이 될 우려가 있고 후자는 주체성과 일관성이 결여될 위험이 있다.

5) **창작**(관계망 형성, 사회 행동)

조정자의 업무 가운데는 창조적인 부분이 많이 있다. 그 내용으로는 새로운 욕구에 대응한 새로운 자원봉사자 팀 만들기와 새로운 활동 프로그램 만들기, 개인이나 단체간의 새로운 관계망 형성하기, 새로운 제도나 서비스 창출을 위한 사회 행동 등이 있다.

의무감에 젖어 주어진 업무 만 행하고 있는 조정자가 자원봉사자에게 자발성과 창조성, 주체성을 불러 일으켜 자원봉사의 선구적 역할을 수행하도록 기대하기는 어려울 것이다.

6) **정리**(기록 · 통계)

조정자의 업무 가운데 많은 시간을 요하는 것이 정리이다. 매일의 전화, 면접, 가정 방문의 기록은 물론 수급 조정 건수의 통계 처리, 연간 사업 보고서 작성 등 사무적인 것이다.

정리한 자료는 조정자 자신에 대한 반성의 자료로 활용할 수 있고, 자원봉사 조정의 전체적인 경향을 객관적으로 파악할 수 있으며, 관계 기관이나 주민에게 자원봉사에 대한 설득력 있는 자료로 활용할 수 있다.

7) **알림**(홍보)

이 역할은 지역사회 주민에 대한 알림과 클라이언트에 대한 홍보로 구분할 수 있다. 주민에 대한 알림은 자원봉사의 의의와 필요성, 클라이언트의 욕구와 기존 사회복지제도의 미비, 자원봉사의 기대 효과 등의 내용이 될 수 있고, 클라이언트에 대한 것은 자원봉사자에 대한 올바른 이해와 활용 방법, 자원봉사에 참여 방법 등의 내용이 될 수 있다. 그리고 그 구체화를 위한 방법으로는 팜플렛 발행, 기관지 발행, 매스컴의 활용, 공보나 사보의 이용, 행사시 홍보코너 마련 등을 들 수 있다.

8) **모으기**(정보 수집)

조정자는 각종 자원봉사 관련 상담에 응하는 것과 활동 장소의 소개, 자원봉사활동 요청에 대응하기 위해서는 구체적인 정보를 파악하고 있어야 한다.

정보에는 여러 종류가 있다. 즉, 공적 사회복지제도의 내용과 사회복지시설과 기관, 자원봉사 단체와 그 활동 상황, 각종 재원의 내용과 활용 방법, 이용 가능한 회의 장소, 각종 기자재 · 설비 · 비품의 파악과 활용 방법, 자원봉사 관련 프로그램 등이다.

이러한 정보는 각 기관에서 발행하는 자료와 신문 기사, 관계 기관에 문의 등에 의해 파악하게 되지만, 실제적으로 이용하기 위해서는 적혀 있는 문자 이상의 정보가 필요하게 된다. 이는 통상적인 업무와 인간관계를 통하여 획득할 수 있을 것이다.

이상 여덟 가지 역할의 순서는 편의상 붙인 것이지 실제의 순서나 우선순위는 아니다. 이들은 전부 상호 유기적인 관계를 가지고 있다. 이러한 여덟 가지 역할을 조정자 혼자서 완전하게 감당하는 것은 불가능할 것이다. 당연히 다른 직원이나 자원봉사자도 분담하는 자세를 가져야 한다. 조정자도 자신에게 할당된 업무 외에는 하지 않아도 된다는 '분업'의 발상이 아닌 자신의 업무가 다른 사람의 업무와 밀접하게 관련되어 있다는 '분담'의 발상으로 역할 수행에 임해야 한다.

2. 자원봉사조정자의 직무

조정자의 직무를 파악하는 방법은 몇 가지로 구분할 수 있다.

첫째는 자원봉사 희망자(volunteer)와 자원봉사 이용자(클라이언트) 즉, 조정의 대상을 중심으로 조정자의 직무를 파악하는 방법이다.

둘째는 욕구의 접수, 면접, 사정, 편성, 사후 관리, 평가와 보상으로 이어지는 조정자의 직무 수행 과정을 중심으로 파악하는 방법이다(박태영 · 최경익 역, 1993, pp.67~69).

이 방법에 속하는 몇몇 내용들이 있다. 조휘일(1996, pp.43~80)은 프로그램의 기획, 업무설계와 모집, 면접, 선발과 배치, 자원봉사자의 유지 보존, 기록 유지 활동, 재정적 관리, 위험과 책임 대책으로 구성하고 있다. McCurley와 Lynch(1989, p.12)는 프로그램 기획, 업무 개발과 설계, 모집, 선발과 면접, 오리엔테이션과 훈련, 지도 감독과 동기화, 인정, 평가로 구성하고 있다. 이러한 내용은 자원봉사 희망자를 대상으로 하고 활동과정 중심으로 조정자의 직무를 파악하고 있다.

셋째는 수급 조정, 기록 · 등록, 자원봉사활동의 지원, 양성 · 연수, 홍보 · 계발, 조직화, 조사 · 연구 등의 기능을 중심으로 조정자의 직무를 파악하는 방법이다(박태영 역, 1996, pp.16~19).

여기서는 대상과 과정을 혼합한 형태로 조정자의 직무를 살펴보고자 한다.

1) 자원봉사 이용자(클라이언트)에 대한 대응

자원봉사자를 활용하고자 하는 클라이언트에 대한 대응은 클라이언트 개인이나 기관으로부터 자원봉사자 활용 욕구의 접수, 욕구 확인을 위한 면접 혹은 방문, 수집된 정보 · 자료를 통한 사정, 필요한 자원봉사자의 모집, 자원봉사자와 클라이언트와의 편성, 자원봉사자 소개를 위한 클라이언트 방문, 자원봉사활동의 실시, 사후 관리, 평가 및 보상 등으로 이루어진다. 이와 같은 내용을 정리하면 <그림 21-2>와 같다(박태영 · 최경익 역, 1993, p.67).

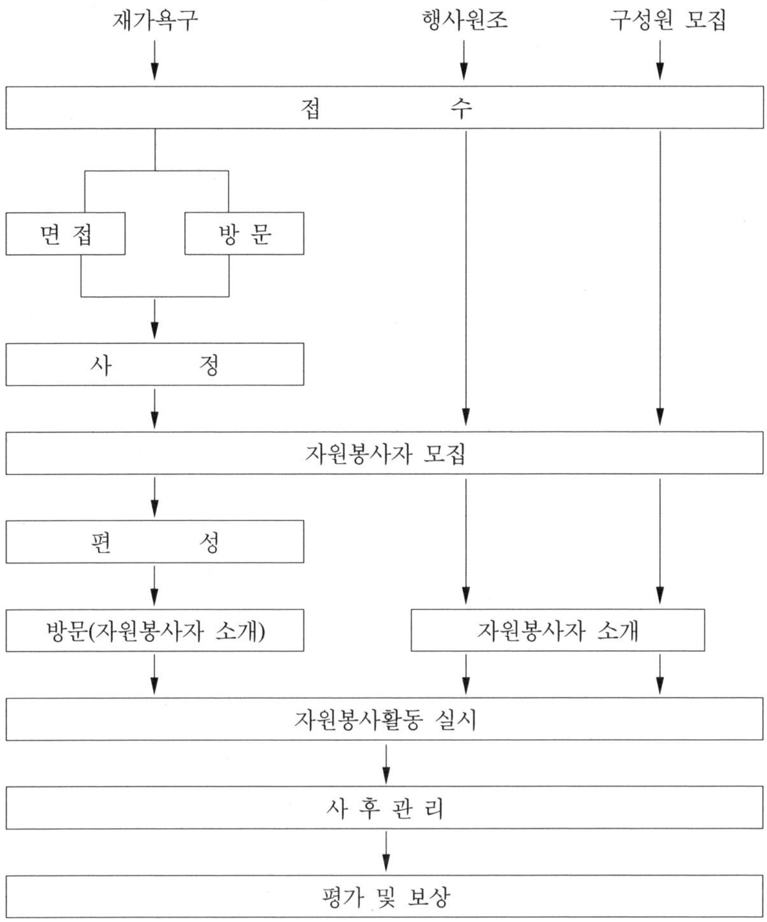

그림 21-2 자원봉사 이용자(클라이언트)에 대한 조정 순서

2) 자원봉사 희망자(volunteer)에 대한 대응

자원봉사활동을 희망하는 사람에 대한 자원봉사조정자의 대응은 전화·우편·내방 등을 통한 접수, 특별히 희망하는 활동이 명확치 않는 경우에는 내방요청·자료우송·입문강좌로 연결, 희망하는 활동이 명확한 경우에는 전문 강좌나 전문자원봉사센터에 등록, 면접, 원하는 활동영역에 배치 혹은 등록, 자원봉사활동의 실시, 사후관리, 평가 및 보상 등으로 이루

어진다. 이와 같은 내용을 정리하면 <그림 21-3>과 같다(박태영 · 최경익 역, 1993, p. 68).

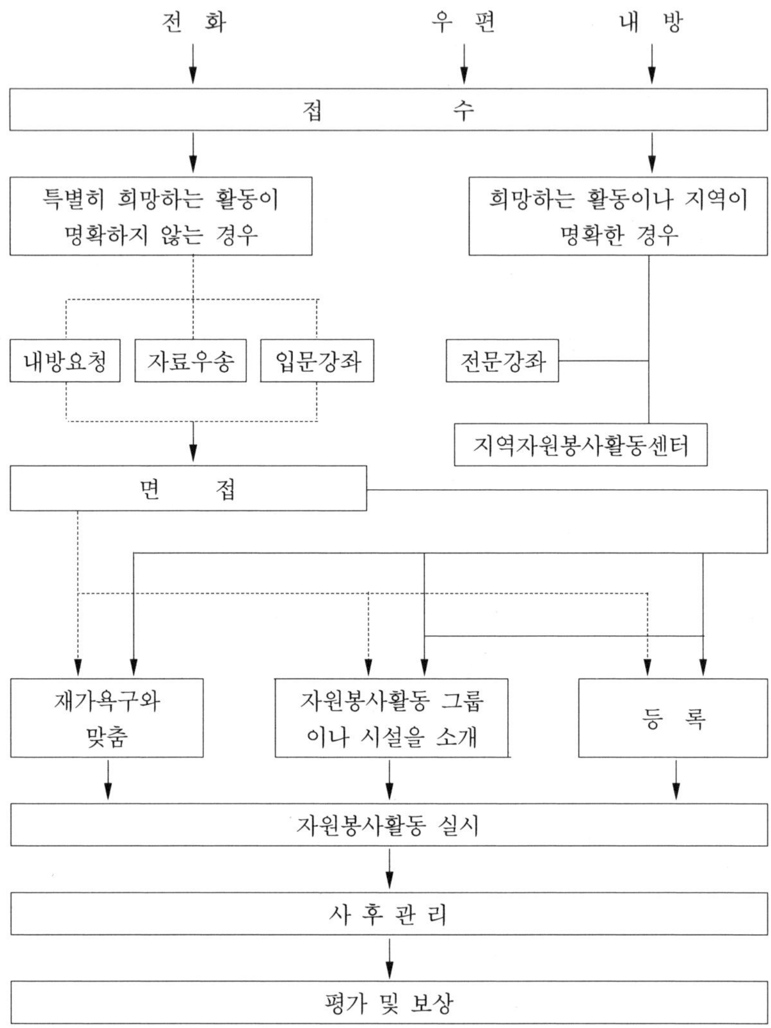

그림 21-3 자원봉사 희망자(volunteer)에 대한 조정 순서

3. 자원봉사조정자의 활동 분야

자원봉사조정자의 활동 분야는 매우 다양하다. 그 활동 분야를 자원봉사조정자가 소속해 있는 기관의 특성을 중심으로 구분해 보면, 자원봉사자를 공급하는 기관, 자원봉사활동을 조정하는 기관, 자원봉사자를 활용하는 기관 등으로 정리할 수 있다.

자원봉사자 공급기관으로는 1996년부터 급격하게 늘어나기 시작한 대학의 사회봉사단, 기업의 사회공헌의 일환으로 등장한 기업 사회봉사단, 각 종교단체의 이웃에 대한 관심과 나눔의 실천을 체계적으로 전개하기 위한 종교단체의 자원봉사센터 등이 있다.

자원봉사 조정기관으로는 1978년 사회봉사안내소로부터 출발한 한국사회복지협의회의 자원봉사정보안내센터, 여성 자원봉사의 활성화를 위한 여성특별위원회의 여성자원활동센터, 주민 공동체 형성 · 유지를 위한 활동에 주민의 자발적인 참가를 조장 · 강화해 나가기 위한 행정자치부의 자원봉사센터, 청소년의 건전한 여가 활용과 학생 자원봉사활동의 활성화를 위한 문화관광부의 청소년자원봉사센터 등이 있다.

자원봉사자 수요기관으로는 시설보호의 질적 · 양적 확대와 지역 주민의 복지 의식 강화를 위한 사회복지시설의 자원봉사실, 사회복지관 프로그램의 내실화와 주민의 지역사회복지 증진을 위한 참여 기회를 제공하기 위한 사회복지관의 자원봉사실, 기타 사회복지기관의 자원봉사실 등이 있다.

대부분의 자원봉사센터들의 역사가 짧기 때문에 해결해야 할 과제들도 많이 갖고 있다. 그 가운데 대표적인 것이 자원봉사조정 전담 · 전문인력의 부족, 자원봉사활동 재원의 부족, 자원봉사센터 설치 · 운영의 법적 근거 미비, 자원봉사센터의 기능과 역할의 정립 미비 등을 들 수 있다.

특히 자원봉사조정을 위한 전문인력과 관련된 내용을 보면, 자원봉사자 공급기관과 자원봉사 조정기관에서는 자원봉사조정을 위한 전문인력 배치가 미진한 실정이고, 자원봉사자 수요기관에서는 다른 업무를 담당하면서 자원봉사조정 업무를 담당하고 있으므로 겸무로 인한 자원봉사조정의 전문성과 효과성이 떨어지고 있는 실정이다. 이를 해결하기 위해서는 자원봉사 전문인력의 양성과 더불어 법적인 배치기준의 마련이 동시에 이루어져야 할 것이다.

참고문헌

박태영. (1998). “자원봉사의 생활화”, 인간과 윤리, 대구 : 대구대학교 출판부.

박태영. (1996). “지역자원봉사센터의 효과적인 운영방안”, 서울사회복지연구, 서울 : 서울특별시사회복지협의회.

박태영 외. (2004). 자원봉사론, 백산출판사.

볼런티어21. (1999). ’99한국인의 자원봉사 의식 및 활동 현황.

볼런티어21. (2002). 2002년 한국인의 자원봉사 및 기부 현황.

사회복지정보센터. (2003). 전국사회복지 자원봉사활동 현황분석과 경제적 가치 연구.

조휘일. (1996). “자원봉사 프로그램 관리과정 개발에 관한 연구”, 자원봉사 실무편람, 서울 : 서울특별시사회복지협의회.

통계청. (1996). 1996 한국의 사회지표.

통계청. (2000). 사회통계조사보고서.

행정자치부. (1998). 자원봉사활동지원법제정 제2차 자문회의 법안관련 심의 자료.

筒井のり子, ボランティア・コーディネーターネ, 박태영・최경익 역. (1993). 자원봉사활동 조정자, 도서출판 은익.

全國社會福祉協議會, ボランティア・コーディネーター マニュアル, 박태영 역. (1996). 자원봉사활동 담당자 지침서, 대구광역시사회복지협의회.

巡 静一. (1996). ボランティア・コーディネーター, 中央法規..

大阪ボランティア協會. (1987). 變革期の福祉とボランティア, ミネルヴァ書房.

McCurley, S. and Lynch, R. (1989). Essential Volunteer Management, VMSystem.

제 V 부

사회복지의 미래

제22장 사회복지의 과제와 전망 (전재일)

제 22 장 사회복지의 과제와 전망

제 1 절 사회복지의 과제

1. 사회복지전달체계의 확립

우리나라는 1960년대 이후 경제개발계획의 수행과정을 통하여 상당한 성장율과 광범위한 경제구조의 변화를 경험하여 근대화와 발전이라는 측면에서 큰 의의를 가지게 되었다. 그러나 발전의 목표가 전체국민의 생활수준을 향상시키고, 생활의 질을 높이는 형평적인 성장과 발전(equitable growth and development)에 있다면, 지금까지의 정책은 많은 사회·경제적 문제점을 포함하고 있는 것이다(김동현, 1980). 환언하면 고도의 과학화, 산업화 및 기술의 혁신에 의하여 경제적 성장과 생활수준의 향상은 초래하였지만 그 과정에 있어 인간의 존재를 무시한 생산과 이윤추구를 강조한 성장정책은 인구의 도시집중화, 공해화, 핵가족화, 인구의 노령화, 부양관계의 쇠퇴화 및 가치관의 변화 등으로 인간의 생활에 새로운 장해, 곤란, 모순 및 신체적, 정신적 위기현상 등 다양하고 복합적인 사회문제를 초래하게 되었다.

이와 같이 현대사회에 있어서 다양하고 복합성을 지닌 사회문제의 해결과 인간의 복지적 욕구를 충족시키기 위해서는 이러한 문제를 일관성 있게 취급할 수 있는 사회복지 전달체계의 확립이 선행되어야 할 것이다.

요보호 대상자에게 적절한 서비스를 주기 위해서 사회복지 전달체계가 어떻게 설계되어 있느냐 하는 것은 대상자의 선정과 혜택의 내용을 결정하는데 있어서 대단히 중요하다. 특히, 사회복지정책에 있어서 전달체계란 사회적 급여(social provision)에 있어서 할당문제 즉, 할당의 방식에 관한 여러 가지 전략들 중의 선택과 관련된다.

더욱이 최근 국가관여의 폭이 없어지고 공공자금이 팽창하고 또한 사회복지 서비스의 효과에 관한 문제는 서비스의 전달효과에 의하여 커다란 영향을 받는다는 점에서 전달체계의 문제는 더욱 중요하다(장인협, 전남진, 1982). 사회복지 전달체계는 정부차원에 있어서 다양성에 의해 특성화되었다. 즉, 사회변화에 따른 새로운 양상의 문제출현에 대한 대책으로서 보건복지부, 노동부, 교육인적자원부 및 법무부 등 사회복지관계 정부기구가 있으나 독자적 기능수행에 주안점을 두고 있는 나머지 각 부처간의 협력체계가 부족하고 상급의 행정체계는 되어 있으나 사회복지서비스 전달의 제일선기능을 담당해야 할 하위체계가 확립되지 않아 전체국민의 정확한 욕구파악과 이에 구체적으로 대응하기가 어려운 실정이라 하겠다. 아울러 이러한 사회복지의 전달체계 확립은 전문직원으로서의 사회복지사 확보가 병행되어야 할 것이다.

2. 사회복지전문인력의 확보

우리나라가 국민복지를 증진하게 된 것은 지금까지 추구해 온 경제 및 사회개발의 결과이기도 하지만 그 중에서도 특히 중요한 요인은 전문 및 고급인력의 양성 훈련과 확보에 힘입은 바가 컸던 것이다. 이와 같은 경제사회발전에 있어서 뿐만 아니라 전 국민의 복지를 도모하는 사회복지를 증진하기 위해서도 사회복지의 전달체계의 확립과 병행해서 그 체계의 기능을 효율적으로 수행하는데 요구되는 사회복지 전문인력으로서 사회복지사의 확보가 매우 중요한 요인 중의 하나라고 하겠다.

과학기술을 가진 전문 인력의 확보 없이 과거의 경제적, 사회적 발전을 생각할 수 없는 바와 같이 사회복지 전문 인력의 확보가 이루어지지 않고서는 사회복지의 발전을 기대할 수가 없다. 즉, 각 사회복지 전달체계가 필요로 하는 전문 인력을 확보하고 있을 때 적절하고 효율적인 사회복지의 기능이 수행될 수 있고 국민복지의 질적인 향상을 촉진할 수 있게 될 것이다.

더욱이 현대사회는 새로운 형태의 많은 문제를 제기하고 있으며 그 문제의 성격도 매우 복합적이어서 문제해결을 위한 사회복지정책을 수행하는 과정에 있어서는 인간의 행동과 생활에 관한 이해와 전문지식을 필요로 하고 있다. 따라서 각 체계에 필요한 인력은 일반 행정 요원과 사회복지 전문가로서 사회복지사를 배치하여야 할 것이다. 특히 사회복지 전문가는 수혜대상자의 실태 파악, 서비스 제공의 적격성(eligibility)의 여부 판정, 서비스전달 등의 업무를 수행하기 위하여 대학에서 사회복지에 관한 필요한 교육과 훈련을 받은 자가 될 수 있도록 하여야 할 것이다. 이러한 사회복지 전문인력을 확보하는 문제는 인력양성을 위한 교육내용의 문제가 고려되어야 할 것이다.

현재 우리나라의 사회복지교육의 내용은 140학점으로 대학졸업에 필요한 이수학점 요건이 완화된 데다가 복수전공제도와 학과목 선택의 일반화로 전공 필수과목 및 전공 선택과목의 축소로 인하여 전문가로서 갖추어야 할 전문적 지식을 학습할 수 있는 기회가 적어지게 되었다(韓國社會福祉協議會, 1977). 또한 전공학점 제한에 따라 사회복지 실천가로서 필수적인 사회복지 현장실습의 학점마저 줄어지게 되어 극히 제한된 현장실습의 경험을 가지고 졸업 후의 전문가로서의 충분한 기능을 발휘하는 데에는 많은 문제점을 제기해 주고 있는 것이다.

특히 대학의 복수전공제도는 전문인력 수급계획과는 관계없이 사회복지 전공학생의 정원이 사실상 제한받지 않게 되어 무계획적인 인력양산이 우려되고 있다. 뿐만 아니라 복수전공의 경우 최소한의 학점취득으로 2~3개의 전공을 이수할 수 있도록 허용함으로서 사회복지사의 자질 저하를 초래할 우려가 있어 우리나라 교육정책의 심각한 문제점이 제기되고 있다.

물론 사회복지학과를 일반화함으로써 사회복지사가 사회복지의 전문적 기능을 수행하는데 필요한 폭넓고 기초적인 지식을 습득할 수 있는 장점도 없는 것은 아니다. 그러나 사회복지 전문인력으로서 사회복지사를 양성하기 위해서는 사회복지학과의 특수성을 고려한 교육과정의 자율적인 운영이 절실히 요구되고 있는 것이다.

그리고 사회복지는 사회문제를 다루고 있기 때문에 그 시대의 사회적 상황과 욕구에 적절히 대처할 융통성과 변화성이 요구되고 있는 것이다. 따라서 사회는 사회의 변화에 따라 나타나는 문제를 가장 효과적으로 대처할 수 있는 전문 인력을 필요로 하게 되며 대학은 사회적, 시대적 요구에 따른 인력양성을 위한 교육계획을 수립하고 추진해 나가야 할 것이다.

사회복지사의 자질향상과 사회복지 전문성을 강화하기 위하여 사회복지 전문가로서의 자격증 문제(장인협, 1981)가 구체화 되어야 할 것이다. 또한 현대 산업사회에 있어서는 과거와는 달리 가족이나 인근 생활 공동체가 담당해 온 책임이 사회로 전가됨에 따라 사회문제의 해결에 사회성원들의 자발적인 참여와 연대적 책임이 요구되고 있어(Friedland & Apte, 1974) 자원봉사자들의 자원봉사활동의 활용으로 사회복지사들의 역할수행의 효과를 기대할 수 있다.

현재 우리나라에 있어서 자원봉사자들의 활용은 특정 분야에서 이루어지고 있는데 특히 민간단체에 의하여 실시되고 있는 사회복지사업의 여러 분야에 주민들의 적극적인 참여를 유도하여 자원봉사의 조직화와 체계적인 활용이 요구되고 있다.

3. 사회복지재정의 확보

사회복지가 추구하는 목표를 효과적으로 달성하기 위해서는 사회복지재원의 확보가 절실히 요구되는 것이다. 그런데 우리나라는 급속한 경제성장을 가져 왔으나 선진제국에 비하여 정부의 재정지원이 미흡한데다가 북한과 대치하고 있는 지리적인 특수한 여건 때문에 사회복지부문에 대한 정부의 재정 투자가 미흡한 실정에 놓여 있다.

그리고 민간기관이나 시설에 의하여 사회복지사업이 실시되어 왔고 재원조달에 있어서도 민간단체에 의해서 동원되어 왔으나 정부의 재정지원이나 민간에 의한 재원동원이 미흡한 수준에 있다. 이와 같은 문제를 해결하기 위하여 우리나라도 1980년 12월 31일 사회복지기금법을 제정하여 정부와 민간이 공동으로 사회복지기금을 확보할 수 있는 제도적 장치를 마련한 바 있다.

사회복지재원 조달의 유형은 일반적으로 수익자 부담금(user charges), 특별세(earmarked taxes), 일반세입(general revenues), 자발적 기부금(voluntary contribution), 이들 네 가지 복합형(combination)의 다섯 가지로 나누어 볼 수 있다(Gilbert & Specht, 1974).

그런데 지금까지 우리나라의 경우에는 사회복지재원으로서 국고, 지방비, 외원, 민간지원, 자체수입 등에 의존하여 왔다. 그 중에서도 주로 정부의 미흡한 국고와 지방비에만 의존하고 있고 민간지원과 자체수입이 빈약한 상태에 있어 재원조달에 많은 문제점을 내포하고 있다.

더욱이 오늘날 사회복지사업은 그 대상과 활동 영역의 확대에 따른 개인의 생활과 발전을 보장하고 사회적 조건의 개선 및 충실을 도모하기 위하여 충분한 재정적 자원을 확보하는 것이 중요한 과제의 하나라 하겠다. 뿐만 아니라 사회복지 재원확보의 미흡으로 야기되고 있는 우리나라 사회복지분야의 문제점은 사회복지사에 대한 보수 수준이 낮고 직업적 환경조건이 나쁘기 때문에 사회복지서비스의 질적 향상에 걸림돌이 되고 있다. 또한 사회복지재원의 부족은 사회복지사업의 전문적 운영을 어렵게 할 뿐만 아니라 사회복지사업의 발전에도 저해요인이 된다.

우리나라의 사회복지 재원은 정부예산 이외의 민간자원을 동원할 수 있는 각종 제도에 의하여 재원을 충당하여 왔다(韓國社會福祉協議會, 1981). 즉, 민간기관이 주최가 되는 사회복지공동모금, 적십자사회비, 재해대책협의회모금, 각 종교단체의 사회복지비, 각종 사회복지기관 및 시설의 후원금 등이 있다. 그리고 정부차원에 있어서는 국민기초생활보장법에 의한 보호비용의 재원충당을 위한 국가 또는 지방자치단체에 의한 보호기금의 적립, 국민건강보험법에 의한 의료보호 기금의 적립 재해구호법에 의한 재해구호 기금의 적립 및 사회복지사업기금의 조성 등이 있다.

그러나 민간단체의 모금과 정부의 기금 적립에는 중복성이 있으며, 체계적 통합적 조성과 합리적이고 효율적인 사용을 위한 통일과 조정이 사실상 어려운 실정에 있다. 이러한 문제점은 사회복지사업기금법에서 조성된다고 하더라도 현재 우리나라 여건에서 충분한 사회복지 재원을 확보한다는 것은 어려운 실정이다.

이러한 관점에서 1998년 7월부터 시행을 보게 된 사회복지공동모금법은 민간단체가 직접 모금, 배분 및 관리하여 민간재원의 동원과 국민의 참여를 활성화하기 위하여 실시되고 있으나 아직도 관주도 하에서 완전히 탈피하지 못하고 있는 문제점과 가진 자의 적극적인 참여를 위한 동기유발이 앞으로 해결해야 할 과제라 하겠다.

4. 사회복지욕구와 변화에 따른 대응

현대사회는 급속한 변화가 이루어지고 있어 과거와는 다른 새로운 양상의 문제에 직면하고 있다. 시대의 변화에 따라 요보호대상의 보호 이유가 변화하게 되었다. 예컨데 아동복지서비스의 경우 보호대상의 내용이 과거 고아중심에서 일반아동으로 바뀌게 되어 요보호 이유의 변화에 대응하여 아동복지서비스의 기본원리도 지역사회를 단위로 한 보호(community care)의 방향으로 흐르고 있으며 주거지역(home area) 계획으로 구체화되어야 할 것이다. 지역사회를 단위로 하는 보호의 방향에 수반되어 정상화(normalization), 중간시설(halfway house), 가족개별사회사업(family casework), 아동시설행정당국과 가정 및 시설의 관계, 사후보호(after care)의 강화로 개인적 서비스가 전문가에 의해 활발히 실현되어야 할 것이다.

주거지역계획이란 아동의 가정이 있는 지역단위로 욕구를 해결하고 여러 지역에 걸친 서비스의 이용을 가능한 한 막고자 하는 방법으로 아동을 먼 거리에 있는 시설에 송치하는 방법에 대한 반성에서 유래된 것이다.

아동복지 서비스의 기본원리가 포괄논리의 관철이며 아동=가정=지역사회에 일관성을 갖는 것이 아니면 안된다는 관점이 지역사회보호(community care)의 개념을 생성하였고, 이것이 다시 그 효율성을 높이기 위해 나온 것이 주거지역(home area)계획이라 하겠다. 또 요보호 이유의 변화는 단기보호소(Short Stay Home)라는 보호시설의 일부에 새로운 수용형태를 가져오게 하였다. 이것은 1~3개월의 수용기간으로 개별사회사업의 도움을 중심으로 하는 부모와의 협력을 일층 긴밀히 하면서 문제해결을 하려는 것이다.

또한 급격한 사회변화와 핵가족화에 따른 핵가족제도의 변화과정에서 가족기능이 약화되고 부양의식이 약화됨으로써 사회복지 서비스의 수요가 증대되고 새로운 접근방법이 요구되고 있다. 따라서 지금까지 치료위주의 사후대책에만 치중해 온 사회복지사업은 예상되는 문제의 사전 대책인 예방사업을 추진함으로써 과거의 소극적 사회복지사업을 탈피하여 예방과 치료를 통합하는 적극적인 방향으로 추진되어야 할 것이다.

사회복지사업은 지역사회 중심의 것으로 전환되어야 할 것이며 지역사회중심의 전략은 지역전체의 건전한 발전과 복지를 위하여 지역 주민의 적극적인 참여와 협동으로 자발적인 계획수립과 서비스 전달을 담당하도록 하는 것이다. 따라서 정부의 관여는 극소화하고 민간주도에 의한 가족 및 지역사회 중심의 사회복지서비스가 이루어져야 한다.

그리고 사회복지사업의 통합적 접근방법은 과거의 비교적 짧은 사회복지의 역사가 단일성 혹은 통합성 보다는 다양성에 의하여 더욱 더 특정지워져 온 측면에서도 재검토되어야 할 것이다. 즉, 지금까지의 사회복지는 상이한 실천분야(아동복지, 학교사회복지, 의료사회복지, 정신보건사회복지 등), 상이한 방법(개인과의 사회복지, 집단과의 사회복지, 지역사회와의 사회복지), 상이한 학파(기능주의, 진단주의, 문제해결) 및 상이한 목적(재활, 사회화, 재사회화, 교육, 사회행동)에 따라 분화되어 왔다(Middleman & Goldberg, 1974). 그러나 오늘날 복합적 산업사회에서 제기되는 문제는 하나의 이론과 한 가지 접근방법에 의해서 해결하기에는 어려운 역동적 성격을 지니고 있다.

그러므로 사회복지사업의 접근방법은 상이한 방법, 이론 및 목적을 통합시키는 방향으로 발전시켜 나가야 할 것이고 교육적 측면에서도 지금까지 전문적 방법을 분화시켜 적용해 온 것으로 부터 통합된 하나의 전체로 적용할 수 있는 방향으로 발전시켜 나가는 것이 사회복지교육의 과제라 하겠다.

이것은 지금까지 사용해 온 단일 접근방법이 그 자체의 한계성이 있으며 보다 효과적인 방법이 있을 수 있다는 가정에서 전문 분화된 방법들의 통합에 두고 있고, 한편으로는 과거의 접근방법들의 한계점을 탈피하기 위하여 과거의 접근방법의 내실을 고도화하고 강화하기 위한 적극적인 노력으로써 사회복지방법에 관한 이론적 배경의 다양화와 사회복지사의 역할을 수정하는데 두고 있다(전재일, 1982).

끝으로 사회복지욕구의 변화에 대응하기 위해서는 학교교육의 내용 즉, 이론과 현장실습에서의 실천이 통합되어야 할 것이고 사회문제에 대한 정확한 조사가 병행되어야 할 것이다. 실천분야에서 발생되는 사회문제와 지역사회의 욕구는 그 문제의 원인과 상황에 대한 과학적인 조사결과에 따라서 문제해결 또는 욕구충족을 위한 계획, 정책 및 서비스가 수립되어야 할 것이다. 또한 문제와 욕구의 다양화에 따른 다양화 프로그램의 개발도 검토되어야 할 것이다.

이상과 같이 우리나라의 사회복지정책의 기본 방향은 (1) 소득격차의 심화로 인한 상대적 빈곤의식의 증대 (2) 산업구조의 변화, 도시화, 핵가족화로 인한 가족중심의 보장기능의 약화 (3) 인구구조의 변화로 인한 노인문제의 심각화 (4) 기계문명의 발달로 인한 각종 산업재해와 사고의 다발성 (5) 1998년 IMF 지원체제의 영향 이후 급속한 실직자의 증가와 더불어 앞으로 고실업 사회에서의 실직자와 실직으로 파생되는 문제의 확대 등 현실적인 여건을 고려하고 앞으로 변화하는 사회의 새로운 복지적 욕구에 대응할 수 있는 수준에서 결정되어야 할 것이다.

제2절 사회복지의 전망

사회복지는 임상적 실천과 사회적 상황과의 밀접한 관련을 가지고 종교적, 경제적, 정치적 변화의 영향을 받으면서 발전하여 왔고 현재는 물론 앞으로도 계속 발전될 것이다. 그런데 오늘날 사회는 많은 변화를 초래하고 있기 때문에 사회복지에서 취급되는 사회문제의 양상도 많이 달라지고 있는 실정이다. 즉, 지금까지의 공업화, 도시화 및 문화발달 등의 사회변화에 따라 한편으로는 사회해체와 가치관의 변화를 초래하였고 다른 한편으로는 사회 문제의 새로운 성격을 지니게 하였다.

이와 같이 사회변화로 인하여 과거의 고아, 미망인, 빈곤 등의 주요한 사회문제들이 오늘에 와서는 청소년 문제, 노인문제, 모자세대, 소년가장세대, 이혼, 상대적 빈곤, 학교폭력, 학대, 약물남용, 가치관의 혼란으로 인한 갈등 등의 문제들이 주된 관심사로 제기되고 있다. 따라서 과거의 전통적인 사회복지사업은 새로운 방향으로 정립되어야 할 것이다.

또한 전통적 사회복지사업은 그 임상적 실천이 전쟁, 재난 및 자본주의 제도의 모순으로 인한 고아 미망인 빈곤자 및 질병자와 같은 사회적 낙오자가 주요한 대상이 되어 주로 종교적인 자선사상과 인도주의적 박애사상에 기초를 두어 이들에 대한 물질적 도움이 중심이 되었다. 따라서 사회복지사업이 치료적인 면에 관심을 가져 자선, 박애 또는 시설중심의 사회복지사업으로 인식을 받게 되었던 것이 사실이다. 1980년경까지 우리나라는 수용시설종사자들이 사회복지사업의 주류를 이루어왔기 때문에 사회복지의 정통성으로 인식되어 왔다. 1980년대 이후 정부에서도 정치적인 차원에서 사회복지제도의 확립에 많은 노력을 기울이게 됨으로써 우리나라의 사회복지는 자발적, 민간 주도적 활동으로부터 국가의 책임의식이 고조되어 가고 있다. 이와 동시에 우리나라의 사회복지는 시설종사자들에게 어떻게 사회복지에 대한 전문지식과 기술 및 윤리를 체득시키고 정부의 사회복지 정책을 발전시키기 위하여 전체 국민이 참여할 수 있느냐에 관심을 기울여야 할 불가피한 현실에 놓여 있다.

이것은 사회복지의 대상인 사회문제의 성질이 변화하였고 따라서 그 접근방법도 변화되어야 하기 때문이다. 또한 이것은 사회복지가 당면하고 있는 앞으로의 과제인 동시에 발전해 나갈 전망을 예측하는 기본적 바탕이 되는 것이다. 그 중에서도 사회변화에 따른 사회문제의 다양성과 복잡성은 우리나라뿐만이 아니라 구미의 선진 제국에서도 동일하게 나타나는 현상이다.

그리하여 오늘날 사회복지의 목표는 그 사회에 살고 있는 모든 사람들의 사회적, 경제적, 건강적 및 레크레이션적 욕구를 충족시키는 것이다. 따라서 사회복지는 부유한 사람이나 가난한 사람들을 포함 한 모든 연령집단의 사회적 기능을 증진시키는 것이다. 오늘날 사회는 시장경제와 가족과 같은 사회의 여러 가지 제도가 개인이나 인간집단의 기본적 욕구를 충족시켜 주지 못할 때 사회적 서비스는 필요하게 되며 요구되어진다(Zastro, 1978).

이러한 서비스의 요구는 점차 다양하게 확대되어 가고 있기 때문에 이에 대한 접근방법도 과거의 개인, 집단, 지역사회에 대한 단일 방법의 적용으로는 근본적인 치료가 불가능하며 통합적 방법(integrated method)의 필요성이 절실히 요구되고 있으며, 한편으로는 각각의 단일 방법도 심화 발전 시켜 나가야 할 것이다. 이것은 사회복지의 새로운 이론형성과 발전을 의미하는 것으로서 어떠한 새로운 이론도 사회변화에 따른 사회복지의 대상인 사회문제의 성격과 사회복지에 대한 인간의 욕구이유의 변화에 대응할 수 있도록 발전시켜 나가지 않으면 안 된다는 것을 암시 해 주는 것이라 하겠다.

지금까지 사회복지의 주요 관심사였던 물질적 도움을 통한 치료적, 사후적 측면에 못지않게 방빈(防貧)을 중요시하는 예방 중심적 측면에서 물질적 면과 더불어 정신적인 면이 강조되고 있으며 앞으로도 이러한 경향은 더욱 명백해질 것이다.

이것은 의학에 있어서 예방의학의 중요성과 마찬가지로 신체적 질병을 아는 것은 병에 걸렸을 때의 그 치료법을 아는 것 보다 더 중요한 것과 마찬가지이다. 이러한 사회복지의 예방적 기능과 치료적 기능면이 완전히 바꾸어질 수 없는가에 대한 질문의 해답은 의학 분야에서와 같이 오랫동안의 노력의 결과로 얻어진 효과이며 예방적 사회복지의 지식과 기술의 대부분이 사회복지의 치료적 실천에서 얻어진 것들이다.

그러므로 개인, 가족, 집단, 지역사회에 대한 보다 효과적인 예방계획을 마련하기 위해서는 그들에 대한 보다 적합한 사회복지실천의 기술과 이론을 발달시킬 필요가 있는 것이다. 사회복지의 이러한 장래 전망은 예방적 활동을 위한 운동에 박차를 가한 것으로서 1959년 미국사회복지교육협회(The Council on Social Work Education)의 교육과정 연구에서 사회복지실천의 세 가지 기본적 기능 중의 하나로서 예방을 강조 한 사실과 Meyer(1974)의 예방적 중재(preventive intervention)에서 찾아 볼 수 있다. 최근 전문적 회의와 집회들 거의 모두가 사회복지사업에 있어서 예방의 중요성에 관한 토론이나 논문발표가 이루어지고 있음을 발견할 수 있다.

앞으로 이와 같은 예방적 측면은 더욱 강조될 것이다. 그것은 개인, 가족, 집단 및 지역사회의 문제를 치료하는 것보다는 오히려 그들 문제의 발생에서부터 예방하려는 노력이 실제로 효과적이기 때문이며, 발생하고 있는 문제 상황을 예방하는 활동에 있어서 시간과 노력과 경비를 소모하는 것은 사후 치료적 활동에 투입하는 것보다 더욱 경제적이고 큰 성과를 기대할 수 있기 때문이다.

그리고 실천 장면에 있어서의 장래 전망은 사회변화에 따른 여러 가지 사회문제의 다양성과 복잡성을 다룰 수 있는 많은 서비스 프로그램이 나오게 될 것이고 이에 따라 사회복지 전문가인 사회복지사의 사회적 요구가 증대되는 현상을 초래하게 될 것이다. 한편으로는 사회복지사업의 질적 향상과 그 자체의 발전을 위하여 깊은 지식과 풍부한 경험을 가진 고급인력이 요구되어 새로운 수준과 내용의 대학원의 석사학위 과정과 박사학위 과정의 설치가 불가피 할 것이다. 또한 사회복지실천의 발전을 뒷받침하기 위해서는 그 자체의 학문적 발전이 요청되는 것으로서 한국학교사회복지학회, 한국정신보건사회복지학회 등의 전문적인 사회복지학회의 활동이 활발히 전개되어 사회복지교육의 변화와 사회복지에 있어서 학문적 변화가 예상된다.

이와 같은 현상은 미국에 있어서 1965년 12,000명의 사회복지사가 부족하다는 사회복지교육 및 인력관계 당국의 보고서에서 찾아 볼 수 있다. 미국사회복지교육협회가 제출한 보고서에 따르면 1980년에 258,000명의 사회복지사가 필요하다고 하였다. 우리나라에 있어서도 행정기관의 체계적인 제도 확립과 민간단체에 의한 프로그램 개발을 통하여 이와 같은 경향성을 가지게 될 것이다.

또한 사회복지교육과 실천면에서 앞으로 중요한 발달의 하나는 서비스의 제공에 있어서 구체화되어 나갈 것이다. 그 이유로서는 학생들이 모든 사람들을 위한 모든 일을 할 수 있도록 그렇게 많은 지식과 기술을 갖게 한다는 것은 불가능한 일이기 때문이다. 그러므로 어떤 영역이나 어떤 특정의 사회문제를 다룰 수 있는 더 많은 능력을 갖게 하기 위해서는 사회복지의 구체화가 절실히 요구되는 것이다. 이것은 사회복지실제에 있어서 통합적 접근방법의 필요성과 병행되는 것으로서 일반사회복지사(generalist)와 전문사회복지사(specialist)의 입장에서 이해될 수 있는 것이다(Pincus & Minahan, 1973). 즉 일반적인 실제에 있어서는 개인, 가족, 집단 및 지역사회의 문제를 다루는데 지금까지 발전해 온 방법 또는 기술들 간에 있어서 공통적인 지식의 활용이 용이한 경우에는 전자의 역할이 요구된다. 그러나 특수한 문제를 다루는 데 있어서는 문제에 관련된 특정분야에 관한 보다 깊은 지식과 구체적이고 심화 된 기술을 요하는 경우에는 후자의 역할이 요청되는 방향으로 변화할 것이다.

그리고 사회복지의 발전은 사회복지의 순수한 면과 응용 면에서 현재의 활동을 객관적으로 평가하기 위한 조사활동과 발생할 사태를 예방하기 위하여 작성된 평가프로그램에 의하여 실시되는 실험적, 설명적 조사계획의 마련에 의하여 가져올 수 있을 것이다. 앞으로는 보다 많은 조사연구가 요청될 것이고 이를 통하여 보다 나은 문제예방의 방법과 현재보다 나은 사회복지의 개선을 위하여 조사연구가 활용될 것이다. 즉 앞으로의 조사연구활동은 과거 어느 때 보다 중요한 위치를 차지하게 될 것이다.

현재에 있어서도 사회복지를 연구하는 이론가나 실천가들이 다른 전문직들의 대표자들과 협력을 하고 있지만 앞으로는 이러한 관계가 더욱 강화될 것이다. 전문직으로 구성된 팀(team)은 전문직 상호간의 협력을 통하여 전체로서의 개인, 가족, 집단 및 지역사회의 문제를 다루는데 더욱 효과적일 것이다. 그리고 사회복지가 현재 활용하고 있지만 앞으로는 그 자체의 기술을 발전시키기 위하여 사회복지 실천가와 학자들이 많은 노력을 기울일 것으로 예상되는 상담역할에 관한 많은 발전을 기대할 수 있다. 이것은 인간을 대상으로 하는 상담면접의 기술이 사회복지실무의 중요한 수단으로서 문제의 정확한 이해, 적격성(eligibility)의 여부 결정, 사정 및 문제해결을 위한 관건이 되기 때문이다. 그 때 사회복지사의 위치는 과거나 현재보다 향상될 것이고 물론 사회적 인식이나 실제적인 인간생활의 모든 장면에서 필요성이 강조됨과 동시에 그에 대한 처우도 점차 개선될 것이다. 이것은 다시 인간에 대한 깊은 관심과 우수한 능력을 가진 보다 훌륭한 사회복지사를 채용하려는 경향성을 띄게 될 것이고 이것은 다시 전문직으로서의 사회복지의 위치와 위신을 개선하기 위한 어떤 효과적인 연쇄반응을 일으킬 것이다. 이러한 경향과 동시에 전문가로서의 자격문제는 더욱 강화되어 나가게 됨은 당연한 사실이다.

앞으로 우리나라는 경제개발과 사회개발의 균형 있는 발전, 나아가서는 경제우선의 사회정책을 기본방침으로 선택하겠지만, 인간을 존중하고 인간의 복지와 생활의 편의를 중시하는 것이 시대적 요청으로서 정치나 행정의 주요 관심사로 등장하는 시대를 전망할 수 있다. 따라서 앞으로 사회복지교육의 방향도 이러한 시대적 요구에 대응하는 방향으로 개선되어 나가야 할 것이다.

이와 같이 사회복지의 전망은 시기에 따라 주어지는 특수한 상황이나 분야에 따라 여러 가지로 예측될 수 있지만 투입되는 예산상의 측면에서 사회복지프로그램의 규모와 성장, 동반자로서의 사회복지의 일반적 측면과 자발적 측면간의 관계, 사회적 권리로서 모든 사람에게 이용될 수 있는 사회복지 급여(benefits)를 위한 적격성(eligibility)의 본질, 서비스 전달체계(service delivery system)에 있어서 책임성(accountability)의 강화 및 개인적 서비스와 사회개량간의 균형의 관점에서 고려될 수 있다(Gilbert & Specht, 1976).

사회적 서비스의 미래의 방향과 본질은 주로 다른 영역에 있어서의 기술적 진보(technological advances)에 의하여 결정될 것이다. 인간의 생활형태에 있어서 변화는 주로 기술적 진보에 의하여 결정된다. 기술적 혁신과 사회복지프로그램에 있어서의 변화간의 관계는 일반적으로 어떤 체제를 수반한다. 즉 기술적 진보는 주로 인간의 생활형태에 있어서 변화를 결정하게 되며 생활형태의 변화는 주로 인간 장래의 사회적, 경제적, 레크리에이션적 욕구의 변화를 결정한다. 그리고 사회복지프로그램의 변화는 사회적 서비스프로그램에 있어서 수정되어야 할 어떤 변화를 결정한다.

앞으로도 계속 어떤 기술적 혁신이 일어날 것이며 이러한 기술진보는 인간의 생활형태에 어떤 영향을 미칠 것인가 하는 것은 정확히 예측하기 어려운 일이지만 인간처럼 이야기하고 행동하는 로봇, 우주여행, 태양에너지, 컴퓨터의 사고화(思考化), 초음속 외국여행, 시각전화 등 수많은 진보들이 예측되고 있다. 즉 미래의 기술적 혁신은 과거에 일어났던 것보다 더욱 급속하게 일어난다는 것이다. 급속한 생활형태의 변화에 대한 심리적 적응은 현재와 마찬가지로 앞으로도 중요한 문제가 될 것이다.

이와 같이 예측되는 기술적 진보에도 불구하고 인간의 문명을 예측하는 환경론자들은 과잉인구, 에너지 자원의 고갈, 대량기근과 아사 및 질적 생활면의 급속한 쇠퇴 때문에 심한 위험에 처한다는 것을 지적하고 있다.

따라서 앞으로 어떤 것이 일어날 것이라고 정확하게 예측한다는 것은 어렵다. 그러나 타조가 모래속에 머리를 숨기고 위험을 피하려는 것(ostrich head in the sand)과 같이 아무런 노력이 없이 미래를 계획하고 통제하려는 과오를 초래해서는 아니 될 것이다.

앞으로 발전가능성을 충분히 고려하여 이에 대응해 나갈 수 있는 최선의 노력이 있어야 할 것이다. 그러나 변화는 우리가 항상 새롭고 사전에 생각하지 못한 변화를 경험하고 있는 바와 같이 여러 가지 요인간의 상호관계에 의하여 혼합되어 진다는 것을 인식하여야 할 것이다.

계획된 변화는 언제나 계획하지 않은 변화가 생활 중의 어떤 실제적인 부분이 된다는 현실을 인식해야 한다(Piccard, 1975). 그러나 변화가 있는 인간의 생활 장면에서는 언제나 사회복지서비스에 대한 요구가 절실하다는 것을 깊이 인식해야 할 것이다. 미래에 어떤 문제에 대응해 나가기 위해서는 계속적인 전문적 지식과 기술 및 이론을 발전시켜 나가야 할 것이다. 그러나 우리나라에 있어서는 현재까지 선진 구미제국의 전문적 지식과 기술 및 이론을 그대로 도입하여 적용함으로써 우리 사회의 현실에서 커다란 효과를 기대하기는 어렵다. 우리나라의 사회복지는 서양식 학문을 모방하고 추종하는 특성을 지니고 있다(김상균, 2005, p.5).

이것은 우리의 사회가 그들 이론을 도입한 선진제국과는 사회구조와 문화수준 등 사회적 여건이 다를 뿐만 아니라 사회변화의 과정면에서도 현저한 차이를 보여 주고 있기 때문이다. 따라서 사회복지가 다루는 사회문제의 내용과 성격면에서도 차이가 있는 우리나라의 사회적 여건에서 선진제국에서 발전된 이론과 기술을 아무런 비판도 없이 그대로 적용하기에는 많은 문제가 있다고 하겠다.

이와 같은 관점에서 우리나라 사회복지가 앞으로 중요한 관심의 초점이 되는 것은 바로 사회복지의 한국적 토착화의 문제일 것이다. 즉 우리 사회의 변화에 적절한 사회복지프로그램을 개발하고 이론을 전개하기 위한 사회복지교육의 발전계획과 전문적인 활동을 강화시켜 나가는데 중점을 두게 될 것이다. 그럼으로써, 우리의 사회와 문화환경에 따라 한국 실정에 적합한 사회복지의 체계를 정립하게 될 것이고 요람에서 무덤에 이르기까지 특수한 상황에 있는 사람들에 대한 물질적, 외적인 것뿐만 아니라 정신적, 내적인 복지 즉 모든 국민들을 위한 마음의 복지가 구현되기 위해서는 유능한 사회복지 인력이 소요될 것이고 21세기 한국사회에 있어서 사회복지가 각광을 받는 새로운 전문직으로서 발전해 나갈 것이다.

그러나 사회복지는 앞으로 많은 도전을 받으면서 변화발전하게 될 것이고 결코 가는 길이 평탄하지는 않을 것이다. 2004년에 여성부가 보건복지부로부터 가족관련 업무를 넘겨 받았고, 보건복지부는 건강가정기본법을 제정하여 국가와 지방자치단체가 건강가정자원센터를 설치하도록 하고 있다. 이에 따라 사회복지사와 구별되는 가족복지사의 가격증이 검토되고 있어 새로운 도전으로 나타나고 있다.

또한 국민생활수준의 향상은 사회복지사의 질적 향상의 요구와 더불어 인접 학문의 참여 공세는 더욱 거세질 것이다. 아울러 사회복지정책 분야도 사회복지학은 물론 행정학 · 사회학 · 정치학 · 경제학 · 경영학 등의 여러 분과 학문들의 각축장이 될 것이다.

이와 같이 우리나라는 상당기간 앞으로 사회복지에 대한 연구나 전문가 양성에 대한 사회적 필요성은 증대할 것이다. 그러나 이들 연구와 교육은 현존 대학의 사회복지학과를 중심으로 더 이상 진행될 것으로 믿는 낙관적이고 간이한 전망을 하기는 어려울 것 같다(김상균, 2005, pp.6~7).

참고문헌

김동현. (1980). "韓國社會福止서비스의 問題點과 改善方向", 韓國開發硏究, 韓國開發硏究院. 겨울호.

김상균. (2005). 한국사회복지학의 좌표, 2005년 한국사회복지학회 춘계학술대회 자료집.

장인협. (1981). 社會福祉概論, 서울 : 韓國社會開發硏究院.

장인협, 전남진. (1982). 社會福祉政策, 서울 : 韓國社會開發硏究院.

전재일. (1982). 社會事業方法論, 大邱 : 大邱大學校 出版部.

韓國開發硏究院. (1980). 韓國開發硏究, 겨울호.

韓國社會福祉協議會. (1981). 社會福祉, 여름호.

韓國社會福祉協議會. (1977). 韓國社會福祉總覽.

Friedlander, W. A. & Apte, R. Z. (1974). Introduction to Social Welfare, Englewood Cliffs, N. J Prentice-Hall.

Gilbert, N. & Specht, H. (1974). Dimensions of Social Welfare Policy, Englewood Cliffs, N. J. : Prentice-Hall.

Gilbert, N. & Specht, H. (1976). The Emergence of Social Welfare and Social Work, Itasca, Ill. F. E. Peacock.

Meyer, C. H.(ed.). (1974). Preventive Intervention, Washington, D. C. : National Association of Social Workers

Middleman, R. R. & Goldberg, G. (1974). Social Service Delivery. A Structural Approach to Social Work Practice, New York : Columbia University Press.

Piccard, B. J. (1975). An Introduction to Social Work, Homewood, Ill. : The Dorsey Press.

Pincus, A. & Minahan, A. (1973). Social Work Practice, Itasca, Ill. : F. E. Peacock.

Zastrow, C. (1978). Introduction to Social Welfare Institutions, Homewood, Ill. : The Dorsey Press.

항목색인

ㄱ

가정 208
가정복지협회 134
가정위탁보호 221
가정폭력 208, 296
가정폭력의 유형 296
가족 191
가족기능 193, 226
가족문제 197
가족복지 191, 194
가족복지서비스 201
가족복지의 대상 196
가족복지의 정의 194
가족복지정책 199
가족전체성 195
가족체계이론 202
가족치료 203
가치 30
개발적 기능 216
개별사회사업(casework) 131
개별사회사업가 134
개별사회사업의 발달 133
개별사회사업의 원리 135
개별화의 원리 136
개인 131
개인과의 사회복지(social work with individuals) 131
개인생활사(family & personal history) 316
개인연금 77
개입 141
거시적 168
거택보호의 원칙 98
결손가정 294
경제대공황 58
경험적 가족치료 205
계약 138
계획의 원리 180
계획적인 변화 31
고대의 구제활동 60
고려시대 구제사업 61
고령사회(aged society) 255
고령자고용촉진법 260
고령화 사회(aging society) 255
고용문제 89
고용보험법 68
고용보험사업 91
고용보험의 관리 운영체계 91
고용보험의 적용대상 90
고용보험제도 88
고용보험제도의 내용 90
공공부문의 사회복지서비스 전달체계 124
공공부조(public assistance) 93, 220
공공부조의 특성 94
공공부조 수급권 95
공공부조의 기본원칙 98
공공부조제도 98
공공사회복지 33

공공사회복지기관 15
공공사회복지시설 34
공리주의적 동기(utilitarianism motives) 20
공무원 연금 79
공식적 조직 8
공익성 365
공적 연금 77
공적연금제도 78
과부복지법 117
과제중심 모형 145
과제집단(task group) 154
관찰법 186
광의의 사회복지 12
교구(parish) 51
교육 프로그램 311
교육보호 220
교육부 283
교육재활 278
교육집단 154
교정적 모형 159
교정집단 154
구미의 사회복지발달 307
구빈법 50
구제관 47
구제도감(救濟都監) 62
구제사업 50
구제제도 62
구제활동 60
구조적 가족치료 204
구호시설 65
구황청 63
구휼(救恤)정책 62
구휼사업 64
구휼제도 61
국민건강보험 82
국민건강보험 제도 81
국민건강보험의 급여 84
국민기초생활보장법 99
국민기초생활보장기관 103
국민기초생활보장제도 99
국민기초생활보장의 비용 104
국민보험법 56
국제연합 11
균등한 기회 22
급여 102
급여수준 74
급진주의 20
기관목적의 원리 180
기관전체성의 원리 180
기능적 모형 144
기능적 일반화 9
기독교여자청년회(YMCA) 150
기독교청년회(YMCA) 150
기초자료적 접근형 184
기회균등 24

ㄴ

노령연금 259
노령폐질보험법 57
노인 252
노인인구의 특성 253
노인교육 263
노인문제해결단계 267
노인복지(elderly welfare) 251
노인복지의 대책 258
노인복지의 접근 264
노인복지정책 266
능력장애 271

ㄷ

대리서비스 217
대안 23

도제(徒第)제도 51
동서대비원 62
두레 64

ㅁ

매춘 299
매춘방지법 119
매춘의 문제 300
매춘의 원인 300
모자가정(fatherless family) 290
모자복지 서비스 291
모자복지법 208
목적이 있는 관계의 원리 180
무과실책임주의 75
무보수성 365
무차별평등의 원리 98
문제중심별 접근방법 266
문제해결 모형 144
문제해결적 접근형 184
문화장면의 원리 180
미국병원협회 309
미국사회복지사협회(NASW) 12
미국재활협의회 276
미국정신보건사회복지사협회 325
미시적 168
미혼모 292
미혼모 서비스 293
미혼모문제 292
미혼모의 발생요인 293
민간부문의 사회복지서비스 전달체계 125
민간사회복지 33
민간사회복지기관 15
민간사회복지시설 34
민생구휼기관 63

ㅂ

박애사업 36
방문교사 342
방문교사의 역할 352
방빈효과 388
방임 및 학대 아동 219
변화매개인(change agent) 31
변화의 원리 181
보고(reporting) 182
보육사업 220
보조적 사회복지방법 177
보충성의 원리 7
보충적 6
보편성 215
보험료 84
복지(welfare) 4
복지국가 55
복지사업(welfare work) 4
복지사회 359
볼런타리즘(voluntarism) 357
봉사학습(service learning) 364
분야(field) 16, 191
비밀보장의 원리 137
비심판적 태도의 원리 137
빈곤가정 234
빈곤문제 49
빈곤문제와 구빈법 49
빈곤의 원인 53
빈곤정책 58

ㅅ

4D 35
4P개념 132
4대 실천덕목(實踐德目) 65
사례조사 185

사원숙박소 48
사정 139
사정과정 350
사회 재활 280
사회계획 171
사회계획 · 정책 모형 171
사회기관 27
사회보장 39, 73
사회보장기본법 73
사회보장법 73
사회보장법의 내용 50
사회보장수혜집단 254
사회보장의 구성체계 74
사회보험(social insurance) 73, 75
사회보험의 특성 76
사회보험제도 73, 57
사회복귀시설 334
사회복지 발달 47
사회복지 이념 5
사회복지 재원 383
사회복지 전달체계 379
사회복지 전문인력을 확보 381
사회복지(social welfare) 3, 9, 12, 13
사회복지가치의 원리 180
사회복지교육 381
사회복지기관 15
사회복지 문제 36
사회복지방법 38
사회복지분야 67
사회복지사(social worker) 14
사회복지사업 47, 113
사회복지사업법 14
사회복지사의 기능 44
사회복지사의 주요역할 334
사회복지사의 활동 330
사회복지서비스 113
사회복지서비스 전달체계 122
사회복지서비스 프로그램 119
사회복지서비스의 내용 116
사회복지의 전망 386
사회복지의 과제 379
사회복지시설 334
사회복지서비스의 대상 114
사회복지서비스의 원칙 114
사회복지실천 7
사회복지실천분야 43
사회복지실천현장 41
사회복지의 개념 3
사회복지의 구성 33
사회복지의 기본가치 22
사회복지의 기원 48
사회복지의 대상 35
사회복지의 동기 19
사회복지의 발달과정 60
사회복지의 변천 60
사회복지의 속성 29
사회복지의 접근방법 37
사회복지의 정의 6
사회복지의 주체 33
사회복지의 차원 26
사회복지의 특성 26
사회복지이론 37
사회복지재원 조달 382
사회복지전달체계 379
사회복지전담공무원 121
사회복지전문인력 380
사회복지정책 39
사회복지정책의 기본방향 386
사회복지정책의 수립 184
사회복지제도 67
사회복지조사 182
사회복지구조의 과정 186
사회복지조사의 유형 184
사회복지조사의 절차 186

사회복지학회 41
사회복지행정(social welfare administration) 77, 177
사회복지행정과정 181
사회복지행정의 결정요인 178
사회복지행정의 기본원리 179
사회복지행정의 이념 179
사회복지협의회 125
사회봉사 3
사회사업(social work) 4, 9, 12, 13
사회서비스(social service) 13
사회적 급여 380
사회적 목표모형 157
사회적 문제 36
사회적 불리 271
사회적 서비스 113
사회적 장애 35
사회적 책임과 주관성 27
사회적 처우 프로그램
사회적 협동 262
사회적 후원 8
사회정책(social policy) 13
사회재활 280
사회조사 목적 56
사회조사와 사회복지조사 183
사회진단(social diagnosis) 134
사회행동모형(social action model) 171
사회화 83
사회화집단 154
사후지도 316
산업재해 85
산업재해보상보험법 86
산업재해보상보험제도 85
산업혁명 52
산재보험의 급여 87
산재보험의 비용 88
산재보험의 운영주체 88
상담제도 245
상호부조조직 57
상호작용적 모형 159
생계보호 357
생존권보장의 원리 98
생태체계관점 352
서비스 전달 120
서비스 프로그램 118
서비스의 선별성 116
서비스의 전문화 115
서비스의 제도화 115
서비스의 통합화 114
선별성 215
성격장애 293
성매매 299
성장의 원리 181
성장집단 154
성추행 298
성폭력 297
성폭력 피해여성 297
세계보건기구 271
세속적 권위집단 253
소득비례방식(earnings-related system) 80
수급권자 100
수용의 원리 136
스트레스(stress) 196
시각장애 275
시설보호 223
시설보호아동 223
시설연장아동 223
시설프로그램 118
시여(施與) 50
신경정신과 의원 333
신구빈법 52
신청보호의 원칙 98
신체장해자복지법 119
실업급여 90

실업보험(unemployment insurance) 89
실업상태 90
실용주의(pragmatism) 40
실천기술 31
심리 재활 281
심리사회적 모형 143
심신장애인 43

ㅇ

5대 사회악(five giants evils) 35
아동보호시설 15
아동복지기관 213
아동복지법 224
아동복지의 원칙 214
아동복지의 개념 213
아동복지의 주체 213
아동복지전달체계 227
아동상담 218
아동학대 219
알코올중독 207
양로원(nursing home) 16
언어장애 275
여성 286
여성문제 287
여성발전기본법 289
여성복지 285
여성복지관련상담기관 303
여성복지법체계 302
여성복지서비스의 전달체계 303
여성복지시설 303
여성복지정책 289
여성정책 287
역할분담 126
연금(pension) 77
연금급여 80
연금재정 80
연금제도 77
연령서열정책 260
열등처우의 원리 52
영유아보육법 225
왕립구빈법조사위원회 56
요보호여성 288
우애방문(friendly visiting) 53
위임의 원리 180
위탁보호사업기관 15
유기체 26
유족연금 78
윤락 299
의도적 감정표현의 원리 136
의료 81
의료급여제도 106
의료급여 수급권자 107
의료급여의 범위 107
의료급여 기관 108
의료급여 수가 110
의료보장(medical security) 82, 260
의료보장의 급여 106
의료보호 260
의료사회복지 305
의료사회복지사 312
의료사회복지의 기능 309
의료사회복지사의 역할 312
의료재활 278
의료팀(medical team) 309
의료팀웍(medical team work) 309
의사소통의 원리 180
의창(義倉) 62
이론구성적 접근형 185
이상적인 지역사회(ideal community) 360
이용자와의 직접적인 관계성 28
이혼 294
이혼여성 294
인간의 복지 우선성 29

인간의 사회적 책임 25
인간의 존엄성 23
인구집단 16
인도주의적 동기(humanitarian motives) 20
인보관(Settlement House) 151
인보사업(settlement) 151
인보운동 53
인사(staffing) 182
인테이크(intake) 140
일반사회복지사(generalist) 389
일반의료사회복지 316
임금피크제 254
입양 222

ㅈ

자기 결정권(self-determination) 23
자기성숙 359
자립조장의 원리 98
자발성 364
자산조사(資産調査 : means test) 78
자선교정사업회의 55
자선사업 48
자선조직협회(Charity Organization Society) 52
자선조직화운동 53
자연집단(natural group) 153
자원복지활동원 362
자원봉사 362
자원봉사의 원칙 366
자원봉사의 정의 363
자원봉사의 특성 364
자원봉사의 필요성 359
자원봉사이용자 372
자원봉사자 367
자원봉사자 수요기관 375
자원봉사자의 자세 367
자원봉사조정자(volunteer coordinator) 368
자원봉사조정자의 성질 368
자원봉사조정자의 역할 369
자원봉사조정자의 직무 372
자원봉사조정자의 활동분야 375
자원봉사활동 368
자원봉사희망자 372
자원활동 362
자원활용의 원리 181
자유면접법 186
작업요법 324
잔여적 사회복지 7
장면(settings) 16
장애 271
장애유형 275
장애인 270
장애인단체 284
장애인복지 269
장애인복지 서비스 282
장애인복지시설 283
장애인생활시설 283
장애인의 재활 276
장애인지역사회재활시설 284
장애인직업재활시설 284
장원 49
재가복지사업 358
재정(budgeting) 122
재해보험법 57
재활공학 281
재활의료사회복지 317
재활치료 313
전략적 가족치료 203
전문교육 68
전문사회복지사(specialist) 389
전문적 사회사업 52
전문적 접근방법 39
전문적 책임의 원리 180

전문직업적 동기 21
전수조사 186
전인적(total person) 316
전형조사 186
정상화(normalization) 362
정서적 장애 321
정신과 전문병원 332
정신박약복지법 119
정신보건간호사(mental health nurse) 323
정신보건사회복지(psychiatric social work) 321
정신보건사회복지사(mental health social worker) 323
정신보건사회복지사의 역할 330
정신보건사회복지의 발달 324
정신보건임상심리사(mental health clinic psychologist) 323
정신보건전문요원 322
정신요양원 331
정신의료원 334
정신의학자(psychiatrist) 322
정신지체 276
정주법(定住法) 51
정책모형 170
정책적 접근방법 38
제도적 사회복지 7
제위보(濟危寶) 62
조사(study) 138
조선구호령(朝鮮救護令) 65
조선시대의 구제사업 63
조정의 원리 181
조정자 368
조직(organizing) 181
조직의 원리 180
조직적 활동성 27
종결 142
종교적 동기 19
종합병원 신경정신과 332
주간보호센터(day care center) 16
주거지역계획 384
주자향약(走子鄕約) 65
중간적 168
중세 기독교의 자선기관 48
중세 기독교의 자선사업 47
증서제도 96
지도력의 원리 180
지식 30
지역개발 161
지역사회 162
지역사회 공동체 의식형성 166
지역사회 정신보건센터 335
지역사회개발 170
지역사회개발모형 170
지역사회계획 171
지역사회보건사회복지 318
지역사회보건소 333
지역사회복지(community work) 163
지역사회복지 방법 168
지역사회복지의 내용 167
지역사회복지의 원리 165
지역사회와의 사회복지(social work with comminities) 161
지역사회정신보건센터 335
지역사회조직 316
지지서비스 217
지체장애 275
직업병 85
직업재활 279
직업훈련 280
진대법(賑貸法) 61
질문지법 186
질병 81
질병보험법 57
질병수당제도 57

집단과의 사회복지(social work with groups) 147
집단사회사업(group work) 147
집단사회사업의 과정 155
집단치료 158

ㅊ

참여의 원리 180
창제(創制) 62
청각장애 275
청소년(adolescence, youth) 229
청소년기 229
청소년복지 229, 231
청소년복지사범 242
청소년복지서비스 243
청소년복지의 대상 232
청소년복지 정책 241
청소년비행 246
체험지식집단 253
초고령사회(super aged society) 255
최광의의 사회복지 개념 123
최저생활보장 200
치료(treatment) 141
치료적 모형 158
치료집단(treatment group) 154

ㅋ

클라이언트 자기결정의 원리 137
클라이언트 체계 30

ㅌ

통제 182
통제된 정서적 관여의 원리 136
통합적 접근방법 41
퇴직자 집단 254
특수교육 279

ㅍ

평가(evaluating) 174
평가의 원리 181
표본조사 186
프로그램 16
필요적응의 원칙 103

ㅎ

학교교육 337
학교사회복지 337, 244
학교사회복지사 343
학교사회복지사의 역할 352
학교사회복지사협회 343
학교사회복지의 개념 337
학교사회복지의 대상 348
학교사회복지의 목적 340
학교사회복지의 발달 341
학교사회복지의 실천과정 349
학교사회복지의 정의 338
학교사회복지의 필요성 337
학교환경 238
학대 233
한국학교사회복지의 현황 346
한부모(single parent) 207
해결중심가족치료 205
행동수정 모형 145
행정자치부 242
향약(鄕約) 65
현금급여 96
현물급여 96
협의의 사회복지개념 12
형성집단 154

영문색인

A

Adams 193
Addams 152
Alber 76
Allen-Mears 344, 349
Anderson 339, 352
Aristoteles 48
Aucoin 262
Austin 143

B

Barker 12
Barnett 151
Bentham 20, 21
Beveridge 59
Biestek 24
Bismarck 57
Bisno 23
Booth 55, 56
Bower 201~3
Boy Scouts 157
Bracht 307
Breen 252
Bull 262
Butrym 143

C

Cabot 307
Coit 151
Commonwealth Fund 343
Compton 23, 349
Costin 339, 345
Coyle 157
Cutler 262

D

Danzinger 175
Devault 194
Dolgoff 6
Dowling 231
Dunham 10
Durkheim 162

E

Elberfeld System 53
Epstein 145

F

Fare 153
Federico 120
Feldman 197
Feldstein 6

Fink 321
Flexner 55
Flora 76
Franklin 239
Freeman 348
Freud 39, 134, 143
Friedlander 10, 12, 22, 26

G

Gaithier 199
Galaway 23, 349
Germain 339, 343
Gilbelman 348
Gilbert 390
Gilbert 51, 390
Girl Scouts 157
Gleuck 236
Gluck 324
Goldenberg 192, 385
Gorge 56
Gulick 181

H

Haley 203
Halleck 238
Hamilton 143
Havighurst 263
Heidegger 23
Hillery 162
Hillman 20
Hofling 330
Hollis 143
Holmbeck 238
Horton 324

I

Iaconetti 338
Insoo 206

J

Jarrett 324
Johns Hopkins 307
Johnson 11, 14, 16

K

Kadushin 217, 293
Kahn 27
Kaplan 258, 261
Kenworthy 324
Kettner 163
Kidnigh 178
Kinnaird 150
Konopka 148, 157, 339
Kutz 321
Kyes 330

L

Lebeaux 6, 7, 8
Lynch 372

M

Marsh 29
McCurley 372
McMurtry 163
Meyer 324, 388
Middleman 385
Milford 343
Mill 20

Milton 309
Minahan 389
Minuchin 204

N

NASW 162
Nee 132
Nelson 236
Netting 163
Neugarten 254
Niebuhr 19

O

Ozawa
O'keefe 321

P

Papell 157, 159
Perlman 132
Pennsylvania 144
Perlman 144
Platon 48
Pantoza 163
Piccard 144, 391
Parry 163
Pincus 398

R

Rank 134, 144
Redle 158
Regensburg 132
Reid 145
Rekkebo 308
Richmond 54, 132, 134, 143
Rives 152, 153, 155
Roberte 132
Robinson 144
Romanyshyn 60
Rothman 157, 159, 169
Rowen 339
Rowntree 55

S

Satir 205
Scherz 197
Schwartz 159, 202
Shenfield 258
Siporin 143
Smalley 132, 339, 342
Southard 324
Specht 390
Speenhamland 51
Spencer 181
Starr 152
Strong 194
Stuart 343, 344
Sullivan 151, 237
Sutherland 237

T

Taft 144
Thackeray 9, 148
Thomas 145
Timmes 325
Titmuss 6
Tolstoi 29
Toselard 152, 153, 155
Towle 26
Townserd 277

Toynbee 151
Toynbee Hall 151
Trecker 148, 178, 179

V

Vinter 158, 159
Volunteer 133

W

Warren 163
Washington 349
Webb 55, 56
Welsh 349
White 263
Wickenden 5
Wilensky 6, 7, 8, 28
Williams 150
Wilson 157

Y

YWCA 150
Yession 120

Z

Zastro 387

<집 필 자>

전재일 대구대학교 사회복지학과 교수
제 1, 2, 3, 8, 9, 22 장

김규수 대구대학교 사회복지학과 교수
제 18, 19 장

박태룡 대구대학교 사회복지학과 교수
제 15 장

김태진 대구대학교 사회복지학과 교수
제 4, 5, 6, 17장

박태영 대구대학교 사회복지학과 교수
제 10, 11, 21 장

이준상 대구대학교 사회복지학과 교수
제 7, 16 장

이성희 울산대학교 사회학과 사회복지전공 교수
제 12, 14, 20 장

이팔환 대구미래대학 사회복지과 교수
제 13 장

대표저자 약력

전재일(全宰一)
대구대학교 사회복지학과(문학사), 경북대학교 상담심리전공(교육학석사), 대구대학교 대학원 사회복지학과(철학박사)/, 에쉬랜드대학교 객원교수, 미네소타주립대학교 객원교수/, 대구대학교 사회복지연구소장, 동 학생생활연구소장, 동 사회과학대학장/, 대구광역시청소년육성지방위원회 위원, 한국사회복지협의회 이사, 총무처 행정고등고시 출제위원, 삼성사회봉사단경북지역사무국 자문위원, 대구광역시 사회복지협의회 회장, 한국학술진흥재단 학술연구운영위원회 운영위원, 한국사회복지학회 학회장, 한국학교사회복지학회 학회장, 대구대학교 사회개발대학원 원장, 21세기경북발전위원회 위원, 한국사회복지학회 법인이사, 한국학교사회복지학회 이사

〈현재〉
대구대학교 사회복지학과 교수
사회복지개발연구원 원장
〈저서〉
사회사업방법론/ 사회복지론(공저)/ 산업사회사업(공저)/ 사회복지사전(공저) 개별사회사업(공저)/ 학교사회사업(공저)/ 사례관리론(공저)/ 집단실천기술론/ 사회복지실천의 이해/ 학교사회사업실천 어떻게 할 것인가?(공저)/ 사회복지실천론/ 사회복지실천기술론
〈역서〉
집단지도론/ 집단사회사업실천

사회복지개론

초판 1쇄 발행 / 2005년 6월 25일
초판 13쇄 발행 / 2019년 2월 1일

대표저자 전재일
발행처 형설출판사
경기도 파주시 회동길 37-23 · 전화 (031) 955-2361~4 · 팩시밀리 (031) 955-2341
발행인 장진혁
등록 라-제9호 · 1962년 5월 1일
홈페이지 http://www.hyungseul.co.kr
e-mail hs@hyungseul.co.kr

정가 23,000원

ISBN 978-89-472-1094-2 93330